Ernie Fleetenkiekers
Metal-Manifest

5. Auflage

Internet: www.index-verlag.org

Lektorat: Diana Glöckner
Coverillustration: Kain Morgenmeer
Schwert-Kater: Karmazid
Satz und Grafik: Alexander Trinkl (irrwisch-artdesign.com)

Fotos:
Carsten Brand / CB (brandlicht.de)
Mario Toerlitz / MT (themirror-photography.de)

Gesetzt in „Mramor Medium Pro" und „Moyenage 13" (František Štorm @ stormtype.com)

Bibliografische Informationen der Deutschen Nationalbibliothek:
Die Deutsche Nationalbibliothek verzeichnet diese Publikation in der Deutschen Nationalbibliografie; detaillierte bibliografische Daten sind im Internet abrufbar: www.dnb.de.

ISBN: 978-393687840-0

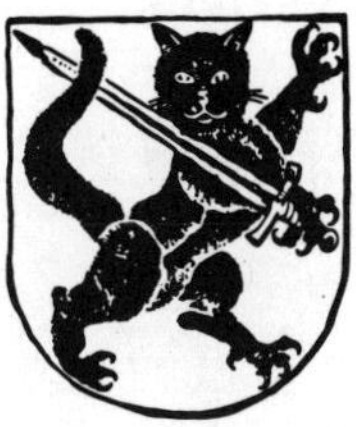

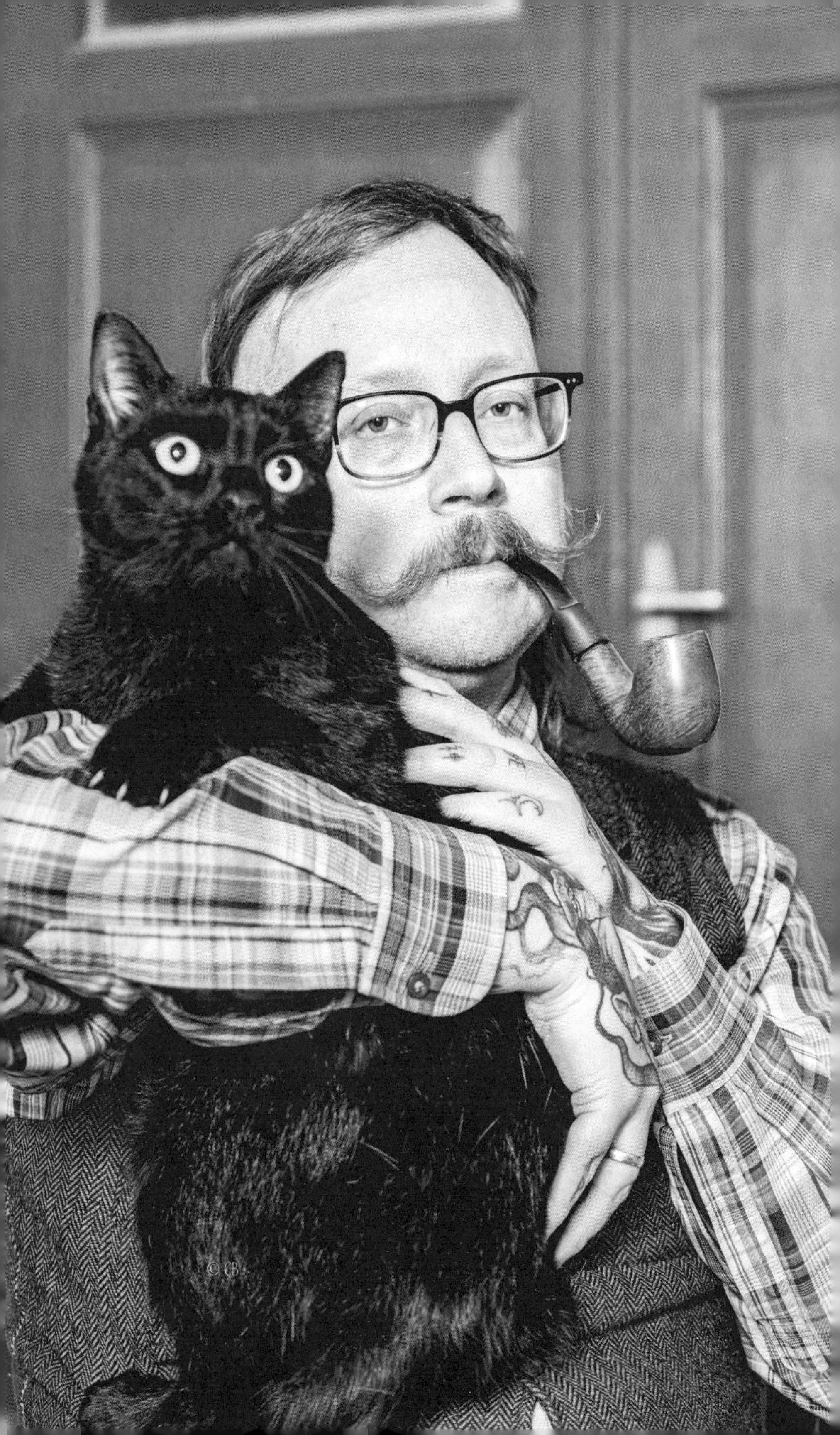
© CB

Ernie Fleetenkiekers

Metal-Manifest

INDEX VERLAG

Für Balu, Tiffy, Linus & Schnubby

Inhalt

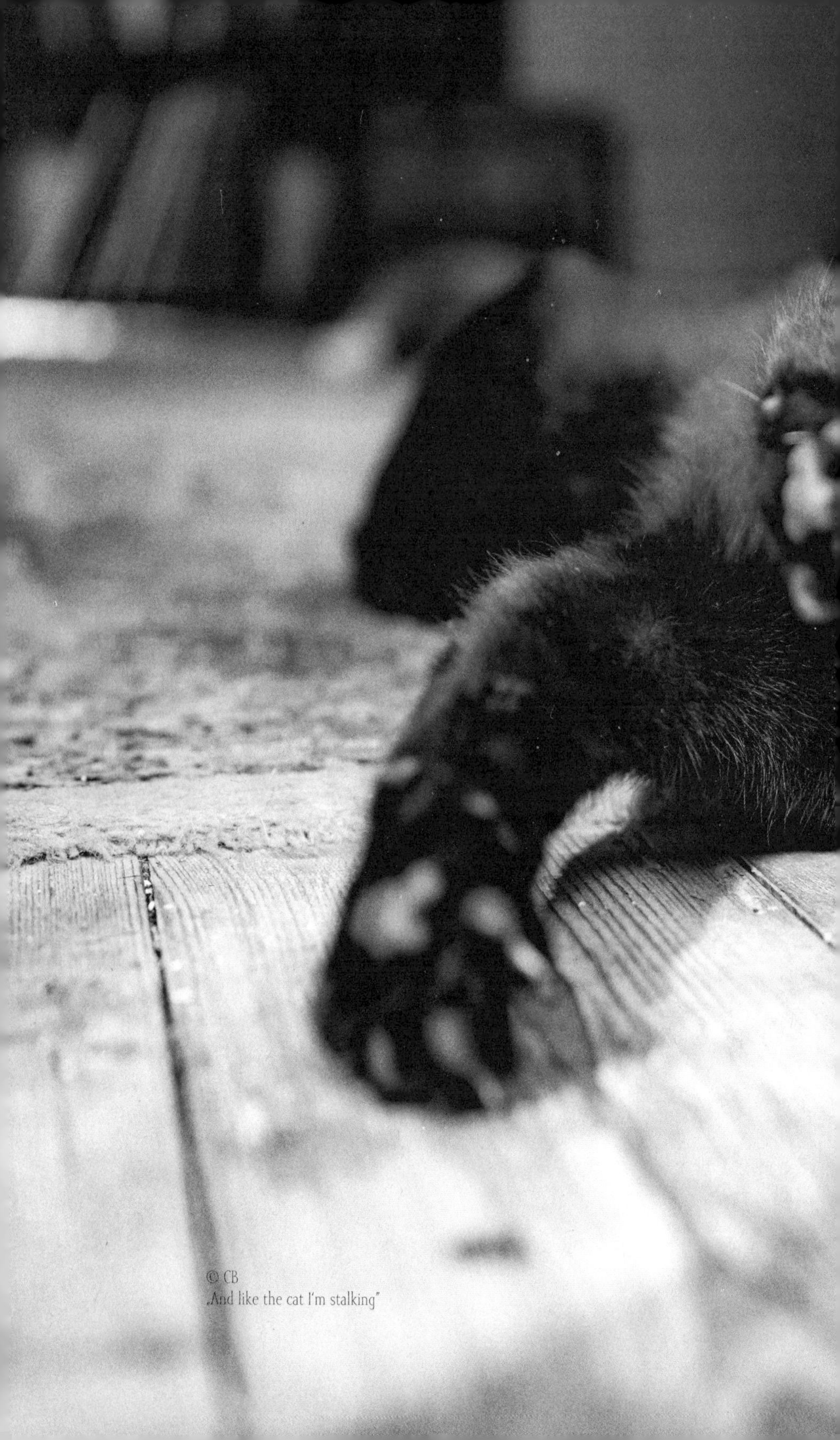

© CB
„And like the cat I'm stalking"

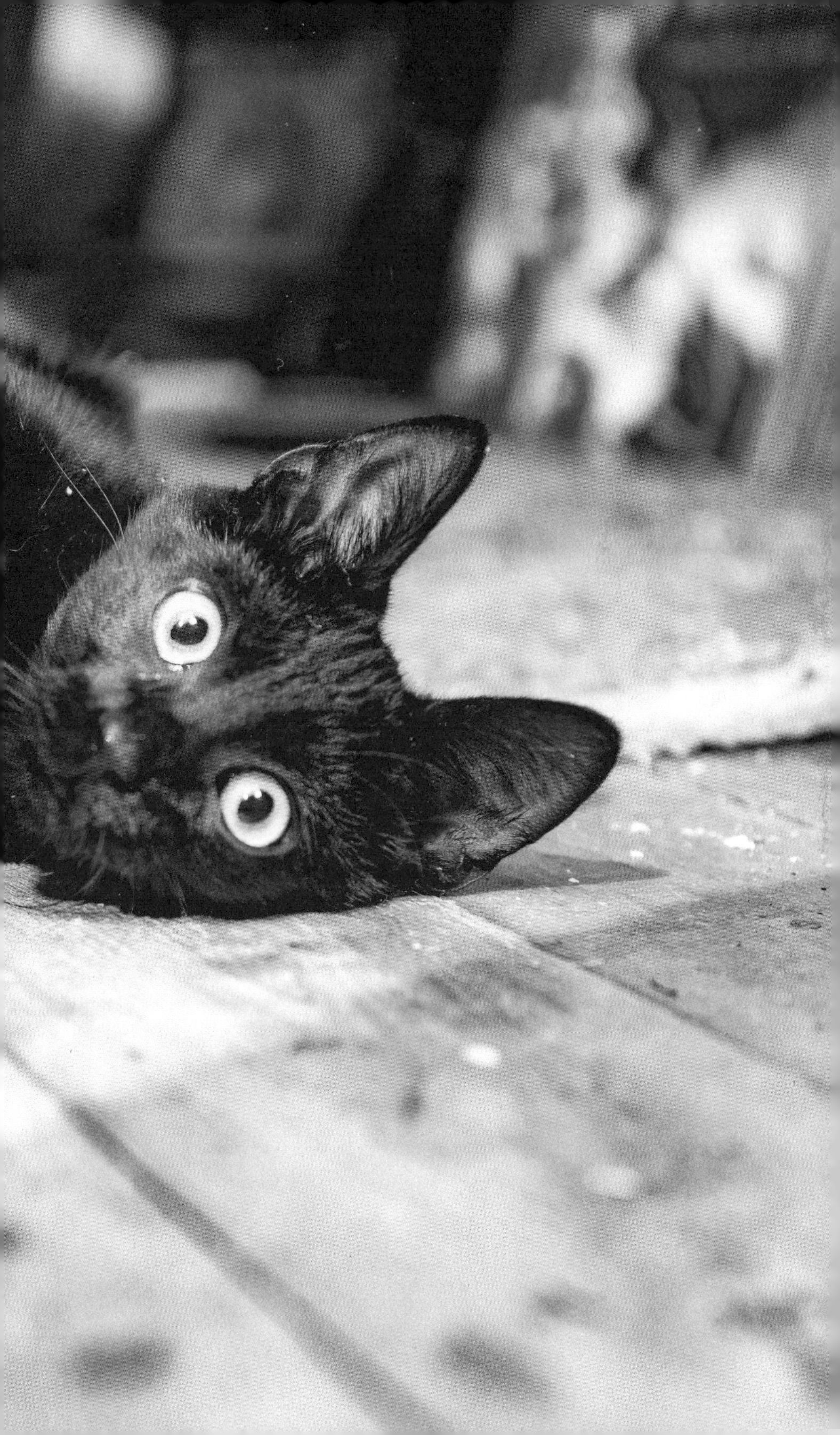

Prolog

Ich bin kein Journalist, und dies ist kein Heavy-Metal-Sachbuch! Nur, um jetzt keine falschen Erwartungen zu schüren. Ich kann nur subjektiv, meiner eigenen Wahrnehmung entsprechend. Sachlich, objektiv, das sollen andere machen, ich bin der Typ, für den ein Schlag mit der geballten Faust auf die Brust mehr ausdrückt als eine wissenschaftlich fundierte Tiefenanalyse. Damit ist auch erst mal alles gesagt, denn mal ehrlich, wer liest schon gern das Vorwort? Meistens seitenlanges Geplänkel, inhaltsloses, selbstverliebtes Geschwafel, das niemanden interessiert, nur um unnötig den Moment hinauszuzögern, für den du zu dem Buch gegriffen hast. Irgendwas von wegen warum schreibe ich dieses Buch, bla, ich wurde inspiriert von, bla, es war immer mein Traum, dass wegen mir Bäume sterben, bla, mir wurde von Aiwaz diktiert ... ach ne, das war Mr. Crowley[1]. Vorworte sind wie ein höfliches Vorspiel, nur dass der Partner, die Partnerin oder die Hand danach bereits eingeschlafen sind. Weißte was? Ich stell mich zackig vor, fasse kurz zusammen, was dich erwartet, und dann geht's sofort ans Eingemachte, Deal?
Moin, Ihr Lauser! Ich bin Ernie Fleetenkieker. Ja, der Ernie. Nicht direkt der Ernie, aber meine bezaubernde Frau und ich sind Ernie und Bert. Ich mache ständig Blödsinn, meine Liebste guckt dann wie Bert. Wirklich! Und Fleetenkieker ist ein von mir gern gerauchter Pfeifentabak. Aber auch ein Lumpensammler, das passt irgendwie. Alles andere ist erst einmal nicht so wichtig, ich rede allerdings unglaublich gern über Heavy Metal.
Und darum geht es in diesem Buch nahezu ausschließlich. Aber nicht nur für den knietief mit der Materie Vertrauten begreiflich formuliert, selbst wenn der sogenannte Mainstream hier nicht das größte

---

1 Und damit ist Ozzy Osbourne indirekt der erstgenannte Musiker in diesem Buch, damit kann ich sehr gut leben.

Gewicht haben wird. Ich versuche durchaus, auch den blutigen Anfänger auf meiner Reise an Bord zu halten, immer in der Hoffnung, nicht zu kentern.
Für wen dieses Buch geschrieben wurde? Klar, natürlich habe ich dieses Meisterwerk vor allem für mich selbst geschrieben. Das werde ich in Zukunft immer dann betonen, wenn schon die erste Auflage von meinem „Metal-Manifest" schwer im Regal liegt, weil sich keiner dafür interessiert. Aber im Ernst,[2] du hast zumindest ein grundsätzliches Interesse an Metal, an dieser Szene? Suchst eine nicht immer stockkonservative Auseinandersetzung mit dieser Musik?[3] Oder bist vielleicht schon fest verwurzelt in den Tiefen dieser großartigen Subkultur und interessierst dich unter Umständen für einen anderen Blickwinkel als deinen eigenen? Vielleicht, aber nur vielleicht, könnte mein Manifest etwas für dich sein. Denn hier geht es vor allem um eines:
Die Ergründung der Seele des Metal aus meiner Perspektive. Metal, die beste Musik der Welt![4]

Aber nun ab dafür!

2 Muss ich schreiben, dass ich meine Neigung zu Ironie und Sarkasmus offenbar immer weiter perfektioniere, und dies häufig nicht mehr eindeutig zu erkennen ist?

3 Unabhängig davon, dass ich Anfang vierzig und vielleicht ein kleines bisschen in den Neunzigern hängen geblieben bin. Ein kleines bisschen ...

4 Ich erwähnte meine Neigung zu Ironie und Sarkasmus? Hier ist aber nichts doppeldeutig!

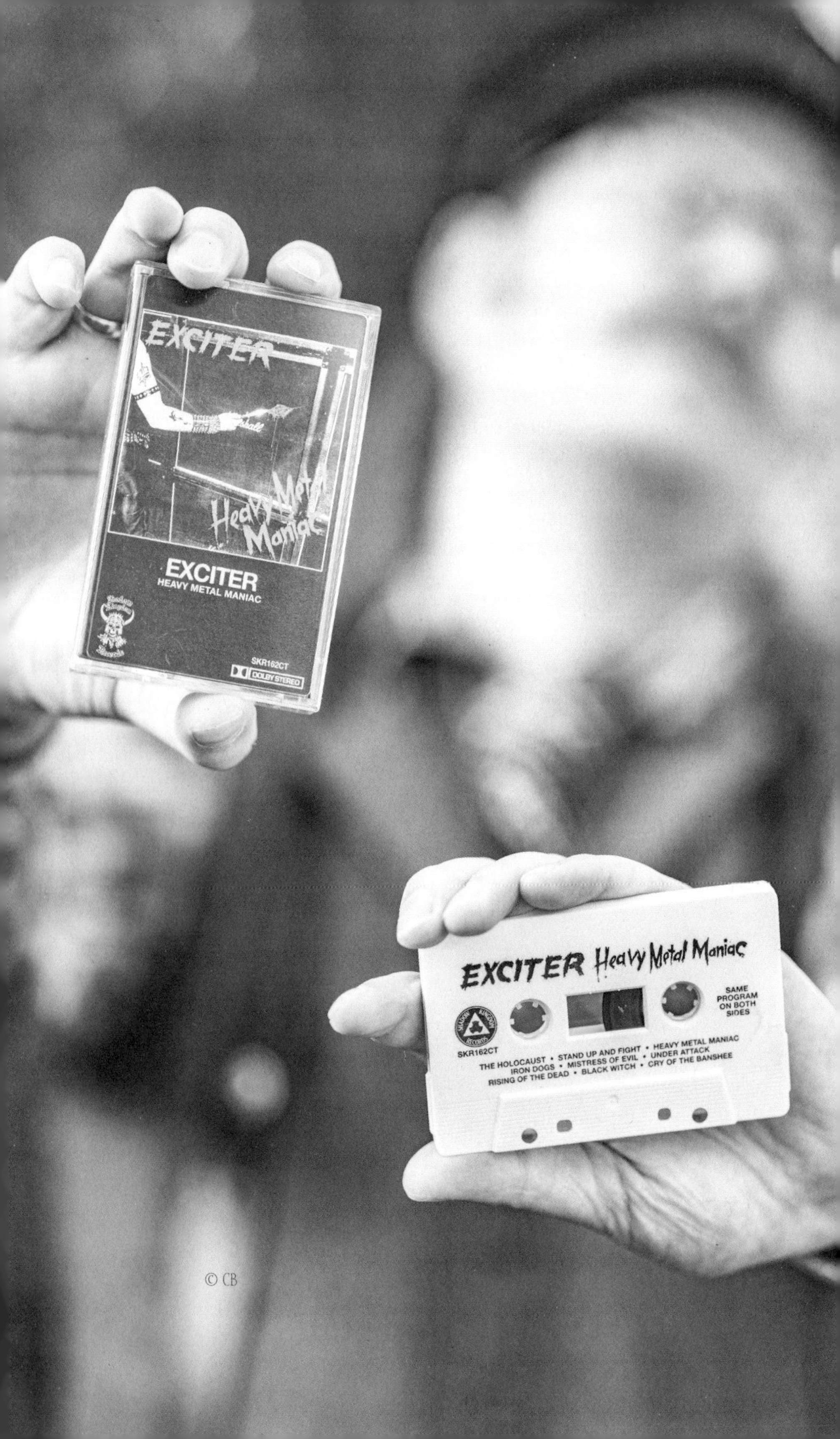
EXCITER
Heavy Metal Maniac
EXCITER
HEAVY METAL MANIAC
SKR162CT
DOLBY STEREO
EXCITER Heavy Metal Maniac
SAME PROGRAM ON BOTH SIDES
SKR162CT
THE HOLOCAUST • STAND UP AND FIGHT • HEAVY METAL MANIAC
IRON DOGS • MISTRESS OF EVIL • UNDER ATTACK
RISING OF THE DEAD • BLACK WITCH • CRY OF THE BANSHEE

TEIL I

Einführung

Heavy Metal Thunder's Rising Fast

M.E.T.A.L.

Metal! Darum geht es! Immer und überall! Nicht nur in diesem Buch, sondern seit über dreißig Jahren in meinem Leben. Egal, wo ich stehe, sitze oder in der Horizontalen überlege, wo ich gerade bin. Über dreißig Jahre ist es her, dass zum ersten Mal die mein Leben in eine neue Richtung lenkenden Stahlriffs von Iron Maidens „The Number Of The Beast" meine Gehörgänge durchfrästen, damals, in irgendeiner WG, an die ich mich nicht mehr erinnere. Mit wem ich da war, wer da wohnte ... weiß der Geier. Aber ich erinnere mich noch ganz genau daran, wie ich diese Schallplatte dort neben der Anlage sah und wissen wollte, verdammt noch einmal, was zur Hölle ist das? Diese dämonische Gestalt, Eddie sein Name, die den Teufel als Marionette führt, im Fegefeuer dämonisch intonierend:

„Woe to you, oh earth and sea
For the Devil sends the beast with wrath"

Für mich waren es Iron Maiden. Für dich waren es vielleicht Judas Priest, Blind Guardian oder Metallica. Oder Marduk. Aber für jeden Metaller gibt es irgendwann im Leben diese eine Band mit diesem einen Album, das lebensverändernd ist. Ich nenne es gern den „Impact": Alben, die mit unglaublicher Wucht die eigenen Grundfesten erschüttern, dich, ja, dich, mein geschätzter Leser oder Zuhörer[5], mit herunterhängender Kinnlade, fassungslosem Gesichtsausdruck und einem einzigen Gedanken zurücklassen: „Verdammte Scheiße, was war DAS denn gerade?!"
Von diesen Alben gibt es nicht viele, aber sie haben für dich, für mich, immer einen ganz besonderen Platz im Plattenschrank, im Herzen, auf dem Drehteller, im CD-Schacht. Da spielt es keine Rolle, ob diese Alben

---

5 Wir leben in verrückten Zeiten, Bücher kommen seit geraumer Zeit auch zum Anhören daher. Irre!

im allgemeinen Konsens eine entscheidende Rolle spielen. Für dich, und das ist die einzige Relevanz, hat mit diesem einen Album eine Reise begonnen, die bis zum heutigen Tag zum aufregendsten gehört, was du in diesem, deinem Leben mitmachen wirst. Das und nur das ist von wahrer Bedeutung.

Für mich waren es Iron Maiden, und es werden immer Iron Maiden sein, die ich mit diesem einzigartigen Gefühl verbinde, einer Musik verfallen zu sein, die meine Frau nicht nur einmal seufzen ließ: „Wenn es auch nur einmal nicht um Metal geht, sitzt du still, stumm, schweigend in der Ecke, und mit dir ist nichts anzufangen." Obwohl sie selbst Metal hört, ist sie in sozialen Momenten allerdings thematisch dezent breiter aufgestellt als der Autor dieses Buchs.

Aber wovon rede ich eigentlich? Braucht es wirklich ein ganzes Buch, zu erklären, was Metal ist, was Metal zu der mir wichtigsten Musik der Welt macht?[6] Die Antwort hältst du gerade in den Händen. Doch bei dieser Frage geht es vor allem um ein wesentliches Detail: Metal ist mehr als nur Musik ...

Metal ist eine Lebenseinstellung!

Es wird nicht das letzte Mal gewesen sein, dass ich zum wunderbaren Stilmittel des Pathos greife. Es gibt manchmal einfach nur zwei Möglichkeiten, auszudrücken, was diesen ominösen Metal so bedeutend macht. Ein Faustschlag aufs Herz, wenn es schnell gehen muss, vielleicht auch die Faust gereckt gen Himmel, Zeige- und kleiner Finger abgespreizt.[7]

---

6 Wichtig ist mir, wenigstens einmal erwähnt zu haben, dass für jeden Einzelnen etwas ganz anderes „das Wichtigste und Beste der Welt" sein kann. Ich liebe Fußnoten und nutze sogleich die Gelegenheit, mithilfe dieser einen Begriff einzuführen, welcher das gesamte Metal-Manifest trägt: Leidenschaft! Vielleicht ist Metal nicht das Wichtigste der Welt. Aber Leidenschaft, etwas zu haben, zu finden, was dich erfüllt, ist definitiv eine Lebensnotwendigkeit, die das Leben erst lebenswert macht.

7 Wird im Fachjargon auch Pommesgabel genannt, fand ich aber schon immer eine furchtbare Bezeichnung. Der weltbeste Ronnie James Dio schreibt sich selbst zwar nicht die Erfindung der mano cornuta zu, hat diese Geste allerdings populär gemacht.

Oder aber ein endloser Monolog, nur unterbrochen von einem endlosen Monolog deines Gegenübers. Nur unterbrochen, ach, du weißt, worauf ich hinauswill. Metal ist Musik, die nicht nur konsumiert wird, es ist Musik, die mit jeder Faser deines gottverdammten Körpers gelebt werden will. Mit purer, und da sind wir wieder bei dem Wort, welches du hier neben „Metal" auch sehr oft lesen wirst: Leidenschaft.[8] Damit möchte ich nicht sagen, dass es neben Metal keine andere Musik mit Leidenschaft gäbe, aber keine andere Musik hat es bis heute geschafft, mich immer und immer wieder zu packen, an den Eiern, im Genick, am Schopf. Mich tief in die Schwärze zu drücken, mich aber ebenso die manchmal schwer zu ertragende Realität vergessen zu lassen. Metal hat in den dunkelsten Tagen, aber auch in den hellen, glanzvollen Zeiten immer an meiner Seite gestanden. Sozusagen als der Soundtrack, der mich durch mein Leben begleitet. Und Metal schafft es immer noch jeden Tag, mich zu begeistern, zu überraschen, mich einzuladen, Neues zu entdecken. Letzteres nicht unbedingt jeden Tag oder jede Woche, aber fast jeden Monat finde ich irgendwas Neues, Brandheißes, welches das seit über dreißig Jahren lang lodernde Feuer noch einmal um einen Funkenschlag bereichert.

Mehr als dreißig Jahre ein und derselben Musik verfallen zu sein? Und dann auch noch Metal? Einer Musik, die für das ungeübte Ohr auf eine Endlosschleife von Napalm Deaths ‚You Suffer'[9] zu subsumieren ist? Einer Lärmorgie langhaariger Langzeitarbeitsloser ohne Plan von Lohnsteuerjahresausgleich? Nicht Jazz oder Klassik, Musik für Gebildete? Nein, gottverdammmich noch mal! Ich könnte, nein, ich werde im Laufe dieses Buchs ohnehin beweisen, dass Jazz und Klassik genauso im Metal zu finden sind.[10] Aber es ist Metal, Heavy fucking Metal, der dir immer

---

8 Siehste!

9 ‚You Suffer' wird im Guinness-Buch der Rekorde mit einer Laufzeit von 1,316 Sekunden als das kürzeste je aufgenommene Musikstück geführt. Schneller bin nur ich, wenn das Büfett eröffnet wird. Text: „You suffer, but why?"

10 Eine mir lieb gewordene Eigenart ist es, Sachen zu sagen wie „Darauf komme ich noch zu sprechen", nur um das Thema nie wieder aufzugreifen.

wieder aufs Neue den Arsch versohlt, es ist Metal, der dich triezt, fordert und dir alles abverlangt. Und es ist eben auch Metal, der dich immer und immer wieder auf die Reise schickt, dich auffordert, neue Wege zu erkunden, und dich selbst nach über dreißig Jahren staunen lässt, was für Schätze auf dieser Reise noch zu heben sind.

Ey, ich habe um 1996 Black Metal für mich entdeckt[11] und war mir sicher, in dieser Musik alles zu finden, was je für mich von Bedeutung

---

11 Impact-Album: Emperor „In The Nightside Eclipse", neben Enslaved „Frost" und Ulver „Bergtatt", meine drei ersten, damals selbst bestellten Black-Metal-CDs und bis heute für mich das unheilige Triumvirat. Emperors Debüt ist ein Inferno, mein Kinderzimmer ward für 48:29 Minuten eine majestätische, unnahbare, nordische Eiswüste in schwärzester Finsternis. Ach ja, mein erster je gehörter Black-Metal-Song war entweder ‚Night's Blood' von Dissection oder ‚To Eve The Art Of Witchcraft' von Cradle Of Filth.

mano cornuta

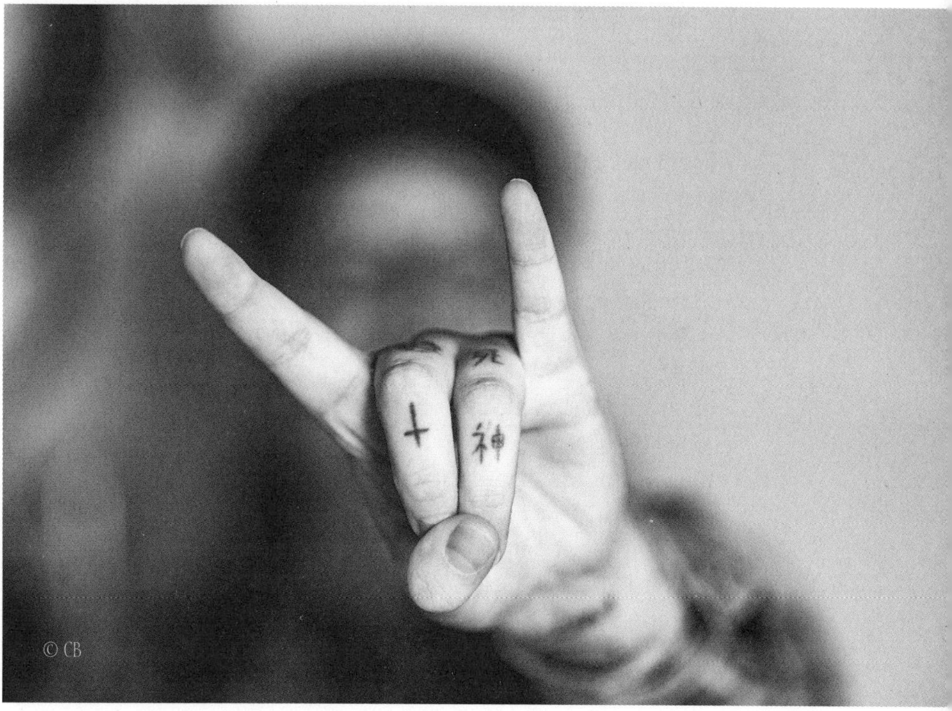

sein wird. Fünfzehn lange und durchaus düstere Jahre schien ich mich auch nicht zu irren, bis ich den Heavy Metal neu kennenlernte. Ja, teilweise sogar den Mainstream, den ich all die Jahre, versumpft im Underground, verschmäht hatte. Ich war siebenunddreißig Jahre alt, als ich „Crystal Logic" von Manilla Road zum ersten Mal hörte, und ich hab mir geschworen, niemand anders darf dieses Meisterwerk erst so spät entdecken und riskieren, nie ‚Necropolis' mitgesungen zu haben. Weshalb ich dieses Meisterwerk jedem vorspiele, der sich in meine eigenen vier Wände verirrt.
Aber soll ich dir was erzählen? Wie viele Bands habe ich all die Jahre links liegen lassen, weil ich dachte, schon alles zu kennen, ignorant der Meinung war, zu wissen, was ich brauche ... Irgendwann stellte ich fest, dass ich kein Album von Death auf dem Kasten hatte. Und als hätte mir Chuck Schuldiner höchstpersönlich drohenden Zeigefingers aus dem Jenseits zugeflüstert „Ernie, komm du mir nach Hause ...", habe ich mich reingearbeitet und erkannt: „Leprosy" hat einfach keinen einzigen herausstechenden Song – weil das gesamte Album ein absolutes Juwel des Death Metal ist!
Motörhead habe ich viele Jahre auf „Ace Of Spades" reduziert, Manowar nur mit der „Kings Of Metal" gewürdigt, und soll ich mal mit Judas Priest anfangen? Ich habe die Band gehasst. Nun gut, nicht gehasst, ich habe diese ganzen Typen in meiner damaligen, vorübergehenden Heimatstadt gehasst, die bei ‚Painkiller' immer wie die Deppen im Kreis standen und geheadbangt haben, jeden verdammten Samstag. Weil diese Arschlöcher für mich der Inbegriff engstirniger, selbstgefälliger True-Metal-Vollidioten waren, konnte, nein, durfte ich Judas Priest und irgendwie auch Manowar einfach nicht gut finden. Um dann mit vierzig Jahren „British Steel" oder „Hail To England" aufzulegen und vollkommen baff vor der Anlage zu stehen, die Boxen zu umarmen und nicht zum ersten Mal in meinem Leben fassungslos zu stammeln: „Wo wart ihr mein ganzes Leben lang?"
Metal ist ein Fass ohne Boden, es ist raue, wilde, leidenschaftliche Musik, die der vollkommenen Hingabe bedarf, um zu verstehen, warum

ich all das hier schreibe. Du kommst jetzt schon nicht mehr mit? Dann gib doch auf, es wird nicht besser, und mal ehrlich, Herausforderungen leben doch davon, sie nicht zu bewältigen, wa?[12]
Aber du liest weiter. Weil es dich doch ein bisschen packt, oder? Wenigstens neugierig macht? Ach, du kennst das alles von dir selbst? Wie auch immer, wir befinden uns noch ganz am Anfang, ich nehme mal den Fuß vom emotionalen Gaspedal, denn so wie mein Bühnenprogramm[13] auch häufig unterhaltsam-humorvoll (Teil I) beginnt und nachdenklicher endet (Teil III + IV), gehen wir dem Sujet, ausgesprochen wie niedergeschrieben, erst einmal ganz basisch entgegen.
M.E.T.A.L. – Fünf Buchstaben. Ein erster Versuch, in fünf Worten einzufangen, worum es im Metal eigentlich geht. Und jetzt drängt es mich innerlich doch wieder zum Bleifuß, denn ist es überhaupt möglich, über Metal ganz objektiv zu sprechen? Ist in dem Moment, wenn Metal sachlich analysiert wird, die Seele nicht schon verloren? Metal ist, in nüchterner Profanität definiert, harte Gitarrenmusik, eine Subkultur, und seine Anhänger haben oft lange Haare und ein Bier in der Hand. Wenn diese Definition für dich erschöpfend ist, bitte, bitte, schmeiß dieses Buch aus dem Fenster!

Musikverständnis Empathie Trinkerleber Ausdauer Leidenschaft

Musikverständnis:
So wichtig, nein, so entscheidend stets Herz und Hingabe sind, so unabdingbar ist trotzdem ein gewisses Basiswissen. Ohne ein Grundverständnis der Metal-Szene und seiner Artefakte, seiner Heiligtümer, stehst du vor verschlossenem Tore wie einst Gandalf und sein

12 *provozierender Zwinkersmiley*
13 Erstaunlicherweise stand ich nach meiner Band-Zeit das erste Mal wieder im Rahmen eines Metal-Poetry-Slams auf der Bühne, initiiert von Micha-El Goehre. „Erstaunlicherweise", weil ich mit dem Konzept „Poetry-Slam" nur wenig anfangen kann, gerade der Faktor „Slam", also Turnier, missfiel mir vom ersten Tag an. Konsequenz: Ich schrieb weiter Texte im Grundgedanken dieser „Slams", stand aber fortan einfach allein auf die Bühne. Und wurde trotzdem Zweiter.

Gefolge vor dem Eingang Morias.[14] Du weißt nicht, aufgrund welcher Besonderheit die Morbid-Angel-Diskografie nahezu idiotensicher in der richtigen Reihenfolge aufzählbar ist?[15] Halb so wild, kriegst du irgendwann mit. Aber Metal ist, das behaupte ich hier einfach mal ganz frech, auch eine Nerdkultur, in der bestimmtes Wissen vorausgesetzt wird, wenn man ernst genommen werden will. Oberflächlich gesagt, du musst die Klassiker kennen. Aber dabei ist ein ganz wichtiger Ansatz zu verinnerlichen: Es geht nicht darum – oder besser: es sollte nicht darum gehen –, alles wie in der Schule mit Frust und unter tadelndem Blicke zu pauken, es geht darum, Bock zu haben, sich in die schier unendliche Materie einzuarbeiten. Es von selbst aus eigenem Antrieb zu wollen, weil es einen packt, weil du wissen willst, warum bei „Somewhere In Time“, „Reign In Blood“ und „Screaming For Vengeance“ alle feucht und nervös werden.

Dann ist es auch gar nicht so wild, mal nicht sofort aus der Hüfte schießen zu können, wer bei „Ride The Lightning“ Bass gespielt hat. Oder doch?[16] Ja, Metal ist sehr versessen auf die Kenntnis der alten Klassiker. „Kenne die Klassiker!“, das ewige Mantra. Doch was hilft es dir, alle Klassiker auswendig zu kennen und allein diese in deinem Plattenschrank komplettiert zu haben, wenn allzu oft die Geheimtipps, die zweite Reihe mit ihren untergegangenen Juwelen, das Salz in der Suppe sind? Eiskalt formuliert, wer noch nie aus voller Kehle den Chorus von Manilla Roads ‚Necropolis‘ mitgesungen hat, hat nicht vollständig gelebt!

---

14 Es gibt sicher einige literarische Werke, die Einfluss auf den Heavy Metal hatten, aber in einem Buch über Metal nicht auf Tolkiens „Der Herr der Ringe“ anzuspielen, wäre fahrlässig!

15 Die Alben sind alphabetisch sortiert, allerdings mit einer (wenn auch logischen) Stolperfalle.

16 Cliff Burton († 1986)

Empathie:
Eine Weisheit konfuzianischen Ausmaßes, leider gesellschaftlich ohne Hype: „Sei kein Arsch!" Deine Ausgangsposition ist „Metal ist Lärm, Metaller sind allesamt Bier saufende Idioten, und das werde ich ihnen auch in jedem Moment klarmachen!"? Glückwunsch, leg das Buch beiseite, wir werden ab hier keine Freunde mehr! Ja, Metaller sind ein Völkchen für sich. Nicht ganz stubenrein, nicht immer leicht zu handeln, und auch nicht jeder ist immer tolerant. Aber du wirst dich wundern, wie oft ehrliches Interesse und Respekt im Leben Türen öffnen.[17] Im Metal triffst du auf Menschen, die – nicht immer, aber doch zu einem sehr großen Teil – von einer wahnsinnigen Leidenschaft zu ihrer Musik erfüllt sind. Ich spreche hier nicht von einem Hobby, nicht von einer Phase. Ich rede von einer Leidenschaft, die beim ersten Ton beginnt und mit dem letzten Atemzug endet. Es ist keine Phrase, inbrünstig zu konstatieren: Metal ist eine Lebenseinstellung!
Die Empathie beginnt damit, wenigstens zu versuchen, zu verstehen, was das beutetet, und ist der einzige Weg, das schwere Tor Morias in diese Welt zumindest einen Spalt breit zu öffnen. Aber auch Empathie innerhalb der Szene wäre wünschenswert, um einmal einen kritischen Ton anzuschlagen. „Jeder ist sich selbst der Nächste" ist eine ganz tolle, leider gesellschaftlich sehr gehypte Weisheit, aber ist es nicht so, dass wir alle diesem Aspekt der Gesellschaft mithilfe des Metal zu entfliehen versuchen? Ich bin nicht naiv, natürlich funktionieren auch im Metal viele Strukturen wie im Alltagsleben. Aber im Metal finden sich eine ganze Reihe Menschen, für die Metal eine heilsame Flucht aus einer Welt ist, die kein Verständnis für jeden Einzelnen aufbringt, kein Verständnis für Eigentümlichkeiten, Andersartigkeit hat.
„Metal-Community" ist ein großes Wort und eigentlich nur eine Hülse, aber es wäre doch wirklich schön, so spricht mein in die Jahre

17 Gerüchteweise ist das angeblich überall so.

gekommenes, harmoniebedürftiges Ich aus mir, wenn der Gedanke des Zusammenhalts, der Metal doch auch ausmacht, wieder mit etwas mehr Eifer hochgehalten würde. Letzten Endes sind wir alle ein Haufen verrückter Sonderlinge. Na gut, aus dieser Perspektive betrachtet, müsste die schwarze Form der Stromgitarrenmusik konsequenterweise Black Mtal heißen. Und ja, ich höre bei diesem Schenkelklopfer selbst das Grillenzirpen.

Natürlich spricht hier auch meine eigene Biografie aus mir. Für mich war und ist Metal tatsächlich eine Flucht aus der Realität. Ich spreche von Eskapismus, und mir ist natürlich klar, dass diese Form der Realitätsbewältigung nicht auf jeden zutrifft. Ganz im Gegenteil, und dazu komme ich in diesem Buch auf jeden Fall auch noch, nutzen nicht wenige Bands die Energie des Metal, um sich explizit mit den Problemen dieser Welt auseinanderzusetzen, und zwar ohne metaphorische Umwege. Sozialkritik im Metal ist keine Seltenheit. Sie wird genutzt, um auf die Zerstörung der Erde durch den Menschen oder gesellschaftliche Missstände hinzuweisen. Denken wir an Kreator, Sepultura oder Cattle Decapitation. Oder auch an Black Sabbath. Am Ende bleibt aber eine wichtige Erkenntnis: Metal ist sehr oft ein Ventil für die eigene Zerrissenheit, Wut, Unzufriedenheit oder Trauer und damit ein Spiegel des eigenen und gesellschaftlichen Zustands, in dem wir uns befinden. Und es bedarf eben dieser Empathie, um die Essenz dieses Zustands greifen und greifbar machen zu können.

Trinkerleber:

Machen wir uns nichts vor, die Metal-Szene hat eine starke Bindung zum Alkohol. Das musst du nicht gut finden, und es mag Ausnahmen geben, aber wir wissen alle: Einem Metaller das Bier wegzunehmen ist ähnlich schlau, wie sich zwischen ein Flusspferdjunges und seine Mutter zu stellen und in bester „Braveheart“-Manier „Ich bin ein Idiot“ zu schreien. Bier schmeckt super, dazu passt auch mal ein Kurzer, die Gespräche werden intensiver, die Aussprache feuchter, und die Hemmungen fallen. Kurzum, es macht einfach Spaß, auf einem

Konzert oder Festival einen zu trinken, sich mit Freunden oder neuen Bekanntschaften gegenseitig über die schönste Sache der Welt ins Ohr zu brüllen. So weit, so malerisch.
Die Schattenseite ist allzu offensichtlich. Ich kenne viele Metaller, bei denen der Spaß am Bierchen in einer ernsten Alkoholsucht endete, mit all ihren Konsequenzen. Ich eigne mich sehr schlecht als Moralapostel mit erhobenem Zeigefinger, der zur Vorsicht aufruft. Doch während ich dieses Buch schreibe, habe auch ich für mich festgestellt, dass mein Umgang mit Alkohol nicht so weitergehen kann wie bisher, vermutlich genau aufgrund der Auseinandersetzung mit diesem Punkt „Trinkerleber". Ich trinke nicht regelmäßig, nur wenn, dann oft zu viel, und es ist eben dieser Kontrollverlust, der den Genuss in Elend verwandelt. Ich bleibe dabei, Bier und Metal sind eine grandiose Einheit, aber ich kann diese Erkenntnis nicht so stehen lassen, ohne darauf hinzuweisen, wie oft „das Bierchen zu viel", um es mal euphemistisch zu formulieren, schon den Niedergang mit sich gebracht hat. Bon Scott wurde dreiunddreißig Jahre alt.

Ausdauer:
Selbstverständlich ist auch Ausdauer am Glas von entscheidendem Vorteil. Die besten Geschichten fangen selten mit „Und nach drei Gläsern Cola light ..." an. Aber das hatten wir eben, und das meine ich nicht. Ausdauer ist, sich für etwas zu begeistern, nicht nur für einen Abend oder ein Wochenende. Ob du im Metal ernst genommen wirst, entscheidet sich nicht am ersten Abend. Ausdauer bedeutet, nicht mit den ersten Schwierigkeiten die Segel zu streichen und den Kopf einzuziehen. Da ist Metal auch einfach im Umgang hart. Metal ist keine Scheinwelt, keine heile Welt. Metal gibt dir sehr viel, macht dir aber nichts vor. Birmingham war kein Ponyhof.
Es ist der Klassiker, den viele Einsteiger kennen: Du hast irgendeinen x-beliebigen Metal-Song gehört, vielleicht sogar ein Album, das dir komplett den Zaun streicht. Blöd nur, du hast niemanden, mit dem du dich austauschen kannst. Traust du dich dann unter Auf-

bietung all deines Mutes in eine dieser schummrigen Metal-Kneipen und beginnst ein Gespräch, wirst du allerdings schamlos ausgelacht, weil deine neue Entdeckung absolut „untrve“[18] ist. Das ist scheiße, fühlt sich nicht gut an, und in einer perfekten Welt würden dir statt Hohn und Spott wohlwollend gute Tipps serviert. Aber so ist Metal nicht, denn wie in der Welt da draußen vor der kleinen Metal-Kneipe in dieser dunklen Seitengasse ist auch hier eine ordentliche Portion Hartnäckigkeit gefragt.
Ich habe die Erfahrung gemacht, dass es in Berlin sehr einfach ist, für einen Abend einen super Gesprächspartner zu finden. Ich geh allein raus, spreche wen an, Party hard, aber wir sehen uns wahrscheinlich nie wieder. In Hamburg stehst du drei Wochen allein auf weiter Flur, bis dir mal jemand einen Sitzplatz anbietet. Die Person triffst du dann allerdings auch jede Woche wieder. Irgendwie ist es so ähnlich im Metal.

Leidenschaft:
Leidenschaft. Ich kann es gar nicht oft genug betonen und tue es deshalb sehr oft. Leidenschaft steht am Anfang und immer über allem. Deshalb müsste dieses Kapitel eigentlich L.M.E.T.A. heißen. Wenn ich das allerdings laut ausspreche, klingt es wie Weihnachtsbaumbehang. Und am 24. Dezember wird nur einem Menschen gehuldigt! Der sang übrigens einmal folgerichtig „I don't need no Santy Claus“. Aber zurück, Leidenschaft ist alles! Leidenschaft ist das, was ich niemandem beibringen kann, aber versuche, zu erklären. Es ist mein Antrieb. Leidenschaft ist der entscheidende Faktor, ob auch nur ein Wort dessen, was ich hier schreibe, von Wert ist. Ob du verstehst, wovon ich rede, warum ich überhaupt so viel rede. Wenn du dieses Buch aus Interesse am Metal liest, aber noch nicht bis zum Hals in der Materie steckst. Gelingt es mir, dass du dieses Buch nur beiseitelegst,

---

18 Sind wir schon bei „v“ statt „u“? Die Verwendung von „v“ statt u“ ist grammatikalisch mit dem Superlativ zu vergleichen.

um Motörhead oder Iron Maiden aufzulegen? Oder legst du dieses Buch innerhalb der nächsten Absätze für immer beiseite und hörst doch lieber Radio? Steckst du selbst seit Ewigkeiten bis zur Kinnlade in der Materie und willst nur mal wissen, was der Typ mit der Mütze so schreibt? Liest du dann selbst mit geballter Faust Seite um Seite, feuerst das Buch allerdings bei der Erwähnung von ‚Necropolis' auf den Fliesentisch, um diesen Göttersong schnell noch mal aufzulegen? Leidenschaft. Musik. Leben. FUCK, ohne Leidenschaft würde ich dieses Buch nicht schreiben!

Ein Typ, der über Metal redet

Ach ja, habe ich mich überhaupt schon vorgestellt? Ja, in der Einleitung, und dabei wollte ich es doch eigentlich auch belassen. Aber mein erster Lektor hat gesagt: „Ernie, die Leute kennen dich unter Umständen gar ni..." „Waaaaaaas?!", unterbrach ich ihn unwirsch, stellte aber fest: Ja, er hat wohl recht. Ich ließ ihn ausreden, und hier sind wir jetzt.

Also noch einmal von vorn: Ich bin Ernie, und vielleicht hast du dir schon gedacht, dass das nicht mein richtiger Name ist. Ja, Ernie kommt wirklich von „Ernie & Bert". Ich mache ziemlich oft sehr blödes Zeug, und meine herzallerliebste Frau guckt dann immer wie Bert durch die vierte Wand. Kein Witz. Für sie leider auch nicht. Fleetenkieker ist, wie gesagt, ein Pfeifentabak, den ich zu der Zeit gern geraucht habe, als – nun folgt der entscheidende Teil – eines zum anderen kam und ich einen YouTube-Kanal eröffnet habe. YouTube. Ist mir zugegeben immer noch dezent peinlich, das laut zu sagen. Eine Plattform, die unendlich viel Kreativität erlaubt, bei der am Ende aber ein dicker Junge gewinnt, der seinen Supermarkteinkauf vor der Kamera analysiert. Oder eine Frau, die sich so viele Würstchen wie möglich in die Fressluke schiebt. Aber was willste machen?

Ich hatte die Schnauze voll vom Konzept „Band", mir ging alles auf den Sack, damals, 2017: das Business, die Leute, die Business machen, meine Bandkollegen und vermutlich ich mir selbst am meisten. Also rief ich „Krachmucker TV" ins Leben. Heute klingt das wie auswendig gelernte Understatement-Grütze, wenn ich sage, ich hätte nie gedacht, wie diese Entscheidung mein Leben verändern sollte. Aber das tat sie. Seit nunmehr fünf Jahren bestimmt sie mein Leben, ist mein dauerhafter Begleiter, und ehrlich gesagt kann ich mir auch nicht viel anderes mehr vorstellen, als in stetiger Regelmäßigkeit hier zu Hause vor der Kamera zu sitzen und über geile neue Platten zu reden, mich mit spannenden Menschen zu unterhalten oder einfach blind über ein Stichwort draufloszuschnacken, für ein Publikum, das ich hin und wieder treffe, wenn ich mich vor die Tür wage. Klingt so riesig. Aber ich rede hier natürlich immer noch von

Underground, was immer das auch bedeutet. Mal umsonst aufs Konzert kommen und ein paar Mark mehr für die Plattenkasse. Aber das ist bis heute für so einen Typen aus der Kleinstadt immer noch alles unbegreiflich und ... total verrückt!

Ursprünglich suchte ich schlicht eine Herausforderung, etwas, das mich aus dem tristen Alltag reißt und mich fernhält von allen dummen Ideen eines manchmal nicht richtig funktionierenden Denkapparats. Und was ist auf Anhieb die dümmste Idee? Richtig, ein Jahr lang jede Woche ein Video zu drehen. Über Metal. Auf YouTube. Mit siebenunddreißig. Ohne besonders beeindruckende Turnschuhsammlung, ohne Gaming-Skills oder große Ambitionen, sich ungehemmt zum Affen zu machen.

Doch während ich noch jede Woche mit der Unterstützung meiner bezaubernden Frau im feuchten, kalten Keller[19] Video um Video drehte, fest überzeugt davon, in einem Jahr wieder was „mit Substanz“ zu machen, Musik oder so, passierte etwas, das ich mir im Leben nicht erträumt hätte: Immer mehr Leute schalteten Woche für Woche ein, aber nicht, um mich, wie es sich in Sozialen Medien gehört, zu beleidigen, sondern um eine – meine Güte, da kribbelt's schon beim Schreiben – echt tolle Gemeinschaft aus dem Nichts zu erschaffen, die sich wöchentlich virtuell um einen flimmernden alten Röhrenfernseher versammelt. Nicht, um nur zuzuhören, sondern um in den Kommentarspalten lebhaft mitzugestalten. Eine Gemeinschaft, die mir viele Wissenslücken schließt, mich Woche um Woche inspiriert und mit mir zusammen die Begeisterung für Metal auslebt. Wahnsinn! Das erste Jahr verging wie im Flug, und auch wenn Zahlen egal sein sollten: Wenn ich mir bewusst mache, dass heute Woche für Woche gut achttausend Leute bei mir reinschauen, dann denke ich mir immer wieder im Stillen: What the fuck?! Haha, achttausend, das ist doch nichts, wirfst du jetzt ein. Wirklich? Nichts? Na, vielleicht bin ich leicht zu begeistern.

---

19 Schau dir ruhig mal alte Folgen an, die Tapete im Hintergrund wurde unbeholfen auf die Kellermauer geklebt. Jeder, der mich seinerzeit besuchte, brach in schallendes Gelächter aus, weil es wirkte, als sitze ich im gemütlichen Wohnzimmer bei Oma.

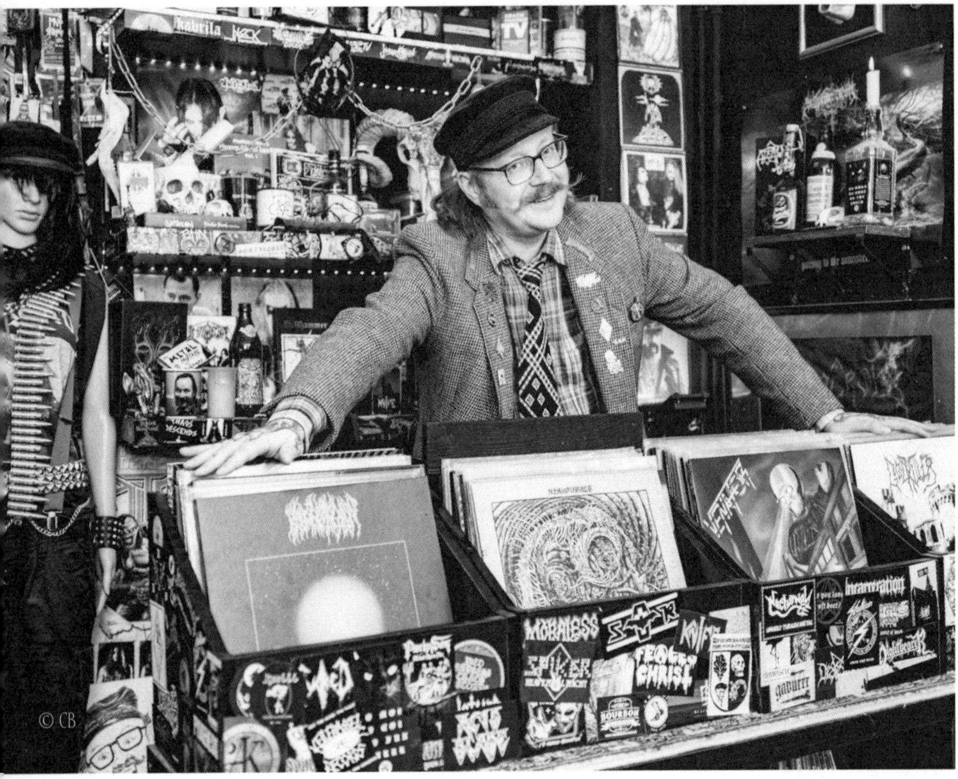

Die heimische Plattentheke.

Wir sind irgendwann umgezogen, der Keller mit Deckenhöhe von einem Meter siebzig, in dem unsere Katzen Mäuse- und Vögel-Kadaver horteten, gehörte der Vergangenheit an. Ich sicherte mir in unserem neuen Heim zwei Räume mit Heizung, baute mir eine Plattentheke ins Büro und gestaltete mir ein muggeliges Tapetenzimmer im Stile „Großeltern mit Serienmörder-Hintergrund". Irgendwas musste ich offenbar richtig machen, was genau, weiß ich nicht. Aber für nicht wenige schien es ein mittelschweres Drama zu sein, wenn ich mal ein paar Wochen Pause machen musste. Und auch ich muss sagen: Obwohl der Großteil meines Treibens virtueller Natur ist – diese Gemeinschaft fühlt sich heimelig echt an.

Die Musik musste seitdem immer kürzertreten, auch wenn ich einigermaßen regelmäßig zur Gitarre greife. Aber statt Songtexten fing ich an, kurze Essays, Kolumnen, nachdenkliches Gedankenrauschen und humorvolles Hirnblabla niederzukritzeln. Und ging damit auf die Bühne. Zweiter Auftritt: Wacken. Kleinste Bühne, ich saß fast auf Jensens Schoß. Der war sauer, weil er dachte, wir überziehen, dabei wollte er irgendwas ankündigen. Die Dinge verselbstständigten sich ab einem nicht genau zu verifizierenden Punkt, und irgendwann war ich hier und schrieb an diesem Buch. Genau jetzt, bei diesem Absatz hier. Jetzt gerade, in dieser Sekunde, als du das hier liest, bin ich im Jetzt.

Über mich? Jahrgang 1980, eine schwierige Mischung aus taubstumm und Sabbelwasser trinkendem Monologfetischist. Es fällt mir schwer, anderen nicht ins Wort zu fallen, es fällt mir sogar schwer, mich nicht selbst ständig zu unterbrechen: „Ach warte, vorher noch ...", „Bevor ich dazu komme, noch schnell ...", und meistens habe ich dann schon vergessen, was ich eigentlich sagen wollte. Ich höre mich gern reden und bin definitiv ein notorischer Selbstdarsteller. Das sage ich über mich selbst, ob das positiv oder negativ ist, muss jeder für sich selbst entscheiden. Ich brauche die Einsamkeit und die Bühne gleichermaßen, überhaupt die Kontraste. Ich trinke selten mal ein wenig, eher selten sehr viel. Für manche bin ich sehr sympathisch, für andere, so stelle ich mir das vor, ein geltungsbedürftiges, peinliches Arschloch. Ich persönlich finde mich relativ lustig, lache aber auch in Gesellschaft allein. Ich höre seit über dreißig Jahren Metal, meine Schwerpunkte sind vor allem (aber abnehmend) Black Metal[20] und (zunehmend) Heavy Metal der alten Schule[21]. Aber Schluss jetzt hier, viele weitere kleine Details über mich erfährst du ohnehin in diesem, meinem ersten Buch.

20 In diesem Moment höre ich: Katharsis „Fourth Reich".

21 Mein zuletzt gehörtes Heavy-Metal-Album war: Venator „Echoes From The Gutter".

Heavy-Metal-Grundschule

Also, lass uns jetzt über Met… *ein urplötzliches, unsanftes Vinyl-Knarzen* Naaarghhh …
Du verstehst kein Wort von dem, was ich hier schreibe, oder? Kann es sein, dass du dieses Manifest gerade vom Beistelltisch auf dem Klo deines einzigen Kollegen, der Metal hört, gefischt hast? Weil du die Uli-Stein-Gesamtausgabe schon durchhast. Du kennst keine der bereits erwähnten Bands, aber … ahhh, gut, ein wenig Neugierde war also vorhanden. Ich merke schon, ich muss noch einmal etwas weiter ausholen, nur für dich! Alle anderen können mit den (vorerst) 20 Thesen des Metal fortfahren.
Nehmen wir dieses Kapitel einfach als einen kleinen Survival-Ratgeber für Einsteiger. Du hast von Metal keine Ahnung? Das macht überhaupt nichts. Ein Grundinteresse ist ja vorhanden, sonst hättest du jetzt schon zum Playboy gegriffen. Ich gehe einfach mal davon aus, du hast diesen einen besagten Kollegen, der Metal hört. Aber mit ihm oder ihr auf eines dieser ominösen Konzerte zu gehen, ne, das haste dich bisher dann doch nicht getraut. Ist ja alles nur Lärm und die Leute alle frisch aus dem Knast, nä? Nun gut, als jemand, der exakt einmal im Jahr im Winter mit seinem Trauzeugen in den Wald geht, „Holz macht", dabei Schnaps aus einem Aluminiumbecher trinkt und den Rest des Abends ins Feuer starrt, um morgens halb erfroren und mit den Nerven am Ende der Ehefrau zu erzählen, „wie geil die Erfahrung wieder war", würde ich mich nicht zwangsläufig als ausgemachten Survival-Experten der Nehberg-Schule bezeichnen. Aber nach nunmehr dreißig Jahren Heavy Metal möchte ich doch behaupten, den einen oder anderen Kniff mitgenommen zu haben, wie sich ein Zusammentreffen oder gar Zusammenleben mit dem Homo

Heavycus Metallicus[22] (nachfolgend „Heavy-Metaller[23]" oder einfach „Metaller"[24]) überlebenssicherer gestalten lässt. Der Komparativ ist hier wohl wissend gewählt, ob der nie ganz eindeutigen Gewissheit, mit was für einem Exemplar „Mensch" wir es zu tun haben. Denn eines sollte nie außer Acht gelassen werden: Metaller sind auch nur Menschen, Menschen sind halt Menschen, und der Mensch an sich ist hin und wieder ein riesengroßer Haufen Scheiße.[25]

Metal als Survival-Abenteuer für den Unbedarften. Ganz als würdest du dich auf eine Reise durch die Steppen Afrikas, die Eiswüsten Grönlands oder die grau verhangenen Ebenen des Ruhrgebiets vorbereiten wollen. Letzteres bringt uns fast schon auf die richtige Fährte, aber immer der Reihe nach! So wie Nehberg auch nicht mit dem ersten Fernweh die Durchquerung des Regenwalds in Angriff genommen hat, solltest auch du mit kleinen Schritten beginnen. Aber ob nun der Dschungel Südamerikas oder das Verständnis des Frühwerks von Sodom und Kreator das Ziel ist, dir stehen aufregende Zeiten bevor! Hier die erste Faustregel: Am Anfang solltest du der Dinge respektvoll harren! Auch beim besten Freund des Menschen würde natürlich niemand auf die Idee kommen, der überforderten Fellnase schon bei der Erstbegegnung mit irrem Blick und den Worten „Darf ich mal streicheln?" an die Bürste zu gehen. Wobei, erfahrungsgemäß ... Ich denke immer wieder gern an den Gefahrensucher, der einst im örtlichen Metal-Club dem Dienstältesten auf die Kutte boxte, und während der noch irritiert auf das „Helene Fischer 2012 live in

---

22 Vergl. „Epicus Doomicus Metallicus" (1986) von Candlemass, die schwermetallwissenschaftlich anerkannte Doom-Klassifizierung.

23 „Heavy Metal" wird von mir gelegentlich, trotz besseren Wissens, dass „Heavy Metal" heute eigentlich nur eines von vielen Subgenres im Metal ist, als Oberbegriff benutzt. Einfach so. Weil es super klingt.

24 Ich spare mir ob der Lesbarkeit jegliche Versuche, nach aktuellen Konventionen korrekt zu gendern. Es ist immer jeder gemeint, im Guten wie im Schlechten. Im Metal hat jeder Platz, selbst mein Kater headbangt zu Cathedral.

25 Einer gesund negativen Grundhaltung dem Menschen gegenüber kann ich mich leider nicht erwehren.

Leipzig"-Shirt starrte, über das Solo von Asphyx' ‚Last One On Earth' hinwegbrüllte: „Danach aber mal 'ne Runde Wolfgang Petry, oder Jungs?!" Mit ein wenig Fingerspitzengefühl hätte der darauffolgende Eklat vermieden werden können.
Um in der Welt des Heavy Metal auch als Anfänger zu überleben, gilt es, Fingerspitzengefühl zu beweisen. Nicht nur olfaktorisch ist die Metal-Szene durchaus mit der Tierwelt zu vergleichen. Sprich, der erfahrene Heavy Metallicus kann dein Unwissen riechen. Wie ein Hai, der Blut aus einer Verdünnung von eins zu zehn Milliarden extrahiert, erkennt auch der optisch für dich proletarisch wirkende Vollzeit-Headbanger sofort, ob du heute morgen Desaster oder Nino de Angelo gehört hast.
Empfehlenswerter Einstieg: dezente Zurückhaltung, kein Bier ablehnen, zur Musik angemessen nicken. Absolutes No-Go: Dich auf den Stammplatz des Platzhirschs am Tresen setzen, während dieser gerade auf Klo ist, einen Prosecco[26] bestellen und argwöhnisch die Nase rümpfen, weil der Bierdeckel auf der Tischplatte klebt. Ich erinnere mich an früher, als unser Metal-Club nach Wochen der Renovierung wieder geöffnet wurde, und die Nase gerümpft wurde, weil die Tische abgewischt worden waren. Ansonsten: Beobachten.
Die Kleidung eines Metallers mag auf den ersten Blick einfach gestrickt wirken. Aber der Teufel steckt im Detail, lässt sich doch mit etwas Erfahrung innerhalb eines Bruchteils einer Sekunde von der Optik auf den gesamten Plattenschrank schließen.

Die Kutte

Das Herzstück. Was auf den ersten Blick wie ein fragiler Fetzen mit bunten Bildchen wirkt, überdies aussieht, als würde eine Geruchsprobe sofortiges Dahinscheiden bedeuten, ist in Wirklichkeit häufig, und ich meine dies absolut ernst, ein über Jahre gereiftes, mühevoll zusammengesuchtes und -genähtes Kunstwerk. Niemals, niemals ein

26 Wobei mir jetzt gerade die Erdbeer-Bowle auf dem Chaos Descends in den Sinn kommt.

fertig gekauftes Kleidungsutensil! Ich schreibe dies mit Verzweiflung, weil ich weiß, dass es nicht so ist. Eine perfekte Kutte ist ein Abbild ihres Trägers. Jeder Patch wurde sorgfältig ausgewählt, selbst aufgenäht, was übrigens ein sehr beruhigendes Ritual ist, jede Kutte über Jahre in Ehren gehalten. Die Kutte eines Metallers ist im Grunde Kulturerbe.

Das Bandshirt

Zugegeben, etwas provokant ausgedrückt, aber zwischen der Optik eines Metallers und der eines Formel-1-Rennfahrers fehlt nicht mehr viel, eigentlich ist die textile Oberfläche eines klassischen Metallers eine reine Werbefläche – wenn auch für geile Bands statt beschissener Großunternehmen. Das gilt neben der Kutte auch für das Bandshirt. Alles ist besser als kein Bandshirt, allerdings zählt auch hier das besuchte Terrain bei der Auswahl. Langweilig, aber eigentlich immer sicher: Motörhead, Iron Maiden, Slayer. Möglichst nicht aus der aktuellen H&M-Kollektion. Niemals, ernsthaft, bitte-bitte-bitte-mit-Sahne-obendrauf niemals Funshirts. Das Tragen von „Dieser Bauch ist antrainiert"-Shirts gehört in einer gerechten Welt mit Stockschlägen bestraft! Festivals bieten die fast idiotensichere Option, auf dem jeweiligen Festival das passende Festivalshirt zu tragen. Hier punktest du vor allem, wenn die Jahreszahl nicht mit dem aktuellen Jahr übereinstimmt.
Festivals-Shirt-Stolperfalle: In Wacken ein Keep-It-True-Shirt zu tragen geht absolut klar. Auf dem Keep It True ein Wacken-Shirt zu tragen ... schwierig! Warum? Dazu komme ich noch.

Und wie ist das mit der Musik? Für den Anfänger, das nicht trainierte Ohr? Bleiben wir bei den vier Grundgenres:

Heavy Metal

Irgendwo muss ich ansetzen. Du kennst vielleicht ‚Ace Of Spades' von Motörhead, ‚TNT' von AC/DC oder ‚Nothing Else Matters' von Metallica, weil das auch in der Disco gespielt wird? Nein? Ach komm, ‚Paranoid' von Black Sabbath kennst du aber auf jeden Fall, oder? Immerhin, dann klingt ‚The Trooper' von Iron Maiden für dich eventuell auch nicht wie ein Autounfall. Heavy Metal, das sind schwere bis messerscharfe Riffs, grandiose Soli, ein Rhythmusgewitter an der Trommelbude, ein pulsierender Bass und eine Sirene am Gesang. Heavy Metal ist die Basis, damals der Namensgeber von allem, heute ein Teil der Metal-Kultur. Der Legende nach begrifflich erstmals aufgetaucht in Steppenwolfs ‚Born To Be Wild':

„I like smoke and lightnin'
Heavy Metal thunder"

Klassischer Heavy Metal ist einfach das Schönste, was es gibt.

Thrash Metal

Dann kam der Thrash Metal. Klingt eigentlich wie Heavy Metal, nur können die Protagonisten ihre Instrumente noch weniger bedienen, dafür tun sie dies aber schneller. Singen kann das auch jeder, beim Punk ging es schließlich auch nicht um Können. Stell dir ‚The Trooper' vor, eingespielt von besoffenen Mülltonnenwerfern. Ob du Thrash oder Trash schreibst, ist eigentlich auch egal.[27] Wie ein guter Kumpel so schön sagte: Thrasher sind die Rotzlöffel unter den Metallern. Und das dürfen sie sein.

Death Metal

Mir entgleitet das Sujet aufgrund latenter Ernstlosigkeit, aber das Spiel kann ich endlos weiterführen: Nach dem Thrash- kam der Death Metal. Orientieren wir uns mal zur Unterscheidung an der Stimme. Also zurück zum Anfang und einer Faustregel: Hoher Falsett oder wenigstens Grundzüge, die Gesangsunterricht erkennen lassen – Heavy

27 Wie gut, dass Szenekenner dieses Kapitel übersprungen haben.

Metal. Genau das nicht: Thrash Metal. Hast du den Eindruck, die Person am Mikro kotzt in einen Eimer: Death Metal.

Black Metal

Tja ... Ich muss zugeben, ich kann mir kaum noch vorstellen, wie klassischer Black Metal der Schule von Bathory, Darkthrone, Mayhem und Mütiilation für jemanden klingen muss, der am liebsten Radio hört. Vermutlich einfach schlimm, aber das empfinden auch Heavy-Metaller häufig so. Es ist tatsächlich hervorzuheben, dass Black Metal innerhalb der vier Grundgenres eine gewisse Sonderstellung einnimmt. Es kommt erstaunlich häufig vor, zumindest heutzutage, dass man auf Hörer trifft, die ausschließlich Black Metal hören und von der klassischen Spielart keine Ahnung haben. Schlimmer noch: sich überhaupt nicht dafür interessieren. Dafür dann angeblich besonders für Klassik.

Aber wieder vorübergehend ernsthaft: Es ist mir wichtig, trotz meiner Art, nicht alles mit unerträglicher Bierernstigkeit nehmen zu müssen, das Thema Metal nicht der Lächerlichkeit preiszugeben! Humor ist lebensnotwendig, aber Metal ist kein dummes Sprücheshirt à la „Ich schau nicht böse, ich grins nur nicht jeden Trottel an". Ich liebe Metal! Und damit bin ich nur einer von vielen, die dieser Musik ihr Leben widmen. Ich würde nicht seit über dreißig Jahren Metal hören, wenn ich nicht in diesen über drei Jahrzehnten immer wieder etwas Neues entdecken würde, mir immer wieder der schieren Vielfältigkeit bewusst werden würde und nicht andauernd das Gefühl hätte: Verdammt noch mal, genau das ist es! Metal ist nicht nur dieser langhaarige Typ, der immer ein Bier in der Hand hat,[28] wahlweise entweder immer „so tolerant" oder doch immer „so true" ist. Metal ist nicht nur Wacken, Metal ist aber auch nicht nur Keep It True. Metal ist eine Leidenschaft, die sehr viele Fans auf der ganzen Welt sehr

28 Na ja okay, schlechtes Beispiel ...

ernst nehmen, sich dabei aber selbst nicht immer zu ernst nehmen müssen. Von Black-Metallern mal abgesehen.
Es geht natürlich um Vorurteile. Die größten habe ich jetzt schon genannt, und sie sind meiner bescheidenen Meinung nach auch der einzige Grund, Berührungsängste mit dieser unglaublich intensiven Musik zu haben. Zu laut, zu viel Geschrei, zu untalentierte Musiker, zu intolerante Leute. Ja, es ist laute Musik, das soll so, ist ja nun irgendwo Rock'n'Roll. Zu viel Geschrei? Zugegeben, valider Punkt, es ist schon richtig, aber das Gehör muss eben trainiert werden. Als ich das erste Mal Brian Johnson von AC/DC gehört habe, wurden Erinnerungen an Donald Duck wach. Jahre später ließ mich Mark Shelton erst mal an Skeletor denken. Du musst nicht gleich mit Nattramn auf „Death – Pierce Me" von Silencer warm werden, damit kommt ohnehin kein normaler Mensch klar. Scorpions waren für mich ein guter Einstieg. Danach vielleicht mit Putrid Pile weitermachen. Und wie in der Klassik kommen dann ganz schnell die vielen kleinen Facetten zum Vorschein. Denn Metal eine grundlegende musikalische Inkompetenz vorzuwerfen, ist der größte Blödsinn, gleich nach „Bei DSDS geht es vor allem um Talent". Gut, die Sache mit der Intoleranz ... Bezogen rein auf die Musik ist der durchschnittliche Jazzer, Klassik-Fan und audiophile Hi-Fi-Fetischist noch eine ganze Ecke anstrengender als der Typ, der einfach nur seine Mucke hören will.
Es wird dich überraschen, aber in den allerseltensten Fällen muss ein Nicht-Metaller auf einem Metal-Festival Angst haben oder um sein Leben bangen (über diese Dreideutigkeit musste ich gerade herzlichst in mich hineinkichern[29]), wenn er oder sie nicht die richtigen Klamotten anhat. Ich würde sogar behaupten, dass Nicht-Metaller dem durchschnittlichen Metaller schlicht egal sind. Dafür sind Metaller aber durchaus ruppig-liebenswert, wenn man ihnen mit Res-

29 Witze erklären ist immer Premiumlevel: bangen (Verb) 1) Angst haben. 2) Eine Art des rhythmischen Kopfschüttelns. 3) (ugs.) für „dem Liebesakt frönen", ohne dass „Liebe" hier in einem Zusammenhang steht. Also bumsen.

pekt, Höflichkeit und ehrlichem Interesse für ihre Musik begegnet. Ich wiederhole mich. Man sagt mir nach, ich wäre ein sehr stiller, zurückhaltender Typ. Wettet auf Familienfeiern, ob ich wirklich nicht mehr als zwanzig Wörter pro Stunde rausbekomme. Tja, versuch es mal mit einem unverfänglichen: „Hast du dieses geile neue Album von Eisenhand aus der Stahlstadt Linz schon gehört?"
Gefahren-Level-Barometer: Selbst der Besuch eines Cannibal-Corpse-Konzerts (Kannnibalenleiche) wird kaum vergleichbar sein mit einer Konfrontation mit echten Kannibalen in freier Wildbahn. Es ist wie mit Wölfen. Solang du sie nicht nervst, kümmern sie sich um ihren Scheiß. Saufen dir aber das Bier weg. Anders: Es ist wahrscheinlicher, auf einem Volksfest einfach so auf die Fresse zu bekommen, als dass auf einem Konzert von Obituary (Todesanzeige) mehr passiert, als dass du mal etwas unwirsch angerempelt wirst.
Noch was, bevor du weiterlesen kannst? Metal gibt es seit über fünfzig Jahren, einen kleinen Einblick eröffne ich dir mit diesem Buch. Aber es gibt nur zwei Voraussetzungen für den Einsteiger, alles andere kommt mit der Zeit: ehrliches Interesse und Begeisterungsfähigkeit. Also, auch für dich, weiter im Text.

Die (vorerst) 20 Thesen des Metal

Im Jahr 2018 wurde ich von dem von mir geschätzten Micha-El Goehre zu meinem ersten Metal-Slam eingeladen. Ein sehr schöner Abend, mein erster Bühnenauftritt seit längerer Zeit und mein erster ohne Band, nur mit mehreren Textblättern in der Hand. Wobei ich mich an diverse Gigs erinnere, bei denen ich auch die Texte in der Hand hielt, Tabs an die Monitorbox geklebt hatte oder einfach schrie und spielte, was mir in den Sinn kam. Einen Slam hatte ich bis dahin aber nie bestritten, und erst auf der Bühne fiel bei mir der Groschen, dass Slam (zu Deutsch: Turnier) sozusagen auch für Wettbewerb steht. Das Problem? Für mich passen Kunst und Wettbewerb nicht zusammen. Ist einfach so und ging mir auf meinem zweiten Metal-Slam dann regelrecht an die Nieren, sodass dieser auch mein letzter blieb. Ich habe beide gewonnen, aber mir war natürlich klar, dass ich auf keinen Fall besser bin als meine Mitstreiter, mit denen ich die Bühne teilte. Auf der Bühne zählt nur eines: Alles zu geben, für sich und fürs Publikum. Mehr nicht! Und ich will auf der Bühne nur eines besiegen: meine Nervosität.

Die Poetry-Slam-Szene hat sicher noch mal eine andere Dynamik, aber ich fühlte mich an diese unsäglichen Band-Contests erinnert, an denen ich nie teilnehmen wollte. Vier Bands stehen nacheinander auf der Bühne, und du kannst mir viel erzählen, aber da oben denkt den ganzen Abend keiner was anderes als „hoffentlich gewinnen wir, hoffentlich sind wir besser", und das fühlt sich für mich wie ein „Verramschen" von Passion an. Das widerspricht all meinen Vorstellungen von künstlerischer Entfaltung. Egal ob es Verträge, Festival-Slots[30] oder was es auch immer zu gewinnen gibt.

Lange Rede, kurzer Sinn: Im Rahmen des ersten Abends entstand

---

30 Zugegeben, ich finde den „Wacken Metal Battle" insofern wieder eine tolle Sache, weil Bands aus den entferntesten Ländern die Chance geboten wird, mal auf einer großen Bühne zu spielen. Bands aus Ländern, wo es eben keine große Bühne gibt.

ein Thesenblättchen, mit dem ich versuchte, Metal in seiner Eigenheit, Ernsthaftigkeit, aber auch Unbeschwertheit zu ergründen. Diese damals dreizehn Thesen sind mittlerweile auf zwanzig Thesen angewachsen und beinhalten, worum es im Eigentlichen bei all dem geht, was ich hier niederschreibe.

Und so stand ich eines frühen Morgens in Bademantel und Schlappen am Ortseingangsschild von Wacken, es war kalt, und keiner war da, denn es war November. Ich steckte eine ausgenudelte Exciter-Kassette in den Ghettoblaster, drückte auf Start, und während sich das Pfeifen des Windes von ‚The Holocaust' mit den kalten schleswig-holsteinischen Sturmböen vereinigte, überklebte ich „Wacken – Kreis Steinburg" mit den folgenden zwanzig Thesen:

Metal ist ...

1. ... der Eintritt in eine zwar nicht in sich geschlossene, aber eigene Welt mit eigenen Regeln und Ritualen, die – sofern du das schwere Tor dazu aufstoßen kannst – dein Leben verändern wird.

2. ... trotz all seiner für den Einsteiger vielleicht erschlagend wirkenden Regeln und Rituale die Entdeckung der Freiheit, denn Metal ist Freiheit![31] Und wenn es die Freiheit ist, alle Regeln und Rituale einfach zu ignorieren.

3. ... keine große Community! Dafür ist die Metal-Szene zu groß, mit viel zu vielen verschiedenen Individuen.

Und genau diese Feststellung ist das große Dilemma im Metal, gerade wenn sich Außenstehende einmischen. Dann heißt es wahlweise

31 Ich möchte mir diese Erkenntnis nicht auf die eigene Fahne schreiben, das In Flammen Open Air wirbt mit eben dieser Parole: „Metal ist Freiheit".

verallgemeinernd: „Metaller sind ja alle so tolerant“ oder eben „Metal, so eine intolerante Szene habe ich noch nie erlebt“, wenn es mal nicht so gut lief. Ich benutze nur allzu gern den Begriff „Heavy Metal“ als Sammelbegriff, obwohl ich weiß, dass „Heavy Metal“ heute nur noch ein Subgenre in diesem riesigen Fass ohne Boden ist. Vielleicht sogar, um den traditionellen Metal von seinen modernen Entwicklungen abzugrenzen. Was ich damit sagen will? Es wird mir in diesem Buch nicht möglich sein, Metal in all seinen Facetten abzubilden, Manifest hin oder her. Es werden nicht nur unglaublich viele Bands in diesem Buch ungenannt bleiben, es werden ganze Spielarten vermutlich höchstens angeschnitten, wenn nicht ganz vergessen, allein weil meine Sicht auf Metal auch nur eines ist: eine ganz individuelle Betrachtungsweise von einer einzigen Person, die keinen Anspruch auf Vollständigkeit hat. Für einen Außenstehenden mag Metal als Ganzes auf „lange Haare, Lärm und Bier“ reduzierbar sein, aber dann sind Gemälde auch nur bunte Bilder.

4. … auch nicht diese eine große Community, die jeden mit offenen Armen empfängt, der mal für einen Abend keinen Bock auf Schlager hat und sich denkt: „Mit diesen langhaarigen Idioten kann man ja auch mal 'n bisschen Party machen.“

Es ist erschreckend, wie häufig irgendwelche Party-Touristen mit dieser Einstellung den örtlichen Metal-Pub entern. Und sich dann wundern, wenn der Abend für sie im höchsten Maße unangenehm endet. Aber wer kennt sie nicht, diese hervorragenden Exemplare Mensch, die zu Hause den Rasen mit der Nagelschere schneiden, um sich bei anderen wie 'ne offene Hose zu benehmen? Ich höre nicht selten, dass die örtliche Metal-Kneipe für viele das zweite Zuhause ist. Man sollte dem Gastgeber nicht auf den Teppich pissen!

5. ... auch nicht diese Szene, die nur aus ungewaschenen[32], verzweifelten Assis ohne Zukunftsperspektive besteht, die nur darauf warten, dass ausgerechnet DU jetzt dazustößt, damit DU ihnen erklärst, wie dies und das zu sein hat.

„Müsst ihr so viel saufen?", „Muss die Musik so laut?", „Kannste die Kutte nicht mal waschen?", „Metal ist schon irgendwie voll toxischer Männlichkeit, oder?"

6. ... nicht dazu da, zu gefallen! Metal ist provokant!

Metal eckt an, Metal darf kontrovers, provokant und unangenehm sein. Metal ist nicht nur Flucht aus dem Alltag, Metal ist auch Kritik, warum eine Flucht überhaupt nötig ist. Metal ist nicht nur Unterhaltung und Kuttenpflege, Metal ist Mittelfinger!

7. ... für jeden Menschen, der mit Herz und Leidenschaft bei der Sache ist und gelernt hat, dass man nichts geschenkt bekommt, der Himmel der Hölle. Denn ...

8. ... die beste Musikrichtung der Welt! So unfassbar vielfältig, dass du manchmal dem Trugschluss unterliegen könntest, gar nichts anderes mehr hören zu müssen, weil du im Metal einfach alles findest.

Es ist das Großartige, dass es in einer Musik, die seit über fünfzig Jahren existiert, nach Jahren des Hinein-Vertiefens immer noch Neues zu entdecken gibt! Du könntest von heute auf morgen entscheiden, nur noch Alben zu hören, die bis 1996 erschienen sind, und du würdest dennoch in einem Leben nicht alles hören können, was Metal dir bietet. Metal ist wie Utgardlokis verzaubertes Horn, welches nicht einmal Odin in einem Zug leeren konnte. Und ja, der Himmel der Hölle,

32 Hm ...

denn wie sagte Milton einst so schön: „Besser ist es, in der Hölle zu herrschen, als im Himmel dienen."

9. … Musik, die für mich und viele andere wie keine andere in der Lage ist, einen zumindest für einen Moment aus dem Chaos und der Scheiße des alltäglichen Lebens zu holen.

Noch Fragen?

10. … die Fähigkeit, etwas sehr ernst zu nehmen, aber sich selbst nicht zu ernst zu nehmen. Denn Metal ist auch …

11. … die großartige Kombination, mit Gleichgesinnten in chaotischstem Wechsel über nerdigstes Fachwissen zu diskutieren und parallel auf unterirdischstem Niveau Limbo zu tanzen.

Ob zwischen Plattenregal und Stereoanlage, auf einem Festival oder mitten im Getümmel eines stickig-heißen Kellerkonzerts: Fakten wollen ausgetauscht, aber der Seele auch freien Lauf gelassen werden. Mir fällt beim Schreiben gerade auf, dass dies eine erstaunlich bündige und einfache Zusammenfassung der Metal-Seele sein könnte. So gern ich über all das hier rede und schreibe, so gern ich mich in Kleinigkeiten verliere, so oft ich über Nerds und Leidenschaft fabuliere, versuche, alles im Detail zu erfassen – so aussagekräftig kann manchmal ein lauter Schrei auf einem Festival sein, mit seinen Besten Arm in Arm, die Faust in die Höhe gereckt: „METAL!" Bock auf Mucke, Bock auf Spaß!

12. …, sich gerade für sechzig Euro Platten gekauft zu haben, obwohl nur noch vierzig Euro auf dem Konto sind.

Wenn du nicht auf deinen Kontostand schaust, bist du nicht im Minus!

13. ..., jemanden, den man noch nie gesehen hat, auf sein Shirt anzusprechen und für den Rest des Abends einen großartigen Gesprächspartner zu haben.

Mit Verlaub, DAS kennt doch wirklich jeder, ob du erst seit gestern dabei bist oder bereits seit vierzig Jahren dazugehörst! Und wenn es nur der verschwörerische Blick ist, den man im Urlaub mit seinen Eltern dem einzigen Typen in der Ferienanlage mit Blind-Guardian-Shirt zuwirft. Shirts sind der absolute Eisbrecher. Die Entscheidung, welches Metal-Shirt heute ausgeführt wird, ist wohlüberlegt. Die Socken mögen nicht zueinanderpassen, die Unterhose nur noch von viel Optimismus zusammengehalten werden, aber es soll vorgekommen sein, dass versierte Hardliner die Vorband verpasst haben, weil sie sich nicht entscheiden konnten zwischen einem Achtziger-Tourlappen von Judas Priest oder dem gerade aus der Post gezogenen neuen Shirt von Megaton Sword. Das Shirt definiert für den Moment alles, wofür du stehst. Das Schlimmste, was passieren kann? Jemand trägt am gleichen Abend das gleiche Shirt.

14. ..., sicher durchs Leben zu kommen mit der Aussage: „Das Demo war besser!"

Ich habe es versucht, es funktioniert. Egal ob ich die Band kannte, oder nicht. Variationen sind „Das letzte Album war besser" oder, vage gehalten, „Früher war die Band besser". Gern genommen auch: „Live sind sie besser." Grundsätzlich gilt: Jede Metal-Band war auf jeden Fall in der Vergangenheit besser als heute. Bis zum nächsten Album, dann ist das eben noch geschmähte Werk wieder besser. Im Zweifelsfall bleibt aber das Demo.

15. ... konservativ!

Zwar kann und soll die Frage gestellt werden, ob dies positiv oder negativ ist, aber es bleibt Fakt, dass Metal sich gern seine bewährten Traditionen erhält. Sei es das Hochhalten seiner Klassiker, die traditionelle Kluft (Metal-Shirt & Kutte) oder das doch eher im Negativen konservative Konstatieren: „Dies und jenes sei kein Metal (mehr), weil ...“ Konservativismus – oder vielleicht besser: Traditionen – sind nicht zwangsläufig etwas Schlechtes, haben Traditionen doch etwas sehr Heimeliges, Verlässliches. Ein Tier aus Tradition durch die Straßen zu treiben und in einer Arena unter ungleichen Bedingungen und dem Euphemismus „Wettkampf“ zu töten, ist selbstverständlich Dreck! Ebenso wie etwas zu legitimieren, das offensichtlich falsch ist, nur weil es schon immer so war!

16. ..., einen feuchten Kehricht auf gesellschaftliche Erscheinungskonventionen zu geben, auf der anderen Seite aber mehr Haarpflegeprodukte als die Frau im Haus zu besitzen – der Bart will schließlich auch geölt, gewichst und pomadiert werden – und die eigene Kutte mit einer Präzision zu gestalten, die einen Patrick Bateman zum Staunen bringen würde.

Manchmal, aber nur manchmal riecht es im Moshpit nach Mango-Aprikose mit einer Spur Minze. Und vor einer mühevoll zusammengestellten und detailverliebten Kutte hatte ich schon immer großen Respekt. Ich besaß nie eine, aber eine Kutte ist, noch mehr als das Shirt, ein Abbild dessen, was für den Träger Metal ist. Ich will mir gar nicht ausmalen, was für ein nervenzerfetzender Prozess die Entscheidungsfindung zum finalen Backpatch sein muss. Die Kutte erzählt eine Geschichte. Und müsste manchmal aufgrund von Hygienestandards eigentlich sofort verbrannt werden.

17. ..., am Pissbecken mit einem Unbekannten der grundsätzlichen Frage auf den Grund zu gehen, welcher Iron-Maiden-Sänger besser ist oder war, und daraufhin eine Band zu gründen, obwohl man unterschiedlicher Meinung ist.

Eine wahre Begebenheit. Standesgemäß hat sich die Band dann auch im Streit wieder getrennt.

18. ..., im Moshpit rücksichtslos durchzudrehen, aber jedem, der hinfällt, aufzuhelfen.

Immer wenn ich diese These auf der Bühne vorlese, geht ein wohlwollendes Raunen und Nicken durchs Publikum! Ein sehr wichtiger Punkt in dieser Liste.

19. ... nicht – ich betone NICHT – nur eine Phase!

Als Metaller wirst du vermutlich zweimal mit dem Vorwurf einer Phase konfrontiert. Das erste Mal von deinen Eltern, die das, was der Sohnemann oder die Tochter da gerade durchmachen, als „Phase" bezeichnen. Das zweite Mal gestaltet sich in höchstem Maße perfider. Du triffst im Laufe deines Lebens auf Menschen, für die Metal tatsächlich nur eine Phase gewesen ist und die dies meist mit der Phrase „Ich hab auch mal Metal gehört" unterbreiten. Die einen sind jetzt Bankangestellte, und die anderen sehen dieses Bekenntnis als unaufgeforderte Gelegenheit, hinzuzufügen „Aber jetzt höre ich ...", womit ein herablassender Vortrag über Fusion Jazz beginnt, der vor allem zum Ausdruck bringen soll: „Ich höre jetzt richtige Musik, und du bist wohl einfach stehen geblieben in deiner Entwicklung." Na denn...

20. ... Metal ist Leidenschaft!

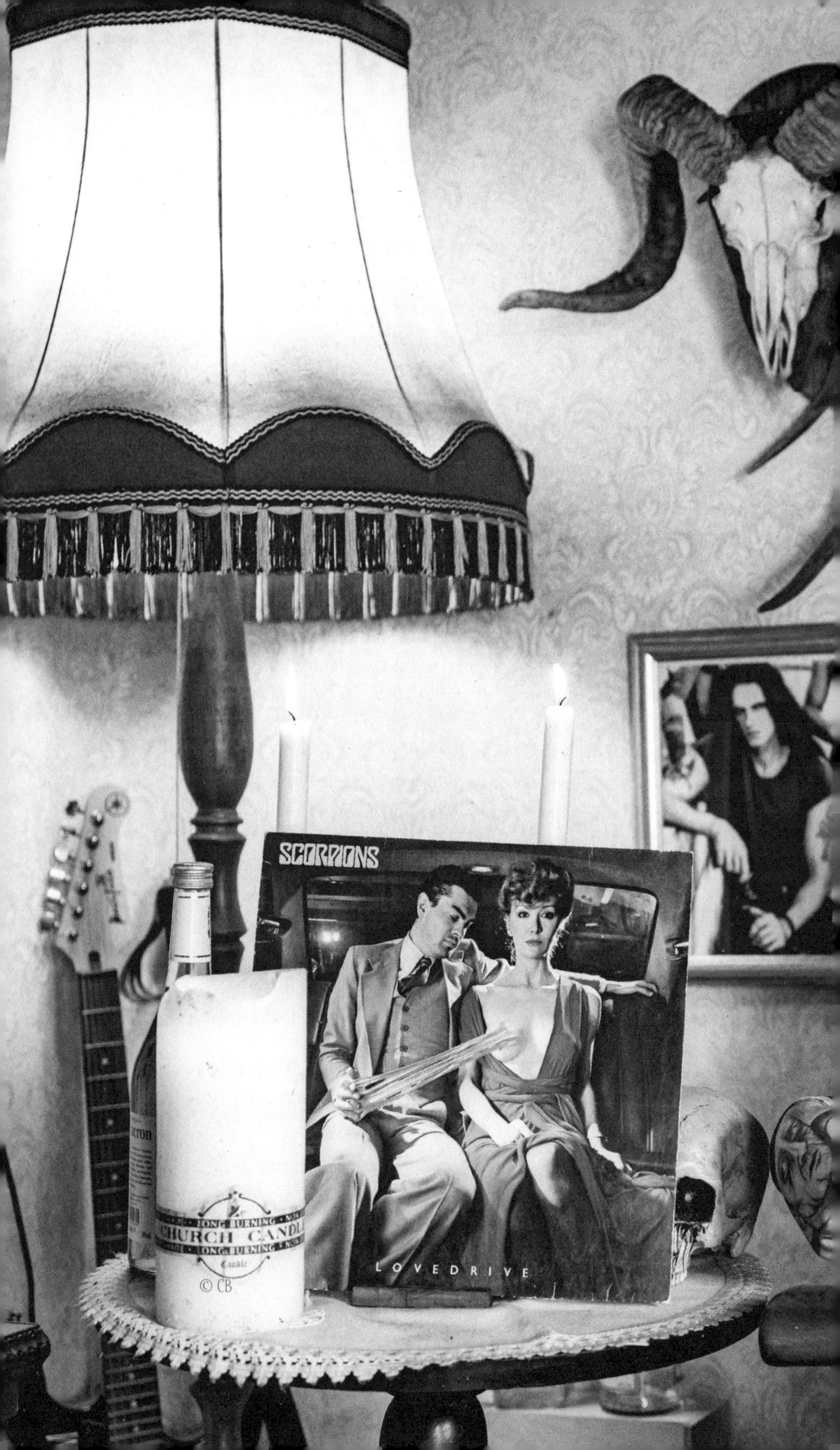
SCORPIONS
LOVEDRIVE
CHURCH CANDLE
© CB

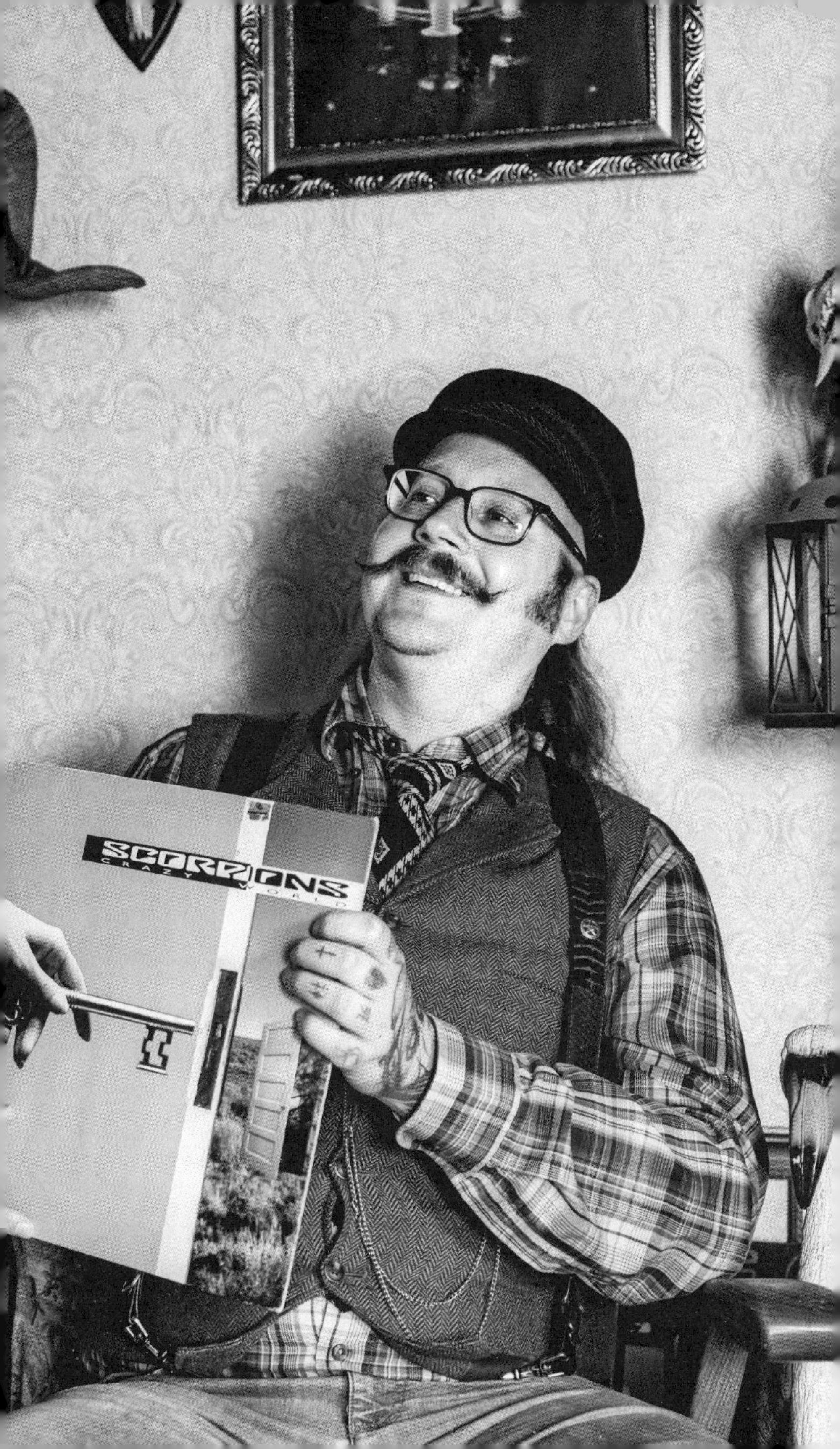
SCORPIONS
CRAZY WORLD

Stationen Pt. 1

Scorpions „Crazy World"

(1990, Mercury Records)

Wie Matthias Jabs immer „der Neue" bei den Scorpions sein wird, wird „Crazy World" für mich immer „das neue Album" der Hannoveraner bleiben. Meine Fresse, Matthias ist seit 1978 dabei, und „Crazy World" ist von 1990! Das ist dreißig Jahre her, das sind sechzig Deutsche Mark! Und jaaa, du wunderst dich jetzt, ziehst die Stirn kraus, und eigentlich willst du brechen, dass hier ausgerechnet das Album mit der gefühlt schlimmsten Schnulze aller Zeiten zur Sprache kommt, oder? Aber vergiss ‚Wind Of Change'! Für mich wehte 1990 auch ein Wind der Veränderung. Das erste Sackhaar, die Stimme wurde nicht nur im Angesicht des neu entdeckten schöneren Geschlechts brüchig, und mein Gesicht sah aus wie ein Streuselkuchen in ekelhaft. Was die Kontaktaufnahme zum plötzlich viel interessanteren weiblichen Geschlecht nicht einfacher machte, aber für immenses Handgelenk-Training sorgte.

Und da kam „Crazy World" raus. Ich konnte bereits einige Singles der Scorps mein Eigen nennen. Meine Großeltern haben damals Automaten an Gaststätten verliehen, unter anderem auch Jukeboxes. Wir hatten nicht nur über Jahre einen Kicker im Keller, einen der guten, nicht diese fragilen Scheißdinger, auch EAV, Roxette und eben die Scorpions drehten sich ein ums andere Mal auf dem Plattenteller. Es ging damals alles sehr schnell. Gerade noch größter Roxette-Fan Niedersachsens unter zehn, dann Scorpions, kurze Zeit später Iron Maiden, und dann war ich schon fast bei Blasphemy.

Die Scorpions stoßen in der Metal-Szene aus einem mir nicht geläufigen Grund oft auf Ablehnung. Ihnen haftet der Makel des Propheten im eigenen Land an, kann das sein? Klar, die Blütezeit der Jungs liegt zweifelsfrei ein paar Jahre zurück. Hardliner ignorieren alles nach Ulis Ausstieg, aber komm schon: „Lovedrive"? Doch sei es, wie es ist.

„Crazy World“ war meine erste härtere Platte. Ich schäme mich auch kein Stück dafür, ‚Tease Me Please Me‘, ‚Lust Or Love‘, ‚Kicks After Six‘ und ‚Hit Between The Eyes‘ rocken mich immer noch! Und ‚Send Me An Angel‘? Balladen können die Scorpions, und so bleibt eigentlich nur ‚Wind Of Change‘ auf einem geilen, vielleicht dem letzten großen Album einer Band, die ich bis heute gern höre. Und nicht vergessen, ich war ein zehnjähriger Stips, kurz davor, die große, weite Metal-Welt zu entdecken.

Metal, unde venis?

Bevor es hier Seite um Seite immer kleinkarierter ins Detail geht, eine bündige, gänzlich humorbefreite Geschichtsstunde. Du wirst schließlich auch nicht zum Mathegenie, wenn du bei der Fibonacci-Folge zuerst an eine Mafia-Serie auf Netflix denkst. Aber Mathe brauchen wir hier zum Glück nicht.[33] Und, zur Erinnerung, niemals vergessen: Vor allem geht es ohnehin um die Begeisterung an der Musik selbst. Und um eine Lebenseinstellung. Was noch?[34]
Fachwissen im Metal lässt sich oft auf Folgendes reduzieren: Kenne die Klassiker. Nicht zu verwechseln mit Klassik. Hin und wieder wirst du zwar, besonders im Black Metal, mit Klassik-Wissen beeindrucken können, meistens reicht da allerdings das Wissen um die bloße Existenz von Wagner. Und vielleicht noch Edvard Grieg. Grundsätzlich solltest du im Auftrag des Metal aber erst einmal alles vergessen, was Hartmut Engler über den Verbleib aller Indianer weiß. Und überlegen, wo die Klassiker, von denen immer die Rede ist, eigentlich herkommen. Das ist nicht nur irre spannend und regt zu bodenlosen Diskussionen bei Bier um Bier um Bier um ... Pinkelpause ... Bier ein – das Wann, aber auch das Wo und vor allem das Wer wird wohl niemals auf ein einziges Datum, einen Ort oder einen einzigen Namen heruntergebrochen werden können, sodass ich mich hier der Einfachheit halber einer allgemein akzeptierten Version bediene.

Es war einmal...

Die wohl beste Musikrichtung der Welt wurde 1970 in Birmingham erfunden, nachdem sich ein gewisser Anthony Frank in einer Metallpresse Mittel- und Ringfinger seiner rechten Hand demoliert hatte. Anthony Frank veröffentlichte daraufhin mit drei weiteren Jungs – in

33 Mathcore-Fans und Prog-Enthusiasten halten bitte gepflegt die Schnauze.

34 Richtig, Leidenschaft.

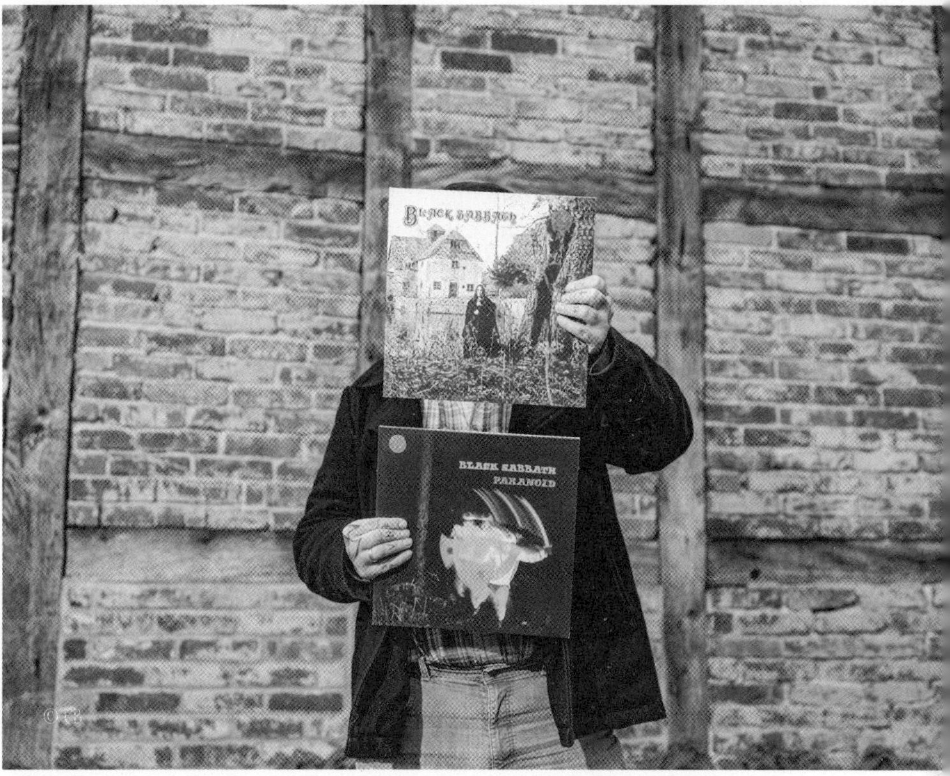

stoischer Ignoranz der Tatsache, dass er eigentlich keine Gitarre mehr hätte spielen können – ein Album, welches er nach seiner Band Black Sabbath benannte. Der Welt seinen ramponierten Mittelfinger zeigend, riffte er sich mit tonnenschweren Akkorden in die Geschichtsbücher. Später entsann man sich der Quelle allen Übels und nannte die Musik „Schweres Metal".
Diese Version mag sich vielleicht nicht wortwörtlich so abgespielt haben, allerdings ist es heute durchaus legitim, Black Sabbath und ihren Gitarristen, der unter dem Namen Tony Iommi große Berühmtheit erlangen sollte, als Mitbegründer des Heavy Metal zu verstehen.

Sicher dürfen bei spezifischer Betrachtung Namen wie Led Zeppelin und Deep Purple nicht fehlen. Den Hit der einen Band darfst du in Gitarrenfachgeschäften nicht spielen, und der Evergreen der anderen ist im wahrsten Sinne des Wortes in Stein gemeißelt.
So kam im Laufe der Siebzigerjahre der Stein ins Rollen. Ein gewisser Robert John Arthur Halford hatte noch langes, wallendes Haupthaar und erging sich in Sünde um Sünde, die mittlerweile komplett dahingeschiedene, legendärste Besetzung von Motörhead (Lemmy Kilmister, Fast Eddie Clarke, Philthy Animal) lärmte bereits mit gnadenloser Scheißegal-Haltung Richtung Metal-Olymp, diese eine Band aus Hannover hatte noch Gitarrenpapst Uli in ihren Reihen, und AC/DC rasten unaufhaltsam auf dem Highway Richtung Hölle. Blöderweise wirklich ohne irgendein Limit, sodass es deren Sänger Bon Scott mit Beginn der Achtziger auf einer Autorückbank in Sachen Tod erwischte.
Dann wurde es in England so richtig unruhig. Die Eisernen Jungfrauen fingen an, einen zukünftigen Klassiker nach dem anderen aufzunehmen, erst noch mit Paul, dann mit Bruce. Der eine hatte den Punk im Blut, der andere kann alles. Und tut es auch! Angel Witch setzten sich gleich mit ihrem Debüt ein Denkmal, Saxon rollten zu fünft mit Stahlfelgen durchs Königreich, und Satan ... Ach ja, Satan. Damals, als noch nicht alle Namen weg waren. Während heute jede moderne Metal-Band, die was auf sich hält, mit einem halben Roman als Bandnamen vorstellig wird, reichte 1979 noch einer der vielen Namen unseres Lieblingsengelchens! „Court In The Act" – zum Niederknien! Brian Ross, du darfst an meinem Bett sitzen und mich in den Schlaf singen!
New Wave of British Heavy Metal nannte sich diese Qualitätsflut aus dem Vereinigten Königreich, die alles zusammenfügte, was Black Sabbath, Deep Purple, Led Zeppelin und viele andere einst begannen. Und die dieser rohen, von Leidenschaft zu Geschwindigkeit und Epik, aber auch von Punk beeinflussten Mucke endgültig ihren Namen in aller Ehre aufdrückte: Heavy Metal.
Was für eine ereignisreiche Zeit. Die Tygers Of Pan Tang fanden es

eine wahnsinnig geile Idee, einen brüllenden Tigerkopf aufs Cover zu ballern,[35] und die Band um Rob fing nun an, ihren knallharten Stahl noch energischer zu schmieden, um zehn Jahre später mit „Painkiller" das metallischste Metal-Album im Metal-Universum zu veröffentlichen.

Ach ja, wer Satan sagt, muss auch Blitzkrieg brüllen. Vielleicht nicht unbedingt an der polnischen Grenze. Ob „A Time Of Changes"[36] heute wirklich in aller Munde wäre und nicht nur ein Klassiker für Heavy-Metal-Goldschürfer, wäre das Album, wie einmal geplant, drei Jahre früher erschienen? Man weiß es nicht, aber während die einen unglücklichen Umständen geschuldet zu spät kamen, war die Welt für manch anderen noch nicht bereit.

Aber der Reihe nach: Sehr früh in den glorreichen Achtzigern wurde es auch schon richtig dreckig. Schuld? Die Punker natürlich. Und Motörhead. Auch nicht zu leugnen sind die Einflüsse der ersten wirklich dunklen Metal-Bands, wie Venom aus Newcastle oder, wirklich finster, Hellhammer aus Nürensdorf in der Schweiz: Gerade GBH, Discharge oder auch Anti-Nowhere League werden hier immer wieder gern als Einflüsse genannt.

Doch zu Hellhammer. Das Resultat einer beschissenen Kindheit, vollkommener Ergebenheit für die Dunkelheit und unendlicher Passion. Einst verlacht, aber wie es mit Pionieren immer so ist – den Erfolg erntet oft erst die nächste Generation. So sollte es dann auch sein, denn dem bis nach Norwegen hörbar grollendem Zähneknirschen Tom Warriors zum Trotz beriefen sich ungefähr zehn Jahre später eine ganze Reihe Kirchenanzünder, Mörder und Gewaltverbrecher auf sein Frühwerk. Aber Finsternis, woher kommst du? Und wohin gehst du? Im Falle Warriors und seines Gefolgsmanns in der Dunkel-

35 Riot hatten aber längst eine lässige Seerobbe engagiert.

36 Was sich da wiederum auf das Cover verirrt hat, weiß keiner so genau. Eine Drachen-Libelle?

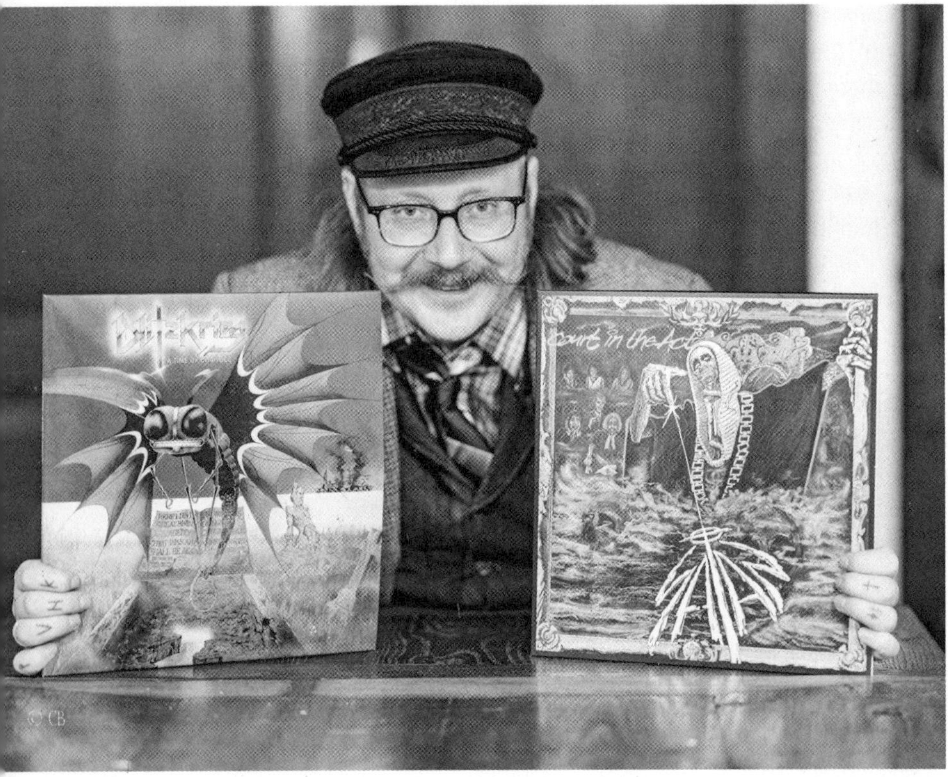

Die Debüts von Blitzkrieg & Satan - Brian Ross, oh wie liebe ich deine Stimme!

heit, Martin Eric Ain, Richtung Celtic Frost. Um einen Hattrick aufzunehmen, dann ein Album, über das keiner gern spricht, und dann mit ihrem letzten Album in die Geschichte einzugehen. Ein Mobber, der klingt, wie schwere Körperverletzung wehtut. Für Masochisten. Ernsthaft, „Monotheist" boxt dir in die Magengrube und pisst auf deinen sich vor Schmerz krümmenden Körper!
Lemmy knallte das Pikass auf den Tisch, dass das Rainbow nur so zitterte, was eine Schockwelle um den Erdball loslöste und diverse Snare-Drumfelle schummriger Proberaumbunker zum Vibrieren brachte. Irgendwo in Amerika saß genau dann ein Lars an seinem Kit und

überlegte noch fieberhaft, wie er zu dem Geschwindigkeitsgeschrubbe seiner Bandkollegen James, Cliff und Kirk angemessen trommeln sollte. Während der Proberaum noch wackelte, versuchte er was und erschuf etwas von derartiger Größe, dass er sich an dem Punkt gedacht haben muss: „Das hier ist so geil, ich werde mich ab diesem Punkt niemals mehr auch nur einen Millimeter weiterentwickeln!"

Es passierte so viel in den Achtzigern. So viel, dass manch einer besserwisserisch vor sich hin parlieren mag, in diesen zehn Jahren wäre alles von Wert erschienen, alle Klassiker, alles von Relevanz, und alles danach sei nur noch eine müde Kopie.

Die 1980er waren zweifelsohne eine wilde Zeit. Auf der ganzen Welt wurden im schäbigsten Proberaum, im dicksten Studio und überall dazwischen Songs geschrieben, Alben veredelt, Hymnen aus Stahl gegossen, die bis heute definieren, was Metal war, ist und sein wird. Jeder Versuch eines Metal-Kanons, jeder Versuch, die wichtigsten Metal-Klassiker zusammenzufassen, wird in einem Lobgesang auf die Achtziger enden!

Und dann kam der Grunge.[37] Lange Haare hießen endlich wieder Arbeitslosigkeit, zumindest wenn sie nicht in Kombination mit Karohemden getragen wurden. Klassischer Heavy Metal hatte Sendepause. Sagt man zumindest so. Dass in diesen Neunzigerjahren aber so unglaublich viel Neues, Innovatives aus der Wiege des Schmutzes gehoben wurde, zeigt nicht nur die sogenannte „zweite Welle Black Metal"[38], in der besagte Kirchenanzünder, Mörder und Gewaltverbrecher erst Kirchen abfackelten, Menschen töteten und verprügelten, um sich dann doch auf ihre Instrumente zu konzentrieren.[39]

---

37 Ich liebe übrigens Nirvana. Und es amüsiert mich immer wieder köstlichst, wenn verbohrte Heavy-Metal-Elitisten rumheulen, dass Grunge an was auch immer schuld war.

38 Strittiger, wenn auch eingebürgerter Begriff. Die erste Welle wurde geprägt von Venom, Hellhammer und Bathory, nicht zu vergessen King Diamond und Mercyful Fate. Aber Moment, was ist mit den südamerikanischen Berufssickos wie Sarcófago und Vulcano? Parabellum? Ein schier undurchdringbarer, dreckiger Schatz, der direkt aus der Hölle geborgen werden will.

39 Ach ja, sowohl Dead (Mayhem) als auch Kurt (Nirvana) knallten sich mit einem Gewehr ins Jenseits – „No I don't have a gun".

Nicht zu vergessen natürlich der Death Metal, der schon Ende der Achtziger brodelte, aber mit Beginn der Neunziger zu seiner vollen Pracht erblühte, vor allem in Amerika und Schweden. Eine Kannibalenleiche aus den Vereinigten Staaten brachte hier Christa Jenal zum Kochen, ein gewisser Benton, Glen mit Vornamen, brannte sich ein umgedrehtes Kreuz auf die Stirn, und der beste Chuck der Welt groovte ab „Scream Bloody Gore" breitschultrig alles zu Tode, übte dann noch mehr Gitarre und riffte sich schon zu Lebzeiten zur Legende.

In Schweden waren Musiker mit ganz eigenen Wässerchen gewaschen. Aus Nihilist wurden Entombed und aus Entombed eine der wichtigsten Death-Metal-Bands Skandinaviens. Ein Album wie „Left Hand Path" wurde ausgerechnet in einem Studio mit dem Namen Sunlight produziert, Humor haben sie ja, die Schweden. Und ein außerordentliches Gespür für Melodien. Göteborg Death Metal als Qualitätssiegel: At The Gates, Dark Tranquillity und In Flames, um nur drei Bands zu nennen, die den Death Metal in eine verträglichere Richtung trieben als Cannibal Corpse die Neugeborenen.

Der Einzug des Keyboards in den Metal: Nocturnus machten es auf „The Key" spacig, Samael düster, und die Italiener schoben die Pizza-Hawaii mit Marshmallows und Zuckerguss in den Ofen. Es ist nicht schwer anzunehmen, dass auch für das ungeübte Ohr signifikante Unterschiede zwischen dem Keyboardeinsatz auf Bathorys „Under The Sign Of The Black Mark" und Rhapsodys „Legendary Tales" auszumachen sind.

Und irgendwie sind wir da auch beim Gothic Metal. Mit sehr viel Fantasie ist es sicher möglich, Paradise Lost die Schuld an Ballkleider tragenden Singsangelfen zu geben, die zu dünnen, langweiligen Riffs mit den Armen flattern. Aber Gothic Metal damals und Gothic Metal heute haben so viel miteinander zu tun wie … hust, US-Power-Metal und Euro-Power-Metal. Den es ja auch noch gab. Euro-Power-Metal kam in den Neunzigerjahren wieder. Danke Hammerfall! Ich mochte „Glory To The Brave" ja, aber so wirklich laut sagen darf man das auch nicht. Deshalb schreibe ich es ganz leise. Gothic Metal in den Neunzigern, das ist heute reine Nostalgie. Wer denkt neben Paradise Lost nicht gern an das Frühwerk von Anathema, My Dying Bride oder an das Jahrhundertwerk „Wildhoney" von Tiamat? „Mandylion" von The Gathering nicht zu vergessen. Oh, Anneke van Giersbergen, was für eine Stimme! Das waren die Zeiten. Und dann? Na ja, Tarja Turunen konnte oder kann auf jeden Fall sehr gut singen, aber waren es nicht Nightwish, mit oder nach denen dann alles in die falsche Richtung lief? Zugegeben, meine Abneigung gegen Nightwish ist latent kindischer Natur, die wollte ich einfach nie mögen. Alle besagten Singsangelfen danach machten es mir sehr einfach.

Die Neunziger standen für Experimente, das Ausloten von Grenzen und die Neuentdeckung von Metal. Das klassische Korsett wurde aufgebrochen, Keyboards hielten Einzug, die Genrevielfalt drohte nicht nur zu explodieren, sie tat es. Aber es war eine gute Zeit, trotz des schlechten Rufs ist unglaublich viel passiert. Mut war noch eine Tugend, und Forschergeist wurde belohnt.

Drohend warfen die 2000er ihren Schatten voraus. Computer sollten zum Jahreswechsel besser runtergefahren werden, ich resetete in der Nacht vom 31. Dezember zum 1. Januar 2000 mich selbst und startete das neue Jahr ohne Erinnerung an die letzte Nacht. Es ist merkwürdig, zu jedem Jahrzehnt der vergangenen dreißig Jahre lassen sich markante Ereignisse herausgreifen, hat sich im Metal etwas Entscheidendes getan. Aber die letzten zwanzig Jahre schmecken wie undefinierbares Resteficken, ein Topf, in dem alles aus den letzten dreißig Jahren gelandet ist, ohne dabei etwas merklich Neues zu erschaffen. Aber irgendwie kriegt man es trotzdem ganz gut runter. Gut, das ist jetzt eine sehr streitbare und diskutable These, aber darum geht es ja auch. Wird überhaupt noch diskutiert heute, oder wird alles, was nicht ins eigene Weltbild passt, sofort abgesagt? Egal, weiter.

Nu Metal, der Horror der Neunziger, war plötzlich ein Relikt der Neunziger, Metal spaltete sich jetzt final, die Traditionalisten auf der einen Seite, Modern Metal, Metalcore und alles ab mindestens drei

Wörtern im Bandnamen auf der anderen. Mittlerweile war das Feindbild nicht mehr Grunge mit seinen Holzfällerhemden und traurigen Schmerzensliedern, auch nicht mehr Slipknot, sondern Breakdowns und Tunnelohrlöcher. Metal, plötzlich im Mainstream angekommen. Besonders sichtbar dadurch, dass das umgedrehte Kreuz als Schockinsigne jegliche Schockwirkung verloren und Einzug ins Hipster-Mediendesign gefunden hat. Die Norweger kamen ohnehin langsam alle aus dem Knast, und ihr Feuer loderte sodann nur noch in der Musik, nicht mehr in Kirchen. Fenriz arbeitet wohl bis heute bei der Post, hat aber mit der die 2000er definierenden Welle von Post-Black-Metal-Bands absolut nichts zu tun. Post-Black-Metal, das Ergebnis, wenn Black Metal von all seinem Schmutz und seiner Magie befreit wird und nur noch Doublebass und Tremolo zurückbleiben. Black-Metaller schrieben ihre Texte fortan nicht mehr bei Minusgraden im Wald, sondern morgens vor der Uni an der Bushaltestelle.
Doch was passiert, wenn Metal in einem immer größeren Haufen Plastik, Social-Media-Entrepreneurship und Schwiegerelterns-Lieblings-Attitüde zu ersticken droht? Richtig, die eiserne Faust des altehrwürdigen Heavy Metal kehrt zurück. Der Partycrasher! Stell dir eine dieser Highschool-Komödien vor: Vollbart-Hipster stehen mit Mate-Brause in einer Ecke und reden über dieses fancy Matinee-Konzert, auf das sie „uuunbedingt" morgen noch müssen, mit diesem voll angesagten Fusion-Blackcore-Trio aus „America" (amerikanisch ausgesprochen). Die vier Black-Metaller in der anderen Ecke reden über Politik und sehen alle gleich aus, werden allerdings von den Hipstern argwöhnisch beobachtet. In der dritten Ecke steht der Mainstream. Leicht zu begeistern, hinterfragt wenig, stört aber auch nicht weiter. Man muss sich mit dem Langweiler schließlich nicht unterhalten, und er beobachtet eh aus sicherem Abstand das übrige Treiben. In der verbleibenden Ecke tummelt sich das Klientel neuer Erscheinungsformen im Metal. Eigentlich stilistisch mehr Hardcore als Metal, an jedem Instrument mehr Saiten als notwendig, und einer hat 'ne Emo-Freundin. Im Zentrum des Partyraums, dem Wohnzimmer der Eltern

des Typen, der vor einer Stunde abgehauen ist, liegt ein Thrasher mit Municipal-Waste-Shirt in seiner eigenen Kotze und lebt das Leben. Doch plötzlich wird es draußen laut, quietschende Reifen, Stiefeltrampeln, die Tür wird eingetreten, und ein Typ mit rot-weißen Leggins, Mayhem-Shirt, Jeansjacke mit einer Milliarde Pyramidennieten, Dauerwelle und Killernietenarmbändern steht mitten im Raum, ein Mikro in der Hand und schreit:

"Rise and ride
Straight out of nothing
Rise and ride
We're ready to attack"[40]

Er entert mit seinen Jungs und Mädels die Party, übernimmt die Anlage, und während immer mehr verrückte Feierwütige durch die Tür straucheln, mit Bier- und Plattenkisten unterm Arm, Flaschen, Dosen, Menschen durch die Luft getragen werden oder fliegen, das Wohnzimmer mittlerweile von lautem Getöse, dröhnender Musik und hohen Schreien erfüllt ist, sieht nur ein aufmerksamer Beobachter zwei Schatten am Fenster: Ronnie, mit Lemmy an seiner Seite, die *mano cornuta* in die Höhe streckend und leise flüsternd: „Ja, Mann!"

Metal hat eine lange Reise hinter sich. Für Trüffelschweine ging die Reise nicht erst 1970 mit Black Sabbath los, aber für das wahre Metal-Herz, ja, auch hier ist der Pathos gewollt, ist das Abenteuer Ende der Achtziger nicht zu Ende gegangen. Die Neunziger brachen mit Konventionen, und so undefinierbar und vielleicht auch wenig markant die Jahre ab den Nullern sich bisher präsentiert haben mögen, sie haben eins gezeigt: Metal ist nicht totzukriegen!

---

40 Stallion ‚Rise And Ride'

10 Metal-Klassiker, die du ja wohl kennen solltest, und wenn nicht, dir jetzt sofort anhören wirst! Also nach dieser Lektüre. Und was das Problem mit den sogenannten Klassikern ist, weshalb ich es einmal selbst mit einer Top 10 der wichtigsten Metal-Alben versuche.

Untertitel: Möglichst lange Titel,
das wissen vor allem Bal-Sagoth, sind absolut Metal!

Gehen wir weiterhin davon aus, was historisch nicht korrekter wird, egal wie oft ich es erwähne, dass die Geburtsstunde des Metal 1970 mit dem selbstbetitelten Debüt von Black Sabbath schlug. Schwelgend im gotischen Albumcover, den Blick auf die mysteriöse Frau[41] geheftet, die guten alten Horrorschinken aus der Zeit im Hinterkopf, das umgedrehte Kreuz[42] im Innenteil des Gatefolds ... Meiner Fantasie nach muss einfach bei der Veröffentlichung vor dem lokalen Plattenladen eine der reitenden Leichen gestanden haben und die örtliche Jugend mit einem Unterschenkelknochen auf einer mit Ziegenhaut bespannten Trommel zum Appell gerufen haben.

---

41 Louisa Livingston

42 Welches auf eine Idee der Plattenfirma zurückzuführen ist. Wahlweise war die Band verärgert oder begeistert, vermutlich hängt das davon ab, wen man fragt. Ozzy fand's super, was für eine Überraschung.

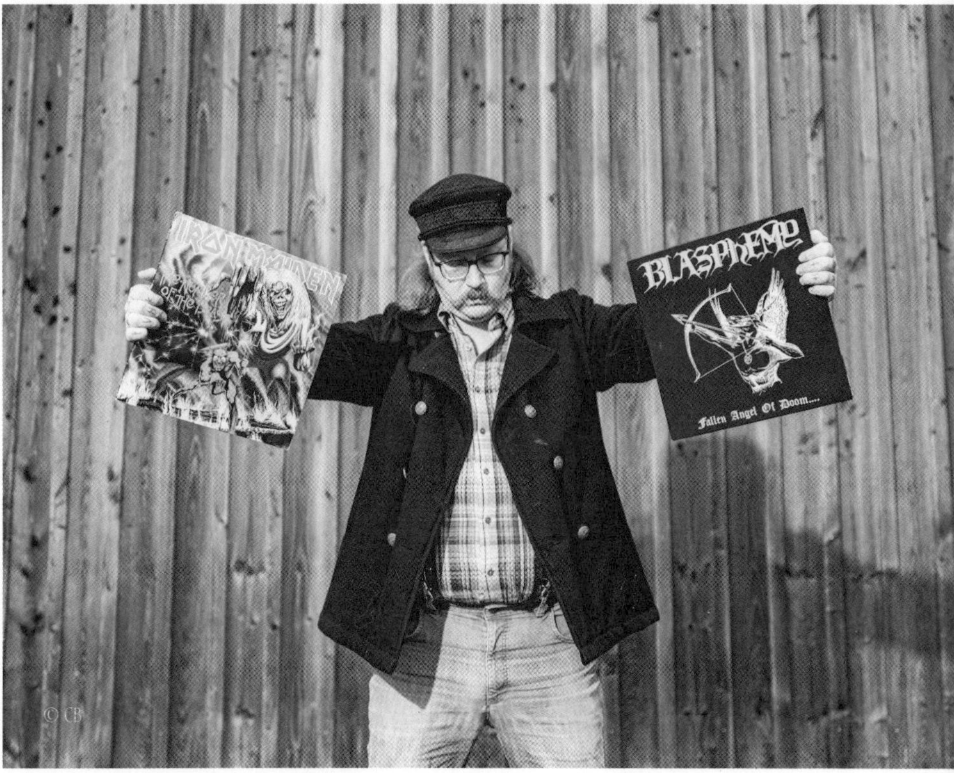

Ein verworfener Buchuntertitel: „Überleben zwischen Iron Maiden und Blasphemy"

Im Proberaum saßen in der Zeit wiederum vier junge Männer in ihren frühen Zwanzigern, sich nicht im Klaren, was sie mit ihrem Geschrubbe und Gejaule da gerade anrichteten. Denn so klingt die Musik, die wir alle lieben, bis heute für das Banausentum, das zu seichtem Geträller im Fernsehgarten im Takt klatscht. Nur zu gern würde ich mir die Ohren einmal mit einer Zaubertinktur durchspülen und Metal noch einmal so hören wie früher, als Metal für mich noch etwas ganz Neues war und ‚Highway To Hell' das härteste Stück Musik, das ich je gehört hatte.
Noch einmal neu entdecken, was eine Handvoll langhaariger Außen-

seiter[43] ihren Instrumenten und Stimmbändern für Töne entlockt. Was für das taktlos klatschende Banausentum eben klingt, als ob drei bis vier Chaoten talentfrei auf ihre Instrumente eindreschen, während der verbleibende Typ ins Mikro schreit. Wann ging das eigentlich los, dass Eltern und Großeltern sich die Haare rauften ob der Klänge, die ihr Nachwuchs da fabrizierte oder hörte? Wer waren die ersten Rocker? Wäre Mozart heute dem harten Rock zugeneigt, wie es oft in den Raum gestellt wird? Unanständig wurde es natürlich in den Sechzigern, als der Hüftschwung des jungen Elvis die Gemüter besorgter Eltern erhitzte, ebenso wie die Lenden seiner weiblichen Fans. Rockbitch haben die Messlatte diesbezüglich dann sehr hoch gelegt. Oder GG Allin. Oder Nattefrost. Oder Shining. Tja, um dem Establishment den Mittelfinger zu zeigen und dabei auch wahrgenommen zu werden, muss man sich heute schon was einfallen lassen. Aber meine Fresse, Metal ist eine Rebellionskultur. Gegen das Elternhaus, die Gesellschaft allgemein, Kleingartenvereine und die Umsatzsteuervoranmeldung[44]. Für mehr Bier vor vier, laute Mucke und *mano cornuta* auch im Straßenverkehr. Das äußert sich dann eben in langen Haaren, Jeanswesten voller Aufnäher, die kein normaler Mensch[45] lesen kann, und viel Leder, Ketten und Nieten.

Ach ja, Leder, Ketten und Nieten. Einer der Ersten, der das gängige Metal-Klischee von Leder, Ketten und Nieten auf die Spitze getrieben hat, war Rob Halford von Judas Priest. Dass eben dieser als homosexueller Metal-Gott genau diesen Style aus der Schwulen-Szene importiert hatte, ließ sicher das eine oder andere homophobe Arschloch in Leder-, Ketten- und Nieten-Kluft betrübt aus der Wäsche gucken. Ich lache!

Aber was sind jetzt die Metal-Klassiker, die jeder kennen sollte? Weißte was, fangen wir doch ganz basisch an und überlegen mal, wel-

43 Gitarristen sind dementsprechend Außensaiter.
44 Das schlimmste deutsche Wort überhaupt!
45 Entgegen dem Slogan eines großen Metal-Festivals sind eben nicht Metaller die „Normalen". Es ist sozusagen eine Grundvoraussetzung, nicht „normal" sein zu wollen.

che Zehner-Liste am konsensfähigsten wäre. Das ist total langweilig und 08/15, aber wir stehen hier noch am Anfang, und ich entgehe so immerhin der Gefahr, eventuell überlebensnotwendige Klassiker in diesem Buch ganz außen vor zu lassen. Als geringstmögliche individuelle Eigenarbeit habe ich diese Liste nirgendwo abgeschrieben, sondern intuitiv aus der Hand geschüttelt. Ähnlichkeiten zu anderen Listen sind natürlich rein zufällig.

ACHTUNG: Ich hasse Musik-Reviews oder -Rezensionen. Ich lese sie nicht und mag sie auch nicht schreiben. In der Zeit, in der du meinen ausladenden Versuch, ein Album zu beschreiben, lesen würdest, könntest du in der heutigen Zeit auch genauso gut in das entsprechende Album reinhören und dir ein eigenes Bild machen. Was aber, ich werde zynisch, auch nicht jedermanns Sache ist, wa? Ich spoiler direkt, es wird mir viel zu oft nachgeplappert, was irgendwer irgendwann mal über diesen oder jenen Klassiker oder das Talent irgendeines Musikers von sich gegeben hat, und es werden mir viel zu viele Meinungen stumpf wiedergekäut. So sind die folgenden zwanzig Blöcke auch weniger als Versuch zu verstehen, dir ein Album zu beschreiben, sondern vielmehr als eine Aufforderung, zu überlegen, um was es in diesem Kapitel eigentlich geht.

Black Sabbath „Paranoid"
(1970, Vertigo Records)

Black Sabbath, gegründet in vorsintflutlichen Zeiten (1969), als der Heavy Metal sozusagen nur noch einen Metallpressenschlag von seiner Entstehung entfernt war. Tony Iommi muss sein Arbeitsunfall derart aus der Bahn geworfen haben, dass eine entscheidende Rolle in der Prägung des Heavy Metal nicht auszureichen schien. Allein mit ihren ersten paar Alben waren die Jungs aus dem beschaulichen Birmingham noch mindestens verantwortlich für die Subgenres Doom Metal und Stoner. Eine Mitschuld am Black Metal halte ich für ge-

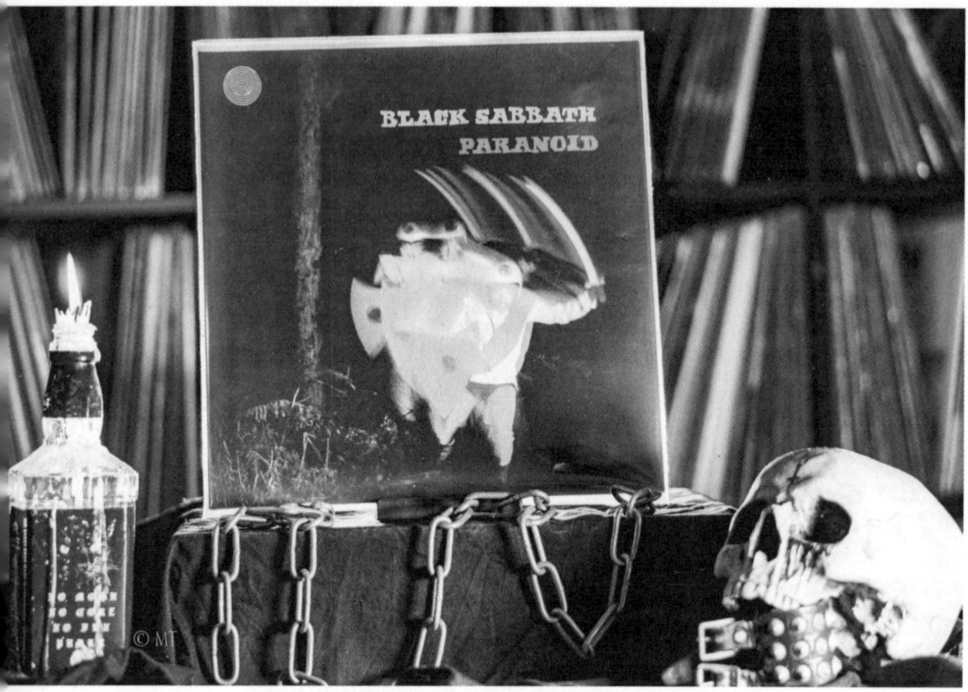

© MT

wagt, aber immerhin hatte das Debüt schon dezent okkulte Einflüsse. Es heißt überdies, egal was ein Metal-Gitarrist heute spielt, Black Sabbath haben es genauso, langsamer oder schneller bereits gerifft. Welches der ersten vier bis fünf Black-Sabbath-Alben hier nun steht, ist fast egal, und die Genialitätsunterschiede bewegen sich irgendwo im Nanobereich. In den hiesigen „Beste Metal-Alben aller Zeiten"-Listen befindet sich auf den vorderen Plätzen sowieso das gesamte Frühwerk von Metallica, Megadeth und eben Black Sabbath. „Master Of Reality" geht mir am besten rein, das Debüt hat die Dunkelheit, und „Paranoid" hat ... ‚Paranoid'. Fühlten Tony, Ozzy, Geezer und Bill eigentlich, was sie da gerade erschufen, als dieses Jahrtausendriff durch die Boxen wabberte? Aber „Paranoid" ist nicht nur ‚Paranoid'. ‚Iron Man' und ‚War Pigs' nicht zu vergessen! Was allein auf den ersten drei Alben in vielleicht eineinhalb Jahren komponiert wurde, ist akustische Schwermut und Heavy-Metal-Geschichte zugleich. Tonnenschwer, übermenschlich epochal und Ozzy am Gesang. Ich lese oder höre gelegentlich, dass der gute Herr Osbourne gern als die Schwäche der Band gesehen wird. Für mich ist er der Funken Wahnsinn, das Unberechenbare, was jede Metal-Band braucht. Ich werde den Teufel tun, ihn hier und jetzt mit Ronnie James Dio zu vergleichen, aber ich mag seine Stimme einfach sehr gern. Sie hat dieses Zerbrechliche, Fragile, was jedem Song noch eine ganze Spur Emotionalität und Echtheit gibt. Klanglich waren Black Sabbath noch eine andere Schiene als die spätere NWOBHM, aber Inspirationsquelle und Basis für so vieles im Metal. Ich musste mir Black Sabbath übrigens hart erarbeiten. Was ich heute für das Frühwerk empfinde, kam erst mit der Zeit, und erst heute glaube ich, verstanden zu haben, was da eigentlich damals auf Tonband gebannt wurde.

Iron Maiden „The Number Of The Beast"
(1982, EMI)

New Wave of British Heavy Metal (NWOBHM). Die Eisernen Jungfrauen waren in den frühen Achtzigern eine dieser jungen, neuen britischen Metal-Bands, denen man, neben Tygers Of Pan Tang[46], Angel Witch, Saxon und Praying Mantis, zuschreibt, den Metal zu dem gemacht zu haben, was heute Millionen Freunde harter Gitarrenklänge begeistert ausrasten lässt. Basser Steve Harris führt bis heute ein strenges Regiment, die beiden Gitarristen Dave Murray und Adrian Smith sind das sympathische Gitarrenduo mit unverwechselbarem Zusammenspiel und, wie ich immer sage, dem (!) Signature-Sound. Nach einer Sekunde weißte Bescheid, wer Eddie morgens die Klamotten rauslegt! Drummer Clive Burr († 2013) trommelte auf „The Number Of The Beast", seinem letzten Maiden-Album, als ob der Teufel

46 Die ich auch deshalb gern nenne, weil der Name ausgesprochen lässig klingt.

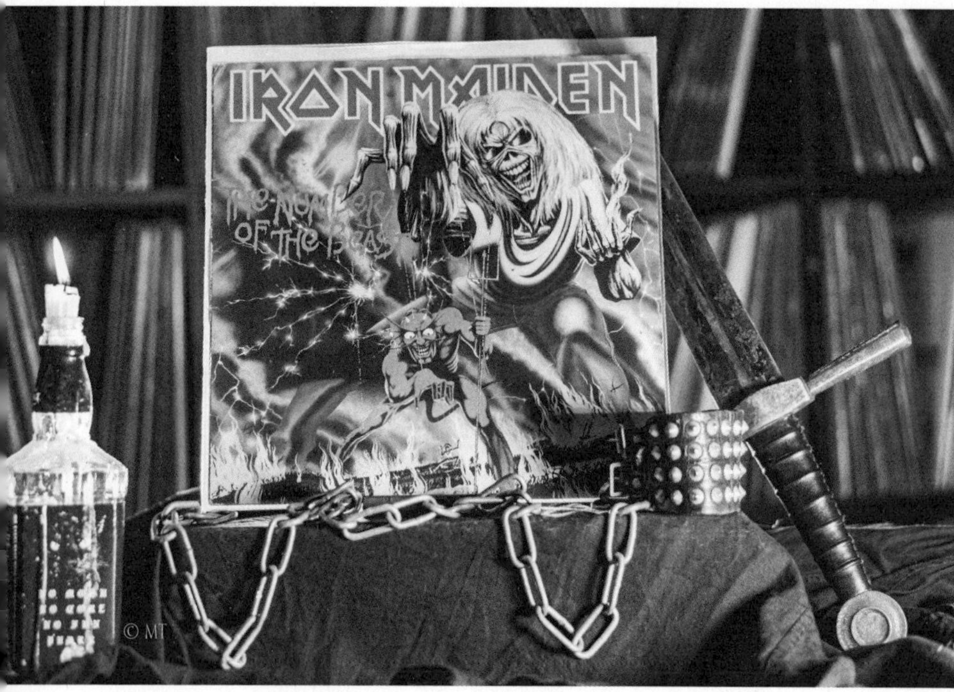

© MT

persönlich einen Auftrag für ihn hatte. Jemanden vergessen? Wer? Ach ja, Bruce! Der Typ, der alles kann und es auch tut. Es ist wohl die ewige Glaubensfrage, ob Paul oder Bruce. Mit Bruce wurde ich auf die Seite der Schmuddelkinder gezogen, vor denen Eltern ihre Kinder immer warnen. Paul habe ich später erst sehr zu schätzen gelernt. Bruce auf den ersten beiden Platten? Niemals! Paul auf „The Number Of The Beast"? Nevereverever!

Das dritte Maiden-Album, du hast es vielleicht schon mitbekommen, war meine Erweckung. Maiden ist „Somewhere In Time"? Maiden ist „Piece Of Mind"? Mir egal, Maiden werden für mich immer „The Number Of The Beast" sein. „The Number Of The Beast" ist für mich DAS Metal-Album. DAS Metal-Album. Ich wiederhole es gern noch einmal, „The Number Of The Beast" ist für mich DAS Metal-Album! Dieses

Album hat alles, angefangen mit dem dämonischen Coverartwork von Derek Riggs. Meine Güte, das Cover gehört zu den ikonischsten Kunstwerken der Metal-Geschichte! Acht Songs, nur Killer, keine Filler. Hymnen zum Heiser-Werden, von ‚Invaders' bis ‚Hallowed Be Thy Name' eine Achterbahnfahrt durch die Hölle! ‚Children Of The Damned': lässigstes Refrain-Geriffe. Das „I am not a number, I am free man" mit dem nachfolgenden Gelächter von ‚The Prisoner' ist bis heute geil. ‚22 Acacia Avenue': bester Chorus überhaupt und zweiter Teil der „Charlotte-Saga". Der Titeltrack? Gänsehaut! ‚Run To The Hills': Hymne! ‚Gangland': geil. Und zum Abschluss natürlich ‚Hallowed Be Thy Name' (7:13 Minuten), der bis 1982 nach ‚Phantom Of The Opera' (7:20 Minuten) zweitlängste Song. Hat alles, was ich an Iron Maiden liebe, die unverwechselbaren Twinguitars, ein nicht ganz im Hintergrund eskalierender Bass und Bruce „Air-Raid Siren" Dickinson in Höchstform. Der Zenit der NWOBHM!

Judas Priest „Painkiller"
(1990, Columbia Records)

Metal-Gott Rob! Er brachte Leder und Nieten aus den schummrigen Schwulenclubs mit – und mit „Painkiller" den Endgegner in den Metal. Unglaublich früh dabei gewesen und in den Siebzigern schon rattenscharfe Alben veröffentlicht („Sad Wings Of Destiny", „Stained Class" und „Killing Machine" zum Beispiel). Deshalb, statt satirischem Band-History-Abriss hier mal satter Respekt für eine Band, die 2018, 44 (!) Jahre nach „Rocka Rolla" (1974), mit „Firepower" noch ein Album zu veröffentlichen in der Lage ist, das dir die Falten aus der Visage bügelt.
Aber es geht hier um „Painkiller".
„Painkiller" ist das metallischste Metal-Album der Metal-Geschichte. Metal. Punkt. Ende.
…
…

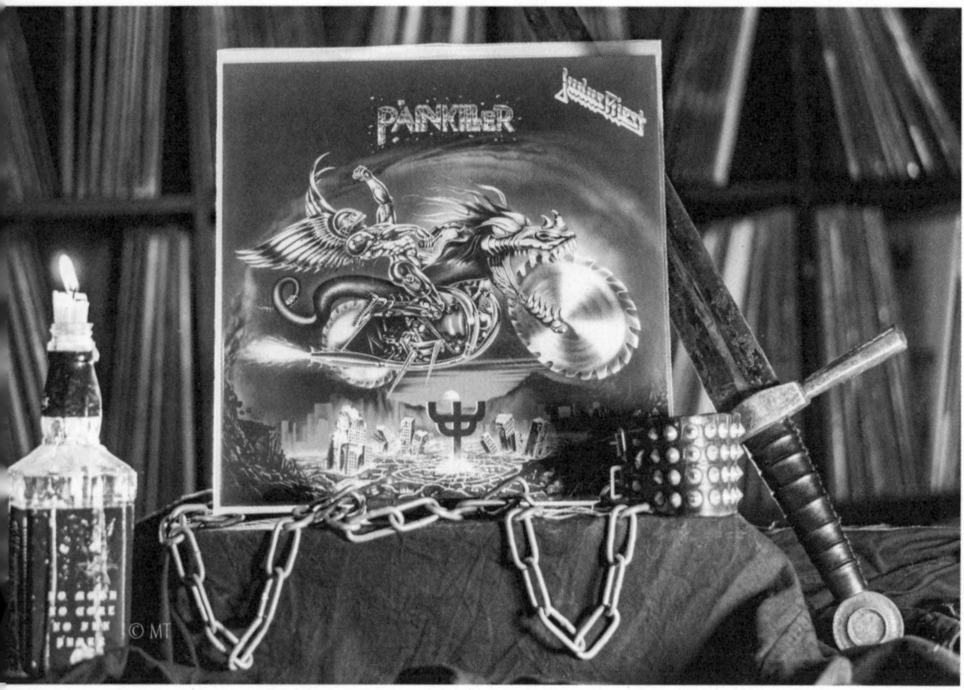

© MT

…

Na gut, ein paar Worte mehr. Das vorerst letzte Werk Rob Halfords bei Judas Priest, bevor er das Mikro eher aus Versehen für zwei Alben an Tim „Ripper" Owens übergab, um sich seiner Solokarriere zu widmen, ist im Zusammenhang mit der vorhergehenden Diskografie schon verrückt. Vollkommen drüber, vollkommen wahnsinnig geworden, aber von einer Band geschrieben und aufgenommen, die sich auf den Punkt bewusst darüber gewesen ist, was sie abzuliefern haben. Bis zu „Painkiller" hatte sich eh keine echte Gurke in die Diskografie geschlichen, obwohl keine zwei oder drei Alben wie die vorherigen klangen. Wobei, haben Judas Priest wirklich mal was richtig Schlechtes abgeliefert? Es ist nur allzu oft der Makel der großen, der übergroßen Klassiker-Bands, mit ihrem Frühwerk Bahnbrechendes

geleistet zu haben, aber im Alter bestenfalls noch solide abzuliefern. Solide im Vergleich zum Frühwerk.
Judas Priest waren bis zu „Painkiller" die absolute Macht, das steht fest. Für mich geht übrigens kaum etwas über „Stained Class", aber es gibt da einen Unterschied. „Painkiller" hat nicht nur Hits, „Painkiller" hat Hymnen, die den Metal definieren! Auf Tonband gebannte Götterkompositionen zum Niederknien. Nur um wieder aufzustehen, weil es physikalisch unmöglich ist, bei diesen zehn Stücken still in Andacht zu knien. Dabei ist der gleichnamige Song gar nicht mal das Highlight, mir auch viel zu ausgenudelt. ‚Hell Patrol', ‚Leather Rebel', ‚Night Crawler', bei diesen Songs will ich gezeugt worden sein! Wer da nicht im Erpelpelle-Ganzkörperanzug den Metal-Gott an den Eiern fühlt, der hat auch gelacht, als Bambis Mutter gestorben ist!

Dio „Holy Diver"
(1983, Mercury Records)

Mögen Ronnie James Dio und Lemmy Kilmister gerade in der Jenseits-Rainbow-Bar sitzen und gemütlich alte Geschichten austauschen. Die beiden Männer sind für den Metal, was ... nein, da lässt sich eigentlich kein Vergleich finden. Da kann der Normalsterbliche einfach nur die Lippen zusammenpressen, nicken und wahlweise bei „1916" und einem Jack Daniel's mit Cola ergriffen auf den Tisch schlagen oder einfach nur in Ehrfurcht der Stimme eines der ganz Großen im Metal lauschen. Hier kommt jetzt meistens die Körpergröße von Ronnie James Dio ins Spiel, aber auch wenn ich dem Mann nie begegnet bin, neben ihm bin ich mit meinen 1,84 Metern Körpergröße ein kleiner Wicht. Ich weiß kaum etwas über diesen Menschen, aber in meiner Fantasie lebte Dio zeit seines Lebens auf dem Schloss, welches auf dem Cover von „Ritchie Blackmore's Rainbow" zu sehen ist. Ich meine, ganz unrecht habe ich damit nicht, oder?
Ronnie James Dio hat unsterbliche Songs eingesungen, wie ‚Man On The Silver Mountain' oder einen meiner Lieblingssongs: ‚All The Fools

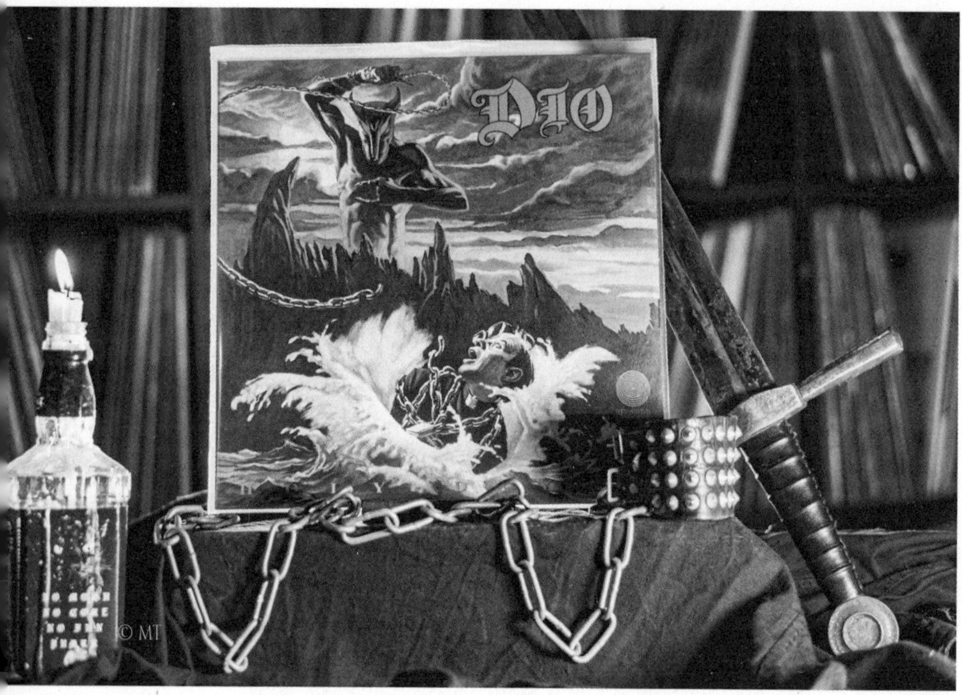

Sailed Away'. Der Titeltrack von „Holy Diver" ist natürlich Basiswissen! Das häufig in diesen ominösen Listen zu den „wichtigsten Metal-Alben aller Zeiten" auftauchende Album ist hier auch ganz richtig. Es ist klassischer Heavy Metal, traditionell, unprätentiös, aber direkt aus dem Herzen. ‚Straight Through The Heart' hat ab Minute 1:54 so einen wunderschönen, großartigen, herzergreifenden Part ... diese Stimme, Kinners, diese Stimme! Und dann ‚Rainbow In The Dark'. Klar, auch wenn mich das in den Song begleitende Keyboard echt fertigmacht. Darf der das? Der darf das!

Metallica „Ride The Lightning"
(1984, Megaforce Records)

Schon mit ihrem Namen hatten sie Großes vor und wurden dann auch tatsächlich die kommerziell erfolgreichste Metal-Band der Welt. Erfanden auf ihrem Weg den Speed Metal und zählen neben Slayer, Megadeth und Anthrax zu den Big Four des Thrash Metal. Thrash, nicht Trash. Das eine klingt zwar für ungeübte Ohren, wie das andere riecht, aber geübte Ohren riechen, ob du stinkst.
Für Puristen zählen nur die ersten drei Alben: „Kill 'Em All" (1983), „Ride The Lightning" (1984), „Master Of Puppets"[47] (1986). Nach den ersten mal vier, mal fünf Alben kommt nahezu jeder Hardliner an seine Grenzen. Ist hinter vorgehaltener Hand gelegentlich zu hören, dass „Load" und „Reload" schon geil wären, bleibt zynisch festzustellen, dass eine Umbenennung in „Armanica" durchaus der Problematik einen Namen geben würde, wenn Millionäre in ihren Sechzigern noch versuchen, rebellisch zu sein.
Tja, es ist so eine Sache mit den Klassikern. Ich hätte hier einfach auch „Master Of Puppets" nennen können, mit dem dritten Album von Metallica und dem letzten mit Cliff Burton komme ich besser klar, und es ist unbestritten auch einer der Metal-Klassiker. Aber das wäre zu einfach, wo bliebe da der dem Metal auch innewohnende Trieb zum Anecken? Langer Rede, kurzer Sinn: „Ride The Lightning" taugt mir wenig. Und ja, ich habe mir dafür, wie auch für meine Ablehnung gegenüber „Storm Of The Light's Bane" von Dissection allerhand anhören müssen. Zu Recht? Ich sage es, wie es ist: Den Klassikerstatus erkenne ich sowohl beim zweiten Album von Metallica als auch bei Dissections Glanzleistung an, beide Alben waren für ihre Zeit bahnbrechend. ‚For Whom The Bell Tolls' und ‚Fade To Black' sind wohl auch gute Songs, aber für mich fängt es schon bei ‚Fight Fire With Fire' an. Ich höre das Album immer und immer wie-

47 Die Stolperfalle mit dem „s": Sage bloß niemals „Masters Of Puppets"!

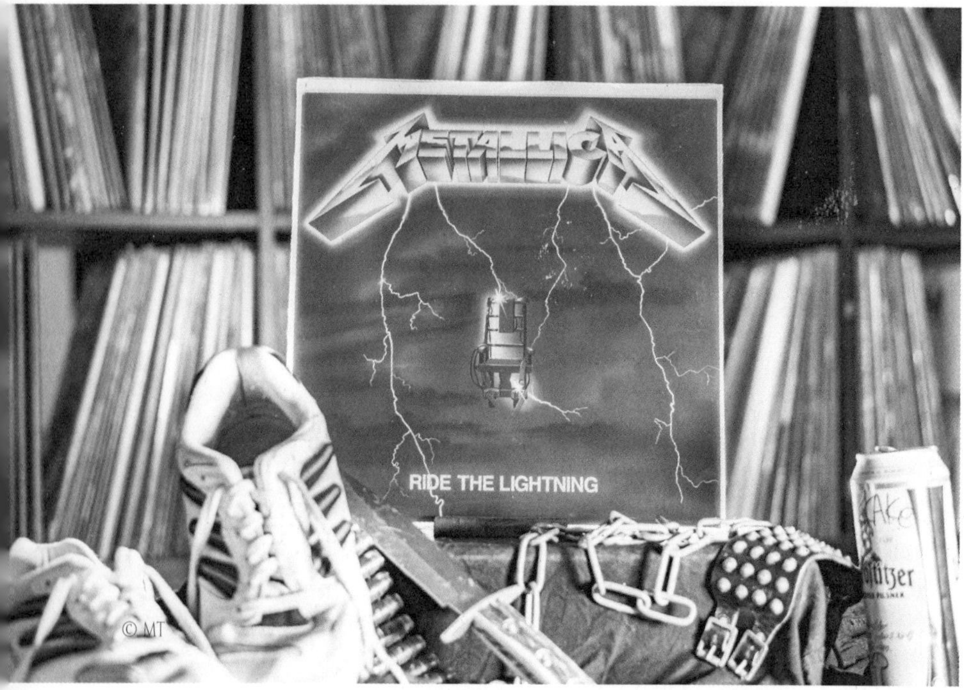

der, aber es klickt nicht. Bei „Kill 'Em All" werde ich fickerig, „...And Justice For All", meine allererste CD, sitzt mit jeder Note perfekt und nostalgisch. „Ride The Lightning"? Stille ... So einfach begründet und doch so unverständlich für viele.

Sind wir jetzt keine Freunde mehr? Macht nichts, waren wir bis vor drei Minuten auch nicht. Oh! Jetzt hab ich die Raumtemperatur wohl gerade um ein paar Grad sinken lassen, oder? Beste Gelegenheit, dich auf meinen Eindruck zum nächsten angeblichen Klassiker einzustimmen.

Megadeth[48] „Peace Sells... But Who's Buying?"
(1986, Capitol Records)

Ich kann mit Megadeth nichts anfangen. Konnte ich noch nie. Ich glaube, ich fand mal einen Song gut, habe aber vergessen, welchen. *Künstlerische Pause* Endlich ist es raus. Und du bist es auch, oder? Nicht? Wunderbar, ich empfehle dir ohnehin, zumindest noch diese Passage hinter dich zu bringen, denn es geht mir um eine ganz wichtige Unart im Metal, die sich anhand dieses Albums gut erklären lässt. Also zurück zu Megadeth und ihrem zweiten Album. Wir brauchen uns nicht mit der musikalischen Qualität aufhalten, nicht mit Songwriting, Sound oder Coverartwork, einem klassischen Repka. Nein, technisch ist hier alles tadellos. Mustaine hat ja bekanntlich schon auf dem Metallica-Demo „No Life 'Til Leather" mitgewirkt, weshalb Megadeth und Metallica aus naheliegenden Gründen anfangs ohnehin eine gewisse Ähnlichkeit aufwiesen. Und Dave Mustaine hat Megadeth nur gegründet, um seine ehemaligen Kollegen zu ärgern, heißt es. Auf „Peace Sells... But Who's Buying?" treffen zwei von mir bereits erwähnte metallische Grundsätze aufeinander, die in einem Fakt münden, der mir an der Metal-Szene erheblich auf die Nerven geht: Es geht um „Metal ist Leidenschaft" einerseits und „Metal ist klassikerverliebt". Leidenschaft ist etwas aus dem Bauch heraus, etwas schwer Greifbares, Hingabe, reines Gefühl. Ein Klassiker ist, ich versuche mich mal an einer Definition, ein Album, welchem im allgemeinen Konsens ein sehr hoher Stellenwert in der Musik zugeordnet wird, das qualitativ besonders herausragend und/oder innovativ ist, überdies, mal mit einem Augenzwinkern hingekritzelt, uralt ist. Nebenbei, wie alt muss ein Album sein, um den Status Klassiker für sich beanspruchen zu dürfen? Haben vielleicht Mastodon mit „Leviathan" von 2004 einen Klassiker geschaffen? Oder ist das noch zu früh? Erneut zurück: Metal, oder besser gesagt, ein Teil seiner Anhän-

48 Aus reiner Provokationsgeilheit wollte ich Megadeath schreiben.

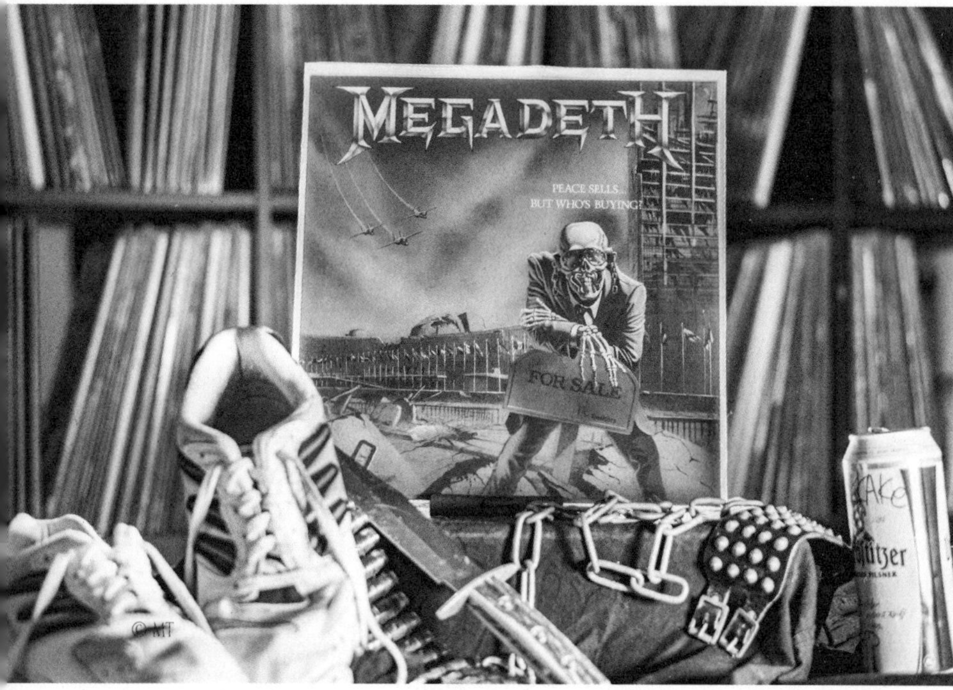

ger, ist beizeiten derart klassikerbesessen, dass eine kritische Auseinandersetzung mit eben diesen gar nicht mehr in Frage kommt. Weshalb jedem infolgedessen jegliche Fachkompetenz abgesprochen wird, der nicht jeden verfickten Metal-Mainstream-Klassiker abfeiert. Besonders wenn es um ein vom Gesprächspartner sehr geschätztes Werk geht. Oder wenn ich die Feststellung kundtue, Mustaines Gesang einfach nicht zu mögen. Natürlich mag Megadeth für viele eine DER Metal-Größen sein. Aber verdammte Scheiße, es geht im Metal um Gefühl, nicht um blinde Akzeptanz allem gegenüber, was irgendwer irgendwann mal aus dem Brustton der Überzeugung festgelegt hat. Es ist auch nicht alles rational erklärbar. Und das ist das Problem an für manche in Stein gemeißelten Klassikerlisten. Ich liebe solche Listen und finde sie auch wichtig – als Orientierung! Aber ich muss nicht jedes Album, das zum Klassiker erklärt wurde, gut finden. Vielleicht mal in aller Stille oder beim Rotieren der Scheibe darüber nachdenken, warum „Ride The Lightning" und „Peace Sells... But Who's Buying?" ihren Status haben. Aber dieser Gedankengang scheint bis heute manchem Szene-Nörgler zu komplex zu sein, und es gilt am Ende eh nur: „Du hast keine Ahnung von Metal, denn du findest nicht die gleichen Alben gut wie ich." Doch mit dem Exemplar „Metal-Arschloch" beschäftigen wir uns später. Jetzt erst mal zum Chirurgenstahl.

Anmerkung: Kurz vor Abgabe des Manuskripts habe ich mir sowohl Metallica als auch Megadeth noch einmal angehört, beide Alben. Es sind Monate vergangen, seitdem ich über beide Alben schrieb, ich habe sie wirklich sehr häufig gehört. Ich glaube, mit „Ride The Lightning" bin ich sogar etwas warm geworden. Aber es bleibt dabei, „Peace Sells... But Who's Buying?" läuft hier durch, und es bleibt absolut nichts hängen.

Slayer „Reign In Blood"
(1986, Def Jam Recordings)

Es ist unwahrscheinlich, dass der Name irgendeiner anderen Band häufiger über einen beliebigen Metal-Campground gebrüllt wird als SLAAAAAAYER. Phonetisch sicher dankbarer als Vzaéurvbtre[49], gehört Slayer im Metal-Mainstream sicher zum härtesten Tobak. Da fällt mir gerade ein, was ist im Kontext Metal eigentlich Mainstream und was Underground? Vielleicht erkläre ich das im nächsten Buch, aber aus der Hüfte geschossen: Definitiv Mainstream sind mit Sicherheit Me-

49 Jetzt zu versuchen, dir das französische Black-Metal-Stable Les Légions Noires näherzubringen, wäre müßig. Es reicht hier der beiläufige Fakt, dass eben diese L.L.N. einst einem Label Morddrohungen mitsamt toter Ratten per Post schickten, weil man ihre Postadresse veröffentlicht hatte. Die Bands der L.L.N., allen voran Mütiilation, Vlad Tepes, Belkètre, Torgeist und Black Murder klingen für Banausen, wie ein umgekippter Teich riecht.

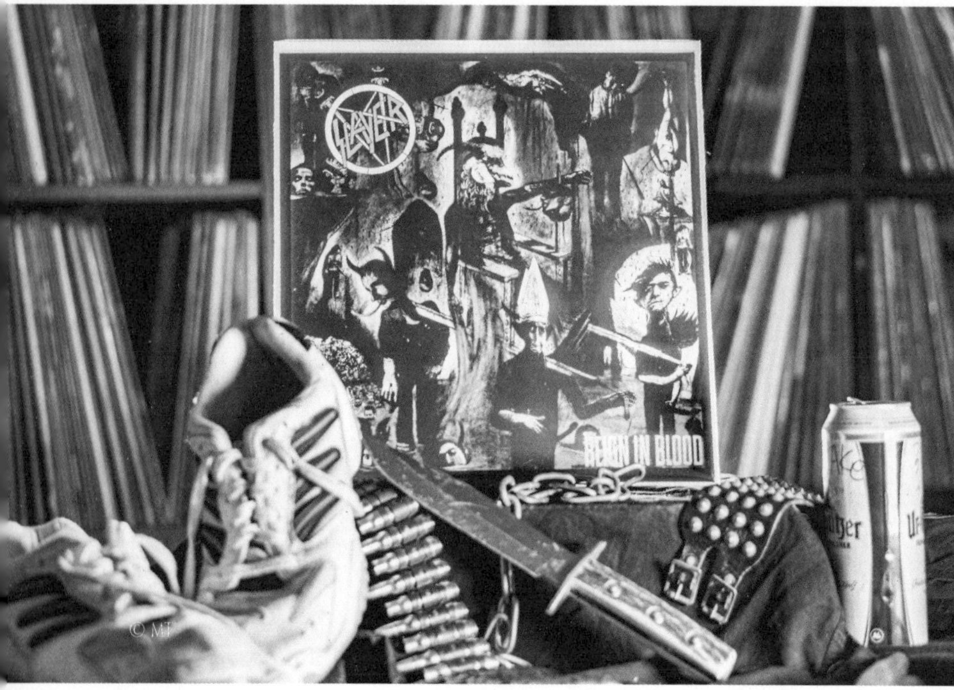

tallica, die im Vergleich blutjungen Ghost und mit Sicherheit auch Slayer. Ich meine, selbst eine von den Kardashians trägt öffentlich ein Slayer-Shirt, das wird die ja sicher nicht einfach nur so besitzen. „Reign In Blood" ist ein 28:59-minütiger Alptraum in Thrash. Es gibt heute Bands, die bringen längere Mini-Alben raus. Aber Klassiker-Alben mit unter einer halben Stunde Spielzeit zu schreiben, das waren schon Geniestreiche von Deicide, Napalm Death und Gorgoroth. Doch wer von den Genannten lässt sich von Rick Rubin produzieren? Wurden die Vorgänger beide noch von Brian Slagel (Metal-Blade-Gründer) produziert, werden auf „Reign In Blood" alle Register gezogen, also der ganze Registerschrank auseinandergenommen. Mit einer Präzision, dass dem Unbedarften angst und bange werden kann.
Genug ins Phrasenschwein geworfen, das dritte Album von Slayer

musste ich mir erarbeiten. Es fängt mit dem Klassiker ‚Angel Of Death' an und endet mit dem Klassiker ‚Raining Blood'. Dazwischen ein Sprint mit dem Killer im Nacken. Slayer waren für mich immer „Live Undead", ein fantastisches Live-Album, das eigentlich keines ist. Roh, aggressiv, bitterböse, ‚Chemical Warfare'. „Reign In Blood" ist anders, geschliffener. Brutal scharf. Wer weiß, wie das Album ohne Rubin geklungen hätte, aber was ich erst nicht verstanden habe und mir jetzt die Haut vom Körper schält: Slayer sind zu mitleidslosen Chirurgen gewachsen, mit dem Skalpell in der Hand. Nach einem Abend Black Sabbath bist du schweißgebadet, nach einer Nacht mit Slayers „Reign In Blood" liegen nur noch deine bleichen Knochen sauber aufgeschichtet vor der Anlage.

Venom „Black Metal"
(1982, Neat Records)

Auf die Frage, welche Veröffentlichung ich im Metal gern live miterlebt hätte, antworte ich, wie aus der Pistole geschossen: „Welcome To Hell", 1981. Jetzt war ich 1981 zwar schon auf der Welt, mitbekommen habe ich da allerdings nicht viel neben dem, was sich vor meinem Lätzchen abspielte. Ich kann es in Büchern und Zeitschriften nachlesen, es mir erzählen lassen, mit welch brachialer Gewalt „Welcome To Hell" damals eingeschlagen sein muss, aber wirklich verstehen wird es nur jemand, der 1981 schon dabei war. Es mit Ohren gehört hat, die eine derartig lärmende, bösartige Orgie vorher nicht gekannt haben. Das ist mit heute nicht zu vergleichen und beim späteren Entdecken dieser Scheibe vielleicht auch nicht mehr ganz nachvollziehbar. Aber Venom waren einmal wirklich, wirklich böse. Zumindest nach außen hin. „Black Metal", ein Jahr später, war gegenüber seinem viel kantigeren Vorgänger fast schon ein massentaugliches Hitalbum. Na ja, fast. Mindestens aber eine geile Rock'n'Roll-Scheibe, immer noch dreckig und roh, direkt vom Opferlamm gerissen. „Lay down your soul to the gods rock'n'roll" sagt alles, der Titeltrack ist ohnehin ein

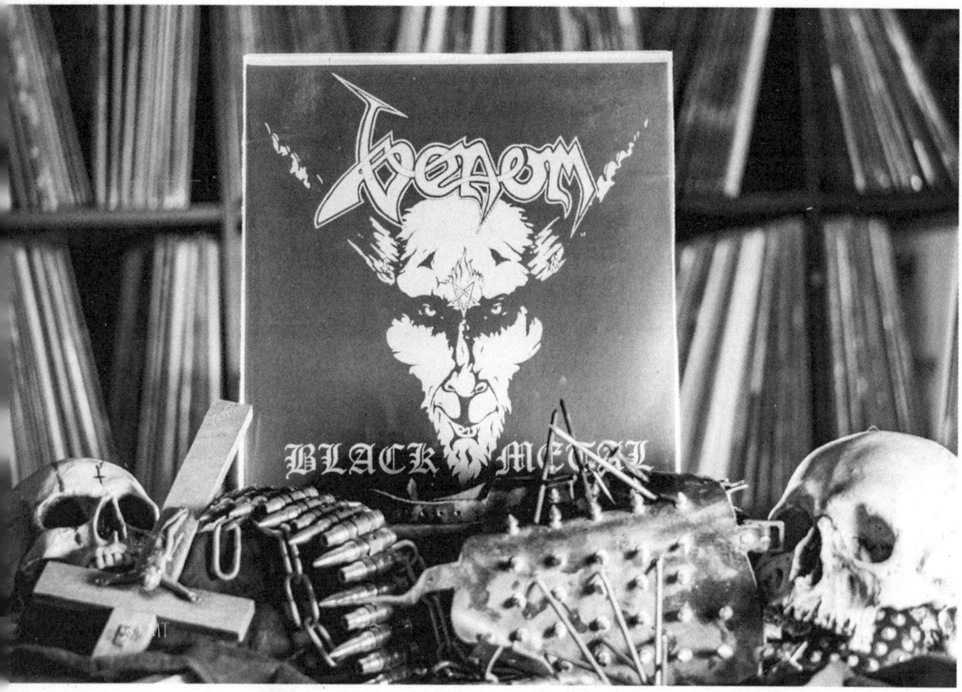

unsterblicher Metal-Hit. Im Rahmen ihrer Möglichkeiten mitreißendes Songwriting, weiter von ‚To Hell And Back' bis zu ‚Don't Burn The Witch' und der Vorschau auf das nächste Album ‚At War With Satan'. Eine fast vierzigminütige höllische Party mit Bier aus blasphemisch verzierten Kelchen! Erinnerst du dich noch an meinen Monolog zu Megadeth? Bei Venom brenne ich, da kann ich nicht stillsitzen, das packt mich und reißt mich mit, hier fühle ich mich zu Hause! Bei dir ist es umgekehrt? Dann verstehst du mich jetzt besser. „I have been to hell and back!"

Venom waren, mit Hellhammer und etwas später Bathory, die Grundlage für das, was heute unter Black Metal verstanden wird. Die Pseudonyme Venoms, das Auftreten und der dunkle Geist Hellhammers, die Epik Bathorys. Es spielt für mich keine Rolle, dass Venom sich später davon distanzierten, sich je ernsthaft mit Satanismus auseinandergesetzt zu haben, diesen einfach nur als Image nutzten. Die ersten beiden Alben – das dritte taugt mir nicht so sehr – können für sich betrachtet werden und waren, das ist heute vielleicht nicht mehr in seinem reinen Geist nachvollziehbar, für jeden, der damals dabei war, das wirklich Böse im Metal.

Sepultura „Chaos A.D."
(1993, Roadrunner Records)

Südamerikanischer Extreme Metal, ein Problemkind für sich. Egal, was auf dem Rest der Erde geschliffen, verfeinert, perfektioniert wurde, in Brasilien, Kolumbien, Chile oder Peru wurde seit jeher mit Hass gekocht. Nun gut, Belo Horizonte ist nicht Gütersloh. Und Sepultura sind in diesem Hexenkessel vermutlich noch die Schöngeister, verglichen mit Sarcófago, Parabellum, Mystifier und Vulcano. Das war mal anders, denken wir an das Frühwerk der Brasilianer, damals natürlich noch mit Max Cavalera. Ursprünglich verlacht, wie so viele Pioniere erbarmungsloser Lärmerei, haben Sepultura etwas perfektioniert, das in der Form nur schwer nachzuahmen ist. Ich bin kein Sepultura-Spezialist, mag hier vor allem die oft verrissenen ersten Alben, aber ich denke, auch als Laie kann eines besonders hervorgehoben werden: die Rhythmusarbeit von Igor Cavalera. Brachial auf die Spitze getrieben beim Song ‚Roots Bloody Roots' (von „Roots", 1996), aber schon deutlich präsent auf dem Opener ‚Refuse/Resist' von „Chaos A.D.". Dazu der aggressive Wutgesang von Max Cavalera und die ordentlich groovende Gitarre Andreas Kissers. Lehne ich mich weit aus dem Fenster, wenn ich behaupte, dass es für solche Musik einer harten Jugend und südamerikanischen Temperaments bedarf? Ich denke nicht, und es steht außer Frage, dass Herkunft, Lebensumstände und ja, auch Klima eine große Rolle spielen, geht es darum, sein Innerstes nach außen zu kehren und auf Tonband zu bannen. Ich muss da immer an den mediterranen Sound Griechenlands denken, der den

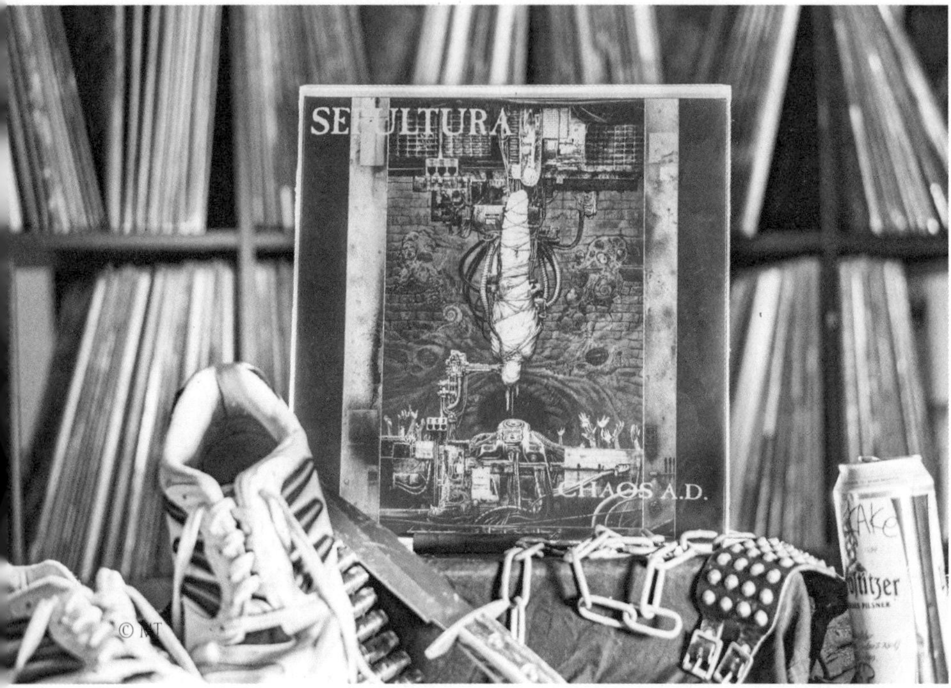

Black Metal enorm von seinem norwegischen Bruder unterscheidet. Hör dir mal Rotting Christs „Triarchy Of The Lost Lovers“ an und danach Ulvers „Nattens Madrigal“. Oder um beim Thema zu bleiben: „Chaos A.D.“ und danach Exodus „Bonded By Blood“. In der Sache vereint, im Ausdruck Kinder ihrer Herkunft. Hört man bei Sepultura besonders gut. Und bei Sepultura haben wir es mit einer dieser Bands zu tun, die Metal nicht, wie ich, als Eskapismus begreift. Sepultura gehen gnadenlos da hin, wo es wehtut, verleihen all ihrer Wut Ausdruck durch die Musik, thematisieren soziale Missstände, brüllen, ballern, kotzen alles heraus, was sie sonst innerlich zerreißen würde. Südamerikaner können das auf ihre unvergleichbare Art und Weise, unfassbar intensiv, geradeheraus und akustisch gewalttätig.

Oh, was für eine passende Überleitung zum nächsten Album...

Pantera „Vulgar Display Of Power"
(1992, Atco Records)

Denke ich an Pantera, kommen mir sofort zwei Dinge in den Kopf: das vermutlich perfekteste Cover-Albumtitel-Verhältnis überhaupt bei „Vulgar Display Of Power" und die Szene auf dieser einen VHS („3 – Watch It Go"), bei der sich im Rahmen einer Tour einer auf einen Kopierer setzt, einbricht und ihm die Glassplitter aus dem Arsch gepult werden müssen (im Detail ist es noch etwas unappetitlicher, das erspare ich dir hier einfach mal). Es gibt einfach Bands, die zweifelsohne ein wichtiger Bestandteil der Metal-Szene sind, aber die mich an meine Grenzen bringen. Denke ich an Pantera, muss ich auch an Machine Head und Biohazard denken (wobei „Urban Discipline" schon geil ist). Alles Bands, die gerade in den Neunzigern absolut angesagt waren, Metal sehr modern interpretierten, an denen ich aber auf meiner Entdeckungsreise heimlich, still und leise vorbeigeschlichen bin, in der Hoffnung, unentdeckt zu bleiben. „Vulgar Display Of Power". Das Cover ist reine Perfektion! Allerdings sind Pantera an diesem Punkt ihrer Karriere auch etwas anderes: fast schon klinische, eiskalte Präzision, akustisch weniger der primitive Schlag aufs Fressbrett denn der von langer Hand geplante, exakt ausgeführte Auftragsmord. Was Dimebag Darrell († 2004) an der Gitarre veranstaltete, machte ihn zum Killer, der Sound ist handwerklich vermutlich das Äquivalent zu Solinger Stahl. Klingt gar nicht negativ, oder? Ist es auch nicht, nur genau das hat mich nie über die reine Anerkennung der Leistung hinaus packen können. Groove Metal nennt sich die Musik, kann sein, vermutlich sind Pantera hier „Dark Souls", „Bloodborne" und „Sekiro" in einem. Weshalb ich mich auch auf ganz leisen Sohlen wegschleiche. Denn ich spüre, was dort in den Jungs getobt haben muss, als sie das Album aufgenommen haben. Und jetzt vergleiche mal die brasilianischen Sepultura und die texanischen Pante-

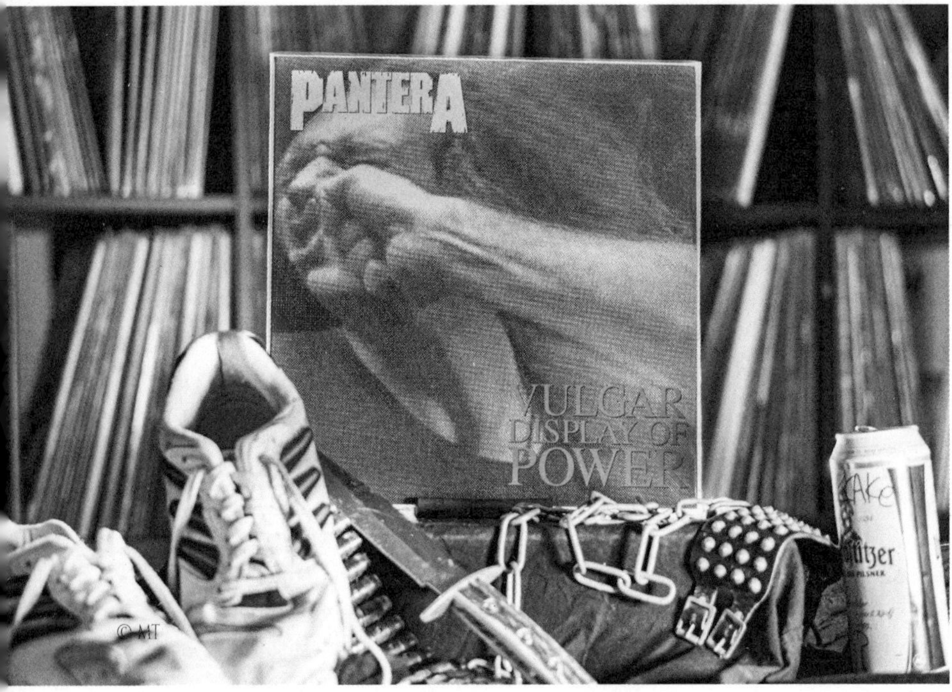

© MT

ra in Sachen Sound und Herangehensweise.
Ach ja, was „Metal Magic" von 1983 betrifft: Mit dem Cover und der Musik müsste die Band heute eigentlich jeden Tag erwartungsvoll vor dem Briefkasten sitzen und auf die Anfrage vom Keep It True" hoffen. Das schreibe ich gänzlich unironisch, das war noch reinrassiger, geiler, glammiger Heavy Metal, da haste Ernie wieder direkt am Schlawittchen.

Und nun versuche ich es einmal etwas individueller…

So viel dazu. Zehn Alben, der Versuch von absolutem Konsens. Aber diese Aufstellung findest du so oder so ähnlich in jeder Mainstream-Publikation, dafür hättest du mein Buch nicht vom Grabbeltisch

klauen müssen. Deutlich wurde hier natürlich das Problem einer Konsensliste. Megadeth läuft hier bei mir praktisch nie, fast eine handvoll weiterer Alben ausgesprochen selten. Gehe ich hart nach dieser Liste und würde ihre Bedeutung dramatisch überbewerten, müsste ich zu dem Schluss kommen, mit richtigem Metal nichts anfangen zu können.
Müsste hingegen ich ganz persönlich mit zehn Alben zusammenfassen, was Metal ist, ohne eine Band der vorangegangenen Mainstream-08/15-Liste zu wiederholen, und dürfte dabei nur von mir ernannte 10/10-Punkte-Alben nennen, müsste dennoch klassikerversessen bleiben und abwechslungsreich der Vielfältigkeit im Metal Tribut zollen – dann sähe die Aufstellung so oder so ähnlich aus:

Motörhead „Overkill"
(1979, Bronze Records)

„We are Motörhead and we play Rock'n'Roll", sprach der Herr und riss die Bude ab. Der Herr heißt Lemmy, und auch wenn seine sterbliche Hülle längst irdische Wege verlassen hat, bleibt er unsterblich. Lemmy, ein Mann, zwei Fibrome, ein Rickenbacker, dreiundzwanzig Alben mit seiner Band Motörhead. Streng genommen kein Metal, aber das ist scheißegal, Motörhead sind Motörhead, und Motörhead sind eine der wichtigsten Metal-Bands, ohne dass sie formell je Metal gemacht haben.
Ach komm, vergessen wir mal Black Sabbath für einen Moment. Metal ist hart, dreckig und laut, und Lemmy steht dafür wie kein anderer. Und natürlich vergesse ich an dieser Stelle keinesfalls Black Sabbath, habe ich mit „Overkill" doch geschickt ein Äquivalent zu den 1970er-Ergüssen der Birminghamer gewählt. Irgendwo müssen wir anfangen, das könnte natürlich gleich die NWOBHM sein, aber

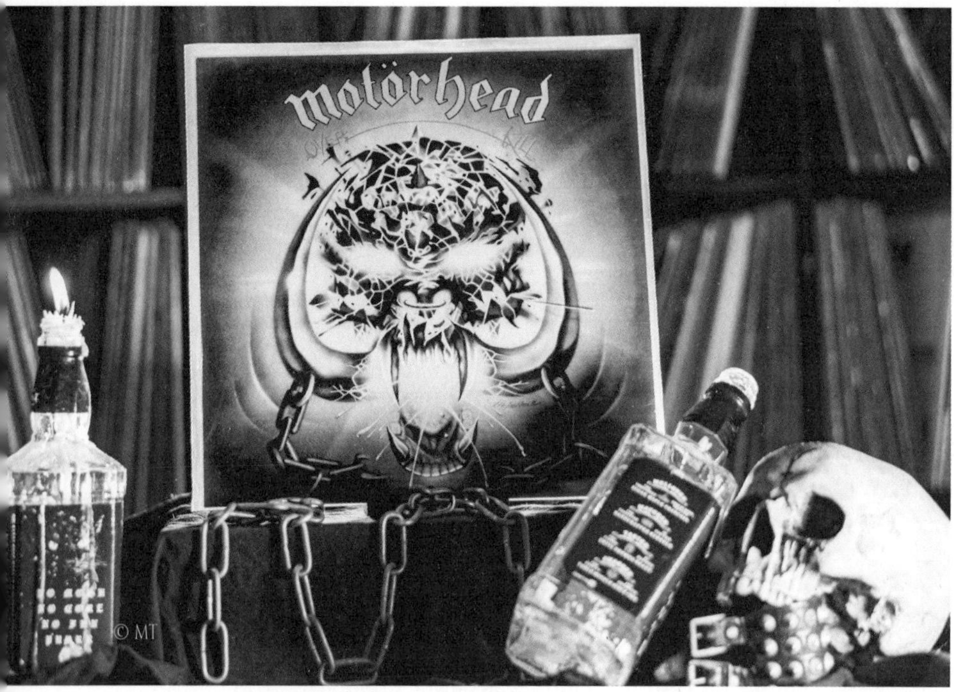

ich liebe Basisarbeit.[50] Und dazu gehört auch die traurige Erkenntnis, dass die Traumbesetzung Lemmy Kilmister († 2015), Fast Eddie Clarke († 2018) und Philthy Animal († 2015) nicht mehr am Leben ist. Motörhead in Topform!
Ehrlich, wer kann bei dieser fantastischen Gitarrenarbeit von ‚(I Won't) Pay Your Price' stillsitzen? Wer will Lemmy bei Songs wie ‚I'll Be Your Sister' absprechen, nicht einer der charismatischsten Sänger der Welt zu sein? Ich kann das Song für Song durchziehen! Mann, ich musste gerade eine kleine Pause machen, aufstehen, den Lautstärkeregler hochdrehen und eben noch einmal ‚I'll Be Your Sister' hören,

50 Und müsste deshalb eigentlich noch viel weiter zurückgehen, als immer nur die drei üblichen Verdächtigen zu nennen: Black Sabbath, Deep Purple und Led Zeppelin. Stichwort Proto-Metal.

einfach im Stehen und ... genau, die Faust ballend! B-Seite: ‚No Class'. Die Zeile „Too much, too soon", ich kann schon wieder nicht sitzen bleiben.
Was ich an „Overkill" liebe und was es für mich mit „Highway To Hell" von AC/DC gemein hat? Eine grandiose B-Seite! Und was macht Motörhead so besonders? Sicher Lemmy, aber auch die Leistung, immer konsequent seinen Stiefel durchzuziehen, dabei aber nie nur Dienst nach Vorschrift abzuleisten. Motörhead waren früher geil, in den Neunzigern geil, und trotz der falschen Annahme, Motörhead hätten immer nur immer wieder das gleiche Album aufgenommen, hat jede Veröffentlichung ihr ganz besonderes kleines Extra. ‚Metropolis' ist einer dieser Songs. Vielleicht sogar der beste Song des Albums? Wer weiß, je nach Tagesstimmung.

Saxon „Denim And Leather"
(1981, Carrere)

Füchse haben erkannt, dass ich mich noch einmal auf den nächsten Verwandten stürze, um meinem Anspruch an eine repräsentative Liste Genüge zu tun. Motörhead statt Black Sabbath, weil Tony und Lemmy Legenden sind, und Saxon sind nun einmal wie Iron Maiden NWOBHM-Grundwissen. Was ich an „Denim And Leather" mag? Den Sound! Null Ahnung habe ich von den studiotechnischen Fachtermini, muss mich behelfsmäßig auf den Ausdruck „staubig" berufen, meine das aber auf jeden Fall fürsprechend und als absolut charismatisches Charakteristikum. Zeithistorisch befinden wir uns mitten in der glorreichen NWOBHM-Zeit. Natürlich hätte ich, wo Iron Maiden rausfallen, auch Angel Witch nennen können ... oder Satan. Aber immer wenn ich „Denim And Leather" höre, geht mir das Herz auf. Obwohl ich Saxon erst viel später kennengelernt habe, fühle ich mich nostalgisch bei Gassenhauern wie ‚Princess Of The Night'. Nach heutigen Maßstäben müsste der Sound altbacken und altherrenhaft wirken, aber genau das macht diesen von mir „angestaubt" genann-

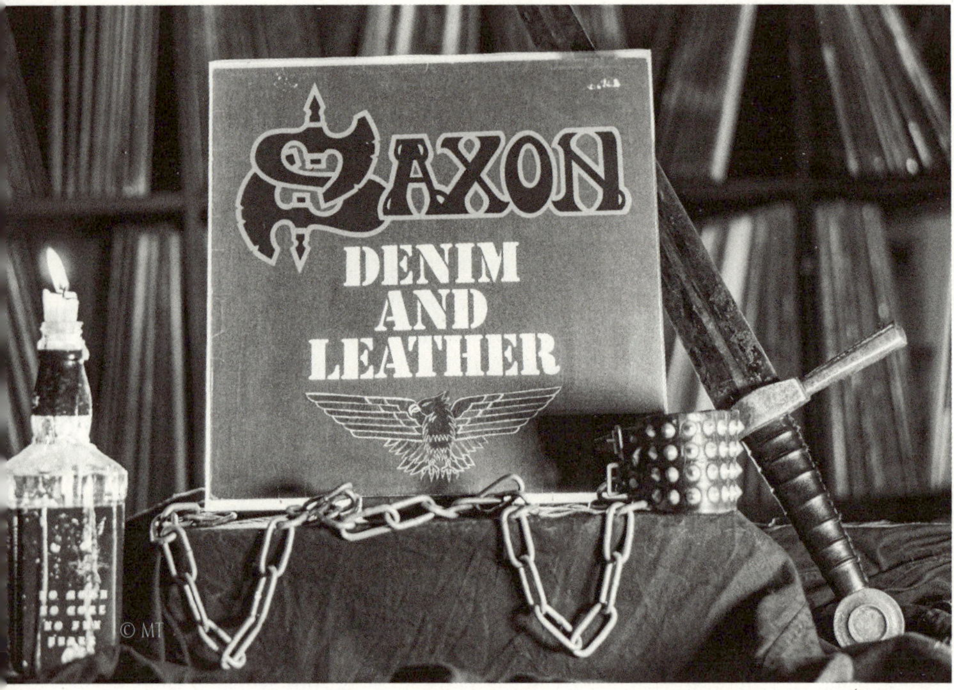

ten Klang so wundervoll. Vermutlich sage ich „staubig“ und meine „transparent“ und „dynamisch“. Alles, was Produktionen der Neunziger nicht mehr waren, als Lautstärke und Druck alles zu sein schienen. Heute beruft man sich gern auf diesen Sound, Eternal Champions „The Armor Of Ire“ (2016) lebt von seinem „altbackenen“ Klang. Und Saxon hauen hier einen Kracher nach dem anderen raus. ‚Never Surrender‘, ‚Rough And Ready‘. Wie mein Kumpel Eiko sagen würde: „Das ist Heavy Metal, Mann!“ Gut, er sagte das in Bezug auf Judas Priest. Aber ob Priest, Demon, Angel Witch oder eben Saxon, alles, was an den Achtzigern und traditionellem Metal geil ist, findest du hier! ‚Midnight Rider‘! Und natürlich das große Finale, ‚Denim And Leather‘.

„Denim and Leather
Brought us all together
It was you that set the spirit free"

Manowar „Kings Of Metal"
(1988, Atlantic Records)

Wer sich für die Könige des Metal hält, sollte besser abliefern, sonst wird nicht mehr lange auf elf gespielt. Haben Manowar auch, ironischerweise jedoch nur bis zu diesem Album.[51] Die fünf Epic-Metal-Meilensteine davor sind ohnehin Kulturgut, „Fighting The World" außer zwei Songs vielleicht doch außen vor gelassen. Aber auch wenn „Painkiller" unangreifbar tödlicher Metal-Stahl bleibt, „Kings Of Metal" hat Testosteron für die nächsten tausend Jahre. Was Manowar anfassen, bekommt Brusthaare! Wo Manowar draufsteht, wird unter 129,5 Dezibel kein Fellschlüpfer angezogen. Auf „Hail To England" ritt Conan noch auf einem Schlachtross über die Leichenberge besiegter Wimps, auf „Kings Of Metal" stehen die Reifen einer dicken Harley in Flammen, und es werden Ärsche getreten, bis auch der letzte Poser die Halle verlassen hat. Was Manowar unbestritten können oder konnten und es auf die Spitze getrieben bis zu Odins Hallen emporgetragen haben, war allerdings gleichzeitig ihr Untergang. Keine Metal-Band konnte den Pathos mit so einem leidenschaftlichen, humorlosen Selbstbewusstsein zelebrieren wie Manowar, ohne zur lächerlichen Karikatur ihrer selbst zu werden. Zumindest bis zu „Kings Of Metal", der letzten großen, kompakten Glanztat der vier Amerikaner, zugleich das letzte Album mit Ross the Boss. Zufall? Außer Joey DeMaios Bassgewichse auf ‚Sting Of The Bumblebee' und dem debilen ‚Pleasure Slave', von dem Vinyl-Liebhaber auf der einen oder anderen Edition verschont blieben, stehen nur Hymnen

---

51 Deal with it, auch die beiden nächsten Alben sind nicht mehr der kompakte Muskelberg der Achtziger-Manowar!

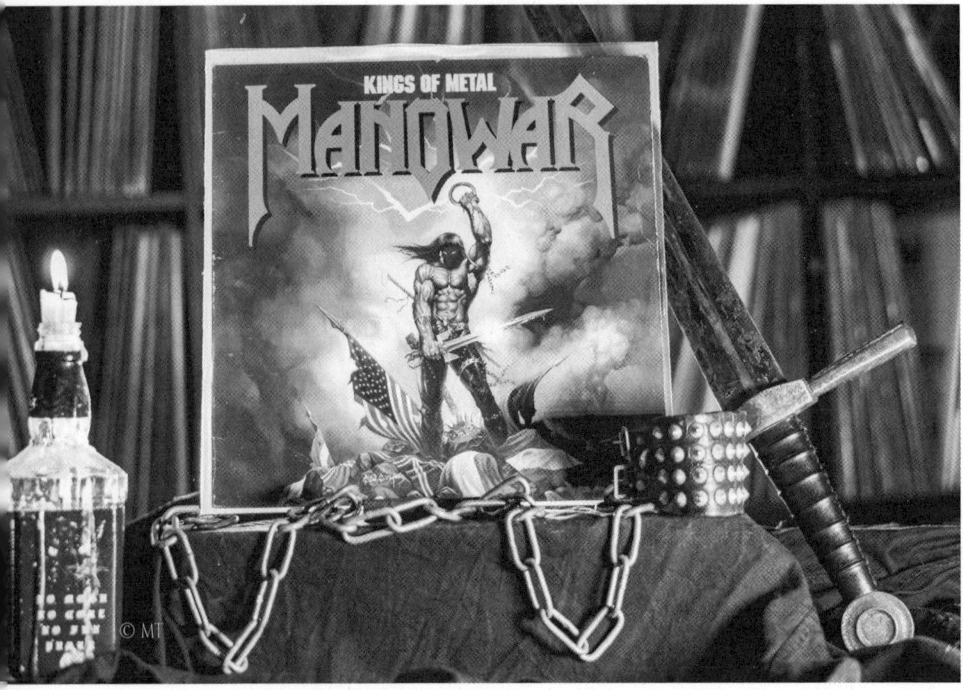

auf diesem Album! ‚Heart Of Steel' ist genau das, was ich meine: Jede andere Band wäre mit dem schwülstigen Kitschkack gescheitert, aber mit dem Manowarschen Selbstbewusstsein willst du selbst aufs Pferd steigen, das Schwert noch einmal in die Höhe recken und unter lautem Kampfgeschrei in die Schlacht ziehen. Meine Fresse, ‚The Crown And The Ring (Lament Of The Kings)' ist nicht mal ein Metal-Song und hat dennoch alles, was Metal ausmacht. Hier aber der Knackpunkt: Mache bloß nicht den Fehler, zu viel nachzudenken, gar ob Manowar nicht vielleicht ein kleines bisschen der toxischen Maskulinität frönen. Manowar trinken keinen Chai Latte, hier wird mit schartiger Klinge gekämpft und das Ale in einem Zug geleert. Für diese Momente stumpfer, roher Krieger-Epik funktionieren Manowar erschreckend gut, und das täuscht auch darüber hinweg, dass sie sich bereits in den Achtzigern hemmungslos selbst zitierten. Manowar können Pathos wie kaum eine andere Band. Im Doom fallen mir da Candlemass ein, aber mit den ersten sechs Alben haben Manowar ein steinernes Denkmal aus blankem Fels geschlagen, welches sie dann leider später mit großem Engagement einzureißen versuchten. Das Frühwerk bleibt aber unerreicht und unvergessen! „Other bands play, Manowar kill!“ Die Band, die die Epik in den Metal brachte. Und Quorthon hat mindestens „Into Glory Ride“ gehört, da kann er sagen, was er will.

Blind Guardian „Imaginations From The Other Side“
(1995, Virgin Records)

Blind Guardian sind ein Phänomen. Auf Anhieb wüsste ich nicht, welche andere Band ich im Plattenschrank habe, die nach den Jungs aus Krefeld klingt, oder ob mich solche Truppen überhaupt interessieren würden. Doch Blind Guardians erste sechs Alben sind reine Liebe! Ob die noch geradezu speedigen, vom jugendlichen Leichtsinn erfüllten ersten beiden Werke „Battalions Of Fear“ (1988) und „Follow The Blind“ (1989) oder die übrigen vier perfekt inszenierten Alben mit großartigen Andreas-Marschall-Coverartworks. Ob das Gänsehaut erzeugende ‚Majesty‘ in der jungen, naiven Phase oder das bombastisch-epische ‚Time Stands Still (At The Iron Hill)‘, in dieser Schaffensperiode haben Blind Guardian geliefert! Und mittendrin das von der ersten bis zur letzten Sekunde ausgereifte „Imaginations From The Other Side“. Ich habe nie wirklich viel Power Metal gehört, bei Symphonic Power Metal kommen mir ganz andere Zuckerbomben in den Sinn, aber ganz ehrlich, ich finde nicht, dass Blind Guardian in diese Schublade passen. Versuch mal, den dicken „Herr der Ringe“-Schinken in deine Schreibtischschublade zu stopfen. Siehste? Dann doch Epic Metal? Schon eher, aber da muss natürlich unbedingt diffe-

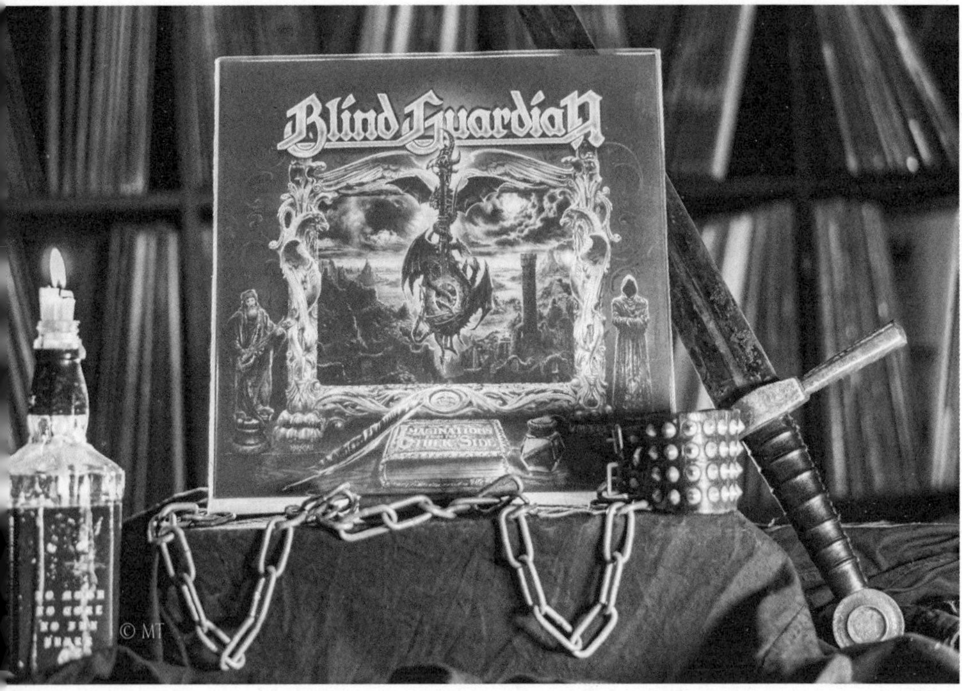

renziert werden. Hans[52] Kürsch und seine Jungs leben nicht im rauen „Conan der Barbar"-Universum, wo sich Manilla Road und Cirith Ungol tummeln, und sind vermutlich der größtmögliche Gegensatz zu Manowar, die auf dem Schlachtross, Schwert und Schild geschultert, dem Krieg entgegenreiten. Blind Guardian sind in diesem Bild die Barden, die am Lagerfeuer von diesen Geschichten erzählen. Bedacht, ausgefeilt und mit Hang zur Melodramatik. Das kann dafür aber auch niemand so gut wie diese Band, deren ‚The Bard's Song' auf Wacken aus zehntausenden Kehlen andächtig mitgesungen wird. Aber worin liegt das Phänomen begründet? Dass selbst old-schoolige Traditionalisten, die alles, was zumindest musikalisch oberflächlich

52 So möchte er heute lieber genannt werden, ich bezweifle, dass sich das durchsetzt.

Blind Guardian nahekommt, verdammen, aber „Somewhere Far Beyond" oder eben „Imaginations From The Other Side" Großartigkeit attestieren? Weil eigentlich jeder mit mindestens einem dieser Alben aufgewachsen ist? Sich eines dieser Alben in einer ganz wehmütigen Ecke der Erinnerung festgesetzt hat? Jugend, Freiheit, Dosenbier, Fantasy-Romane, Rollenspiel-Sonntage. Die gute Zeit. Die längst hinter einem liegende Zeit. Wehmut, ja Mann. Wie Blind Guardian das schaffen, ist und bleibt das Phänomen, was sie für mich einzigartig macht. Und mit diesem Album, welches mich immer wieder mit jedem Ton in eine andere Zeit katapultiert, bringe ich nicht nur vielleicht auch ein Element in dieses Buch, welches bei meinem Hang zur Dunkelheit manchmal untergehen mag. Ich bin versucht, es Fröhlichkeit zu nennen, Metal als Musik, um sich gut zu fühlen. Aber Letzteres trifft praktisch auf den gesamten klassischen Heavy Metal zu. Es ist diese unverhohlene Glückseligkeit, die ich beim Hören verspüre. Mit diesem gewissen Etwas, das sie von Genrekollegen unterscheidet, würde ich Blind Guardian als Power Metal bezeichnen. Das ist ein ganz schmaler Grat, Rhapsody, Dragonforce, Gamma Ray wie auch Stratovarius sind mir da immer eine Ecke zu drüber.[53] Blind Guardian sind nicht rau und ungeschliffen wie die amerikanischen Power-Metal-Bands, ihre Epic-Kollegen, aber sie meistern den Drahtseilakt, hymnisch, überbordend und unbeschwert zu musizieren, doch nie in klebrigen Kitsch abzudriften. Ist da nicht vielleicht doch eine unterschwellige Wehmut? Aus meiner Warte ist es vollkommen unverständlich, Blind Guardian nur selten in den oberen Rängen eines Metal-Kanons zu finden. Abschließend zu „Imaginations From The Other Side"? Ich kann hier keinen Song herausgreifen, weil das Album eine knapp fünfzigminütige Reise ist, nicht „Conan der Barbar", eher „Herr der Ringe", perfekt und komplett.

---

53 Fun Metal, was auch immer das ist, ignoriere ich aus Prinzip.

An dieser Stelle muss ich selbstkritisch anmerken, dass es zwar unglaublich einfach ist, bestehende Top-10- oder Top-100-Listen zu kritisieren, es allerdings besser zu machen, ausgesprochen kniffelig ist. Ich kritisiere an nahezu allen existierenden Listen zum Thema „Die wichtigsten Metal-Alben aller Zeiten", dass die vordersten Ränge meist mit den halben Diskografien der einflussreichsten Bands gefüllt werden, sodass die Top 20 gefühlt komplett aus dem Schaffen von Black Sabbath, Metallica und Megadeth besteht, ohnehin neben dem klassischen Heavy Metal fast nur Thrash Metal und Artverwandtes verwurstet wird. Was mich zu der Frage bringt, was genau die Herangehensweise bei solchen Listen ist, außer wiederzukäuen, was irgendwann mal zum Konsens geworden ist. Ich stellte mir die Frage, bevor ich mit meiner Liste anfing, und stelle sie mir immer wieder, wenn ich mir meine zehn Alben durch den Kopf gehen lasse und überlege, ob man das so stehen lassen kann. Hier, an dieser Stelle, kniffele ich an diesen Punkten: Suche ich parallel zur ersten Liste immer nur das Äquivalent, wie bei Saxon schon angeschnitten? Dann kann ich doch jetzt guten Gewissens Exodus „Bonded By Blood" raushauen, richtig? Nein, das wäre unglaublich langweilig. Aber kann ich mich wirklich freimachen vom Konsensdenken? Und wenn ja, fließt nicht viel zu viel eigener Werdegang in meine Liste? Und warum lasse ich dich an meiner Zerrissenheit teilhaben? Weil es genau das ist, genau das macht das Konzipieren einer Liste aus, das darüber Nachdenken, das Fachsimpeln und vor allem das Infragestellen. Letzteres führt im schlimmsten Fall dazu, dass ich niemals fertig werde, aber auch zu der Erkenntnis, dass es eine perfekte Liste einfach nicht gibt.

Mercyful Fate „Melissa"
(1983, Roadrunner Records)

Verdammt und zur Hölle, was verehre ich dieses Album! Und wie ich hier so sitze und schreibe, kommt mir der Gedanke, dass „Melissa" neben „The Number Of The Beast" ein perfektes Heavy-Metal-Album

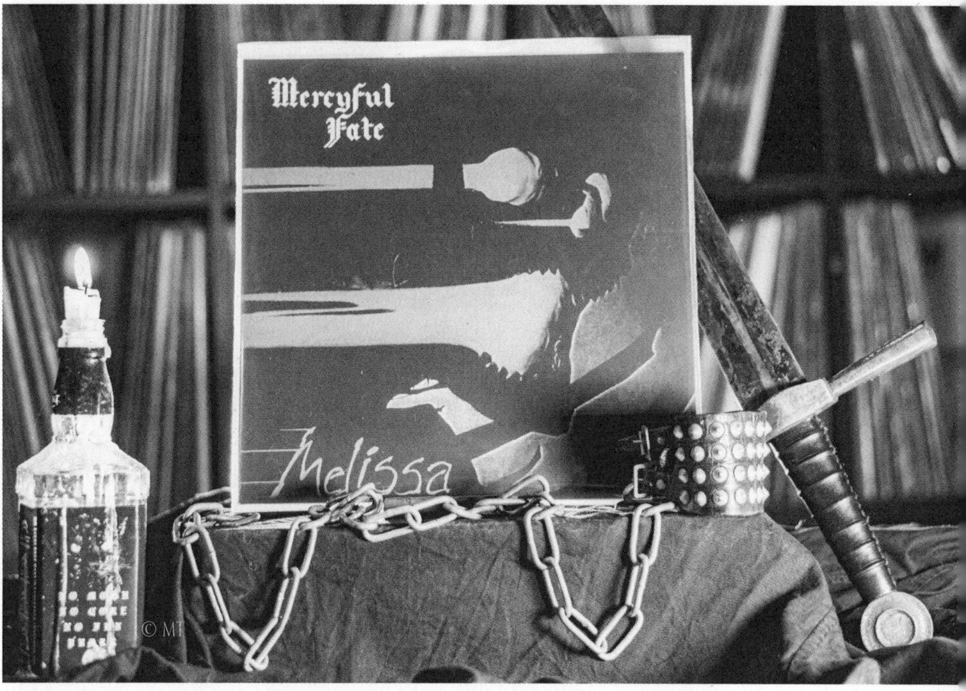

ist. Zumindest meiner just in diesem Moment geltenden Definition nach, dass Metal die Musik des Teufels ist. Und „Melissa" gehört in einer seriösen und gerechten Welt jedem Neugeborenen in die Wiege gelegt, auf dass sie in Flammen aufgehe und ein diabolisches Gelächter aus den Kissen schallt. Gut, es wird jetzt etwas seltsam, aber du merkst, ich brenne gerade wieder inmitten eines Höllenfeuers wie der Gehörnte auf dem Cover des Nachfolgers "Don't Break The Oath" (1984). Super Überleitung, ich bedanke mich bei mir selbst und stelle klar, ich streite mich jetzt nicht, welches der ersten beiden Mercyful-Fate-Alben besser ist. "Don't Break The Oath" ist sicher ausgefeilter, aber qualitativ auf gleicher Höhe und ebenso fantastisch. Doch „Melissa" ist mehr auf den Punkt. Wie verdammt genial ist bitte das Zusammenspiel zwischen den Gitarristen Hank Shermann, Michael

Denner und dem Drummer Kim Ruzz? Ernsthaft, ‚Evil', Minute 2:47, was ist das für ein simples und doch so grandioses Riff in Kombination mit Teufelskerl Ruzz? ‚Satan's Fall' das Gleiche! Überhaupt zeugt dieses Album von einer Riff-Qualität, das ist unfassbar. Im Detail sind natürlich auch fantastische Leadgitarren zu hören, aber „Melissa" lebt, neben einem immer wieder entfesselten Bass, von erstklassiger Simplizität mit hervorragender Finesse an den richtigen Stellen. Und jetzt kommen wir endlich zu King Diamond. Grundsätzlich lässt sich festhalten, dass mir kein Album unter der Mitwirkung des Kings bekannt ist, das nicht mindestens gut ist. Solo ohnehin unantastbar, würde ich mich jetzt aber, für den gerade ohnehin sehr leidenschaftlichen Moment, zu der Aussage hinreißen lassen, dass seine Leistung auf diesem Album mindestens in den Top 5 aller Mercyful-Fate-/King-Diamond-Alben liegt. Nicht jeder mag das Kingsche Falsett. Aber es hat natürlich auch nicht jeder Ahnung. Es gibt Ian Gillan, der bei ‚Child In Time' vorlegt, es gibt Rob Halford, der besonders auf der „Painkiller" Bierkrüge zum Platzen bringt, es gibt Bruce „Air-Raid Siren" Dickinson und ja, auch Stumpen von Knorkator[54] hat einen beängstigend guten und hohen Falsett drauf. Aber der King ist anders. Das macht seine Teilnahme an Mercyful Fate oder sein Schaffen mit King Diamond für den einen oder anderen unerträglich, meiner Meinung ist er einer der besten Heavy-Metal-Sänger überhaupt. Das liegt an der Vielfalt seiner verschiedenen Gesangsstile, aber auch an seiner Lyrik. Ich habe einmal „Them" als kleine Kurzgeschichte ins Deutsche übersetzt, seine Texte und Konzepte sind grandios! Überdies hat „Melissa" ‚Black Funeral', vermutlich einer der besten Mercyful-Fate-/King-Diamond-Songs überhaupt. Unterhaltsamer Fakt: Ich habe den King das erste Mal auf einem Sampler eines auf Tageszeitungspapier gedruckten Fanzines gehört, welches die geschmackvollen Themen Metal und Pin-up kombinierte. Ich kannte den King vorher nicht,

54 So schwierig für mich Humor in Musik ist, Knorkator sind eine der ganz wenigen Bands aus diesem Bereich, die ich wirklich beeindruckend gut finde.

fand es grausam. Später hörte ich eine Coverversion von Ancient auf der „Mad Grandiose Bloodfiends", die mir so gut gefiel, dass ich so über Umwege doch zum King fand. Es gibt keine Band wie Mercyful Fate/King Diamond, ja, ich muss beide im Doppelpack nennen, denn unter der Mitwirkung des Kings sind beide Bands einzigartig.

Celtic Frost „To Mega Therion"
(1985, Noise Records)

Bedrohliche Bläser marschieren auf, unvermeidlich erscheinende Bilder der Apokalypse vor meinem geistigen Auge. Auf dem Cover wird ein resignierter Jesus Christus von HR Giger zur Zwille herabgewürdigt, vom Gehörnten selbst gehalten, der mir direkt in meine laster-

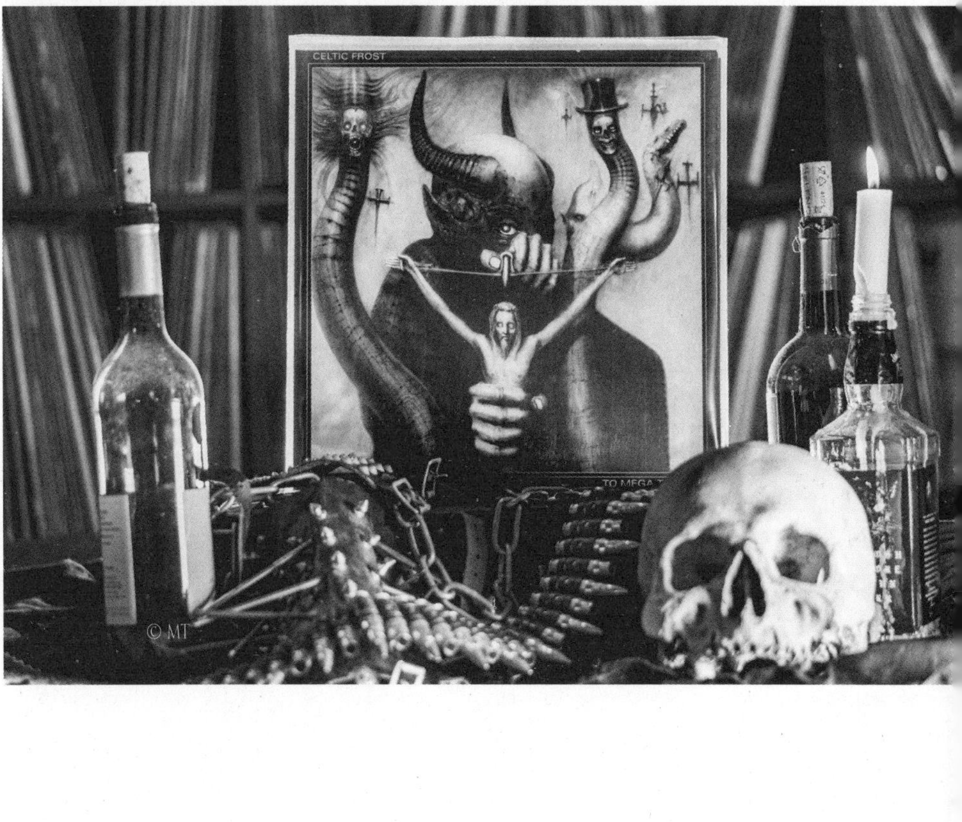

hafte Seele starrt. Dass „To Mega Therion" in meinen Versuch einer eigenen Zehner-Liste gehört, stand für mich schon sehr früh fest. Was Tom G. Warrior, auf diesem Album übrigens ohne Martin Ain († 2017), leistet, dem kann ich mit Worten kaum gerecht werden. Zur Erinnerung, dieses Album erschien 1985. Natürlich gab es da bereits Venom, aber „To Mega Therion" ist das pure Böse. Mit Hellhammer hat Warrior bereits die Dunkelheit in den Metal gebracht, sicher inspiriert von den damals schon berstigen Punkern. Aber nach der EP „Morbid Tales" verschwand etwas aus dem Songwriting, vielleicht das, was man als Punk bezeichnen würde, und wurde durch etwas ersetzt, das Celtic Frost noch unnahbarer, schwerer greifbar machte. Ich behauptete bereits an anderer Stelle: Herkunft und Lebensumstände spielen bei der Form der künstlerischen Entfaltung eine große Rolle. Jetzt würde ich die Schweiz per se nicht mit den Gossen Brasiliens vergleichen, aber Tom Warriors Kindheit und Jugend waren laut eigener Aussage ... ich sage mal: widrig. Ohnehin scheint der Mann etwas in sich zu tragen, das ihm jegliche Glückseligkeit verwehrt. Interviews mit Tom G. Warrior gibt es zuhauf, und auch wenn nicht aufgrund eines öffentlichen Bilds auf den privaten Charakter geschlossen werden kann, befürchte ich, dass der Mann auch hinter den Kulissen keine allzu fröhliche Person ist. Hinzu kommt, dass insbesondere Hellhammer zu ihrer aktiven Zeit alles andere als Kult, geschweige denn Inspiration waren. Es heißt, in einer Nacht-und-Nebel-Aktion haben sich Tom und Martin zusammengesetzt und ein neues Konzept ausgearbeitet, aus dem die Umbenennung in Celtic Frost resultierte, weil der Name Hellhammer für die beiden als verbrannt galt. Es ist reine Vermutung, aber ich glaube, Tom hat sich von dieser Schmach nie richtig erholt. Um es klar zu sagen, ich vergöttere Hellhammer, aber wenn es eine Band mit Pionierarbeit gab, die in ihrer Wirkungszeit keine mediale Anerkennung fand, waren es Hellhammer[55].

55 Und Sodom, bezogen auf „In The Sign Of Evil" und „Obsessed By Cruelty".

Zurück zu Celtic Frost und „To Mega Therion". Das Album ist ein Brocken, den ich mir wie vieles andere in Schwerstarbeit draufschaffen musste, bevor die Wertschätzung danach umso größer war. Du merkst, es häufen sich die Alben, die ich mir erarbeiten musste. Aber es sind auch die Alben, die trotz späterer Wertschätzung umso intensiver drücken. Was Warrior veröffentlicht, ist nie Easy-Listening, aber obwohl dieses Album eigentlich, meinem heutigen Eindruck nach, ordentlich rockt, schwingt über seine gesamte Laufzeit eine ganz fiese Unnahbarkeit mit. Vielleicht war es auch einfach schwer greifbar für mich. Mit bis dato bekannten Schubladen lässt sich nicht arbeiten, für Heavy Metal viel zu schwerfällig, für Doom zu rockig, und mit Black Metal hat das alles gar nichts am Hut, auch schwerlich mit der ersten Welle. Am letzten Stück ‚Necromantical Screams' festgemacht, trifft ein durchaus grooviges Grundgerüst auf schweren Bombast in Form von Bläsern und einer wehklagenden Frauenstimme, dazu der sehr charakteristisch intonierte Gesang Tom Warriors. Mir fällt gerade nur ein Begriff ein: Gewaltmusik. Ach ja, ich entdecke gerade „Into The Pandemonium" (1987) ganz neu für mich, ein Album, das zumindest erwähnt werden muss in diesem Buch.

Und wieder meldet sich der Zweifler in meinem Nacken. Dieses Mal geht es darum, unter welcher Prämisse ich mich bei der schlussendlichen Band für das jeweilige Album entscheide. Ich kann jetzt schon mein System offenbaren: Ich wähle intuitiv ein beliebiges Album, versuche aber im Rahmen seiner Bearbeitung, möglichst die halbe Diskografie zu erwähnen, damit nicht der Eindruck entsteht, ich würde das wahrscheinlich für dich relevantere Schaffen der Band gar nicht kennen. Und natürlich entscheide ich mich nie für ein beliebiges Album, aber ein sehr wichtiges Kriterium ist: Entscheide ich mich für das erfolgreichere Album der Band oder den Titel, der vielleicht wesentlich innovativer war und dadurch größeren Einfluss auf die Szene hatte? Oder gebe ich einen Scheiß auf alles und entscheide mich einfach für mein Lieblingsalbum? Genau das Problem bereitet mir bei Paradise Lost Kopfzerbrechen.

Paradise Lost „Draconian Times“
(1995, Music For Nations)

Unverblümt und aus der Hüfte geschossen, „Gothic“ (1991) dürfte das im Schoße seiner Zeit innovativste Album von Paradise Lost sein, „Icon“ (1993) vielleicht mein Lieblingsalbum, „Shades Of God“ (1992) das für mich emotionalste, weil es mein Einstieg in das Schaffen einer der wichtigsten Pioniere des Gothic Metal war (ähm, „Into The Pandemonium"?). Das ist natürlich auch immer ein ganz wichtiger Faktor bei der Bewertung eines Albums. Wiederhole ich mich? Jegliche objektiven Einwände haben kaum mehr Relevanz, wenn ein bestimmtes Album zu sehr prägenden Lebenssituationen deine Ohren erreicht hat. „Draconian Times“ wurde damals vorgeworfen, zu kommerziell zu sein, und ja, als das Album erschien, ich erinnere mich, war es im Jahrespoll des Metal Hammer vermutlich in jeder Rubrik auf Platz eins. Aber wie der beeinflussbare Hardliner 1997 selbstverständlich „Enthrone Darkness Triumphant“ von Dimmu Borgir hassen musste, weil und überhaupt, kann doch hier klar und deutlich von mir festgehalten werden, dass „Draconian Times“ ein schweinegeiles Album ist, das den Test der Zeit bestanden hat, und ja, ein Klassiker ist! Ein Höhepunkt in der Karriere der Band, nicht mehr zu überbieten, sodass Paradise Lost danach das einzig Richtige machten und ihren Stil massiv änderten. Zumindest vorübergehend.
Das hier ist der wahre, ursprüngliche Gothic Metal, bei dem auch Namen genannt werden müssen wie Anathema, Tiamat und My Dying Bride, alles Bands, über die ich genauso lange Texte schreiben könnte. Entstanden aus einer Mischung aus Death- und Doom Metal, ist Gothic Metal dunkle, schwermütige Musik mit Mut zum Klargesang, die ein Lebensgefühl einfing, welches mich trist und traurig durch die Neunziger zog. Ist es Nostalgie, oder waren die Neunziger wirklich in gewissem Maße von dieser Schwermut geprägt? Im Grunge waren es Nirvana mit Kurt Cobain als Symbolfigur zielloser, jugendlicher Hoffnungslosigkeit: „I hate my life and I want to die.“ „Draconian Times“ ist sicher sehr kantenloser, aber immer noch reiner, für die Zeit klassischer Gothic Metal.

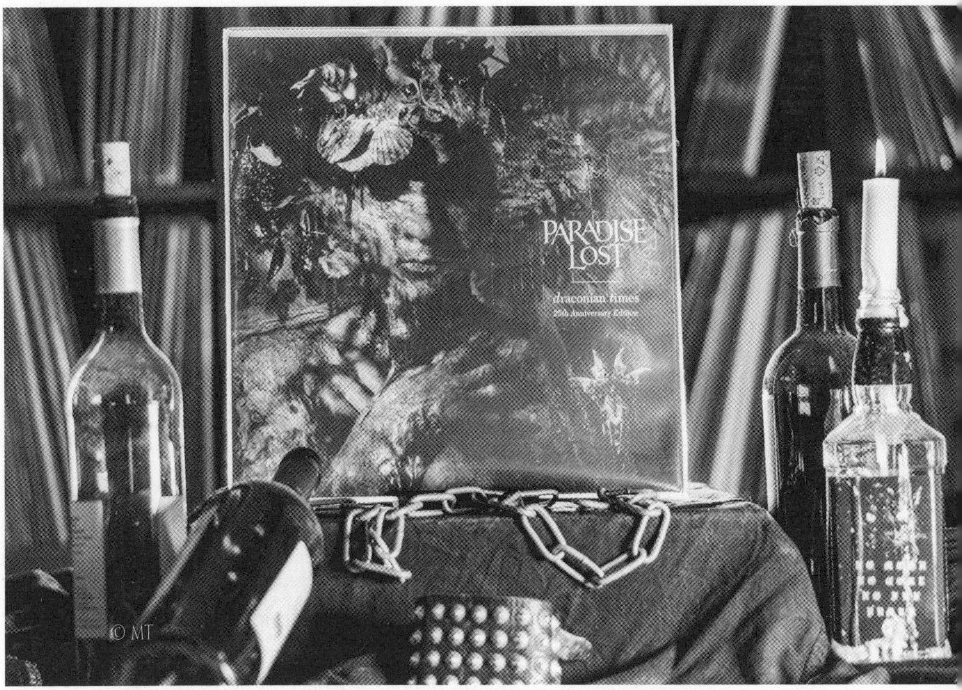

Bei „Begone the fools that lead me – I need not to know [die Drums!], accept reclining spirit I need to endure“ von ‚Hallowed Land‘ treibt es mir bis heute emotional das Salzwasser nach oben. Und es geht sofort mit ‚The Last Time‘ weiter: „Hearts beating for the last time.“ Ein Album, bei dem die Phrase „No fillers – just killers“ Programm ist, jeder Song ein potentieller Dolchstoß.
Ob es nun Theatre Of Tragedy waren, die Gothic Metal mit diesem Beauty-and-the-Beast-Gesang in eine Richtung führten, die Gothic Metal später unerträglich kitschig werden ließ, wer weiß … Der Mainstream streckte seine Klauen schon sehr früh aus und ließ das Genre leider bald in einer identitätslosen Masse aus weichgespülten Riffs und lahmem Elfengesang ersticken. Aber die Pionierarbeit der alten Gothic-Garde wird mir in den hiesigen Auflistungen viel zu selten gewürdigt!

Aber was ist mit Death Metal, gar mit Black Metal? Dass ich über Black Metal noch das eine oder andere Wort verliere, weiß ich, da ich ein paar der folgenden Kapitel bereits geschrieben habe. Aber so weiß ich auch, wie sträflich wenig Death Metal in diesem Manifest zu Wort kommt. Doch gerade wird mir wieder bewusst, wie wenig zehn Alben sind und wie unmöglich das Unterfangen ist, Metal mit zehn Alben angemessen zu repräsentieren ... Wenn das so weitergeht, bin ich am Ende dieses Kapitels komplett verzweifelt.

Death „Leprosy"
(1988, Combat Records)

„Klassikerversessen", einer meiner guten Vorsätze für diese Liste, und Deaths zweites Album wird diesem Attribut definitiv gerecht. Mögen viele meiner vorherigen Entscheidungen dieser Liste stark subjektiv geprägt, vielleicht sogar sehr streitbar sein, ich glaube, hier treffen wir uns alle wieder. Die große Frage nach dem ersten richtigen Death-Metal-Album ist spannend. Genannt wird hier gern Possesseds „Seven Churches" (1985), vergessen leider oft Necrophagia „Season Of The Dead" (1987), niemals unerwähnt bleibt aber Chuck selbst. Chuck Schuldiner, 2001 viel zu früh mit vierunddreißig Jahren von uns gegangen, unbestritten eine Legende, schon zu Lebzeiten. Absolut verdient, unglaublich talentiert, ein makelloses Vermächtnis. „Scream Bloody Gore" (1987), ein schon unglaublich geiles Debüt mit dem Übersong ‚Torn To Pieces'. Womit sich „Leprosy" jetzt auch am besten beschreiben lässt. Denn „Leprosy" hat keinen einzigen Übersong – dramaturgische Pause – das ganze Album ist ein einziger Ritt. Heb von mir aus ‚Pull The Plug' hervor, aber erzähl mir nicht allen Ernstes, „Leprosy" hätte auch nur einen einzigen Hänger. Ich sagte Ritt. Das beschreibt dieses Album sehr gut, denn neben Chuck muss hier einfach das Drumming von Bill Andrews gewürdigt werden, der diesem Meisterwerk eine groovende Dynamik verleiht, die dich im ursprünglichsten Sinne des Wortes durchs Album galoppieren lässt.

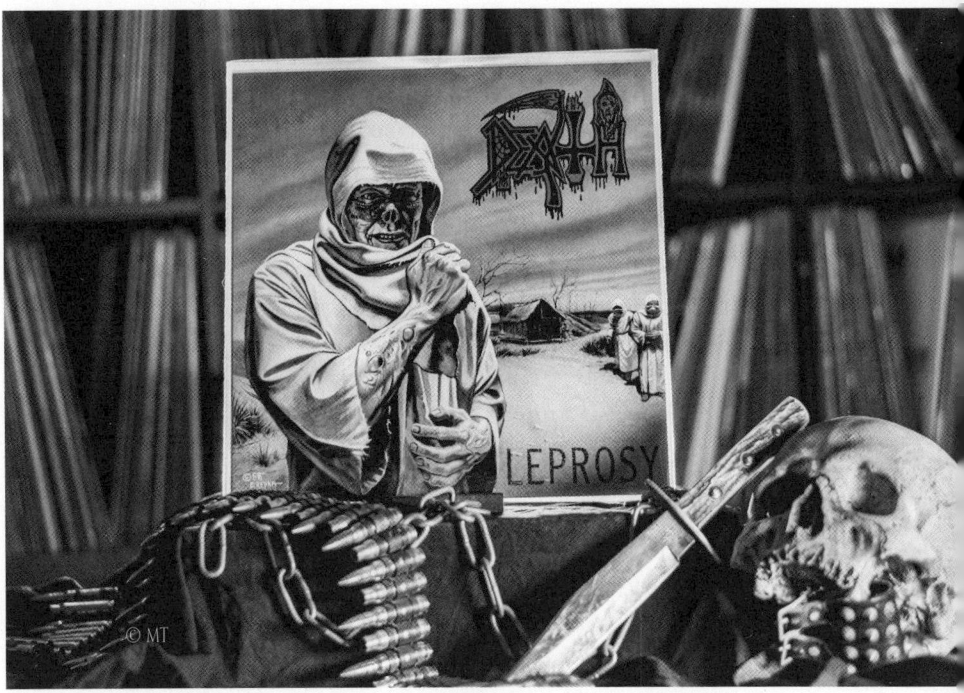

„Leprosy" hat etwas schwer zu Beschreibendes. Weil Leichtigkeit in diesem Zusammenhang deplatziert wirkt. Dennoch ist „Leprosy" ein fantastisch lebhaftes Feelgood-Album. Okay, das fühlt sich schon beim Schreiben komisch an. Ich spule zurück, „Leprosy" ist reinrassiger Death Metal, aber versprüht eine immense Coolness. Es hat nicht die Düsternis eines „Blessed Are The Sick" von Morbid Angel, ist natürlich alles andere als fröhlich, aber es ist ein Album, zu dem ein Bier mit Freunden bei sengender Hitze am besten schmeckt. Weltbeste Überleitung zum Cover, einem klassischen Repka[56], nein, einem Repka in Bestform. Und „Leprosy" ist DAS Death-Metal-Album. Definierend?

56 Edward „Ed" J. Repka ist die Ikone, geht es um ikonische Thrash-Metal-Plattencover. Megadeth, Toxic Holocaust, Evildead, Traitor – alles fantastische, detailverliebte Arbeiten. „Spiritual Healing" bereitet mir bis heute Alpträume.

Ein Black-Metal-Album muss in dieser Reihe vertreten sein, schließlich hat das Subgenre heute einen großen Stellenwert innerhalb der gesamten Metal-Szene und mit Bands wie Dimmu Borgir, Cradle Of Filth, Dark Funeral und Satyricon auch Bands hervorgebracht, die es bis in den Mainstream geschafft haben. Als ob das was Gutes ist … Aber welche Band hat gefälligst hier genannt zu werden? Welche Black-Metal-Band, das gesamte Genre auf eine Band runtergerissen, hat hier einen Platz verdient? Du glaubst nicht, wie oft ich mich umentschieden habe, bis ich mich nicht mehr länger drücken konnte. Erst hatte ich Darkthrone hier stehen. Dann Bathory, und damit wäre ich wohl auch am besten gefahren. Aber dann hätte ich lediglich statt Venom den nächsten Verwandten genannt, so wichtig „Under The Sign Of The Black Mark" auch sein mag. Aber Bathory wird an anderer Stelle von mir gewürdigt, Glück gehabt. Von Anfang an nicht im Reinen war ich mit der Idee, Mayhems „De Mysteriis Dom Sathanas" Vorrang zu gewähren. Klassiker, ja, ein wichtiges Pfund Black-Metal-Historie mit Euronymous und Varg, ja. Aber es fühlt sich partout nicht gut an, vielleicht auch weil das Album bis zum heutigen Tage vermutlich in jedem erdenklichen Maße vermarktet wurde, was den Kult dann doch gewaltig schmälert. Nicht das Album selbst, aber Black Metal ist ja bekanntlich mehr als Musik. Kurz in Erwägung gezogen habe ich auch „Pure Holocaust" von Immortal, aber offensichtlich blieb es nur bei einer Erwägung.[57]

Darkthrone „A Blaze In The Northern Sky"
(1992, Peaceville Records)

Und doch wieder Darkthrone. Aber wie bei Paradise Lost kann ich nicht anders und muss meine Entscheidung rechtfertigen. „Under A Funeral Moon" (1993) ist die Blaupause in Sachen kalte, distanzierte Atmosphäre im traditionellen Black Metal, „Panzerfaust" (1995) je nach Tagesform mei-

57 Als ich Korrektur las, wollte ich meine finale Wahl spontan gegen Mütiilations „Vampires Of Black Imperial Blood" eintauschen.

ne persönliche Finsternis, „Transilvanian Hunger" (1994) wahrscheinlich das perfekte Black-Metal-Album, aber „A Blaze In The Northern Sky" war der Anfang. Das erste Black-Metal-Album der zweiten Welle zu benennen, ist nicht einfach, aber Darkthrone haben mit „A Blaze In The Northern Sky" etwas gewagt und erschaffen, was höchsten Respekt verdient. Sie haben sich nach einem sehr guten Death-Metal-Album, „Soulside Journey" (1991), dazu entschlossen, ihren Stil drastisch zu verändern und etwas zu kreieren, das zum damaligen Zeitpunkt von unglaublicher Intensität gewesen sein muss, ja, auch von nicht einfach zu vermittelnder Innovation. Denn was ist innovativ daran, nach einem druckvoll produzierten „Soulside Journey" mit avantgardistischem Coverartwork – zum besseren Verständnis muss ich es jetzt überspitzt formulieren – auf eine vernünftige Produktion zu scheißen, jedes Riff bis zum Erbrechen zu wiederholen und

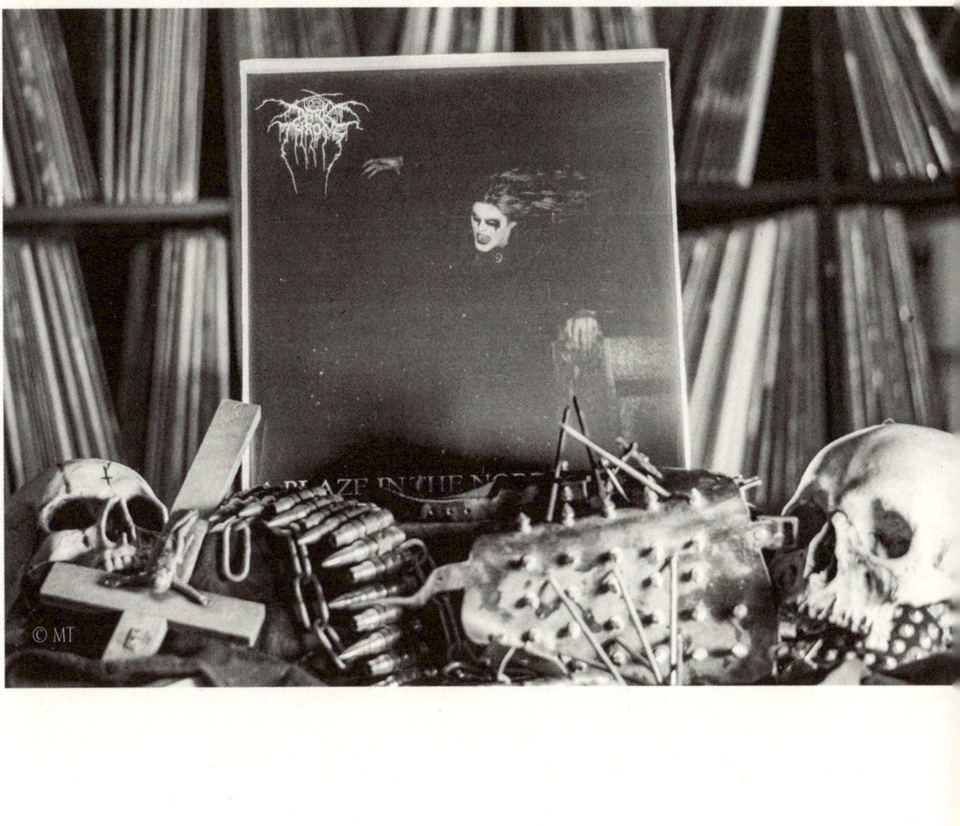

für ein amateurhaft ausgeleuchtetes Schwarz-Weiß-Cover Zephyrous über einen Zaun springen zu lassen?[58] Lo-Fi hat es davor schon gegeben, aber auch wenn „A Blaze In The Northern Sky" noch nicht die bittere Kälte von „Under A Funeral Moon" erreicht und noch ein wenig vom Death Metal vergangener Tage zehrt, ist der Sound nicht weniger als genial. Rauschende, rauschhafte Monotonie trifft auf raue nordische Kälte. Und hier ist der Unterschied zu schon früher schwarz polternden Pionieren wie Sodom, Parabellum, Vulcano oder eben auch Bathory zu erkennen. Auf „A Blaze In The Northern Sky" wird punktgenau und abweisend der Grundstein für den norwegischen Black-Metal-Sound gelegt, der zum Beispiel auf Immortal „Pure Holocaust" (1993) zu finden ist. Die Innovation liegt hier weniger im musikalischen Fortschritt als in der Abgrenzung zum damals angesagten Morrisound[59], dem selbstbewussten Mittelfinger, der Wut auf immer glatter produzierten Death Metal. In Konsequenz daraus ein Schritt zurück zum Dreck, zur Ungeschliffenheit, ohne zwangsläufig wieder im Proberaum aufzunehmen. Das Konzept „Sound" wird auf eine neue Ebene transportiert, indem bewusst die Entscheidung für einen rohen Klang statt Morrisound fällt – durch Kälte, repetitive, geradezu meditative Riffs und verhalltes, abweisendes Krächzen. Spontanes Bild in meinem Kopf: ein Rabe in den Tannen in einer klirrend kalten norwegischen Winternacht. Ich bin überzeugt davon, dass ohne dieses Album die Entwicklung des norwegischen Black Metal eine andere Fährte aufgenommen hätte. FOAD!

---

58 Lehrstunde in „Wie ein Album mit geringstem Fingerspitzengefühl aus dem Zusammenhang gerissen beschrieben wird"

59 Morrisound Recording ist ein Studio in Florida, welches sich vor allem durch Produktionen von Scott Burns einen Namen gemacht hat. Dessen Antlitz ist wiederum durchgestrichen auf der einen oder anderen Veröffentlichung von Deathlike Silence Productions zu sehen. Im Grunde fand sich bei Morrisound das Who's who des amerikanischen Neunziger-Death-Metal: Obituary, Death, Morbid Angel, Deicide, Cannibal Corpse und so weiter.

Blasphemy „Fallen Angel Of Doom....“
(1990, Wild Rags Records)

Es ist unwahrscheinlich, dass Blasphemy, außer hier, jemals in einer bündigen, repräsentativen Auflistung wichtiger Vertreter harter Gitarrenmusik genannt werden. Blasphemys entscheidendes Werk „Fallen Angel Of Doom....“ klingt ungefähr so, wie sich „Kill 'Em All“ für den Typen auf Arbeit anhören muss, der Andrea Berg für 'ne Rockröhre hält. Wird in geselliger Runde gern fabuliert, ob Caller of the Storms (Gitarre) in seinem Leben neben der Musik a) Molekularbiologe an der University of British Columbia ist oder doch b) Drogen aus seinem Kofferraum verkauft, ist es nicht nur c) wahrscheinlicher, dass nicht, sondern d) anzunehmen, dass die gesamte Band in ernsthaft kriminelle Machenschaften verwickelt ist.

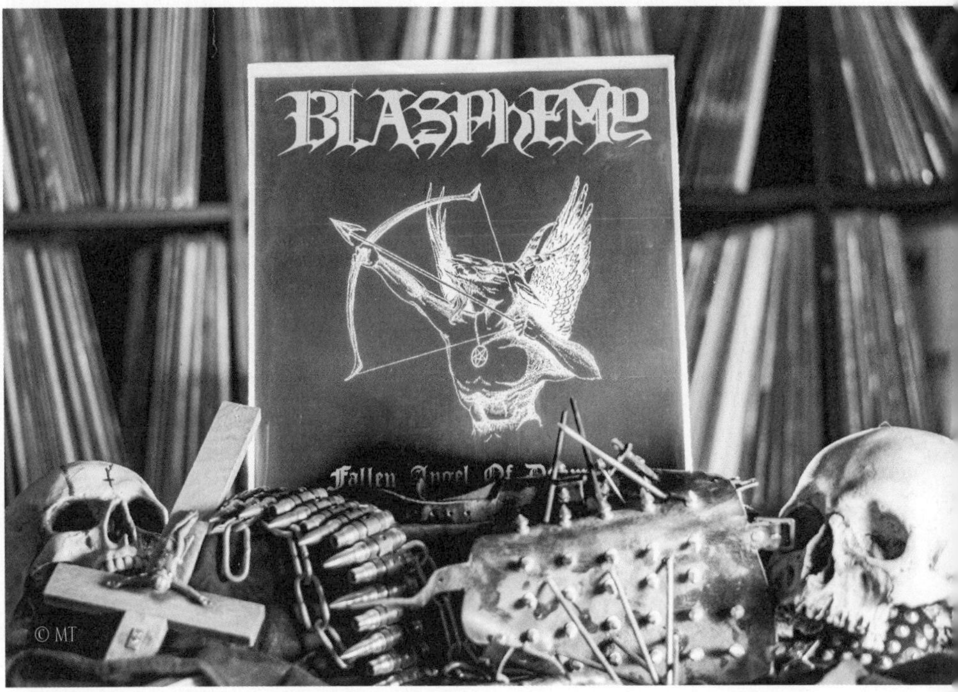

Nicht umsonst dürfen Blasphemy für Auftritte in Europa nie über die USA fliegen, weil sie dort polizeilich gesucht werden. Blasphemy ist die absolute humorlose Barbarei, die Keule eines Neandertalers, die deine Work-Life-Balance zurück ins Paläozoikum prügelt – und das Debüt das nie wieder in derartiger Kompromisslosigkeit und stumpfer Ignoranz erreichte Ende im Gelände. Ende der Fahnenstange. Metal, wenn Metal Lärm ist. Hundert Prozent Höhlenmenschenmusik. Warum ich für so einen (in deinen Ohren) „Müll" einen wertvollen Platz vergeude? Weil Metal Mittelfinger ist!

Geschafft ...

Ich kann mir sehr gut vorstellen, und das erwarte ich auch, dass du Einwände hast und massiv Kritik an meiner Liste üben möchtest. Tue es, genau deshalb habe ich dieses Kapitel geschrieben. Du kannst es hier gern einmal selbst versuchen:

1.
2.
3.
4.
5.
6.
7.
8.
9.
10.

Das Metal-Mixtape für Anfänger

Es ist schon eine Weile her, dass ich mein letztes Mixtape erstellt habe. Wir hatten vor einigen Jahren in einem Metal-Forum die Idee, dieses wunderschöne Relikt vergangener Tage wiederzubeleben und uns, nach Losverfahren, gegenseitig Mixtapes zu schicken. Natürlich gab es ein Thema, ein Mixtape hat schließlich immer ein Thema. Ich erinnere mich daran, wie ich in jungen Jahren ein Mixtape für ein Mädchen zusammenstellte, welches ich zu beeindrucken versuchte. Das Thema war wohl subtil „date mich", ein ganz hervorragendes Thema. Wir saßen über Wochen jede Pause am Schulsee nebeneinander auf einer Bank und redeten. Unterbrochen immer wieder ausgerechnet von meinem damals besten Freund, der Selbiges versuchte, also sie zu beeindrucken. Er mit glänzendem Geschichtswissen, ich mit Dark Wave. Beides mochte sie, allerdings auch eklige Rassentheorien, weshalb sich die Nummer schnell erledigte. Matthias und ich blieben beste Freunde, haben uns aber leider mittlerweile aus den Augen verloren.

Das Forum-Mixtape sollte einen Überblick über die eigene Musiksammlung bieten. Ich weiß nicht mehr, was bei mir alles dabei war, ich erinnere mich nur, dass der Empfänger meines Tapes, ein ignoranter Thrash-Schnösel, Katharsis als „Proberaumlärm" abtat und das unfassbare Solo von ‚The Last Wound' vom Album „Kruzifixxion" nicht einmal kommentierte. Das empfand ich damals als in höchstem Maße beleidigend, denn ein Mixtape hat nicht nur ein Thema, es ist auch eine enorm mühevolle, gar intime Angelegenheit. Nicht nur die einzelnen Songs sollten penibel ausgewählt sein, auch die Reihenfolge ist von enormer Wichtigkeit. Ein Mixtape ist nicht weniger als eine neunzigminütige Dramaturgie, so lange ging zumindest damals die durchschnittliche Leerkassette. Als Intro habe ich mich meist für ein bestimmtes Album-Intro entschieden, so etwas wie Summonings ‚Angbands Schmieden' oder das Intro von Enslaved „Frost". Von

letzterem Album hatte ich jahrelang die Einleitung zu ‚Fenris' auf meinem Anrufbeantworter, was meinen alten Herren wahnsinnig gemacht hat.
Genauso wichtig wie der Inhalt ist, wie bei jedem guten Album, die Verpackung, sprich das Cover. In diesem Fall zumeist „naive Kunst", die sich in Fineliner-Zeichnungen von Bandlogos, okkulten Symbolen und Totenköpfen ergoss. Ich erfüllte diese Aufgabe gerade so akkurat, es gab da wesentlich ambitioniertere Zeitgenossen, unter anderem diverse Brieffreundinnen aus den Neunzigern, die mir per Post aus allen Teilen der Republik nicht nur optisch wahre Kunstwerke zuschickten. Mit großer Begeisterung ergründete ich denn auch den Inhalt, die Musik. Zu Zeiten, als das Internet noch in den Kinderschuhen steckte, war da noch nicht viel, um nicht zu sagen nichts, mit mal eben bei YouTube reinhören. Ja, ich erinnere mich an die Zeit, als der Download einer einzigen MP3 Stunden und der eines Films drei Tage dauerte – und es nicht einmal sicher war, ob man am Ende für die Geduld belohnt würde. Immerhin haben mich die Anwälte von Metallica nie angeschrieben.

Wie dem auch sei, ich glaube zwar, dass auch die heutige Zeit, in der alles immer und überall verfügbar ist, ihre Tücken hat, aber den Metal in den Neunzigern zu entdecken, das war schon ein Abenteuer. Und auch wenn es seinerzeit immerhin schon CD-Beilagen in Metal-Magazinen gab, den geilen Scheiß bekam man eigentlich erst von jemandem, der gefühlt am anderen Ende der Welt eine Kassette in einen Briefumschlag steckte, mit selbst gemaltem Cover und mühevoll ausgewählter Playlist. Hach, das war schön! Heute gibt es digitale Playlisten, auch daran habe ich mich versucht, aber es ist nicht das Gleiche.
Vor einiger Zeit habe ich die Frage in die Runde gestellt, wie der potenzielle Nachwuchs heute an Metal herangeführt werden könnte. Da kam mir wieder die Mixtape-Idee. Das „Metal-Mixtape für Knirpse". Jungspunde oder -spundinnen, die vielleicht noch gar keine Ah-

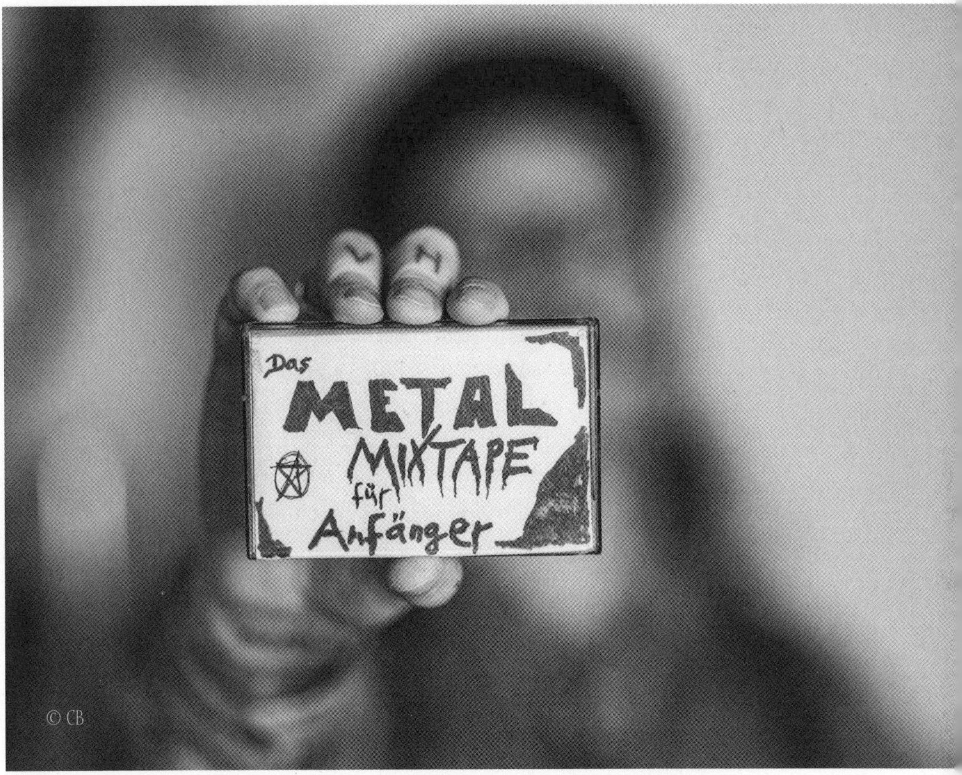

nung haben, was sie erwartet, aber bei denen ein Funke zu spüren ist, ein Blitzen in den noch naiven Augen, das nur noch durch eine Flamme zu einem Lodern entfesselt werden will. Und diese Flamme sollte eine Kassette, bestehend aus zehn Metal-Songs, sein. Ein Mixtape, das imstande ist, ein junges Leben zu verändern!

So weit, so gut, ich spanne dich noch ein wenig auf die Folter, was dabei rumkam. Vor kurzer Zeit wurde ich gefragt, ob ich an einem Podcast teilnehmen wollen würde, um von meiner Leidenschaft für den Metal zu erzählen. Klang super, mache ich immer gern, hier gab es aber eine ganz besondere Herausforderung: Der Host, ich nenne ihn mal Ben[60], hatte im Grunde keine Ahnung von Metal und erhoffte sich von mir zur Vorbereitung eine digitale Playlist, also ein Mixtape 2.0, zehn Songs, die für mich Metal repräsentieren. Herrlich! Ich war voll in meinem Element und gleichzeitig komplett überfordert. Wie gehe ich da ran, es gibt schließlich so viel zu bedenken. Mir war sofort klar, Ernie, da musst du behutsam ran, du kannst nicht bei Brodequin anfangen und dich zur Auflockerung bei Dying Fetus bedienen, dann verlierst du den guten Mann. Wie hört das ungeübte Ohr? Wo fange ich an? Was ist zumutbar, aber dennoch wichtig für ein Gesamtverständnis? Bleibe ich beim klassischen Heavy Metal, oder wage ich es, auch in extreme Gefilde vorzudringen? Selbst eine Auswahl mit der Einschränkung Heavy Metal März 1980 bis August 1984 böte genug Gesprächsstoff, aber in enthemmtem Größenwahn entschied ich mich für den zum Scheitern verurteilten Weg, Metal in zehn Songs in seiner Gesamtheit zu vermitteln.

Die Playlist:

Motörhead ‚Ace Of Spades'

Irgendwas muss der Startschuss sein. Und in meiner Welt ist ‚Ace Of Spades' selbst in nur einigermaßen Rock-bewandertem Milieu Basiswissen. Eine gute Einleitung mit essenzieller Message: „That's the way I like it baby, I don't wanna live forever." Funktioniert eigentlich immer.

Iron Maiden ‚Invaders'

Der Titeltrack der „The Number Of The Beast" erschien mir zu naheliegend, das kann jeder, und ‚Invaders' rockt einfach. Der erste Song eines Albums muss ohnehin ballern. Deshalb halte ich eigentlich auch nichts von Intros. Platte auflegen, Nadel aufs Vinyl, knistern, und dann bitte Vollgas! Und hier gibt's die volle Breitseite NWOBHM.

---

60 Um nicht zu sagen bensprichtpodcast.de.

Manowar ‚Battle Hymn'

Metal schreibt die großen Hymnen! Und keiner macht das mit mehr Größenwahn als Manowar. Eine Metal-Playlist ohne Manowar ist wie Bodybuilding ohne Stoffen! Ich verhaspel mich gern bei „Battle Hymns" (Albumtitel) und ‚Battle Hymn' (Songtitel), aber der Songtitel ist Epic-Metal-Grundausbildung. Hier bekommst du das Schwert in die Hand gedrückt und den Soundtrack, um in die Schlacht zu ziehen. Bis heute ein Klassiker, wenn nicht einer der wichtigsten Metal-Songs überhaupt. Nicht der einzige gute Song auf dem Album, aber der Song, der definiert, was auf den kommenden Glanztaten Manowars folgen sollte. Und Eric Adams ist einer der besten Heavy-Metal-Sänger überhaupt!

Judas Priest ‚Night Crawler'

Natürlich mussten Priest auf die Playlist, das war mir klar. Standard wäre ‚Painkiller', aber mal ehrlich, auch ein Anfänger muss nicht immer mit den totgenudelten Hits gequält werden, gerade dann nicht, wenn das Album Songs wie ‚Night Crawler' hat. Metal ist Epik, ja, aber Metal ist auch Faust ballen und ‚Night Crawler' mitsingen. In der Dramaturgie sind wir hier beim klassischen, beinharten Leder-Nieten-Biker-Priestworship. Eine Band in der Form ihres Lebens? Waghalsige Behauptung, bei Alben wie „Screaming for Vengeance" und „Defenders Of The Faith". Aber ich bleibe dabei, das Album „Painkiller" ist pure Metal-Essenz.

An dieser Stelle muss ich gestehen, dass ich erst geistesabwesend ‚Night Prowler' geschrieben habe, ein fantastischer Song von der „Highway To Hell". Nicht nur irgendein AC/DC-Song, sondern der die Platte beschließende Song des letzten Albums mit Bon Scott. „Shazbot nanu nanu" sind seine letzten Worte auf diesem Album, bevor er am 19. Februar 1980 auf dem Rücksitz eines Renault 5 starb, an Alkoholvergiftung und Ersticken an seiner eigenen Kotze oder durch Erfrieren.

Exciter ‚Heavy Metal Maniac'

Es sind die großen Hymnen – gar nicht mal der Bands, die den ganz großen Durchbruch geschafft haben –, die für die eingeschworenen Fanatikern unsterblich sind. Hier war ich kurz davor, ‚Medieval Steel' von – Überraschung – Medieval Steel zu nehmen, aber die eisenharte Speed-Metal-Keule von Exciter hat das Rennen gemacht. „Heavy Metal thunder's rising fast!"

Manilla Road ‚Necropolis'

Bands, die nicht den großen Durchbruch geschafft haben, aber in jede gut sortierte Sammlung gehören. Manilla Roads ‚Necropolis' ist Mark „The Shark" Sheltons († 2018) größtes Vermächtnis. Gibt es auch als tolles Cover von Visigoth, aber als Inbegriff von Kauzigkeit ist das Original immer noch ein Song, der in den großen Ruhmeshallen der Metal-Götter intoniert wird. Neben Kauz-Bands wie Brocas Helm sollte diese Form von Metal einfach repräsentiert sein: rein auf die eigene Vision fokussierte Kunst, fernab von Konventionen und ohrenschmeichelndem Sound. So etwas darf niemals aussterben. Musik für Liebhaber.

Candlemass ‚Darkness In Paradise'

Doom ist ein faszinierendes Metal-Subgenre. In den großen vier Aufspaltungen (Heavy, Thrash, Death, Black) nicht einmal enthalten, doch so vielfältig. Vom Classic Doom bis zum Depressive Funeral Doom ein zähes Menschenleben voller Abgründigkeit. Candlemass liefern dazu das elegisch klagende Epos. ‚Darkness in Paradise' ist der Abgesang aller Hoffnung. Nach der vollen Dosis „Ancient Dreams" legst du dich freiwillig unters Leichentuch.

Entombed ‚Left Hand Path'

Hier war ich einfach neugierig, wie jemand, der sich nie explizit mit Metal auseinandergesetzt hat, auf die skandinavische Death-Metal-Keule reagiert. Ob nun das ganze Album oder der gleichnamige Opener – Entombeds „Left Hand Path" ist für den Eingeweihten natürlich schwedisches Kulturgut. Doch wie klingt dieser Brocken für das ungeübte Ohr? Druckvolle Sunlight-Produktion, Petrov in kehliger Bestform († 2021), eine göttliche Gitarrenarbeit. Aber vor allem brutal, auf den Punkt und beklemmend. Dennoch, bei solcher Musik empfinde ich einfach nur Glück, weißt du, was ich meine? Vielleicht dasselbe Glück, das dich bei Filmen wie „Halloween" packt, denn während ich den Song gerade höre, kommt mir Michael Myers' Mordserie in den Sinn, warum auch immer. Davon ab, im Vergleich mit seinen amerikanischen Kollegen hat der schwedische Death Metal einfach diese eigene, charismatische Melodieführung.

Darkthrone ‚Natassja In Eternal Sleep'

Und hier der Kontrast: von ‚Left Hand Path' zu ‚Natassja In Eternal Sleep'. Vom Sunlight-Sound zur Lo-Fi-Blaupause. Dieser Song ist konträr zu allem, was diese Playlist beinhaltet. Black Metal – hässlich, repetitiv, abgrundtief. Ein Song, der nicht gefallen will, nicht gefallen muss. Vielleicht etwas hoch gegriffen, aber ein Song, der in sich definiert, was Black Metal in seiner ursprünglichen Form ist.

Cattle Decapitation ‚Bring Back The Plague'

Metal in zehn Songs, immer wieder das Damoklesschwert über meinem Kopf hängend, weil ich dem großen Problem im Metal nicht gänzlich das Feld überlassen will: Denn Metal ist alt, aber auch alt geworden. Metal ist eine Musik, deren wichtigste Songs, da geht es gleich noch ins Detail, mittlerweile mindestens über 30 Jahre alt sind. Dennoch, es muss doch eine Band geben, mit der ich meinem Mixtape-Empfänger auch die etwas modernere Spielart des Metal näherbringe. Oder wenigstens beweise, dass nach 1984 noch gute Songs geschrieben wurden, die 1984 nicht nur kopieren. Cattle Decapitation! Wir sind hier im Grind, aber ich finde das Album „Death Atlas" ausgesprochen spannend. Es ist nicht nur das vermutlich technischste Album meiner gesamten Plattensammlung[61], es ist auch wirklich gut gemacht modern. Eigentlich ja Grind. Und mit dem Titel ‚Bring Back The Plague' treffen die Jungens den Nagel auf den Kopf. Du kennst das Video nicht? Angucken, humanity at its best. Das Album hat verdammt noch mal exakt 54 Minuten und 58 Sekunden, auf allen Radiostationen dieses Planeten gespielt zu werden, bevor die Vogonen die Erde in die Luft sprengen!

Und das waren sie schon, zehn Songs, mit denen ich versucht habe, dem Podcast-Ben Metal näherzubringen. Fazit: Ich war überrascht. Drei Stunden habe ich mich mit einem Menschen unterhalten, der in seinem Leben kaum Berührungspunkte mit Metal hatte, aber mit Interesse meinen Ausführungen gelauscht und immer versucht hat, zu meiner Leidenschaft ein Äquivalent in seinem Leben zu finden. Wir haben uns dann ernsthaft im Vergleich über Wein-Analyse unterhalten, er sprach also mit einem Weinkenner, dessen Maßstab „Trocken und unter fünf Euro" ist.
Ich vermute, der Gute wird trotz teilweiser Begeisterung kein Metal-Fan, hat aber zu acht Songs mindestens positive Worte gefunden. Dass Darkthrone schwere Kost sein würde, war absehbar. Es war aber spannend, dass genau die Emotion, die Darkthrone mit ihren ersten vier Black-Metal-Alben bei mir auslösen, von meinem Gegenüber als außerordentlich „unangenehm" empfunden wurde. Es ging nicht um „gut" oder „schlecht", schlicht „unangenehm". Doch wie ich schrieb, Darkthrones Black-Metal-Erbe ist genau das. Nur dass sich bei mir beim Hören die Musik mit ganz bestimmen Emotionen synchronisiert, was eine für mich wichtige Reinigung zur Folge hat.
Überrascht war ich, dass Candlemass sehr schlecht wegkamen, mit der Begründung, es passiere doch sehr wenig, und die Riffs wiederholen sich zu oft. So kann es gehen. Bei Candlemass' Frühwerk herrscht bei mir pure Ergriffenheit.

61 Mittlerweile nicht mehr, denn die EP von Lorna Shore, „...And I Return To Nothingness", hat ihren Weg in meine Sammlung gefunden. Überwältigend!

Doch zurück zum „Metal-Mixtape für Anfänger". Vor einiger Zeit stellte ich auf meinem Kanal Krachmucker TV die Frage in die Runde, wie wohl ein Mixtape für einen jungen Knirps oder eine junge Knirpsin aussehen würde, für einen jungen Menschen, der noch keine erwähnenswerte Bildung in Sachen Metal erfahren hat, bei dem aber ein untrügliches Feuer erkennbar ist, der Wille nach mehr. Sprich, Nachwuchs, der vielleicht sogar einmal eine Band gründen und einen neuen Klassiker schreiben wird. Teilgenommen haben insgesamt 149 Personen, die mir jeweils eine Aufstellung für ein Mixtape mit zehn Songs schickten. Das Ergebnis liest sich wie folgt (in Klammern die Häufigkeit der Nennung):

1.	**Motörhead** ‚Ace Of Spades'	(16)	1980
2.	**Slayer** ‚Angel Of Death'	(15)	1986
3.	**Black Sabbath** ‚Paranoid'	(14)	1970
	Judas Priest ‚Painkiller'		1990
4.	**Dio** ‚Holy Diver'	(13)	1983
5.	**Iron Maiden** ‚Wasted Years'	(12)	1986
	Iron Maiden ‚The Number Of The Beast'		1982
	Judas Priest ‚Breaking The Law'		1980
6.	**Accept** ‚Fast As A Shark'	(10)	1982
	Iron Maiden ‚The Trooper'		1983
	Manowar ‚Kings Of Metal'		1988
	Slayer ‚Raining Blood'		1986
7.	**Angel** Witch ‚Angel Witch'	(9)	1980
8.	**Iron Maiden** ‚Hallowed Be Thy Name'	(8)	1982
	Slayer ‚Seasons In The Abyss'		1990
	Venom ‚Black Metal'		1982
9.	**Iron Maiden** ‚Fear Of The Dark'	(7)	1992
	Machine Head ‚Davidian'		1994
	Manowar ‚Battle Hymn'		1982
	Metallica ‚One'		1988
	Motörhead ‚Killed By Death'		1984

	Sepultura ,Arise'		1991
	W.A.S.P. ,Wild Child'		1985
10.	**AC/DC** ,Hell's Bells'	(6)	1980
	Black Sabbath ,Children Of The Grave'		1971
	Blind Guardian ,Mirror Mirror'		1998
	Exodus ,Bonded By Blood'		1985
	Helloween ,I Want Out'		1988
	Manowar ,Carry On'		1987
	Ozzy Osbourne ,Bark At The Moon'		1983

Eine illustre Liste all der Metal-Klassiker, die meine Generation, die vor mir und vielleicht noch die nach mir liebt. Doch hier liegt der Fuchs besoffen in seinem Bau, und es stellt sich die Frage, wie interessant ist für die heute vierzehn-/fünfzehn-/sechzehn-jährige Generation ein Mixtape, dessen aktuellster Song fast 25 Jahre alt ist (Blind Guardian ,Mirror Mirror')?

Richtig, die Antwort kann sich jeder selbst geben. Und genauso, wie es sinnlos ist, zu hoffen, der eigene Sohn oder die eigene Tochter

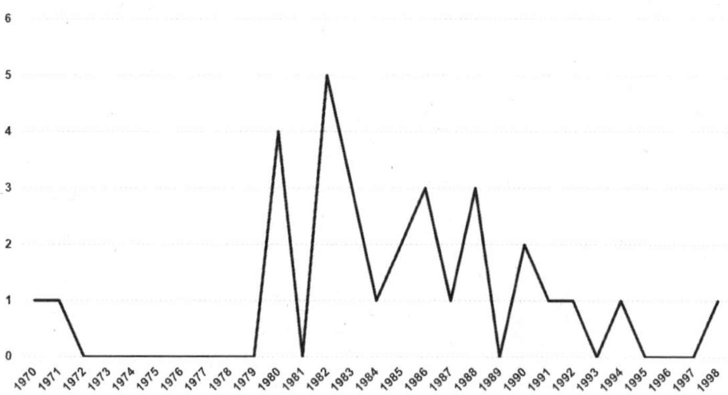

Aufschlüsselung nach Erscheinungsjahr der jeweiligen Mixtape-Songs

wird einmal Metal hören, weil du eine erlesene Plattensammlung dein Eigen nennst, genauso unwahrscheinlich ist es, die Jugend mit alten Kamellen abzuholen. Aus dem einfachen Grund, den ich nur unterstützen kann, dass die Jugend erst mal gegen alles rebellieren sollte, was Eltern und Gesellschaft als sinnvoll erachten. Denn auch wenn das hier jetzt kontraproduktiv sein mag, das ist der Geist des Metal.

Das wirft nun unweigerlich die Frage auf, wie Metal heute noch zu Nachwuchs kommt. Vielleicht ist das eine Frage, die ich mit meinem Jahrgang 1980 nicht mehr beantworten muss oder kann. Klar ist aber, dass Metal durch seine von mir hier ja auch propagierte Haltung nur schwerlich an Nachwuchs kommen wird, wenn es immer und überall in erster Instanz um Alben geht, die in den Neunzigern schon alt waren. Oder Metal nur als Metal ernst genommen wird, wenn er sich 1:1 an eben diesen Alben orientiert. Und da schaue ich selbst in den Spiegel und muss gestehen, zu einem derer geworden zu sein, die ich in meiner Jugend als „hängen geblieben" bezeichnet habe – um hier mal kritisch mit meiner Liebe zum traditionellen Metal umzugehen.

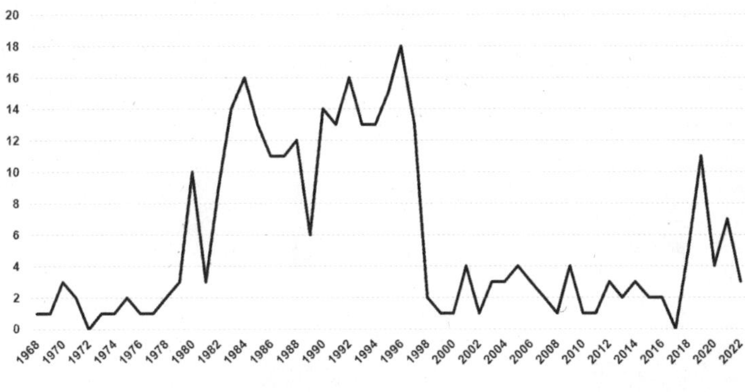

In diesem Buch werden 307 Metal-Alben erwähnt. Aufschlüsselung nach Erscheinungsjahr

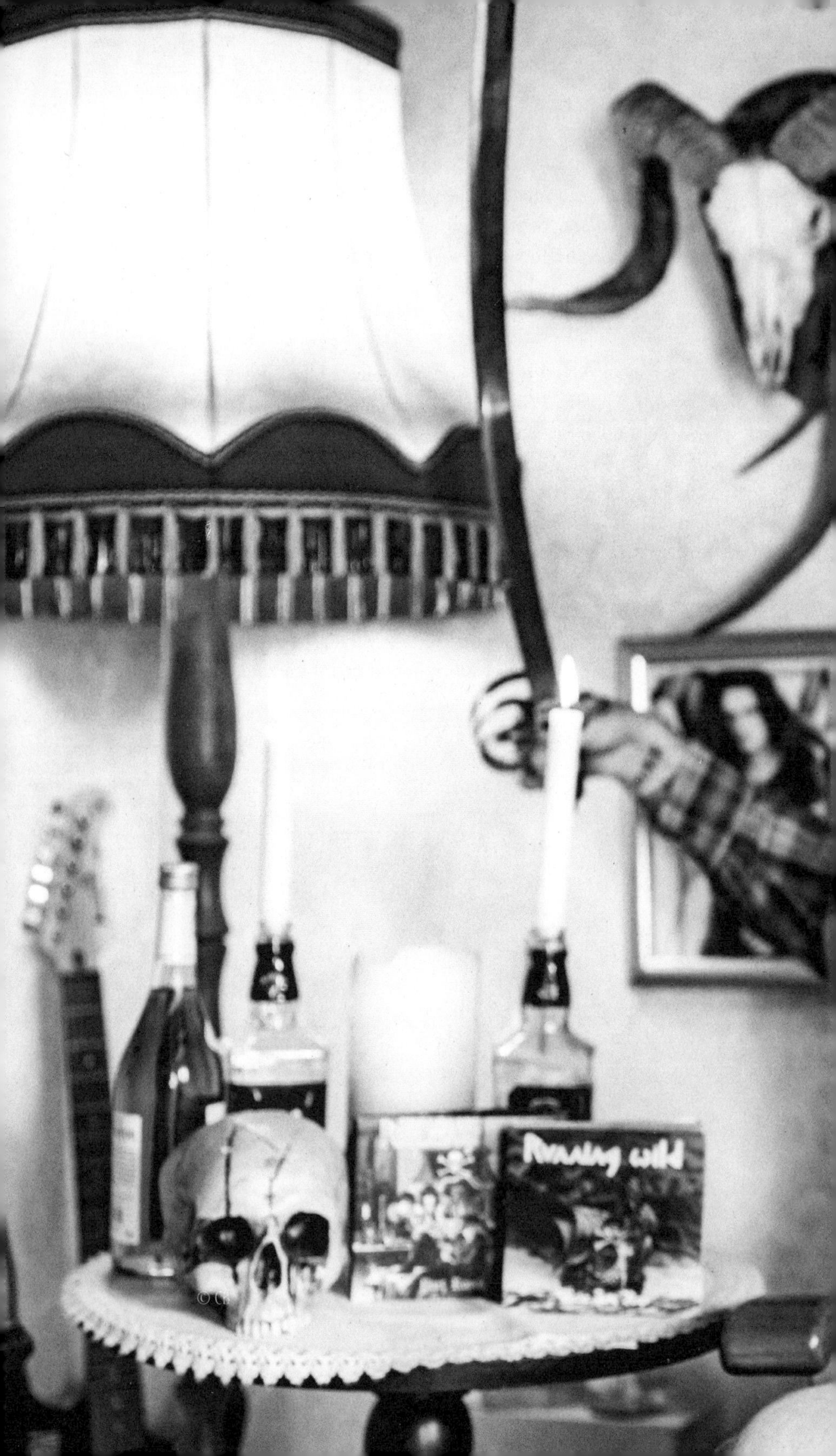
Running wild

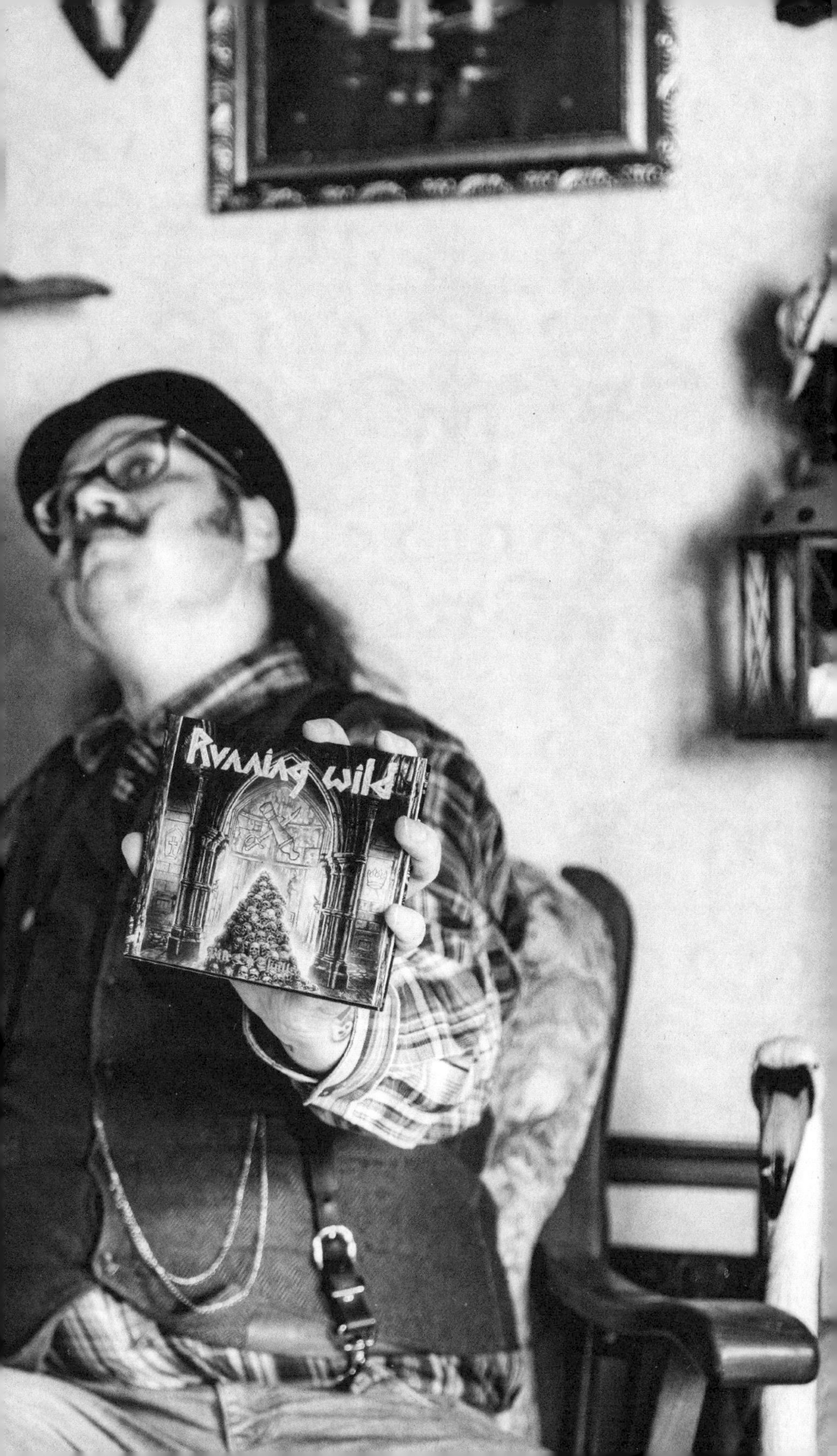
Running Wild

Stationen Pt. 2

Running Wild „Pile Of Skulls"

(1992, EMI Electrola)

Was waren die ersten Jahre meiner Metal-Erkundungsreise für eine aufregende Zeit. Gerade noch für die Scorpions geschwärmt, schon „The Number Of The Beast" entdeckt und 1993 Iron Maiden endlich in Hannover live gesehen, auf der damals vorerst letzten Tour mit Bruce Dickinson. Es ging alles so schnell, dass ich zwischen 1990 und 1995 gar nichts richtig sortiert bekomme. Ab 1995 wurde es einfacher, da entdeckte ich den Death Metal, dann Black Metal, aber davor habe ich einfach nur wild alles aufgesogen, was ich irgendwie in die Finger kriegen konnte. Das war nicht viel, ich kannte ja nun mal zu der Zeit kaum jemanden, der meine Leidenschaft für diese neu entdeckte Musik teilte. Diese Zeiten vor dem Internet eben ...

Also blieben mir nur der frisch abonnierte Metal Hammer und dieser CD-Secondhandladen schräg gegenüber vom Union Kino. Wie dieser Laden mich geprägt hat! Was mein Geldbeutel hergab, das war zu Zeiten eines kargen Taschengeld nicht viel, wurde dort auf den Tresen geknallt. Na gut, ich muss gestehen, auch Mythos, der Fantasy-Laden in einer Seitengasse der Innenstadt, hat mich den einen oder anderen Taler gekostet. Der größere Musikfachhandel, wo ich, glaube ich, meine erste Gitarre gekauft habe, war mir immer zu teuer. Damals scheiterte viel am Taschengeld, da musste genaustens überlegt werden, was gegen Bares den Besitzer wechseln sollte: CDs, Regelbücher von „Das schwarze Auge" oder Wrestling-Magazine.

Mit dem Metal Hammer bewaffnet ging es dann meistens schräg gegenüber vom Union auf Schatzsuche. Wenn ich mich recht erinnere, dürften dies meine ersten Ausbeuten gewesen sein: Blind Guardian „Battalions Of Fear" und „Follow The Blind" (bis heute Herzensalben), Skid Row „Slave To The Grind" (liebe ich immer noch), Manowar

„Kings Of Metal“ (habe ich beim ersten Durchlauf nicht geschnallt, ansonsten waren Manowar in den Achtzigern natürlich wortwörtlich Königsklasse) und eben „Pile Of Skulls“ von Running Wild.
Mal geradeheraus, was reizt den jungen Spund neben Ägypten („Powerslave“) noch in ähnlichem Ausmaß? Ja sicher, Piraten! Und somit ist „Pile Of Skulls“ wohl nicht unbedingt das erste Album, das einem bei Rock'n'Rolf in den Sinn kommt, aber mit Sicherheit nicht das schlechteste. In meinen Ohren sogar ein richtiger Kracher, aber objektiv kann ich das gar nicht beurteilen. Mann, ich entdeckte gerade den Metal, und das bereits siebte Album der Hamburger ist eines dieser Alben, da kannst du irgendwas Beliebiges für eine Sekunde anspielen, ich bin sofort drin! ‚Fistful Of Dynamite‘, ‚Roaring Thunder‘ oder eben der Titeltrack, da bin ich noch mit imaginärem Krummsäbel auf einem Bein durchs Kinderzimmer gehüpft! „Pile of skulls, conspiracy. Beware of the revealing key“. Und ‚Treasure Island‘ war dann eben mein ‚Under Jolly Roger‘. Wenn ich heute, mit etwas Distanz, auf die Diskografie schaue, würde ich meinen Enterhaken vermutlich irgendwo Richtung „Port Royal“ oder „Death Or Glory“ schmeißen, aber damals, ja damals hatte ich ja nichts anderes. All die Klassiker, von denen im Metal Hammer die Rede war, die habe ich da nicht gefunden, und meistens habe ich mich, trotz der Möglichkeit, überall reinhören zu können, für die CD mit dem geilsten Cover entschieden. Es waren so einfache Zeiten. Ein Berg Totenschädel hieß ein Berg voller Hymnen zum Auswendiglernen. Und irgendwie fand ich es damals auch Wahnsinn, dass sich da so ein Typ Rock'n'Rolf nannte.
Es waren gute Zeiten.

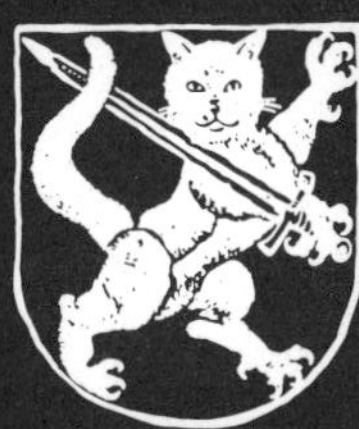

Love Me Like A Reptile: die Genres

Wie einfach es einst war. Es gab Heavy Metal. Keinen Atmospheric Blackened Death Metal, keinen Symphonic Gothic Metal, keinen Neoclassical Progressive Power Metal und ganz bestimmt keinen National Romantic Hulder Metal[62]. Einfach nur Heavy Metal. Dann explodierte die Szene, Thrash Metal, Death Metal und Black Metal gesellten sich dazu – und bilden doch eigentlich bis heute eine angenehme Vierfaltigkeit, an der nicht gerüttelt werden muss, oder? Heutzutage erfindet jede Band ihr eigenes Genre, um auf sich aufmerksam zu machen. Ernsthaft, das Definieren hunderter neuer Subgenres muss begonnen haben, als die guten Riffs geschrieben, die hässlichen Cover gemalt und die schlagfertigsten Superlative für Promotexte verbraucht worden waren. Black Doom Punk Rock, was für ein Scheiß!

Es gibt bereits die Darstellung verschiedener Metal-Genres im Märchen-Style[63]. Ein Prinz will die Prinzessin retten, die von einem Drachen entführt wurde. Beispielhafte Auszüge:

HEAVY METAL: Der Prinz fährt auf einer Harley Davidson vor, tötet den Drachen, trinkt viel Bier und praktiziert mit der Prinzessin den Koitus.

POWER METAL: Der Prinz kommt auf einem weißen Einhorn angeritten, flüchtet vor dem Drachen, rettet die Prinzessin, und sie reiten in den einsamen Wald und machen GV.

NU METAL: Der Prinz kommt auf einem Skateboard angerollt und versucht, gegen den Drachen zu kämpfen. Dabei verbrennt er, weil seine Baggy Pants Feuer fangen.

So weit, so (un-)lustig, aber es heißt schließlich Sex, Drugs &

---

62 Dismal Euphonys „Soria Moria Slott" ist allerdings eine Empfehlung wert, auch wenn es ein wenig so klingt, als ob das Theatre-Of-Tragedy-Debüt mit ein paar Black-Metal-Shirts im Schleudergang durch die Waschmaschine gezogen wurde.

63 Komplette Übersicht: Siehe Internet, findeste schon!

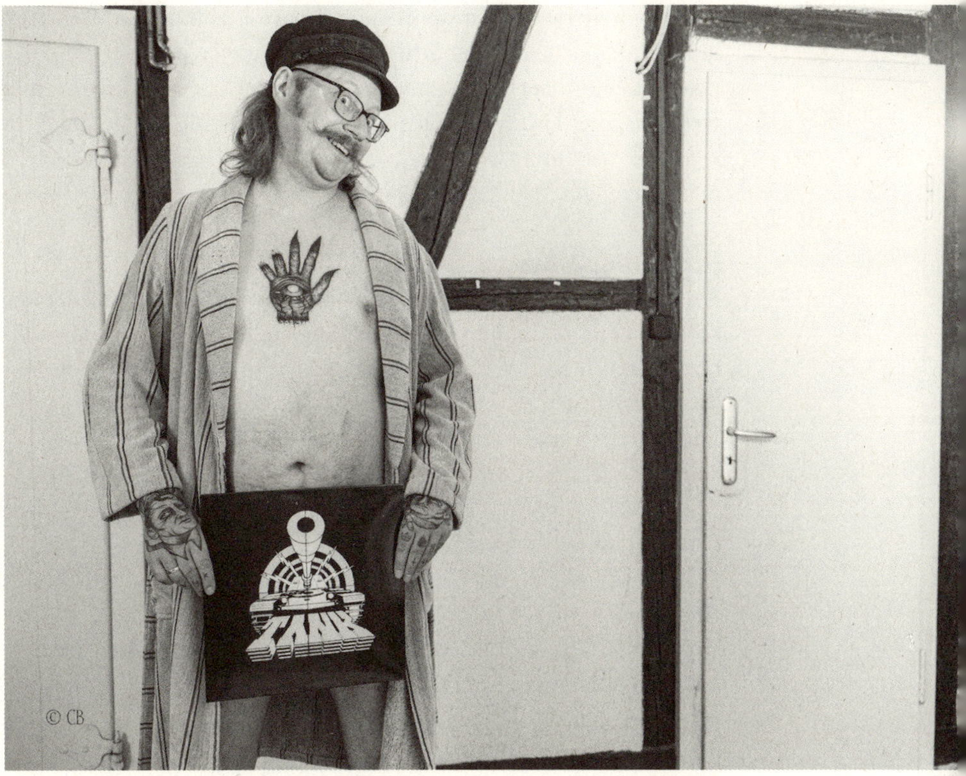

Rock'n'Roll. Drogen bringe ich auch noch irgendwo unter, aber was wäre, wenn die zahlreichen Metal-Genres sexuelle Präferenzen wären?

Der klassische Heavy Metal

Hat das holde Metal-Weib geschulten Blick bewiesen und sich einen Platzhirsch aus der Reihe der Heavy-Metaller geschossen, wird der Abend für sie vermutlich in höchstem Maße erquicklich, wenn vielleicht auch mit einem Hang zur Professionalität ablaufen. Das Repertoire sitzt, Fingerfertigkeit eine glatte Zwei plus, Rhythmik und

Solistik in stetigem, harmonischem Wechsel. Einfach nicht beirren lassen von gelegentlichen Schreien wie „Stronger Than Steel", „Fuck Like A Beast" oder „Orgasmatron". „Fast As A Shark" könnte hier vielleicht eine Enttäuschung prophezeien und mit einem „Balls To The Wall" gekontert werden.
Beispiele: Judas Priest, Accept, Iron Maiden

Der kauzige Achtziger-Epic-Metal
Ähnlich wie der vielleicht etwas mainstreamige, aber dem Klischee entsprechend maskuline Heavy-Metaller stellt sich der Epic-Metaller grundsätzlich auch sehr geschickt an. Form und Ausführung befriedigend, vielleicht etwas gröber, aber die Prinzessin wäre in guten Händen. Doch nur das geschulte Metal-Auge hätte es im Vorfeld erkannt, am Patch von Manilla Road, Heavy Load oder Cirith Ungol. Sein zweitbestes Stück – erstbestes ist eine „Stronger Than Evil"-Originalpressung – fortwährend „Ein Schwert für Iolinda, Tochter von König Rigenos"[64] zu nennen, ist die erwartungsgemäße Fortführung eines Thekenflirts, in dem er ausschließlich über das Keep It True spricht und wie gern er die Achtziger miterlebt hätte. Der Sex, wie gesagt ... Er entkleidet sich zwar zur Amore, zieht die Kutte aber sofort wieder an, der originale Patch von Warlord soll schließlich präsentiert werden. Er zitiert weitestgehend nur Michael Moorcock. Dazu läuft ohrenbetäubend laut „Conan der Barbar".
Beispiele: Manilla Road, Cirith Ungol, Warlord

Progressive Metal[65]
Es fängt alles gut an, verliert sich allerdings in endloser Fummelei, und es soll schon passiert sein, dass der selbstverliebte Protagonist in fließendem Übergang angefangen hat, an sich selbst zu spielen und

---

64 Michael Moorcock „Der ewige Held".

65 Irgendwann muss es ein paar Hornbrillenträger mit langen Haaren enorm gewurmt haben, dass Metal-Bands als talentfrei abgestempelt werden. Also machten mit ihrer Freundin Schluss (haha) und übten von morgens bis zum nächsten Morgen an ihren Instrumenten.

sie komplett vergessen hat.
Beispiele: Dream Theater, Fates Warning, Opeth

Death Metal (klassisch)
Eventuell hat man es nicht mit einem potenziellen Massenmörder zu tun. Wir erinnern uns, im Märchen von Prinz, Prinzessin und Drachen hätte der Death-Metaller die Prinzessin zerstückelt und alle Cannibal-Corpse-Titel in einer Art Performance mit ihr getanzt – und wäre am Ende mit dem Drachen saufen gegangen. Kleiner Hinweis eines verheirateten Mannes: Das mit einem Drachen saufen gehen geht schneller, als man denkt. Es ist aber schlichtweg eine Lüge, dass Death Metal dazu führt, real zerhacken zu wollen, genauso wenig wie Computerspiele, wohl aber beschissene Waffengesetze. Daher sähe das Liebesspiel des Todesmetaller wohl eher so aus: Das etwas schüchterne Exemplar ist nur im Stillen enttäuscht, dass bei der Dame nicht die rote Armee marschiert, der offensivere Charakter beweist fortgeschrittene, wenn auch energischere Fingerfertigkeit als der Heavy-Metaller, man muss sich halt nur an das monotone Gegrunze gewöhnen, welches beim Spatenstich beginnt und etwa fünf Minuten nach Seegang verhallt.
Beispiele: Cannibal Corpse, Deicide, Obituary

Symphonic Power Metal
Jeder ist seines Glückes Schmied. Es läuft Rhapsody Of Fire. Der Protagonist fiedelt wie der wahnsinnig gewordene Paganini auf Zuckerschock nach einem Liter Mountain Dew. Die Prinzessin schwebt irgendwo zwischen Himmel und wunder Schatztruhe. Ein Einhorn schaut pikiert. Mittelerde bekommt Diabetes. Sie sieht aus wie der Marshmallow Man.
Beispiele: Rhapsody Of Fire, Dragonforce

Post-Metal/Dream & Shoegaze
Er führt sie zum Essen aus. Bringt sie nach Hause. Ende.
Beispiele: Alcest, Deafheaven, Amesoeurs

Noisecore
Nur Experten werden erkennen, dass überhaupt versucht wurde, zu akten. Laienprinzessinnen fragen noch naiv „Wann geht's los", obwohl es schon vorbei ist.
Beispiel: Anal Cunt

True Norwegian Black Metal
Kalte Finger ... Entführt nach Blashyrkh. Wenn sich Black Metal und Sex zueinander verhalten wie das zweite Darkthrone-Album zu seinem Sound ... Er weiß, wie es gut und richtig geht, scheißt aber drauf und ballert durch. Sie bekommt eine Erkältung.
Beispiele: Darkthrone, Immortal, Carpathian Forest

Atmospheric Black Metal
Repititives Gefummel. Beide schlafen ein.
Beispiele: Wolves In The Throne Room, Summoning

Gothic Metal
Nachdem der Mann sein Kleid ausgezogen hat, vollzieht er den Tanz der Schatten mit seinem Dingdong zwischen Nachttischlampe und Raufasertapete mit Royo-Bildern. Sie versucht noch immer, sich aus dem Korsett zu befreien. Sie säuselt, er grunzt, die Nachbarn versuchen, die Geige mit der Tagesschau zu übertönen.
Beispiel: Theatre Of Tragedy

Teutonic Thrash Metal
Nach einem romantischen Dinner bei Pommes Schranke und Diebels geht's ab. Er rülpst ein schmissiges „Bin geil", sie wird nass wie Gerre nach eineinhalb Stunden Headliner-Gig. Wildes Vorspiel, wilde

Bridge, wilder Akt ohne lästige Experimente. Zielführend, im Rahmen seiner Möglichkeiten. Beide tragen ihre Kutte.
Beispiele: Sodom, Destruction, Tankard, Kreator

Bestial Black Metal
Ross-Bay-Style. Dreißig Minuten und zwölf Sekunden stumpfes Pöbelgerammel. Die asoziale Gossenprinzessin wusste wohlwollend, worauf sie sich einlässt. Der Betonboden auf dem Ross-Bay-Friedhof ist zwar kalt, und seine Patronengurte piksen am Arsch, aber dreißig Zentimeter sind dreißig Zentimeter.
Beispiele: Blasphemy, Conqueror, Proclamation

Epic Doom
Er, einen Fuß auf die Bettkante aufgestellt, den Arm fordernd gen Himmel gestreckt, intoniert in Form einer tragischen Litanei den kommenden Verlust seiner Jungfräulichkeit. Sie brüllt aus dem Bad, wenn sie in zwei Minuten ins Schlafzimmer kommt, hat er gefälligst die alberne Mönchskutte ausgezogen, sonst könne er was erleben – und zwar nicht das besungene Ende seiner Jungfräulichkeit. Sie kommt in aufregendem Nachthemd ins Schlafzimmer, er trägt immer noch seine Mönchskutte, mittlerweile auf Knien und das letzte Flackern der Deckenlampe von Ikea anbetend. „I'm sitting here alone in darkness" hört sie ihn noch im Treppenhaus klagen.
Beispiele: Candlemass, Saint Vitus, Solitude Aeturnus

Glam Metal/Hair Metal
Sie sitzt bockig neben ihm auf der Bettkante. Sein Haar voller, die Wimpern länger, und in der Leggins sieht er auch noch besser aus als sie. Er schmeißt sein Haar zurück, eine Wolke Haarspray bringt sie zum Husten. Er ist genervt und fickt ihre beste Freundin.
Beispiele: Mötley Crüe, Cinderella oder eben Steel Panther

White Metal

Die beiden lernen sich auf einem Metal-Gottesdienst kennen. Ja, so etwas gibt es wirklich. Man könnte es als Karikatur zum Black Metal abtun. Die Jungs und Mädels, unterwegs im Namen des Herren, aber nicht ganz so cool wie die Blues Brothers, meinen es allerdings ernst. Klartext, wenn Black-Metaller das Kruzifix umdrehen, drehen die White-Metaller es wieder zurück. Was die Band Horde um Jayson Sherlock von Mortification[66] auch gleich in einem Song klarstellt: „Invert The Inverted Cross". Also, sich auf dem „Christus mochte Doublebass"-Fest nähergekommen, erklärt sie ihm, dass vor der Ehe bei ihr erst mal nichts geht. Er hält sich tapfer, schöpft aber ersten Verdacht, als sie neun Monate später Mutter wird, es ihm unter Tränen als göttliche Empfängnis verkaufen will und es Jesus in die Schuhe schiebt. Wie zufällig auch der Sänger des Headliners von vor neun ... nun gut, du ahnst es. „Fuck Me, Jesus", Marduk ahnten es.
Beispiele: Horde, Mortification

Grindcore

Es verhält sich ähnlich wie beim Noisecore, allerdings haben beide Akteure keinen Bock auf Epik. Eine Minute und dreißig Sekunden Ballerrammelei. Er hat ein blaues Auge, und die Nachbarn rauchen auch erst mal eine Zigarette.
Beispiele: Rotten Sound, Napalm Death

Depressive Funeral Doom

Depressiv sitzen beide auf der Bettkante in seinem Kellerzimmer und starren lethargisch die kalte, ungeschmückte Betonwand an. Aus den Boxen wabbern zähe, pechschwarze, kratzige Akkorde, in unerträglicher Monotonie zu Riffs zusammenfließend. Objektiv betrachtet scheint hier gar nichts zu passieren, wie auch die Mutter feststellt, als sie mit einem Korb frisch gewaschener Wäsche das Zimmer be-

---

66 Bloss nicht verwechseln mit Mortician, die machen ganz andere Dinge mit dem Kreuz.

tritt. Repetitive Lavastrom-Riffs in Endlosschleife fließen durch die Nacht, bis langsam die ersten Sonnenstrahlen durch die schmutzigen Fenster blitzen, das Zimmer mit warmer Morgensonne fluten. Hölzern erwachen die beiden aus ihrer Tristesse, schauen sich an, zucken mit den Schultern, und sie geht nach Hause. Na, vielleicht nächste Woche.
Beispiele: Thergothon, Skepticism, Disembowelment

Fortsetzung folgt.

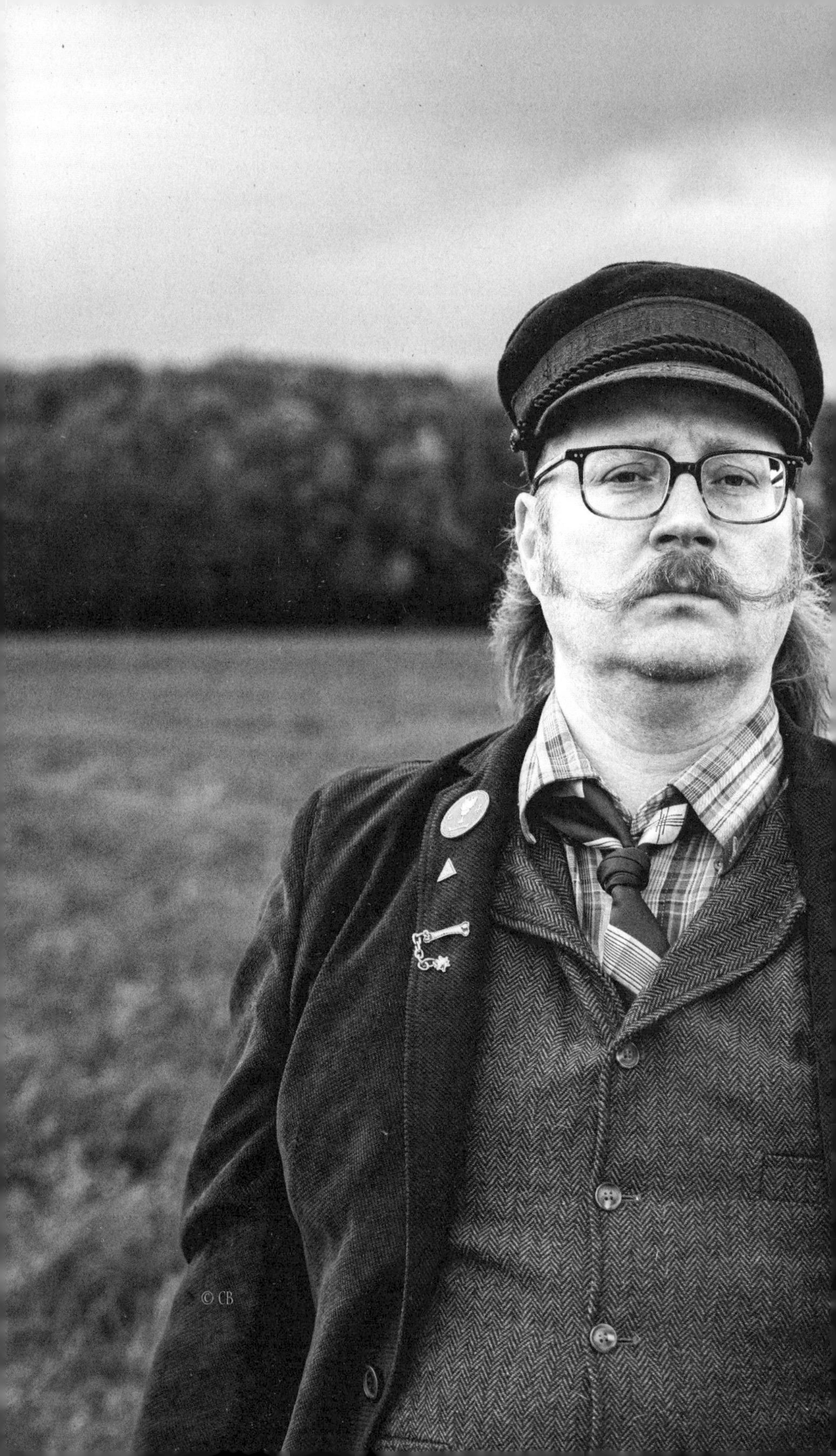

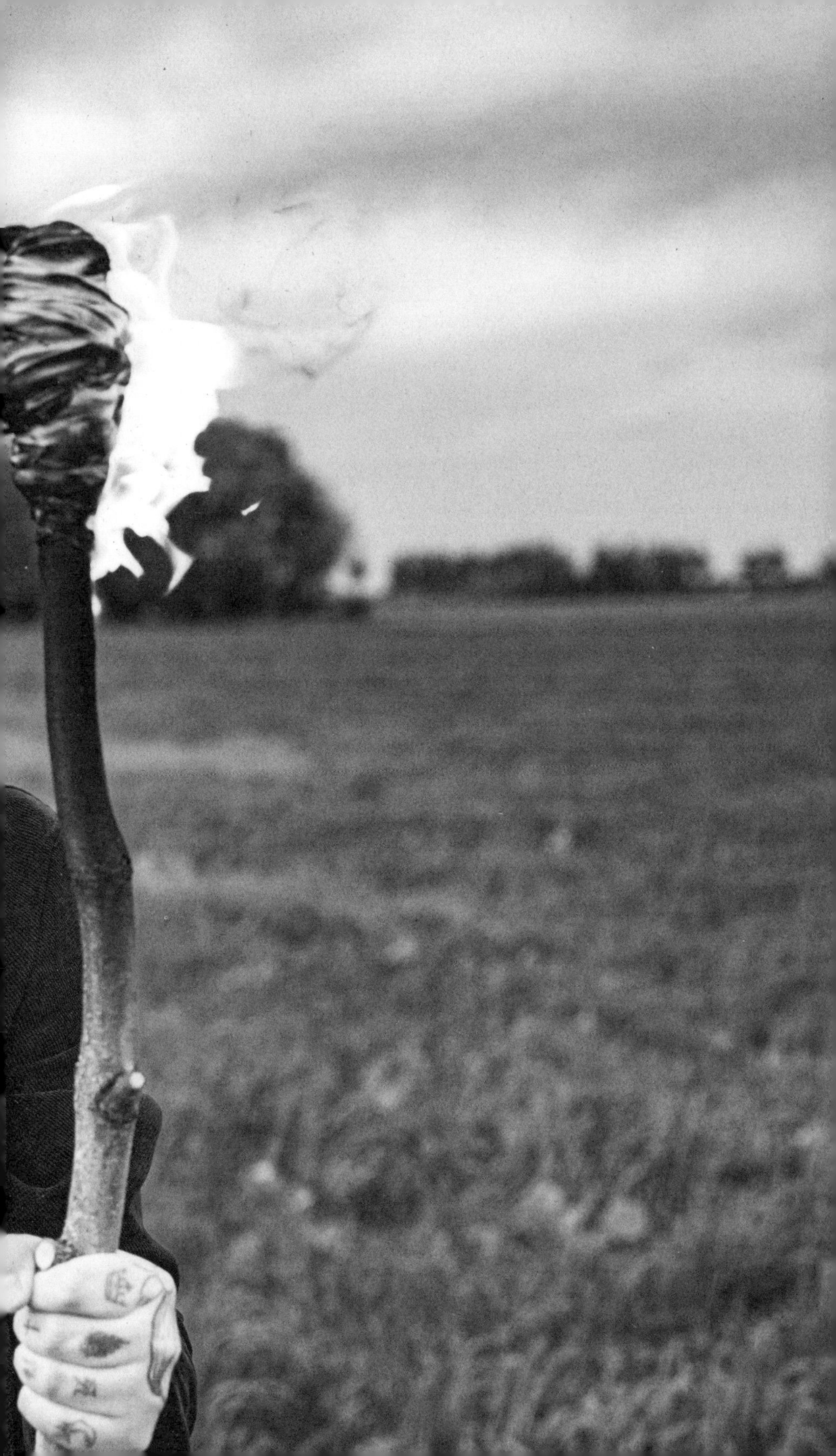

Wissenswertes Pt. 1

Indiana Jones hat sich auf dem „Powerslave"-Album von Iron Maiden verewigt. Viel Spaß beim Suchen. Wenn du ihn gefunden hast: Wo ist Batman auf der „Somewhere In Time"?

Der fantastische Motörhead-Song ‚No Class' vom Album „Overkill" scheint ein wenig von ZZ Tops ‚Tush' inspiriert zu sein. Auf Speed sozusagen, was ja nicht verwundert, ernährt sich ein Motörhead ja vorzugsweise durch die Nase.

Morbid Angels Albumtitel folgen der einfachen, aber genialen Formel der alphabetischen Sortierung. Dem Debüt „Altars Of Madness" folgen „Blessed Are The Sick", „Covenant" und „Domination". Die Reihenfolge lässt sich so also sehr gut merken. Es gibt natürlich eine Stolperfalle, und zwar das Album „Abominations Of Desolation", welches direkt nach „Blessed Are The Sick" veröffentlicht wurde. „Abominations Of Desolation" hätte ursprünglich das Debüt sein sollen, damals noch mit Mike Browning am Gesang und den Drums, der nach seinem Ausstieg bei Morbid Angel Nocturnus gründete. Live-Alben zählen Morbid Angel im Übrigen mit.

Das finale Albumcover von Obituarys „Cause Of Death" war ursprünglich für Sepulturas „Beneath The Remains" geplant gewesen. Aber Roadrunner haben Obituary den Vorzug gegeben. Verrückt, wenn man bedenkt, wie ikonisch und unverwechselbar beide Artworks heute für die jeweilige Band im Gedächtnis verhaftet sind.

Michael R. Whelan, der Künster, der „Cause Of Death" gemalt hat, hat auch das Cover für Cirith Ungols „King Of The Dead" erschaffen. Ein Cover, welches auch für die Taschenbuchausgabe des Romans „Der scharlachrote Prinz" von Michael Moorcock verwendet wurde. Hätte aber auch für jedes Rollenspiel-Abenteuer gepasst – ein tolles Bild.

Quorthon mochte ja bekanntlich Venom nicht so gern. Deshalb ist es umso spannender, dass er auf dem Bathory-Album „Blood Fire Death“ bei dem Song ‚Pace ‘Till Death‘ die etwas merkwürdige Melodie von Venoms ‚Teachers Pet‘ angespielt hat.

Und wenn wir schon über Bathorys „Blood Fire Death“ sprechen: Lies mal die jeweils ersten Buchstaben jeder Strophenzeile des Texts von ‚The Golden Walls Of Heaven‘. Gaahl hatte da auch mal so ein Interview.

Lemmy Kilmister versuchte einst, Sid Vicious von den Sex Pistols das Bassspielen beizubringen. Er kapitulierte, weil Sid absolut talentfrei sei.

Ich liebe Wrestling, weshalb ich hier auch den einen oder anderen Wrestling-Fakt unterzubringen versuche. Es geht los mit Motörhead, die das Entrance-Theme für Triple H schrieben: ‚The Game‘.

Chris Witchhunter († 2008), ehemaliger Drummer von Sodom, war Quorthons präferierter Drummer für eine eventuelle Tour, weshalb er diesen zu sich bestellte. Witchhunter verließ der Legende und den Worten Tom Angelrippers nach Schweden mit den Worten: „Kein Bier da ...“

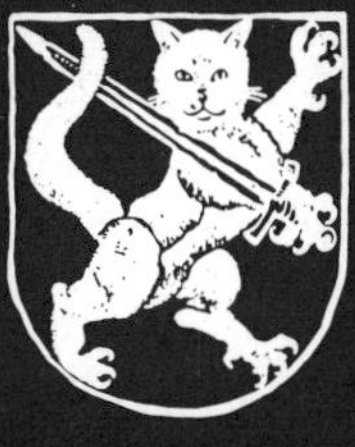

Laut, lange Haare und immer ein Bier in der Hand

Eine kleine Anekdote vorab: Den ersten Teil dieses Buchs schickte ich in einer für mich vorerst finalen Version – im blanken Horror ob der Tatsache, dass ein Buch geschrieben wird, um gelesen zu werden – einer Handvoll von Freunden sowie auch meinem alten Herrn. Eine meiner größten Sorgen sollte nämlich bis zum Zeitpunkt der Abgabe an einen insolvenzgeilen Verleger sein, mit diesem Manifest ein für alle Mal zu beweisen, nicht in der Lage zu sein, ein Buch über Metal zu schreiben, welches über totgetretene Klischees und dünne Zeltfestwitzchen hinausgeht. Ein Buch, das sich überdies in lahmen Stereotypen verliert und dem Leser, dir, eigentlich nur eines beweisen würde: Dass Metal eben doch nur eine Szene wie jede andere ist, die sich ausschließlich um sich selbst dreht und deren Mehrwert sich mit dem Schritt in die Welt der Erwachsenen nicht mehr aufrechterhalten lässt. Subkulturen sind ja schließlich und ausschließlich etwas für die rebellische Jugend, haben dort zu bleiben, und lediglich ein paar unverbesserliche Hängengebliebene wollen partout nicht einsehen, dass irgendwann auch mal gut sein muss.
Mein werter Herr Vater rief also eines Morgens nach dem Aufstehen um halb fünf an, was ich nicht mitbekam, da ich immer erst kurz vor Arbeitsbeginn aufstehe, sprich um neun, eine Stunde, nachdem ich hätte anfangen sollen. Wir kommunizierten so ein paar Tage über unsere Anrufbeantworter, bis wir eines Abends zwischen seinem beendeten und meinem in Arbeit befindlichen Abendbrot zueinander fanden. Mein Vater, den ich für seine hervorragende Kenntnis und seinen schriftlichen Gebrauch der deutschen Sprache schätze, kam ohne große Umschweife auf den Punkt, auch eine Tugend für den Mann von Welt. Ich erinnere mich da an ein halb geschäftliches Gespräch in Sachen Musikbusiness – halb, weil das Business Underground war und Geschäft zwar auch dort stattfindet, nur ohne angemessene Bezahlung. Dort wurde mein geliebter König Tacheles

ohne die Vorlaufzeit von dreißigminütiger Erörterung der Sachlage von Haus und Hof, Familienplanung und vorgeschobenem Gejammer über den Stand der Dinge mit unverhohlener Irritation belohnt. Ich glaube, mir wurde ein „ich dachte, wir reden erst einmal alibihaft um den heißen Brei herum" serviert, und wir unterhielten uns dann viel zu lange über Konventionen der Gesprächsführung. Vater also, in seinem klassischen Duktus: „Sohn, Metal ist also genauso wie Fußball. Wenn du nicht fehlerfrei die Bundesliga-Aufstellung des HSV 1978/79 nennen kannst, brauchst du dich dort nicht in die Fankurve stellen, richtig?" Unangenehme Stille. Ich überspielte meine Entrüstung, musste aber für den Moment, ohne spontane Gegenargumente, mürrisch eingestehen: „Ja."
Es wäre übertrieben, zu behaupten, mein Glaube an die Übermacht des Metal wäre in dem Moment ins Wanken geraten, dennoch wurde mir bewusst, dass ich mich im Fortgang dieses Manifests auch durchaus mit unbequemen Fragen auseinandersetzen sollte, um die von mir mehr als alles andere gefürchtete Oberflächlichkeit und somit Wertlosigkeit dieser Schrift möglichst schon im Keim zu ersticken. Eine Frage formuliert sich wie folgt: „Worin liegt das Alleinstellungsmerkmal im Metal" oder „Wenn der Begriff Metal ohne Probleme gegen Fußball oder Jazz ausgetauscht werden kann, was ist dann das Besondere an dieser Musik, die ich bereits als die beste Musik der Welt bezeichnet habe?" Warum dann überhaupt ein Buch über Metal? Geschickt, wie ich bin, findest du meine Auseinandersetzung mit dieser Frage an anderer Stelle, ich verrate nur nicht, wo.
Was unterscheidet Metal denn merklich von anderen, was auch immer das heißen soll, dem Leben Sinn gebenden Beschäftigungen? Wäre es nicht eine unbefriedigende Feststellung, wenn statt „Metal" hier auch überall „Fußball" stehen könnte? Wobei ich in aller Deutlichkeit zur Besonnenheit aufrufen möchte: Nichts liegt mir ferner, als bestimmend und mit erhobenem Zeigefinger Metal als etwas anderem gegenüber Überlegenes darzustellen. Nur weil ich keinen Bezug zu Fußball habe, muss ich mich noch lange nicht über seine

durchaus auch sehr fanatischen Anhänger stellen. Was auch enorm dünnes Eis wäre, sind manche Parallelen doch offensichtlich. Wie im Metal kann ich mir auch einfach aus Spaß an der Sache ein Spiel angucken, ohne dabei zu fachsimpeln, dass der eine Verein in der letzten Saison eine bessere Spielaufstellung hatte und der Trainer früher solche Fehler wie der jetzt eingesetzte Verteidiger nicht gemacht hätte. Man kann sich sogar über das Spiel streiten, in dem der Stürmer aus einem ähnlichen Winkel schon einmal die Latte aus dem gleichen Winkel getroffen hat. Oder einfach kundtun zu wissen, wo der Schiedsrichter geparkt hat.
Mich lässt der Vergleich nicht los, und gerade überlege ich, mit der „Wir gegen die"-Mentalität einen entscheidenden Unterschied gefunden zu haben. Ballsportarten verlieren ihren Sinn, treten nicht zwei Mannschaften gegeneinander an, um darzulegen, welche Mannschaft die bessere ist. Das nimmt im Fußball teils groteske Züge an, denken wir an regelrechte Feindschaften unter den Fans verschiedener Vereine. Während der Wettbewerbsgedanke im Fußball allerdings seinen nachvollziehbaren Platz hat, ist dieser im Metal eher eine Unart. Sicher wird es diesen unter Bands auch geben, geht es um Verkaufszahlen oder wer in den größeren Sälen spielt. Natürlich genauso unter Fans, wer denn aufgrund seiner Fachexpertise mehr Metal sei oder die besseren Bands hört. Im Metal lässt sich das „Wir gegen die" überhaupt in der allgegenwärtigen Diskussion finden, wer Metal verstanden hat und wer nicht. „Whimps and posers leave the hall!"
Ich kann mich einer gewissen Redundanz leider nicht erwehren und schleiche hier mit Frage um Frage um den heißen Brei herum, nur um noch mehr Fragen aufzuwerfen, die ein des Drumherumgeredes müde gewordener Ungeduldiger plump wie folgt zum Ende bringen würde: „Ernie, Metal ist Musik. Entweder sie gefällt dir, oder eben nicht. Mach da nicht mehr draus, als notwendig ist. Du kannst Jazz hören, du kannst Fußball gucken, dir überlassen. Du kannst sogar Metal hören und Fußball gucken und danach 'ne Jazz-Platte aufle-

gen. Also, Metal ist gute Musik, mehr nicht. Komm damit klar."
Tja, der Ungeduldige ist natürlich der nervige Klugscheißer auf meiner anderen Schulter, der den vor Leidenschaft brennenden kleinen Teufel zur Linken die ganze Zeit schon mit Papierkugeln bewirft. So wird dir klar sein, dass mir klar ist, mir meiner wortreichen Erhöhung des Sujets Metal absolut im Klaren zu sein. Doch auch wenn dieses Kapitel mehr Fragen aufwirft als beantwortet, ich es auch einfach stumpf hätte weglassen können, ist mir das Infragestellen einfach wichtig. Es ist mir wichtig, auch Fragen im Raum stehen lassen zu können. Als Denkanstoß, als Diskussionsgrundlage. Vielleicht hast du ja eine Antwort?
Ich denke, der Kern liegt im Ansatz selbst, es sind die Leidenschaft, das Feuer für eine Sache, hier Metal, die dich über genau so etwas nachdenken lassen. So viel lässt sich vereinfacht abschließen mit der Phrase „Das ist Geschmackssache", aber es sind das lodernde Feuer, die Verbissenheit, die Liebe zu etwas, die dich antreiben, alles bis aufs letzte Staubkörnchen umdrehen und beleuchten zu wollen.
Wie ich im ersten Satz dieses Manifests schon klarstelle, ich bin kein Journalist. Dieses Manifest ist eine Herzensangelegenheit, der Versuch einer Ergründung, der Versuch, der Seele des Metal auf die Spur zu kommen. Wo andere mit einem schlau formulierten Satz um die Ecke kommen, brauche ich halt ein ganzes Buch. Aber keine Sorge, in Teil II dieses Manifests versuche ich natürlich durchaus, die Vielfältigkeit im Metal konkreter zu benennen. Ich denke, dass ich mich dort der Beantwortung der Frage nach der Besonderheit dieser tollen Musik ein wenig nähere.
Eine weitere Frage, die ich ganz bewusst zumindest aufgeschrieben haben will, bevor ich diesen ersten Teil, die Grundlagen sozusagen, beende, dreht sich um das Dilemma, wen ich mit diesem Buch wirklich ansprechen will. Seien wir ehrlich, dieses Buch wird für jemanden, der sich nie in seinem Leben mit Metal auseinandergesetzt hat, wenig Lesespaß bieten. Ich gebe zwar vor, im Kapitel „Heavy-Metal-Grundschule" auch den Unkundigen abzuholen, rede vom „ungeüb-

ten Ohr", aber selbst dort muss ich mir eingestehen, dass ohne das Verständnis der vielen Anspielungen das Kapitel kaum einen Mehrwert bietet, und ich das Kapitel vor allem dafür nutze, um mich über die gängigen Metal-Klischees, die jeder von uns kennt, lustig zu machen.

Und da ist die Sache mit den Klischees. Metal ist natürlich nicht nur „laut, lange Haare und ein Bier in der Hand", das behauptete ich schon an anderer Stelle. Für einen spitzfindigen und sicher auch latent gehässigen Leser wie meinen Vater mag es bis hierhin aber genauso wirken. Warum? Weil Metal vermutlich sehr stark auf einer visuellen und tradierten Ästhetik beruht? Meine Fresse, ich schreibe hier keine wissenschaftliche Hausarbeit, „tradiert", da muss ich ja selbst nachschauen, was das eigentlich heißt ... Knallhart gesagt, das Verständnis und der Wiedererkennungswert von Metal beruhen stark auf Optik und Traditionen. Metaller haben nun einmal häufig lange Haare, tragen eine Kutte, trinken Bier und hören laute Musik. Der Wiedererkennungswert in dieser Szene ist schon sehr hoch, und in der Regel lässt sich ein Metaller auch für einen, ich sage das jetzt einfach mal so, Normalo der Metal-Szene zuordnen.

Außerdem ist Metal sehr traditionsbewusst, die Achtziger tragen bis heute das Selbstverständnis dieser Kultur. Bis hin zu einem verbohrten: „Das war schon immer so, das bleibt auch so." Sind die Experimentierfreude, der Entdeckergeist von einst dem bloßen Stechschritt auf ausgetretenen Pfaden gewichen? Dies als Frage zu formulieren, relativiert vielleicht ein wenig die ernüchternde Antwort, denn auch wenn das sehr hart ausgedrückt ist, im Kern ist es nicht ganz falsch. Die Frage, was Metal ist und was nicht, findet ihre Antwort im Vergleich mit den Achtzigern. Es sei denn, ein Freund des modernen Metal mischt sich jetzt in meinen Monolog ein, dann kommen ganz andere Thematiken auf den Tisch.

Wenn es um Metal und Klischees geht, ist natürlich auch die Frage interessant, wer sich in diesem Buch wiederfinden soll oder kann. Ich mag Klischees, die Einfachheit von Bier, Lärm und Geassel hat etwas

Befreiendes. Es muss nicht immer alles überintellektualisiert werden, das Leben ist schon kompliziert genug. Ich will mich auch nicht immer allen Fragen des Lebens mit Vernunft stellen, ich muss auch nicht aus allem eine Wissenschaft machen. Das Großartige am Metal ist aber, das Metal dir oft diese Option bietet. Ich kenne einige Menschen, die seit ihrer Jugend Metal hören, die sich dieser Subkultur in all ihren Höhen und Tiefen hingegeben haben. Die dann aber an einem bestimmten Punkt in ihrem Leben Entscheidungen getroffen haben und heute immer noch mit Leidenschaft Metal hören, aber nicht nur. Die für sich auch entschieden haben, all die „tradierten" Gepflogenheiten, das Metal-Shirt, die Kutte oder auch das Bier als untrennbare Einheit von Metal und Alkohol hinter sich zu lassen. Die aber, kommt das Thema auf, immer noch mit der gleichen Hingabe bei der Sache sind. Ist man dann noch Metal?
Bin ich überhaupt Metal, obwohl ich mich offensichtlich überhaupt nicht an die inoffizielle Kleiderordnung halte, diese vermutlich für manch einen bis zur Unerträglichkeit verzerre? Ist es ein Klischee oder eine Tatsache, im Metal Probleme zu bekommen, trägst du ein rotes statt eines schwarzen T-Shirts oder fällst anders aus der Norm? Schwierig. Die Szenepolizisten sind überall zu finden, aber ich würde diese Art der Engstirnigkeit weniger als Merkmal des Metal an sich bezeichnen, als sie vielmehr an der Borniertheit bestimmter Menschen festmachen. Und dennoch, es würde mir komisch vorkommen, würden auf einem Heavy-Metal-Konzert vorwiegend Gestalten in Bankkaufmann-Hemd und Bundfaltenhose herumlaufen.
Du merkst, die Zerrissenheit zwischen Vernunft und dem Verlangen, sich doch dem Teufel hinzugeben, ist allgegenwärtig. Eine Zerrissenheit, die der Klugscheißer wieder bündig mit den Worten ad acta legen würde: „Meine Fresse, man kann auch alles zerdenken." Vielleicht sollte ich wirklich gleich erst mal eine Jazz-Platte auflegen und meinen St.-Pauli-Pulli aus der Mottenkiste holen.

And Nothing Else Matters?

Wir kommen zum Ende des ersten Teils dieses Manifests, in dem ich versucht habe, Metal in seinen Grundzügen zu erklären. Was macht Metal aus, wie führe ich einen Neuling heran, was hat sich in fünfzig Jahren Metal getan, welche sind die wichtigsten Bands? Doch all diese Ausführungen werden von dir jetzt mit der Frage runtergerissen: „Wo sind Overkill? Was ist mit Anthrax? Du hast Voivod vergessen!“ Nein, habe ich nicht! Auch wenn es sich so lesen mag, ich habe dieses Buch nicht in vierundzwanzig Stunden auf dem Scheißhaus runtergeschrieben. Mir ist aber wieder einmal bewusst geworden, wie unglaublich umfangreich Metal wirklich ist. Es ist das eine, in der dritten meiner zwanzig Thesen locker rauszuhauen, dass „Metal nicht eine große Community ist, dafür ist Metal als Szene viel zu groß“. Es ist das andere, an der Tastatur zu sitzen und zu versuchen, Metal irgendwie begreiflich zu machen im Rahmen meiner kleinen Interpretation der Seele des Metal. Als Denkstoß für den Neuling in seinem schieren Umfang und dennoch auch adäquat für den erfahrenen Metaller mit vielen Jahren der eigenen Gedanken und Tonnen von Alben auf dem Buckel.
Der größte Brocken ist natürlich das Thema Subgenres und die zahllosen Bands. Unmöglich, auch nur eines von beidem komplett abzudecken. Gut, klassisch sind wir beim Heavy Metal, Thrash Metal, Death Metal und Black Metal. Welche Auswüchse selbst hier zu finden sind, wurde im vorletzten Kapitel auf die Schippe genommen. Was ich aber aus mittlerweile einigen Jahren „YouTuberei“ mitgenommen habe, ist, dass inhaltliche Fehlerchen noch einigermaßen verziehen werden, es aber unverzeihlich bleibt, zu welchem Thema auch immer, nicht alle infrage kommenden Bands zu nennen. Alle!

Das mag bei einem Überblick über die isländische Black-Metal-Szene noch nachvollziehbar sein, wenn eine der ersten Bands mit interna-

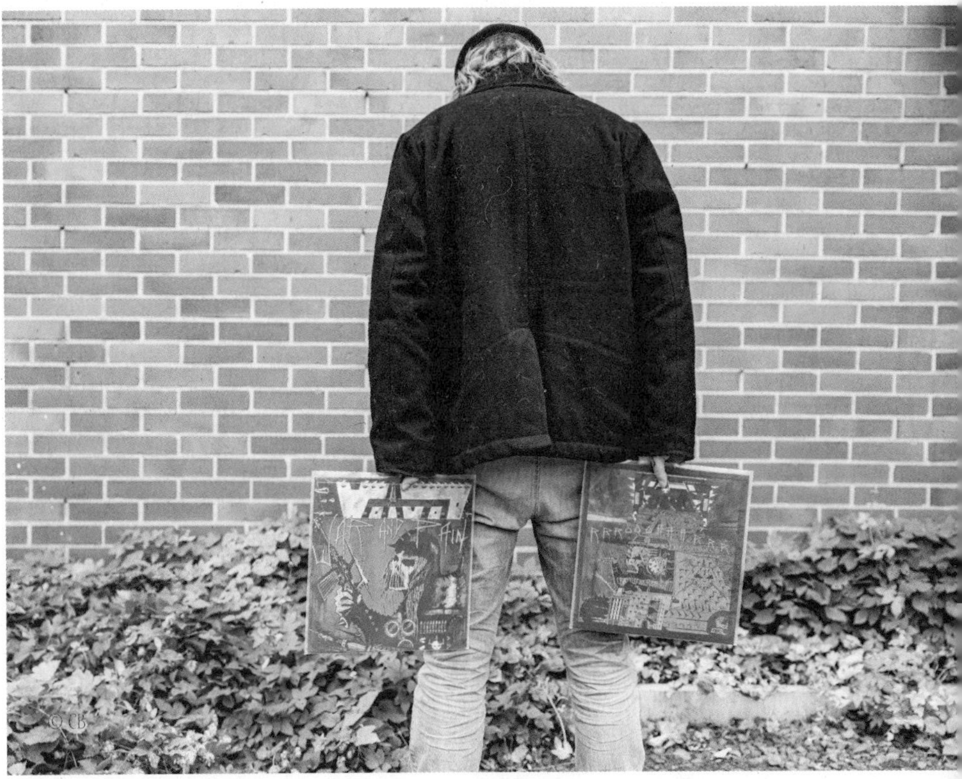

Voivod. Irgendwann werde ich sie begreifen …

tionaler Aufmerksamkeit vom Tisch gefallen ist, wird aber zugegebenermaßen nervig, wenn in jeder Top 5, die der Zahl nach genau fünf Bands zulässt, gefragt wird, warum Undergang nicht genannt wurden. Ganz einfach, weil mir in diesem einen Moment, als ich die Liste erstellt habe, genau die fünf genannten Bands in den Kopf kamen. Dann habe ich noch einmal darüber nachgedacht, vielleicht eine Truppe ersetzt, aber für diesen einen Moment war die Liste damit für mich vollständig. Genauso ist es auch in diesem Buch. Mir fallen selbst noch hundert Bands ein, die ich auf den ersten Seiten ebenfalls hätte nennen können, die in eine Top 10 gehören, die auf ein gut sortiertes Mixtape

gehören, aber irgendwann musste ich mich für genau die Genannten entscheiden. Das ist allerdings ein harmloser Punkt, auch wenn ich da immer bissiger werde, aber ich wollte mich gar nicht aufregen ...
Viel gewichtiger ist das Problem der eigenen Gewichtung. Nicht mein Gewicht, ich halte mich seit Jahren erschreckend konstant auf dezent übergewichtigen fünfundneunzig Kilo. Es geht um die Bredouille, wenn eine einzige Person sich anmaßt, ein Manifest zu verfassen. Von Allgemeingültigkeit kann hier natürlich nicht die Rede sein. Ich bin kein wandelndes Lexikon. Das hab ich zwar schon mal über mich gehört, aber ich treffe immer wieder Fanatiker, da frage ich mich allen Ernstes, ob ich eigentlich irgendwas aus den letzten fünfzig Jahren Metal-Historie mitbekommen habe. Das ist geil, gerade wenn ich dann zusammen mit einem dieser Verrückten am Plattenregal stehe, immer wieder auf die Frage „Kennste aber jetzt schon, oder?" unsicher schlucke und irgendwann plump zu lügen beginne. Und fassungslos bin, was für tolle Musik mir alles entgeht, während ich schon versuche, wöchentlich so viel wie möglich aufzusaugen.
Ich würde mich nicht als außerordentlich planlos in Sachen Metal bezeichnen, aber meine Achillesferse sind vor allem Thrash Metal, Power Metal (gleichermaßen US- und Euro-, wobei ich im US-Power-Metal aufhole), jegliche Form von modernem Metal und Djent. Ich habe eine vage Ahnung, was Letzteres ist ... aber eigentlich auch nicht, weil mir Meshuggah zu kompliziert sind. Meine Stärken liegen vermutlich irgendwo im Black Metal der Neunziger und allem, was ich auf dieser Reise mitgenommen habe. Und jetzt mal ehrlich: Jongliere ein wenig mit den Genres, ist es dann bei dir anders? Jeder hat seine Steckenpferde, meine sind der düstere, extreme Metal und der traditionelle Achtziger-Heavy-Metal mit all seinen Worshippern aus der heutigen Zeit. Aber natürlich kann ich nicht über jedes Thema so ausführlich und versessen schwafeln wie über Iron Maiden, Darkthrone oder John Tardys Haare.
Deshalb bleiben manche Aspekte hier nahezu außen vor. Es fällt mir schwer, viel über Thrash Metal zu schreiben, weil ich kaum Thrash Metal

höre. Auch hier entdecke ich immer wieder Alben, die mich begeistern: Traitor, eine junge, wilde, geile Truppe, aber auch Demolition Hammer oder Power Trip mit diesem geilen Gesang (RIP Riley Gale) holen mich dann doch aus der Reserve. Wenn der Thrash dann schwarz wird, bin ich mit Nifelheim, Aura Noir oder Nocturnal natürlich wieder dabei.

Europäischer Power Metal ... kriegste Karies von. Aber Rhapsodys „Symphony Of Enchanted Lands“ musste ich gestern trotzdem reinwerfen, einfach um glückselig vor mich hin zu grinsen, dass es jetzt aber auch erst mal wieder für ein paar Jahre reicht. Dragonforce höre ich mir an und bin von der technischen Leistung fasziniert. Aber der Versuch, etwas über Power Metal zu schreiben, würde in einer sehr kitschigen Fantasy-Kurzgeschichte enden, in welcher der Protagonist am Ende mit dem Drachen zum Zahnarzt geht.

Ich rede jetzt wieder nur über mich, aber über diesen Weg versuche ich, etwas Allgemeines zu erschließen. Nicht, um wieder die schiere Ungreifbarkeit des Metal ins Spiel zu bringen, sondern um zu zeigen, was sich unter dieser – denken wir an das „The Number Of The Beast“-Cover – leitenden Hand alles abspielt und wie schön es ist, eigene Lücken zu schließen oder sich einfach von anderen gleichgesinnten Metallern mit anderen Schwerpunkten mitreißen zu lassen.

Es gibt nicht diese eine Erklärung, was Metal denn nun schlussendlich ist. Und selbst wenn ich ein Buch herausbringen würde, in dem erschöpfend jede Metal-Band, die es je gegeben hat, thematisiert würde, dann bleibt immer noch das alles vernichtende Argument: Metal ist doch keine Wissenschaft, und was soll die dumme Klugscheißerei. Metal bietet dir viele Optionen: Ob du nun für hundert Euro ein Festivalticket kaufst, um dir drei Tage auf dem Zeltplatz die Volllötung zu geben oder dir konzentriert mit Zettel und Stift bewaffnet jede Bands anschaust und ihre Spielfehler notierst. Es ist dir überlassen. Ich kann dir höchstens erste oder weitere Denkanstöße zu diesem oder jenen rüberschieben.

Jetzt wollen wir doch mal schauen, was mir für Teil II so eingefallen ist ...

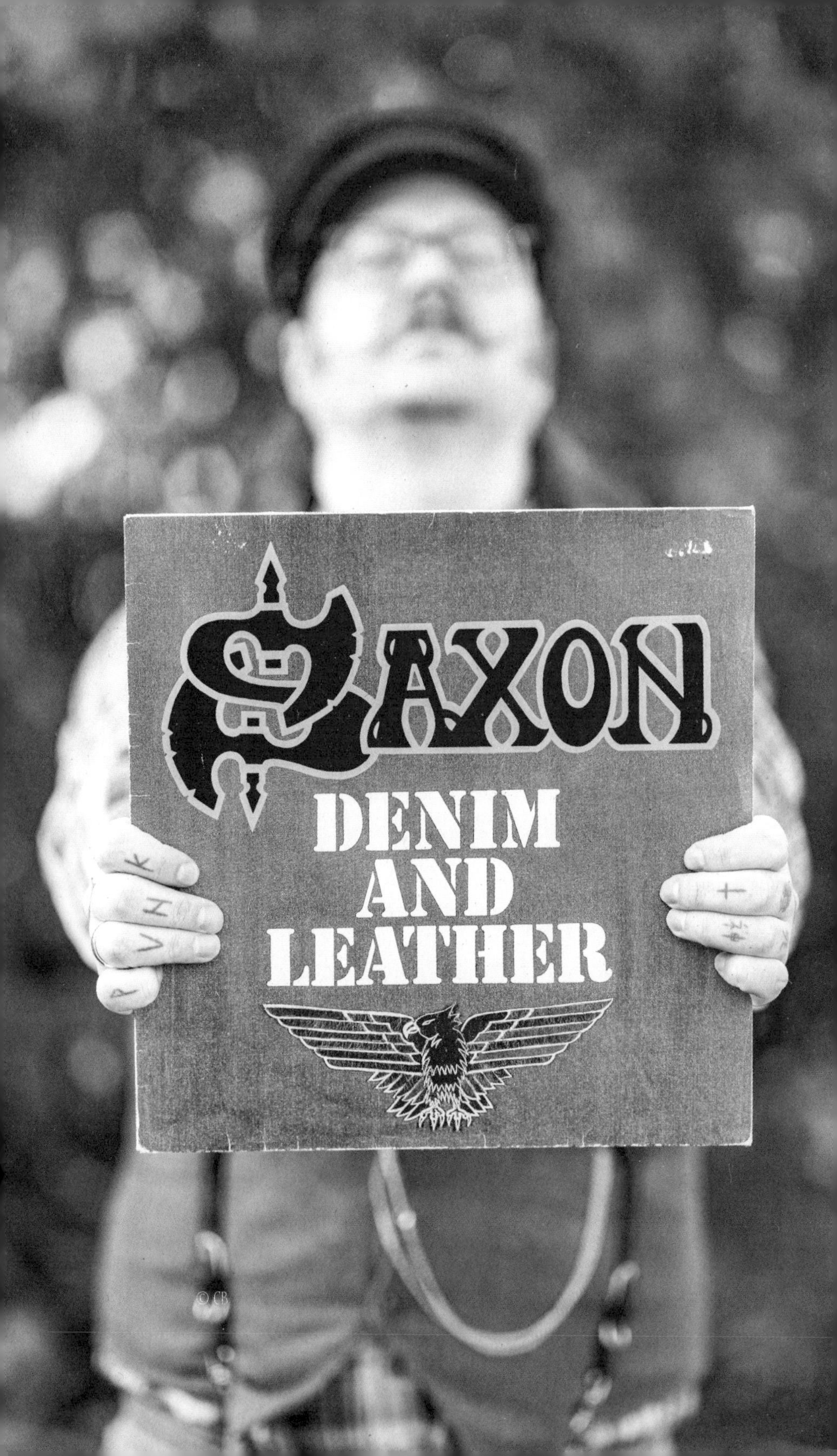
SAXON
DENIM
AND
LEATHER

TEIL II

Eine Entdeckungsreise

It Was You That Set The Spirit Free

To Ride Shoot Straight And Speak The Truth

Es ist schon zum Verrücktwerden, die Sache mit dem Metal. Ich habe mich noch nie über so viele Seiten am Stück mit einem einzigen Thema beschäftigt, und dennoch habe ich bis hierhin immer noch das Gefühl, lediglich zaghaft die Oberfläche angekratzt zu haben. Inflationär oft habe ich mit Begriffen wie „Leidenschaft“ und „Vielfalt“ um mich geworfen, gerade „Vielfalt“ als Attribut für eine Musik herangezogen, die für den Laien, ich schrieb bereits vom sogenannten „ungeübten Ohr“, wie eine Massenkarambolage auf der A2 klingt, egal ob ‚Enter Sandman‘ oder ‚Nuns, Cunts & Darkness‘ läuft. Was bei mir selbstverständlich auf völliges Unverständnis stößt ...
Die „Leidenschaft“, so oft ich sie auch wieder aufgreifen mag, muss gefühlt werden, da führt kein Weg dran vorbei. Aber was ist denn konkret diese „Vielfalt“? Es hilft nichts, wir müssen in diesem zweiten Teil dem Sujet, das ausgesprochen wie geschrieben immer noch am besten klingt, langsam mal spitzfindiger an den Kragen gehen. Oder, um mich einer dem Metal angemesseneren Metapher zu bedienen, das Skalpell in die Hand nehmen und präzise freilegen, was es denn nun auf sich hat mit dieser Musik, die ich bereits vollmundig als Lebenseinstellung bezeichnet habe.
Irgendwann wirst du in diese Welt geworfen, ob du willst oder nicht. Und relativ früh wirst du auch mit der harten Realität konfrontiert, der du dich stellen musst. Auf dieser Welt passiert in jeder Sekunde unglaublich viel Furchtbares. Hunger, Elend, Krieg, Ausbeutung, die einen lesen darüber, die anderen sind direkt betroffen. Aber wir alle müssen über kurz oder lang in diesem kurzen Leben unseren Platz auf dieser Welt finden. Nicht jeder hat da großen Spielraum. Es gibt Regionen auf dieser Welt, da wird dein Alltag von nacktem Überleben bestimmt. Woanders musst du nur mit dem falschen Geschlecht geboren werden, um in lebenslanger Unterdrückung zu leben. Wir hier in Mitteleuropa haben es da verhältnismäßig gut getroffen und be-

schäftigen uns, zynisch ausgedrückt, zu einem nicht unerheblichen Teil unseres Lebens mit Luxusproblemen. Noch. Das heißt ja nicht, dass alles gut sein muss. Und selbstverständlich hilft es auch nicht, sich immer nur vor Augen zu halten, dass es woanders auf der Welt viel schlimmer ist. Gerade steuern wir ohnehin in allen Bereichen auf eine ordentliche Katastrophe zu, während ich bedauere, gerade beim All-you-can-eat-Asiaten zu viel gegessen zu haben. Mit den Worten Funny van Dannens in ‚Tütensuppen': „Während du verliebt bist, sind andere völlig verzweifelt. Und während du verwöhnt wirst, werden andere von Bomben zerfetzt."
Jeder hat eine andere Ausgangsposition, nimmt das Leben anders wahr, hat mit anderen Problemen zu kämpfen. Aber jeder versucht händeringend, sein Leben auf die Reihe zu bekommen und mit irgendwas zu füllen, meistens mit Sinn. Das ist gar nicht so einfach, und mal außen vor gelassen, dass dich ein Leben inmitten von Gewalt, in dem du nichts zu fressen hast, natürlich vor ganz andere Herausforderungen stellt, ist unsere verquere Überflussgesellschaft auch eine Herausforderung, bei der es erst einmal weniger um das nackte Überleben geht, aber irgendwann um die Frage, was der ganze Scheiß hier eigentlich soll. Es werden Illusionen verkauft, du könntest alles schaffen, wenn du nur willst, was schlichtweg eine Lüge ist. Du wirst multimedial von allen Seiten zugeschissen, und jeder außer dir selbst weiß am besten, was das Beste für dich ist.
Die Lösung aller Weltprobleme wird von der selbst denkenden Elite in Kommentarspalten zahlreicher Social-Media-Kanäle formuliert, wer zu lange in eine Richtung steuert, fällt vom Rand der Erde, jeder gaukelt jedem das perfekte Leben auf Instagram vor, aber eigentlich will jeder nur alle anderen ausstechen. Und irgendwelche Idioten fressen ernsthaft Waschpulver. Wussten Slime aber auch schon in den Achtzigern: „Ideen brauchst du nicht viele, die Lösung diesem Falle, das ist das neue Spiel, es heißt ‚Alle gegen alle'." Und dann lehnst du dich vor deinem Streaming-Dienst zurück, willst etwas zur Erheiterung schauen, guckst „Idiocracy" und fragst dich, warum du

dir gerade eine Dokumentation über den Status quo reinmüllst. Wird dir klarer, warum ich vor allem dem härteren Metal zugewandt bin? Natürlich gibt es den einfachen Weg. Gesellschaftlich propagiert wird in unseren Breitengraden ein Leben nach klarem Ablauf: Krippe, Kindergarten, Schule, Ausbildung oder Studium, Arbeit, Rente, Tod. Dazwischen im Urlaub mal 'ne Reise dahin, wo's warm ist, und am besten irgendwas finanzieren, ob Eigenheim, Auto oder Versicherungen, ganz egal, am besten alles. Kinder kriegen, Kinder großziehen und den Kreislauf weitergeben. Auf jeden Fall arbeiten, um es im Alter gut zu haben. Im Klartext, wenn das Leben ein Spiel wäre, sollen andere für dich würfeln und setzen. Für erschreckend viele Menschen funktioniert das ziemlich gut, für mich und ein paar andere ist das nichts.

Was hat das jetzt aber mit Metal zu tun? Metal war damals etwas, das mir gezeigt hat, da ist etwas auf dieser Welt, was dich in seinen Bann zieht, abseits dessen, was dir überall aufgetischt wird. Etwas mit Substanz und mit Tiefgang. Nicht nur etwas jenseits des Mainstreams, denn natürlich ging es mir früher auch viel um das Dagegen-Sein. Metal bot aus dem Nichts heraus eine ganz neue und vor allem funktionierende Lebensphilosophie. Metal hat mir die ersten wichtigen Lektionen im Leben beigebracht. Dass Selbstverwirklichung nicht im Einklang mit dem einfachsten, dir vorgegebenen Weg im Leben steht. Jeden Tag das zu tun, was von dir erwartet wird, nimmt dir viele Entscheidungen ab, aber auch alle Möglichkeiten einer freien Entfaltung. Dir wird nichts im Leben geschenkt, das nicht im Interesse anderer ist. Ich musste lernen, wenn ich mich für einen Weg abseits des Mainstreams entscheide, muss ich härter arbeiten als andere, um überhaupt ernst genommen zu werden. Bunte Haare, kaputte Jeans, später Tätowierungen sind ein merkwürdiges Beispiel, das gehört heute alles zum guten Ton, aber es gab mal eine Zeit, da musste ich meine Tätowierungen verstecken und meine Piercings während der Arbeit rausnehmen. Als Friseur!

Jetzt ist es raus, ja, ich habe Friseur gelernt. Dafür habe ich sogar die

Schule geschmissen. Nicht nur, weil ich bereits einmal sitzen geblieben war, ich wollte auch raus, habe das alles nicht mehr ertragen. Bin ausgezogen, dem Elternhaus entflohen, und rückblickend habe ich vermutlich alles getan, was damals für mein Umfeld ein Graus gewesen sein muss. Die berühmt-berüchtigte rebellische Phase, würde ich wohl sagen, wenn ich zugeben müsste, dass ich irgendwann sesshaft und ruhiger geworden bin. Das alles wegen Metal? Vielleicht nicht wegen „Battalions Of Fear", aber ich hatte bereits früh ein zwar sehr diffuses Bild, aber schon eine relativ konkrete Vorstellung davon, was ich aus meinem Leben machen wollte. Metal hat mir den Mut dazu geliefert.

„Metal ist das Wichtigste in meinem Leben", habe ich früher oft gesagt. Und ja, Metal nimmt in meinem Leben bis heute sehr viel Platz ein, aber selbstverständlich spielt auch jeden Tag die Existenz und Anwesenheit meiner Liebsten eine ganz entscheidende Rolle. Da sollte trotz überbordender Begeisterung natürlich immer eine gewisse Grundvernunft walten. „Metal steht über allem, und ich würde mich immer für den Metal entscheiden" – mit den Worten Joey DeMaios: „Ich würde für Metal sterben" –, geht markig gut über die Lippen. Aber natürlich ist es doch schöner, für den Metal zu leben und ihn eher als etwas zu begreifen, das vielleicht vergleichbar mit dem letzten und entscheidenden Teil eines sehr großen Puzzles ist. Erst mit diesem letzten Teil ist alles vollständig und ergibt endlich einen Sinn. „Metal will never die",[67] „Heavy Metal (is the law)",[68] Metal ist der Soundtrack für ein Leben, das nicht immer einfach zu bewältigen ist, und bietet eine Stütze in all diesen Lebenslagen, die nicht leicht zu ertragen sind. Es gibt einfach Tage, da hilft nur ‚Hammer Smashed Face'[69]!

Jetzt aber endlich zur „Vielfältigkeit"! Metal ist noch mehr als Sound-

---

67 Dio (bzw. David Rock Feinstein), aber auch Die Apokalyptischen Reiter.

68 Helloween.

69 Cannibal Corpse.

track, als die bloße Lebenseinstellung, der profanen Welt den Mittelfinger zu zeigen. Metal bietet mannigfaltigste Möglichkeiten – jetzt pass auf, erhobener Zeigefinger –, „das Sujet zu rezipieren". Gut, zugegebenermaßen kam mir bei dieser Formulierung gerade ein bisschen Kotze hoch. Aber es klingt intellektueller als „zu Metal kann man nicht nur headbangen". Das heißt nichts anderes, als dass Metal über die bloße Musik hinaus die Option eröffnet, sich mit verschiedensten Teildisziplinen zu beschäftigen: vom (Sub-)Kulturverständnis selbst über soziologische Betrachtungen, wie Metal als Szene funktioniert, hin zur Beschäftigung mit dem Visuellen, von der Kleidung bis zum Plattencover. Metal ist Kunst, Lyrik, Musikwissenschaft, Philosophie. Das Nachdenken über das Dasein selbst, bis hin zu einer kritischen Auseinandersetzung mit der Gesellschaft überhaupt. Und das Beste daran? Das alles schließt trotzdem nicht aus, sich von infernalischem Geballer berieseln zu lassen, mit einem kalten Getränk in der Hand und den nassen Haaren des Nachbarn im Gesicht.

Vielleicht ist das Fachsimpeln über die Klassiker nichts anderes, als sich über die Aufstellung des HSV in der Bundesliga-Saison 1982/83 zu unterhalten. Eine Fankurve nichts anderes als ein Moshpit.[70] Am Ende zählt natürlich immer die Leidenschaft. Ich interessiere mich absolut nicht für Fußball, aber wenn ein Rudi Völler unverblümt mit dem Herz auf der Zunge loswettert, sehe ich ja trotzdem einen Mann, der mit Herzblut bei seiner Sache ist. Darum geht's! Und dann ist es vielleicht auch egal, ob Metal oder König Fußball. Jeder muss seinen eigenen Platz im Leben finden. Möglichst einen Platz, der niemand anderen behindert.

Wer bereits eine ganze Weile mit Metal an seiner Seite auf diese Reise zurückblicken kann, weiß ganz genau, was das Großartige an Metal ist. Wenn du irgendwann diese fantastische Musik für dich entdeckt hast, gibt es kein Halten und kein Ende mehr. Wenn du diesen Funken in dir hast, wird dieser irgendwann auflodern, und das entfesselte

70 Du merkst, mich lässt der lästerliche Kommentar meines Herrn Papa nicht los.

Feuer wird nie wieder erlöschen. Metal lässt dich einen Durst spüren, der niemals gestillt werden kann. Du wirst niemals in deinem irdischen Leben an einem Punkt ankommen, wo du sagen kannst: „Jetzt kenne ich alles." Wenn du das doch meint, du irrst dich! Oder ziehst weiter, auch nicht tragisch, wenn auch schade.
Irgendwann steigst du irgendwo ein. Vielleicht noch nicht mit einer der sogenannten wichtigen Bands. Aber du spürst da was, eben das Lodern. Es ist vollkommen egal, ob dieses Feuer wie bei mir durch Iron Maidens „The Number Of The Beast" entfacht wird, oder durch Bands, bei denen der alteingesessene Alleskenner und Hüter des einzig wahren Metal Schnappatmung bekommt. Mag sein, dass allein altersbedingt viele damals mit „Overkill", „British Steel", „Killers" oder „Ride The Lightning" eingestiegen sind, heutzutage ist es aber durchaus realistisch, als junger Stips irgendwann irgendwo einen bestimmten Song zu hören und zu denken: „Verdammte Axt, was ist das? Ich will mehr davon!" Das kann dann auch Sabaton sein, braucht man sich nicht für zu schämen! Es sei denn, es bleibt dabei.[71]
Leidenschaft, der eminente Zusammenhalt einer Szene, das alles Verbindende. Nenne es von mir aus auch Fanatismus, was allerdings schon zu „Fan" verkürzt wurde und dennoch nicht wie das Gleiche klingt. Ich weiß nicht, wann ich mich auch am Begriff „Nerd" festgebissen habe. Vielleicht war es sogar die Klischeeübersetzung „pickeliger Außenseiter mit Inselbegabung". Glattgebügelt von „The Big Bang Theory". Oder meine Podcast-Gehversuche „Ernie & Nerd", bei denen ich mit meinem Kumpel Mario über die „Predator"-, „Alien"- und „Star Wars"-Filme diskutierte. Er der Nerd, ich war auch dabei. So halte ich es übrigens bis heute. Ich erinnere mich noch daran, wie ich erstmalig den Begriff „Nerd" in Zusammenhang mit fanatischem, leidenschaftlichem Metallertum brachte und Stirnrunzeln erntete. Aber auf eine verschrobene Weise ergibt das nach wie vor Sinn für mich. Ich werde hier noch über den Metaller als Außenseiter sprechen.

---

71 Lalala ...

Wie dem auch sei, nach der Erweckung folgt die Neugierde, das Interesse ist geweckt. Der Goldgräber in dir ist erwacht. Du hast Iron Maiden kennengelernt, du willst mehr, es folgen Running Wild, Manowar, Blind Guardian. Du spürst den Wahn dich durchzucken, es muss härter werden, Carcass, Morbid Angel, Obituary. Scheiße, was ist das für ein megafinsterer Abfuck in dieser Metal-Hammer-Ausgabe von 1995, Black Metal, Darkthrone, Mayhem, Marduk, Immortal. „Pure Holocaust", was für ein krasser Titel. Der Wahn wird zum Wahnsinn, du verbeißt dich immer unnachgiebiger, Metal hat schon lange Besitz von dir ergriffen! Eddies Klauen dirigieren nun dich auf der „The Number Of The Beast", du bist es, der das Schwert auf der „Kings Of Metal" hält, bist der „War Master", ziehst zu den Klängen von „Somewhere Far Beyond" durch Mittelerde, sitzt in der Kampfmaschine von „Massive Killing Capacity" und spuckst Feuer auf der „Diabolical Fullmoon Mysticism".
Fuck Mann, es wird alles zu viel, je tiefer du eintauchst, umso verrückter wird es, immer wieder neue Welten bauen sich vor dir auf, dich blendend wie in Ashburys „Endless Skies". Plötzlich entdeckst du nach jahrelangem Versinken in den extremsten Klängen wieder den Heavy Metal, die Achtziger, Speed Metal, US-Epic-Metal. Wie konnte man nie was von Manilla Roads „Crystal Logic" gehört haben? Dann Heavy Load mit „Death Or Glory", da sind nur Hits drauf. Und dreißig Jahre, nachdem du das erste Mal „The Number Of The Beast" gehört hast, abertausende Metal-Alben haben deine Ohren inzwischen durchgespült, da fallen dir die Sokrates zugeschriebenen Worte wieder ein: „Ich weiß, dass ich nichts weiß."
DAS ist die pure Leidenschaft, der Nerdism. Eine Begeisterung im Leben gefunden zu haben, die über allem steht. Nicht über deiner Familie, deinen Freunden, nein, darum geht es nicht. Sondern die als die immer rettende, greifbare Hand über allem schwebt, bereit, dich aus jedem Sumpf zu ziehen. Dich packend, auf sicheren Grund bringend. Die Hand, die sich fest auf deine Schulter legt, der übermächtige „Metal-Krieger", der zum Horizont zeigt, wo gerade blutrot die Sonne aufgeht, ein Heer erscheint, die in die Höhe gestreckten Schwerter und

Speere in Hitzeschwaden flimmern und wie aus einer Kehle ein Chor erschallt, der Grund und Boden erzittern lässt:

„By moonlight we ride,
ten thousand side by side.
With swords drawn held high,
our whips and armor shine."
(Manowar ‚Battle Hymn')

Was für eine Strophe, die metaphorisch perfekt wie kaum eine andere für Metal passt.

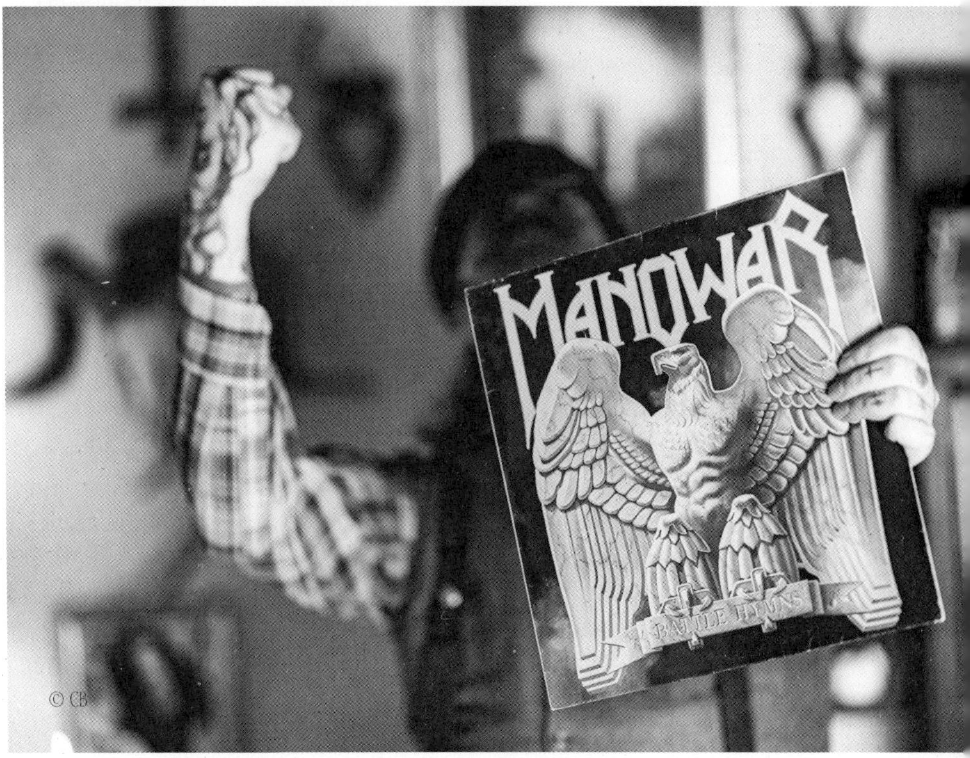

© CB

Ach so, kurz ein paar Worte zu Sabaton. Es tut mir ein klein wenig in meinen zwei Tippfingern weh, dieser Band einen eigenen Absatz zu widmen, aber genau diese Band ist es doch oft, die gemeint ist, skandiert der einzig wahre Metaller die Phrase: „Das ist kein Metal!" Auf der anderen Seite ist es heute realistisch, dass Sabaton die Band ist, die ein Metal-Einsteiger als Erstes hört. Weil es schlicht, aua, meine Zeigefinger, die derzeit mit erfolgreichste Metal-Band ist, die nach 1998 gegründet wurde. Genau genommen 1999. Sabaton, eine Band, die über Krieg musiziert, als ob Kriege in erster Linie zum Biertrinken und Mitklatschen geführt werden, die Schnittstelle zwischen Metal und Schlager. Zumindest mittlerweile derart glatt und beliebig, dass selbst der gemeine Pur-Abhotter bei Joakim und seinem Dudelorchester of War durchaus noch zur Kriegsthematik schunkeln kann. Anders sähe dies sicher bei „Panzer Division Marduk" aus.

Allerdings wird am Beispiel Sabaton eines deutlich: Es gibt im Metal „richtige" und „falsche" Bands, und es ist sehr wichtig, dies stets zu betonen. Joakim und die Partysoldaten of Verdun interessiert letzten Endes nicht, was über sie geredet wird, so wie du dich nicht für sie interessieren solltest, wenn du keinen Schlager-Metal magst. Aber es gibt für manchen Freund der schwermetallhaltigen Stromgitarrenmusik kaum etwas Befriedigenderes, als jeden in einem Sabaton-Shirt das Verständnis des echten Metal abzusprechen. Mehr dazu im Kapitel „Das Metal-Arschloch".

Ich habe mich übrigens 2019 in Wacken, als die Truppe auf den zwei Hauptbühnen gleichzeitig spielen sollte,[72] mit ein paar Fans unterhalten. Und wie das immer so ist, wenn man anderen Menschen mit Respekt und ehrlichem Interesse begegnet, wir hatten eine nette Unterhaltung darüber, dass Sabaton eben auch nicht von null auf Weltkrieg in den Charts waren, sondern gerade in ihrer Anfangszeit viele Sympathiepunkte beim Bespielen zahlreicher kleiner Clubs ge-

72 Ein Privileg, das ausschließlich Mantar und Urfaust vorbehalten sein sollte.

sammelt haben. Ich mag Sabaton zwar trotzdem nicht, würde aber deshalb nicht auf die Idee kommen, ihre Fans zu beleidigen. Die waren zumindest 2019 in Wacken nett. Also das nette Nett.

Kommen wir zur besagten Vielfältigkeit, und jetzt bitte etwas mehr Tiefgang! Die unzähligen Metal-Genres wurden bereits angemessen humorvoll gewürdigt, die können wir hier außen vor lassen. Wobei auch hier noch zu ergänzen ist: Irgendwann ging das alles mal los, mit dem Metal. Nicht aus dem Nichts, da wurde vorgearbeitet. Ob es nun Black Sabbath 1970 waren oder ich zur Abwechslung mal Judas Priest in den Raum werfe, mit hmmmmm ... „Stained Class" oder „Killing Machine"[73] (beide 1978), irgendwann war die Rede von „Heavy Metal". Mit den Jahren wurde die Musik, die einst komplett unter „Heavy Metal" lief, immer härter, schneller, böser. Ich fasse die beste Musik der Welt auch heute noch gern unter „Heavy Metal" zusammen, da lasse ich mir gar nichts sagen. Aber irgendwann war diese Schublade voll, Metallica viel zu schnell und Hellhammer viel zu finster. Speed Metal, Thrash Metal, damit ging es weiter. Später dann Death Metal, als Possessed und dann Death völlig durchdrehten. Wie das alles genau war, das können vermutlich nur Zeitzeugen genau benennen. Man sagt, King Diamond lief damals schon unter Black Metal, aber bevor Mayhem und das Feuerteufel-Ensemble Anfang der Neunziger loslegten, war der Begriff vermutlich noch etwas vage.

Übrigens sind Holy Moses schon 1980 mit dem Demo „Black Metal Masters" um die Ecke gekommen, bevor der Legende nach Venom 1982 mit ihrem zweiten Album „Black Metal" dem norwegischen Gewitter aus der Finsternis einen Namen gaben. Der Vollständigkeit halber: Possessed haben 1984 ihr erstes Demo „Death Metal" genannt. Im gleichen Jahr kam auch eine Split gleichen Namens bei Noise Records raus, mit den allseits bekannten Death-Metal-Bands

---

73 Auf dem amerikanischen Markt auch unter dem Namen „Hell Bent For Leather" bekannt. „Killing Machine" war damals wohl zu heiß in einem Land, wo es eine Waffe zu jedem Lottoschein gratis gibt.

Helloween, Hellhammer, Running Wild und Dark Avenger. Das Artwork wurde seinerzeit in Deutschland zensiert, was den Bands, wie schon bei Cannibal Corpse, enorm geschadet haben dürfte. Christa Jenal Superstar.

Egal, 2022 hat auf jeden Fall jede Band ihre eigene Schublade. Bei Doom Metal, Pagan Metal und Alternative Metal ergibt das alles noch Sinn. Penibel wird es bei Viking- und Folk Metal, Progressive Metal, Dark Metal, War Metal wie White Metal und albern irgendwie bei Industrial Blackened Gothic Metal. Ach ja, vergessen habe ich jetzt Modern Metal, aber das ist natürlich kein Metal. Zumindest kein Genre. Dazu komme ich aber noch, denn wer bestimmt seit jeher mit bestechender Präzision, was Metal ist und was nicht? Richtig, ich. Oder waren es die Leute im Internet? Bitte nicht meinen Hang zu Sarkasmus vergessen.

Bis zum Ende der Welt

Menschen aus anderen Ländern, anderen Kulturkreisen kennenzulernen, ist schon aufregend genug, aber mit dem gemeinsamen Nenner Metal ist ein Bindeglied geschaffen, das sich hervorragend zur Annäherung eignet und sogar Sprachbarrieren zu überwinden vermag! Ich erinnere mich an eine lebhafte Diskussion mit einem Russen in Brjansk an seinem Küchentisch über deutschen Thrash Metal. Er sprach kein Deutsch und nur sehr schlecht Englisch, mein Russisch war nicht vorhanden. Zwischen uns lagen ein Stift und ein Blatt Papier, auf das wir Plattencover malten und uns mit Händen und Füßen verständlich zu machen versuchten. Im Detail redeten wir oft aneinander vorbei, aber wir beide hatte den Nachmittag unseres Lebens.

Als ich 1998 das erste Mal in Wacken war, hatte ich über ein Wochenende lang sehr oft und vermutlich auch erstmals die Chance, in einen Austausch mit Metal-Fans aus weitester Ferne zu kommen. Wacken als das größte Festival seiner Art zieht schließlich aus allen Teilen der Welt Freunde des gepflegten Schwermetalls auf norddeutsche Äcker. Meine Fresse, war das für mich als Kleinstadtknirps, der ohnehin in seinem damaligen Umfeld kaum Metaller kannte, ein Spaß! Hitze, Bier und Lärm. Wie auf dem Bau im Hochsommer, nur besser. Heute bin ich zugegebenermaßen, was Menschenmassen angeht, etwas empfindlicher und vielleicht auch weniger kontaktfreudig, aber Metaller aus anderen Kulturen kennenzulernen, wie aus Ägypten oder auch aus der Schweiz, ist mir immer wieder eine Freude. Spannend ist hier einfach der gemeinsame Nenner trotz der unterschiedlichen Mentalitäten. Es ist etwas vollkommen anderes, mit Spaniern zu feiern, als mit gebürtigen Kielern. Südländer auf der Bühne haben eine ganz andere Lebendigkeit, du weißt, was ich meine. Das Temperament! Allerdings erinnere ich mich an eine Party mit portugiesischen Punkern in Berlin. Als ich nach dem vorletzten Bier Flaschen aus dem Hotelfenster schmiss, was selbstverständlich vollkommen dämlich war, wich auch deren lockeres Grundtemperament nervöser Anspannung. Folgerichtig trennte man sich in gegenseitigem Einverständnis. Das letzte Bier trank ich dann auf der Suche nach meinem Kollegen, den ich vier Stunden vorher in irgendeinem Club das letzte Mal gesehen hatte.

Heute[74] ist die Festival-Landschaft wesentlich umfangreicher als damals, vom kleinsten Szene-Festival bis zum großen Massenspektakel, vom auf klassischen Heavy Metal spezialisierten Fest bis zum dreitägigen Bestial-War-Metal-Spektakel ist für jeden was dabei. Letzteres wurde mir einmal als „erlebnisorientierte Musik" verkauft – was irgendwie klingt wie handfeste Klopperei vor der Bühne, hinter der Bühne, vor dem Club und auf dem Heimweg.

Ich persönlich fühle mich auf den kleinen, gemütlichen Festivals bis tausend Menschen am wohlsten, gern im Wald, genieße aber auch das weitläufige und nie überfüllte Party.San in Schlotheim. Ein Festival im Wald ohne Netz, wie das Chaos Descends, großartig. Die Tauber-Franken-Halle in Lauda-Königshofen, in der das Keep It True seit Jahren stattfindet, eine Halle, in der sonst der Schützenkönig geschossen wird und wo es außer Pommes zum Frühstück nur Buletten gibt – fantastisch, wie vor vierzig Jahren, aber aus der Zeit stammen schließlich auch all die Bands auf dem KIT. Ob Sporthalle, Schulaula, Feriendorf, ganzes Dorf, altes Kino oder irgendwas mit neunzig Minuten Fußmarsch vom eigenen Zelt zur Hauptbühne, Fakt ist, allein in Deutschland dürfte die jährliche Auswahl so groß sein, dass es unmöglich ist, alles mitzunehmen.

Von der Möglichkeit, auf Festivals Metal-Fans aus verschiedenen Kulturen zu treffen, zu den Kulturen selbst: Ohne Anspruch auf einen Ansatz von Vollständigkeit, aber mit dem Anspruch, zu zeigen, wie unterschiedlich Metal weltweit interpretiert wird, schauen wir uns doch mal die Herkunftsländer an, aus denen Metal kommt. Während

74 Wir vergessen hier mal dezent die Jahre 2020 und 2021.

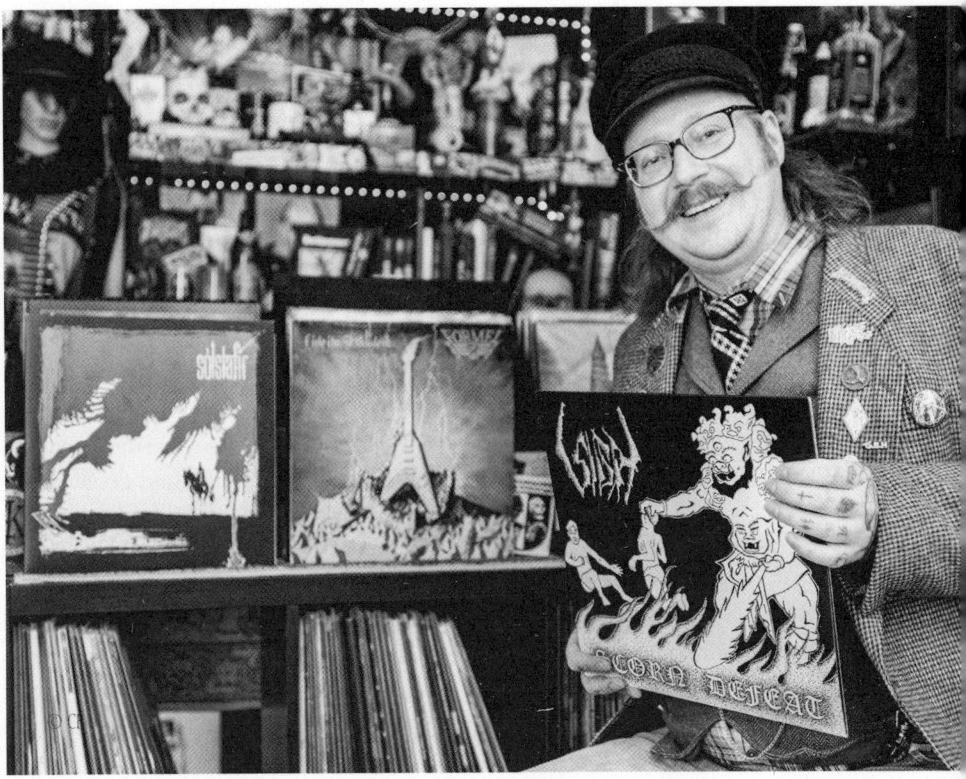

Heavy Metal Weltweit– Sólstafir (Island), Formel 1 (DDR) & Sigh (Japan)

sich Metal in seiner Frühphase fast ausschließlich in Großbritannien, Amerika und Deutschland abspielte, findet sich heute in nahezu jedem Land auf dieser Erde eine Metal-Band oder zumindest eine Metal-Szene. Außer in Nordkorea und einigen afrikanischen Ländern vielleicht. Über die jetzt schon genannten Regionen muss vielleicht nicht in aller Ergiebigkeit gesprochen werden, weil es einfach mit die weltweit größten Märkte für Heavy Metal sein dürften, auch wenn es hier immer wieder bemerkenswerte Eigenheiten gibt.

Großbritannien als Brutstätte der NWOBHM, vom Dänen Lars Ulrich über den großen Teich gebracht, so die Legende, mit Bands wie Iron Maiden, Saxon, Diamond Head und Judas Priest. Aus Amerika stammen die großen Thrash-Legenden, die „Big Four", Slayer, Metallica, Anthrax und Megadeth. Deutschland hält die Teutonic-Thrasher Sodom, Destruction, Kreator aber auch Tankard dagegen, erhöht mit den Hamburgern Running Wild und Helloween und holt in Gestalt von Accept das Ass aus dem Ärmel, natürlich mit Udo Dirkschneider, die ihr selbstbetiteltes Debüt schon 1979 raushauten! Hier haben wir die Basis, hier wurde das schwere Metal grob vorgeschmiedet, damit sind wir vertraut, und aus diesen Landen dürften die weltweit erfolgreichsten Metal-Bands stammen.

Südamerika ist nach wie vor mein Lieblingsbeispiel, wenn ich meine These untermauern will, dass sich Herkunft, Klima und gesellschaftliche Situation oft in der Musik widerspiegeln. In diesem Fall haben wir es mit dem klassischen Temperament der Südländer und einem von Gewalt und Korruption geprägten Kontinent zu tun, welcher der Welt extreme Bands wie Vulcano, Parabellum, Sarcófago, Mystifier, Krisiun und nicht zuletzt Sepultura beschert hat. Grundsätzlich kann konstatiert werden, dass aus Lateinamerika der mitunter brutalste Death Metal kommt, erbarmungsloses Geknüppel als Zeugnis eines Lebens, welches wenig gemein hat mit dem Erwachsenwerden in Mitteleuropa. Natürlich sollte an dieser Stelle Mexiko nicht außen vor gelassen werden. Und man darf auch nicht vergessen, dass ähnliche Gewaltexzesse auch in Südostasien zu finden sind.

Gerade entwickelte sich im indischen Kalkutta eine Szene barbarischer War/Noise-Knüppelkeiler, die einem auch nach fünfzig Jahren noch mal ein anerkennendes Nicken bei der Auslotung purer musikalischer Gewalt entlocken. Tetragrammacide, Kapala oder Brahmastrika seien hier zu nennen, auch wenn es sich bei den vielen Bands, die sich in Kalkutta gerade bemühen, „Lärm" völlig neu zu definieren, vermutlich um immer neue Zusammenstellungen ein und desselben Kreises kaputter Maniacs handeln wird.

Wenn ich dann nach Singapur schiele, frage ich mich bei Bands wie Abhorer und Impiety, welche Abenteuer einem die Reisekataloge da vorenthalten. Natürlich brachten bis heute auch die USA und Europa knallharten Death Metal und extremen Metal hervor, aber die Prise an Erbarmungslosigkeit, authentischem Hass und Gewaltexzess findet sich dort, wo das ganze Umfeld schon eine Tortur ist. Metal war immer ein hervorragendes Mittel, seiner Unzufriedenheit Ausdruck zu verleihen, nicht nur durch Realitätsflucht. Da spielt es erst einmal keine Rolle, ob es sich um die tristen Straßen Birminghams handelt, die Perspektivlosigkeit der brasilianischen Favelas oder deine eigene kleinstädtische Umgebung, der du, warum auch immer, entfliehen und all deinem Frust Ausdruck verleihen willst.
Der entscheidende Punkt aber ist das Ergebnis, und so unterscheidet sich der in Musik verwandelte Frust vierer Birminghamer 1970 doch enorm von dem der Jungs um Sepultura, als sie 1993 „Chaos A.D." veröffentlichten. Deshalb meine ich es gar nicht mal humorvoll, dass es mich wirklich interessieren würde, was dabei herauskäme, wenn ein paar angepisste Nordkoreaner mit Musikinstrumenten und einem Aufnahmegerät in einem kalten Proberaum eingeschlossen würden. Im Moment definitiv die Todesstrafe.
An dieser Stelle einmal zurück nach Deutschland, genau genommen ein paar Jahrzehnte zurück in die DDR, bevor im November 1989 die Mauer fiel. Bis dahin hatten die Westdeutschen praktisch eine Diktatur direkt vor der Haustür, die Ostdeutschen lebten in einem System, in dem der gar nicht mal selten vorkommende Metaller nicht einfach in den Plattenladen laufen konnte, um sich die neuste Scheibe von Metallica zu kaufen. Das hat Abo Alsleben, der in der DDR groß geworden ist und neuen Stoff immer nur über Umwege und oft in minderster Qualität überspielt ranschaffen konnte, in seinem Buch „Mayhem Live in Leipzig" sehr schön beschrieben. Bands gab es natürlich auch, dass sich diese erst ihre Existenz praktisch genehmigen lassen mussten, ist heute wohl kaum noch vorstellbar – selbst wenn mancher Zyniker sich dieses Prozedere mittlerweile wieder wünschen

würde. War aber mit Sicherheit kein Spaß, und somit ist jedes Dokument aus dieser Zeit mehr als spannend. Neben Biest und Macbeth, die es noch heute gibt, sei jedem neugierigen Ohr natürlich der Klassiker „Live im Stahlwerk" von Formel I ans Herz gelegt: neben zwei Coverversionen mit Fantasie-Englisch einfach nur toller Heavy Metal aus einer ganz anderen Epoche, von einer Band, die mit Hindernissen zu kämpfen hatte, die sich die Kollegen aus dem Westen nicht mal auszumalen vermochten.

Skandinavien. Fjorde, Kälte, teures Bier. Es ist merkwürdig, dass ausgerechnet dieser Teil Europas, der vor allem für eine hohe Lebensqualität steht, die dem Namen nach schwärzeste Form des Metal hervorgebracht hat: Black Metal. Auf mein Unverständnis, warum nicht Südamerika Heim- und Brutstätte dieser zweiter Welle sein sollte, sondern Norwegen, wurde mir einmal der Begriff „Wohlstandsverwahrlosung" zugespielt. Ein paar Jugendliche leben in einem Umfeld materiellen Überflusses, jedoch mit einer damit einhergehenden seelischen wie emotionalen Vernachlässigung. Ich habe dieses Phänomen eingangs schon zu beschreiben versucht. Geradeheraus, auf der Welt passiert so viel greifbar Schreckliches. Gerade in diesem Moment führt Russland Krieg, Entschuldigung, eine militärische Operation, gegen die Ukraine, China bereitet sich gemächlich auf die Invasion Taiwans vor, im nahen Osten werden Frauen wie Gegenstände behandelt, überall fliehen Menschen, Lebensmittel werden zur Preiserhaltung ins Meer gekippt, in Afrika geben sich Krankheiten und Hungersnöte die Klinke in die Hand, und in Deutschland war es für manchen ein sehr großes Problem, zwei Jahre eine Maske zu tragen. Ist natürlich ein bissiger Vergleich und ein billiger Provokationsversuch, besagte selbst denkende Weltversteher zum Eskalieren zu bringen, für die alles eine große und zusammenhängende Verschwörung ist. Der Zusammenhang ist, dass auf dieser Welt einiges mächtig schiefläuft. Und das Resultat davon ist einerseits greifbares Leid, aber eben auch die immer drastischer werdende emotionale Ödnis, in der wir uns befinden.

In Oslo gründete ein junger Øystein Aarseth, der unter seinem Pseudonym Euronymous wesentlich bekannter werden sollte, den Plattenladen Helvete, der zum Dreh- und Angelpunkt der norwegischen Black-Metal-Szene werden sollte. Damit die Regale nicht leer stehen, liehen ihm Freunde Platten. Euronymous gründete Deathlike Silence Productions, brachte die Alben von Bands wie Merciless, Burzum, Abruptum, Sigh und seiner eigenen Band Mayhem heraus, geriet mit Count Grishnackh, Varg Vikernes oder heute Louis Cachet in Streit und wurde in seiner Bude mit dreiundzwanzig Messerstichen von selbigem erstochen – während wahlweise entweder Tangerine Dream oder Klaus Schulze auf seinem Plattenteller lag, da gibt es verschiedene Aussagen.

Ich will an dieser Stelle keinen erschöpfenden Abriss über den sogenannten True Norwegian Black Metal liefern, die Geschichten sind alle bekannt und schon sechshundertsiebenundsechzig mal, einmal zu viel also, durchgekaut worden. Entscheidend ist aber, dass in Norwegen um diese Zeit herum ein paar musikalisch geniale Jugendliche vollkommen ausrasteten und sich gegenseitig aufstachelten. Die ganze Szenerie war einst ein von dichtem Nebel umschlungenes und von kontrastreichen Fotokopien geprägtes Mysterium. Ein Mysterium, das das Zeitalter Internet nicht überleben sollte. Der Mythos war entmystifiziert, nachdem die einmal radikalen Jugendlichen erwachsen und redselig geworden waren und alles überall nachzulesen war. Geblieben ist Musik. Großartige Musik in meinen Augen, aber eben, bis auf ganz wenige Ausnahmen, nur noch Musik und kein von Geheimnissen und Angst umgebener Kult. Ich erinnere mich noch gut an diesen Tag, als ich diesen von Robert Müller geschriebenen Bericht über Black Metal im Metal Hammer las, diese Album-Artworks sah und fassungslos und gebannt all diese umgedrehten Kreuze und die Dunkelheit in mich aufsog. Es sind Momente, die ich manchmal noch einmal erleben möchte, Augenblicke, in denen Naivität und Unwissenheit sich in Erstaunen und den Willen verwandeln, alles herausfinden zu wollen, was es herauszufinden gibt. Mit dem Alter stumpft

dieser Wille manchmal ab, weil zu oft der Eindruck entsteht, bereits alles zu kennen. Zum Glück habe ich, obwohl ich einmal der Meinung war, im Black Metal alles zu finden, was ich suche, irgendwann den traditionellen Heavy Metal der Achtziger für mich entdeckt.
Ich hatte die große Ehre, mit meiner Band auf einem fantastischen Festival in Island auftreten zu dürfen. Norðanpaunk nennt sich das immer noch existierende Festival und wird unter anderem von Arni veranstaltet, einem unheimlich liebenswerten Isländer, der jetzt in Deutschland lebt und mich irgendwo in Hamburg fragte, ob ich nicht Lust auf eine Reise hätte. Das Festival fand in einer Schulaula statt, glaube ich, ich erinnere mich nur an ein sehr kleines Dorf mit einer Kirche, in der lustigerweise der Vater von Arni Pastor war. Nicht ganz unironisch ist das, weil nur wenige hundert Meter den Berg runter, Island ist erstaunlich bergig, viele Bands mit Schweineblut besudelt die Bühne betreten sollten. Egal, ob Black Metal, Grindcore oder Postpunk – das Blut wurde von allen aus einem Eimer geschöpft, der Backstage stand.
Der bekannteste Export aus Island dürfte zweifelsohne Björk sein, danach Sigur Rós und vielleicht noch Sólstafir. Wie weit es die Delikatesse Hákarl aus Island geschafft hat, weiß ich nicht, aber ich kenne niemanden, der sich fermentierten Grönlandhai mit zur Arbeit nimmt. Erstaunlich ist, wie viele Bands und vor allem Black-Metal-Bands es in Island gibt. Wobei noch zu verifizieren wäre, ob bei fünf Bands nicht fünfundzwanzig, sondern vermutlich nur sieben verschiedene Protagonisten zu Werke gehen. Auf dem Norðanpaunk hatte zumindest jeder Schlagzeuger noch drei bis vier weitere Bands. Wobei das in Deutschland auch nicht anders ist. Ich weiß nicht, was die isländische Seele ausmacht. Diese Frage möchte ich mir in diesem Leben aber noch beantworten. Auf unseren Wanderungen durch Geröllwüsten und grüne Ebenen, über zerklüftete Felsen und entlang tosender Wasserfälle hatte ich allerdings keine Zweifel, dass es in diesem Land Elfen und Trolle gibt. Das meine ich ernst! Vielleicht ist es das, was den Metal aus Island ausmacht. Im Falle Sólstafirs ist

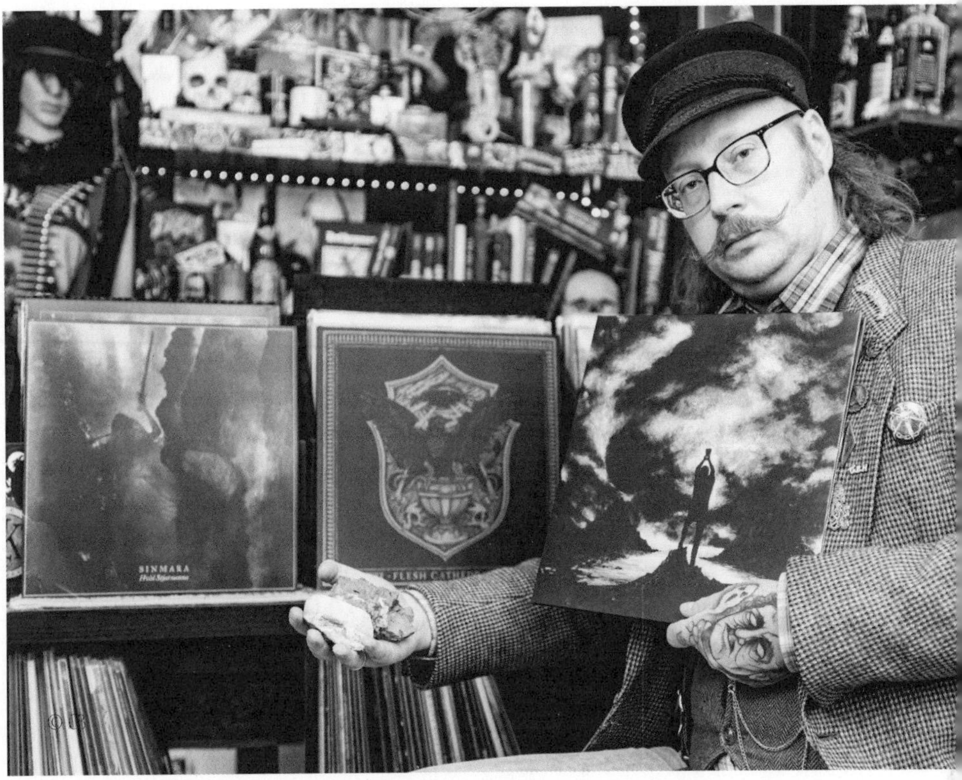

Black Metal aus Island: Sinmara, Svartidauði & Misþyrming

eine gewisse Wehmut gar nicht überhörbar, im Falle von Svartidauði und Misþyrming ist die Naturgewalt Islands geradezu spürbar. Aber während ich das hier schreibe, merke ich, dass für mich der Begriff Wehmut gerade am nächsten liegt.

Mein Interesse für Japan wurde irgendwann im Kindesalter geweckt, als ich mit Judo begann. In eher naiver Herangehensweise war ich fasziniert von Ninjas, Samurais und Architektur. Es sollte aber viele Jahre dauern, bis mein Interesse wieder aufflammte. Ich stand mit Mitte zwanzig in der Bücherei, suchte einen Roman und hielt wie durch Zauberhand „Shirobamba“ von Yasushi Inoue in den Händen. Warum auch immer, vielleicht spielte meine Begeisterung für japanischen Horrorfilm auch eine Rolle, aber ich begann, Japanologie zu studieren. Ich beendete das Studium nie, aber es brachte mich immerhin für ein halbes Jahr nach Japan, aus Sicht meiner Professoren mit Sicherheit absolut unverdient. Weshalb man mich ins im Gegensatz zu Tokio oder Osaka vielleicht eher unspektakuläre Hiroshima schickte.

Hiroshima ist allerdings nicht nur kulturell sehr spannend, die geradezu dörfliche[75], nun gut kleinstädtische, Atmosphäre war das Beste, was mir damals passieren konnte. Sagen wir mal so, es war eine schwierige Zeit, und im Dauertrubel einer Großstadt wäre vieles vielleicht anders und sicher nicht besser gelaufen. Bei der Beschäftigung mit dem Land der aufgehenden Sonne durchlebte ich drei Stadien: Zuerst die Beschäftigung mit einer offenbar vollkommen fremden Kultur, die keinen Vergleich mit der westlichen Hemisphäre zuließ. Dann die Phase, in der ich glaubte, durch viel Lektüre zu verstehen, was es mit diesem Land am anderen Ende der Welt auf sich hat. Nur um dann im dritten Stadium in Japan zu sein und zu merken, dass man als Europäer immer ein Fremder ist und dass ich trotz zahlreicher gelesener Bücher eigentlich gar nichts verstehe.

Japan ist anders. Und das wird auch in der Musik deutlich. Ich habe den Eindruck, entweder kopieren japanische Metal-Bands den Westen so exakt, dass es in einem langweiligen Abklatsch untergeht, oder machen einfach konsequent ihr eigenes Ding, was für das westliche Ohr dann allerdings schwer verdaulich ist. Wichtig zu verstehen ist, dass Japan als zweitgrößter Musikmarkt weltweit gern auf seine eigene Sprache setzt. J-Rock und J-Pop spielen also in Japan eine große Rolle. Und auch die beiden wohl größten japanischen

75 Japan ist, das mag ein Blick auf Tokio nicht vermuten lassen, äußerst dünn besiedelt, was allerdings an seiner gebirgigen Struktur liegt. Außerhalb der Ballungszentren hat Japan ausgesprochen viel Natur zu bieten.

Metal-Bands Anthem und Loudness singen gern in ihrer Landessprache. Die größten Metal-Bands klassischer Natur wohlgemerkt, denn wer jetzt das Fass mit J-Rock und Visual Kei öffnen will, wird nicht nur von der Masse, sondern auch einer vollkommen durchgedrehten Akustik wie Optik erschlagen. Ich erinnere mich an ein Video von Dir En Grey, das gefühlt in zwei Minuten durch sämtliche Spielarten aller vorstellbaren Genres führte – und mich optisch durchaus an meine Grenzen brachte, da ich Tentakel im Zweifelsfall zwar auf dem Teller, aber nicht in meinem Mund ... Moment mal ... Schau auf jeden Fall bei Ningen Isu vorbei!

Metal aus Japan: Sabbat, Metalucifer, Evil & Abigail

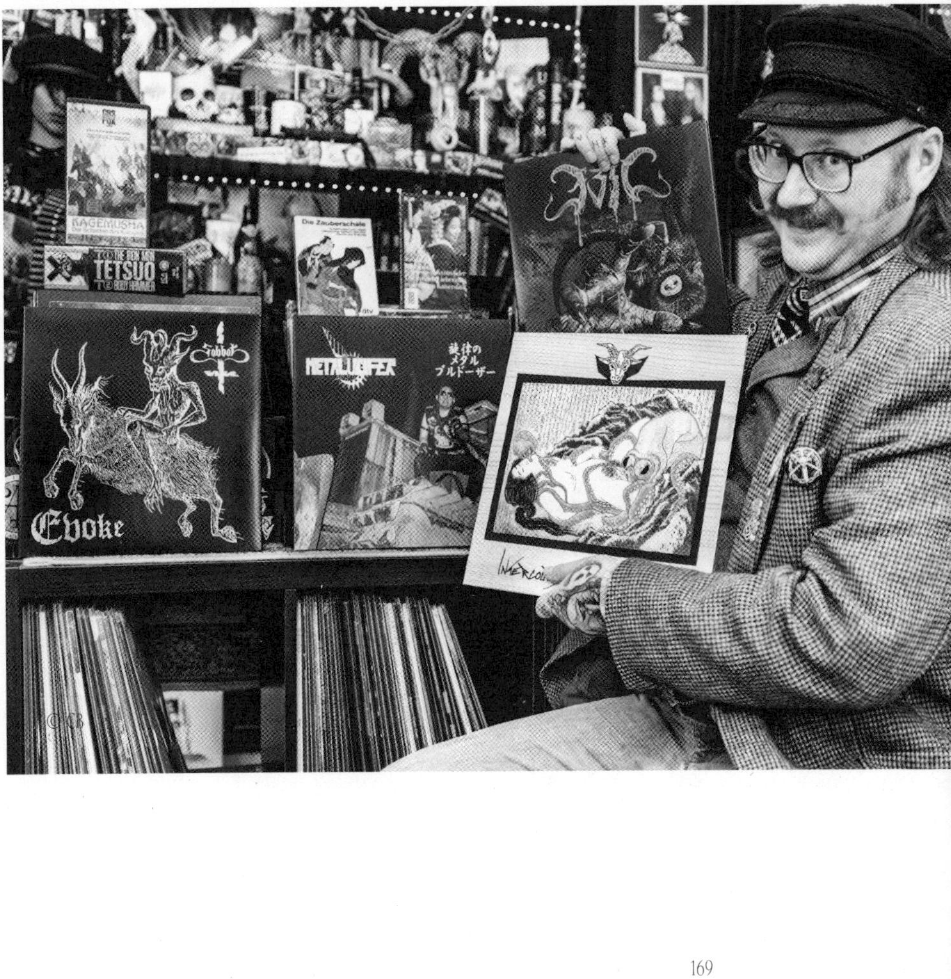

Ich weiß nicht, ob ich mit meiner These gänzlich falsch liege, aber ich habe mich immer gefragt, warum ausgerechnet in einem der modernsten Länder der Welt die Metal-Bands klingen, als ob sie keinen Zugang zu vernünftigem Equipment hätten. Ausgerechnet in dem Land, wo, denken wir an J-Rock/Pop, alles auf Hochglanz poliert wird und das Konzept, welches wir hierzulande nur bei den Gorillaz kennen, sprich Bands in Gestalt von Comic- beziehungsweise Manga-Figuren, Alltag ist. Aber bei näherer Betrachtung ist es doch ganz logisch. Japan hat seine Metal-Fanatiker, Japan ist, das meine ich zum Teil[76] auch wirklich liebevoll, vollkommen durchgeknallt. Metal ist, das wurde in diesem Buch bereits klargestellt, Leidenschaft, aber auch Rebellion. Und jetzt wirf das alles in einen Topf, und wundere dich über Bands wie Abigail, Sabbat, Bathtub Shitter oder die durchgeknallten Alben von Sigh.
Metal in Japan ist eine natürliche Reaktion auf sein Umfeld, und deshalb liebe ich japanischen Metal. Er ist auf einerseits ungeschliffen, aber auch voller Passion. Schau Gezol, bekannt durch Sabbat, bei seiner Band Metalucifer und dem Video ‚We Are Still Metal Kids' in die Augen und genieße diese pure Hingabe, den Spaß, die Freude am Metal. Metalucifer, die Band mit Alben wie „Heavy Metal Drill", „Heavy Metal Chainsaw" und „Heavy Metal Bulldozer" sowie Songtiteln wie ‚Heavy Metal Is My Way', ‚Heavy Metal Revolution', ‚Heavy Metal Samurai' (einer meiner Lieblingssongs der Band), ‚Heavy Metal Ironfists', ‚Heavy Metal Battleaxe', ‚Heavy Metal Wings Of Steel' und … ich glaube, du verstehst das Prinzip. Das dritte Album „Heavy Metal Bulldozer" wurde gleich zweimal aufgenommen, im Original mit japanischen Texten und in der „Teutonic Attack"-Variante mit Blumi von Metal Inquisitor und Tormentor von unter anderem Asphyx.
Das Thema Metal ist im Nahen Osten ein sensibles. Und in all den

76 Der Wahnsinn hat natürlich auch seine Schattenseiten, wie zum Beispiel ein merkwürdiges Verhältnis zu Schulmädchen und eine hohe Dunkelziffer bezüglich Prostitution, um einem Lebensstandard gerecht zu werden, der für die junge Generation finanziell kaum zu stemmen ist.

kleinen Gedankenabsätzen zu verschiedenen Ländern ein trauriges. Ich kann hier nur wiedergeben, was ich so aufgeschnappt habe, aber es gibt eben auch Länder auf dieser Welt, in denen es nicht einfach so möglich ist, in einer Metal-Band zu spielen, ein Metal-Konzert zu besuchen oder überhaupt Metal zu hören, ohne ein schlimmstenfalls lebensgefährliches Risiko einzugehen. In Ländern mit Staatsreligion bringt dir „Gotteslästerung" – und „Lästerung" wird wohl sehr großzügig ausgelegt – unter Umständen die Todesstrafe ein. Das ist nicht witzig, und da bleibt mir auch mein Sarkasmus im Halse stecken, wenn ich in meiner kleinen, heilen Heavy-Metal-Welt sitze, in meinem Wohlfühlzimmer, mit dem Wissen, würde dieses Zimmer im Iran sein, könnte ich allein für meine Plattensammlung hingerichtet werden. Respekt und größte Anerkennung für all die Maniacs dort, die unter dieser großen Gefahr immer noch den Geist des Metal zelebrieren. Eine der bekanntesten Bands aus diesen Regionen, Melechesh aus Jerusalem, sind aufgrund dieser Umstände in die Niederlande ausgewandert.

Menschen sollten viel mehr reisen. Über den eigenen Schatten springen, über den eigenen Tellerrand hinausblicken und mit Menschen aus anderen Kulturkreisen in Kontakt kommen. Damit meine ich nicht, statt beim Dönermann auch mal beim Griechen zu essen. Vielleicht ist das naiv gedacht, aber ich denke, dann gäbe es weniger Hass auf der Welt. Zumindest im Kleinen, wenn es darum geht, Menschen allein aufgrund ihrer Hautfarbe oder Herkunft zu vorverurteilen. Russland ist vielleicht kulturell kein so großer Sprung wie Japan – ich hatte die große Ehre, zwei Urlaube in diesem Land verbringen zu dürfen, in familiärer Umgebung. Und genau das hat mir ermöglicht, dieses Land von einer ganz anderen Seite kennenzulernen, als es Medienberichte ermöglichen. Ganz klar, Russland ist hart, das merke ich den Menschen dort auch an, aber die familiäre, gastfreundliche, herzliche Seite hat mich wirklich ergriffen. So ist es wohl der Kontrast, der diesem Land seinen Stempel aufdrückt. Denn es sind keine bloßen Phrasen, Russland als steinhartes Pflaster zu bezeichnen. Ich

erinnere mich an ein Tourtagebuch einer deutschen Band, die sich immer wieder mit den Fans und Veranstaltern im Club verbarrikadieren musste, weil es Angriffe gab und Fans auf dem Weg zum Konzert einfach umgebracht wurden.
Meine Gedanken zu Polen möchte ich aus dramaturgischen Gründen ein paar Seiten weiter mit dir teilen.
Ich will in diesem Buch ohnehin nicht so viel über Politik sprechen. Ich würde es am liebsten ganz vermeiden. Aber so gern ich auch die Utopie, Metal sei unpolitisch, unterschreiben möchte, so gut weiß ich, dass es nicht stimmt. Hier wird es paradox: Auf der einen Seite ist Metal für mich immer die Realitätsflucht, eine Flucht in eine Welt, in der ich klarkomme, mich wohlfühle. Auf der anderen Seite war Metal auch schon immer Gesellschaftskritik, eine Auseinandersetzung mit allem, was auf diesem Planeten falsch läuft. Und es ist einfach Realität, dass versucht wird, Metal politisch zu instrumentalisieren, für menschenverachtende Ideologien, die der Seele des Metal nicht ferner sein könnten. Nein, Metal ist nicht nur fröhliches Miteinander und Party, Metal ist auch Vernunft und die Fähigkeit zu kritischem Denken. Das muss nicht bis ins letzte Detail auf eine einzige, klar definierte Weltsicht hinauslaufen, auf gar keinen Fall, aber – und dann lasse ich dich auch wieder in Ruhe mit dem Thema – ich will es wenigstens einmal gesagt haben: Metal darf keinen Platz bieten für rassistische und homophobe Scheiße, und wer Frauen scheiße behandelt, weil sie Frauen sind, ist auch scheiße! Gottverdammmich, was ist daran so schwer?

Das war jetzt einfach ein loser Überblick, eigentlich vielmehr Gedankenfetzen, und es soll nur verdeutlichen, wie unterschiedlich Metal weltweit seinen Ausdruck findet. Noch einmal, Metal ist emotionale Musik,[77] mit der vor allem Gefühlen wie Wut und Unzufriedenheit Ausdruck verliehen werden kann. Das bringt natürlich ein inhalt-

77 Tech Death mal außen vor gelassen.

liches Thema mit sich, die Form kann Gesellschaftskritik sein, sich aber auch viel abstrakter entfalten. Was mich zum nächsten Gedanken bringt: die Themenvielfalt.

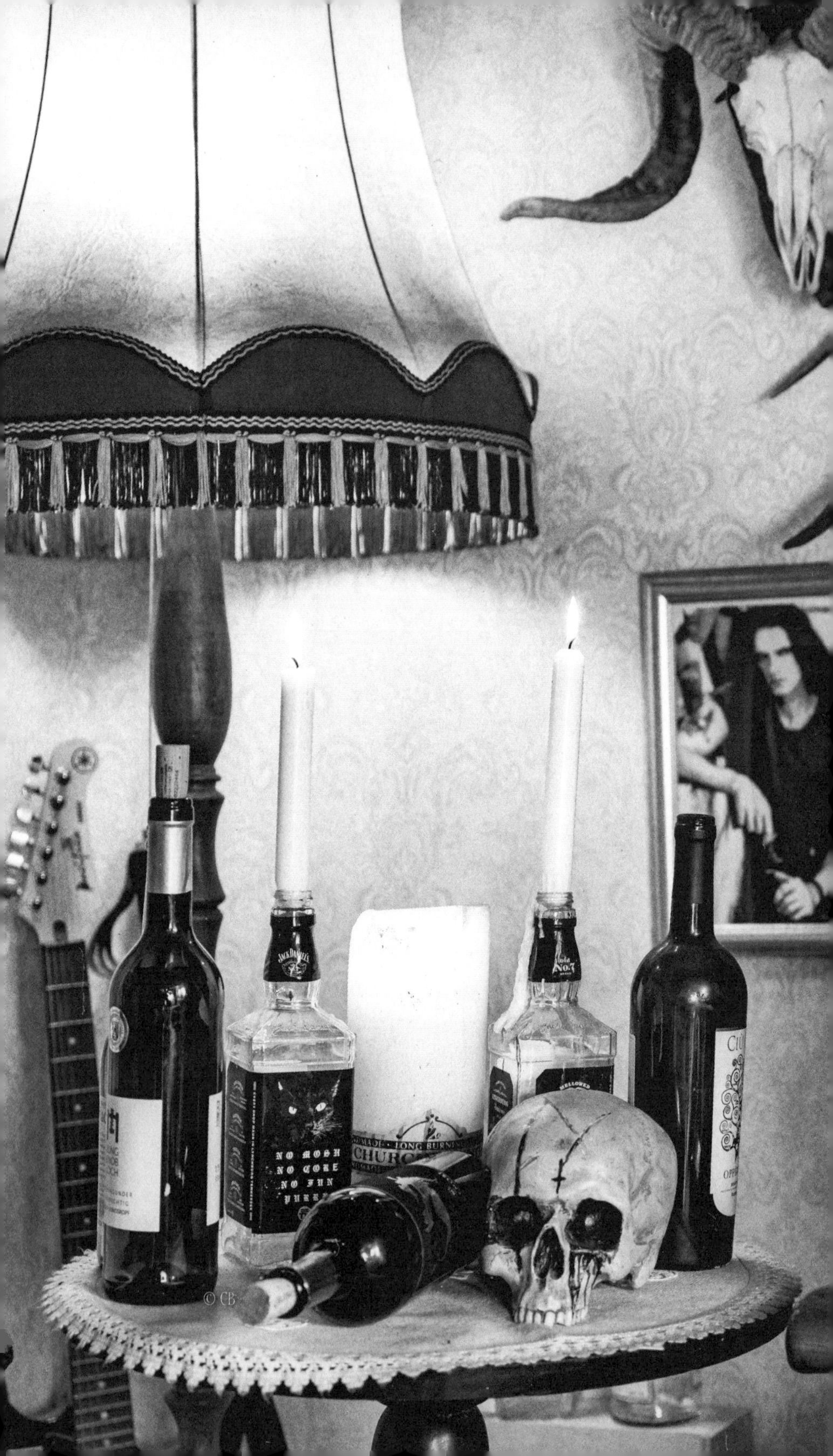
NO MOSH
NO CORE
NO FUN
LONG BURNING
No.7

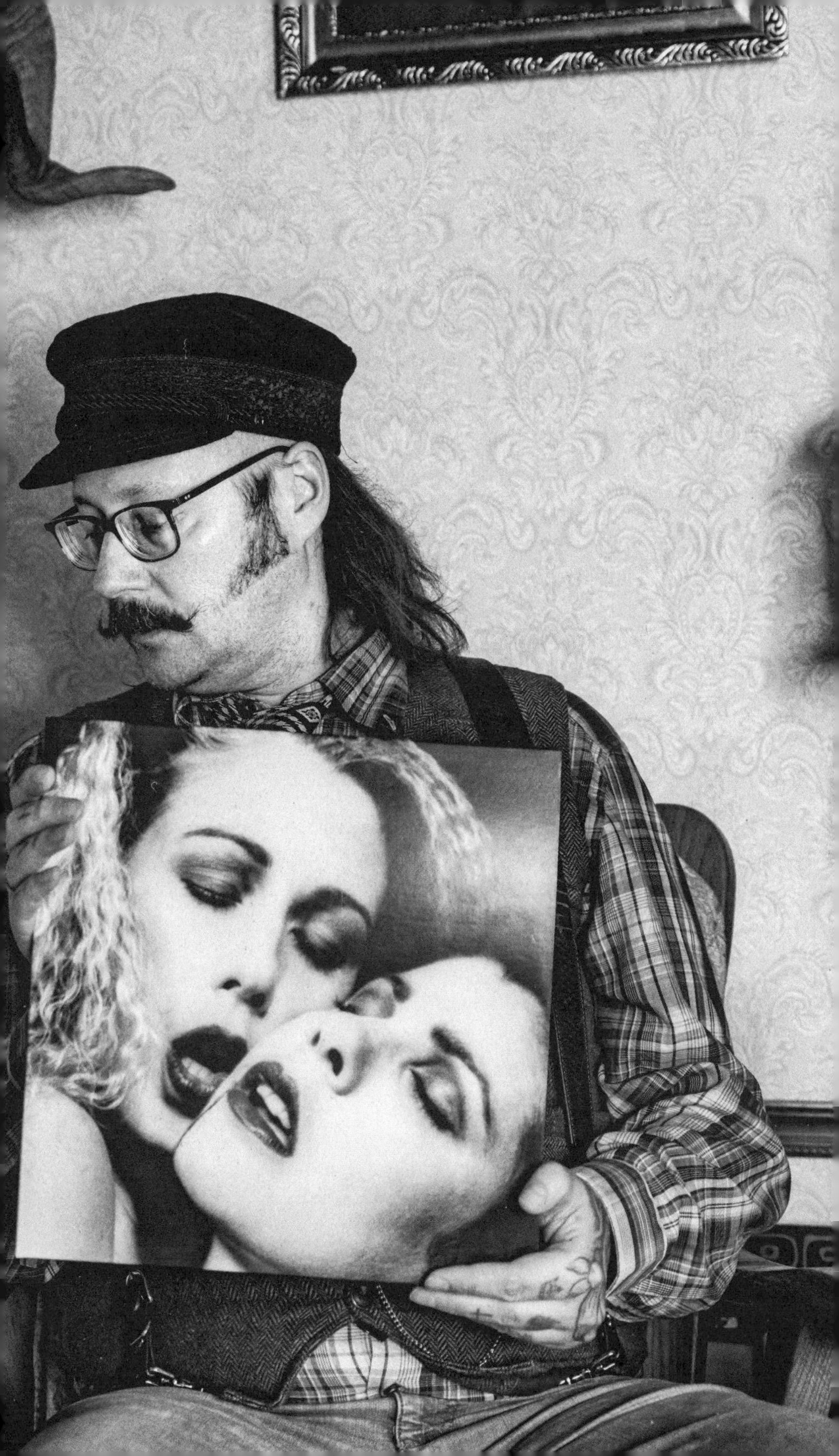

Stationen Pt. 3

Type O Negative „Bloody Kisses"

(1993, Roadrunner Records)

Oh ja, es waren gute Zeiten. Oder? Am Arsch, meine Fresse, wie der Blick durch die geliebte Nostalgiebrille die staubbedeckte Vergangenheit verzerren kann. Klar gab es Zeiten, da war mit Blind Guardian und Running Wild alles gut, temporär, aber wer beim träumerischen Blick zurück mal all die Spinnweben beiseitewischt, nun ja, es hatte schon seine Gründe, dass ich bereits sehr früh die Dunkelheit in der Musik für mich entdeckte. Vielleicht kläre ich an anderer Stelle in diesem Buch, wo die akustischen Ursprünge für mich genau lagen, jetzt, in diesem Moment, erinnere ich mich nur daran, dass mich ‚Riders On The Storm' und ‚The End' von The Doors schon sehr früh faszinierten. Es war ungefähr 1995, als ich zum ersten Mal die Stimme Peter Stahls hörte und sofort in Gänsehaut erstarrte. Diese Stimme! „Bloody Kisses" beziehungsweise ‚Black No. 1 (Little Miss Scare-All)' war der Soundtrack meines Mitte-Neunziger-Ichs: ein deprimierter Junge in der Post-Cobain-Zeit, mit Postern von Lacrimosa bis Dimmu Borgir an den schwarz gestrichenen Wänden meines Kellerkinderzimmers. Zwar standen auch AC/DC, Manowar, Slime, Dackelblut und vermutlich schon Morbid Angel im Schrank,[78] aber es hingen eben auch Kunstspinnweben überall, eine Silke-Bischoff-Flagge vor dem Fenster, und das ganze traurige Szenario wurde von ein paar flackernden Kerzen erhellt und in ziemlich viel Patschuli getränkt. Eine Flasche Konzentrat war mir mal auf dem Teppich ausgelaufen. Vater war angespannt. Und Pete Steele fragte mich: „Would you suffer eternally – or internally" ... Bis heute hat dieser Mann, diese Band, einen ganz besonderen Platz in

78 Das ergibt zeithistorisch alles gar keinen Sinn, aber so ganz lassen sich all die Spinnweben nicht entfernen. In der Realität habe ich ein halbes Jahr vor der Entdeckung des Black Metal schon Death Metal gehört. Wo genau Type O Negative da zu finden sind? Keine Ahnung. Aber egal, ohne nostalgische Verzerrung ist das Bild nicht so schön kitschig.

meinem Herzen. Ich weiß nicht, warum gerade der Typ, der sich für das Playgirl ablichten ließ, weil er dachte, es würde vor allem von Frauen gelesen. Für mich steht Pete auf gleicher Stufe wie Lemmy. Letzterer ist vielleicht diese allgegenwärtige Weisheit, der Fels in der Brandung – in Peter finde ich all die Dunkelheit in mir, die würgende Tristesse, all das, was sich irgendwann früh in den Neunzigern über mir ausbreitete und bis heute nicht verschwunden ist. Aber auch diese schaurig-schöne morbide Romantik. Irgendwo zwischen Rotwein, Blut und beißendem Sarkasmus. Da passt es auch, dass besagtes ‚Black No. 1' eine Parodie war, auf all das, was ich zu der Zeit schon fast parodistisch ernst genommen habe. Früher habe ich Type O Negative rotweinernst genommen, vieles hat genau mein Lebensgefühl gespiegelt. Mit dem Erwachsenwerden kam das Verständnis und eine ganz neue Ebene des Verstehens, die mir wiederum geholfen hat, mit allem klarzukommen. Was mit Sarkasmus sehr gut funktioniert.
„Bloody Kisses" selbst hat immer noch seinen ganz besonderen Platz, auch wenn ich immer wieder bei der Überlegung schwanke, welches Album der Band das beste ist. Eigentlich ist es wie bei Darkthrone, die Alben zwei bis fünf, je nach Tagesform mag ich mal das schon sehr zugängliche „October Rust", aber es gibt auch Tage, da geht es nur „Slow, Deep And Hard". „Bloody Kisses" ist in seiner zerbrechlichen Stimmung, irgendwo zwischen wütender Aggression (‚Kill All The White People') und tieftrauriger Hoffnungslosigkeit (unter anderem der Titeltrack) ein Höllengang – vielleicht stark schwankend zwischen dem Debüt und allem danach, aber gerade dadurch eben dieser perfekte Soundtrack eines jungen Ernie.
Meine prägendsten Bilder von Peter Steele sind der Umstand, dass er damals als Parkpfleger gearbeitet hat (New York City Department of Parks and Recreation), als er bereits solche Texte geschrieben hat. Ich weiß, dass es nicht korrekt ist, daraus einen Müllmann zu machen, aber allein die Metapher ist grenzenlos. Außerdem starb er, während er nach einer Entziehungskur versuchte, sein Leben wieder auf die Reihe zu bekommen. Peter, du fehlst!

Schwert, Burg & Pferd = gutes Album

In einem nachdenklichen Moment wurde ich mir der Tatsache bewusst, dass Metal thematisch, ganz grob gedacht, erstaunlicherweise auf nur vier signifikante Säulen runterzubrechen[79] ist:

1. Leder, Nieten, Bikes und Bier
2. Schwerter, Burgen und Drachen
3. Satan, Ziegen und umgedrehte Kreuze
4. Horror, Splatter und der ganze Rest

Bevor du nun allerdings den mahnenden Zeigefinger hebst und mich der Lüge strafen willst, gib mir die Chance, und lasse mich das weiter ausführen.

1. Leder, Nieten, Bikes und Bier

Auch wenn dieses Buch die Antithese sein mag, Metal muss nicht überintellektualisiert werden. Nicht immer zu viel nachdenken, alles zerdenken. Manchmal läuft es einfach auf Bier, laute Mucke und eine gute Zeit hinaus. Da ist überhaupt nichts Falsches dran. Metal lebt den Spirit des „Easy Riders".

„I like smoke and lightnin'
Heavy Metal thunder"

So sangen Steppenwolf 1968. Lies den Text ruhig mal mit der Vorstellung, eine Heavy-Metal-Band wie zum Beispiel Saxon hätte ihn gesungen. Passt immer noch, wa? Heavy Metal ist eine Urgewalt, eine

---

79 Was super passt, ich erwähnte meine Liebe zum Wrestling. Als großer AEW-Fan dürften für mich die vier Säulen, die jungen Talente der AEW, Inspiration gewesen sein: Sammy Guevara, Darby Allin (benannt nach GG Allin), MJF und Jungle Boy.

donnergrollende, alles verschlingende Naturgewalt.

„Like a true nature's child
We were born
Born to be wild"

Geboren, um auszurasten! Wild, ungezügelt, immer nach vorn.

„We can climb so high
I never wanna die"

Die vier Säulen mit Motörhead, Cirith Ungol, Katharsis & King Diamond

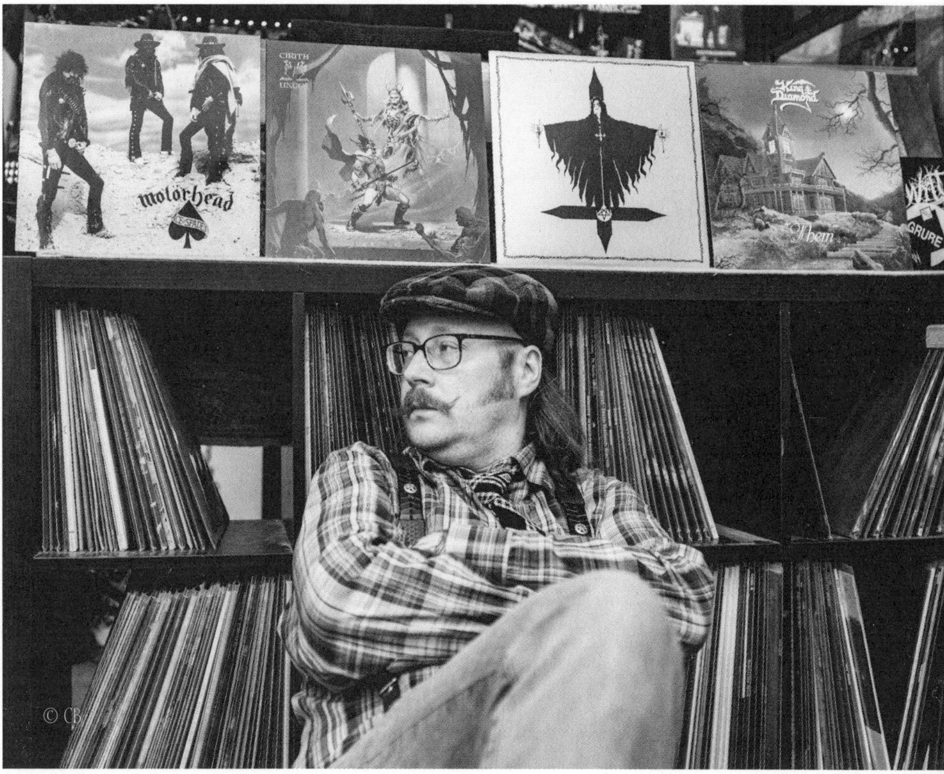

Und jetzt Motörhead:

„But that's the way I like it, baby
I don't wanna live forever"

Mir ist natürlich klar, dass Steppenwolf und Motörhead hier auf den ersten Blick genau das Gegenteil singen. Aber tun sie das wirklich? Steppenwolf singen von Freiheit, einem Leben ohne Grenzen, sie singen vom inneren Kind, das geboren wurde, um wild und „echt" zu leben, als „Wild Child", um Blackie Lawless von W.A.S.P. aufzugreifen. „Child", es ist so wichtig, das Kind in sich am Leben zu erhalten, das

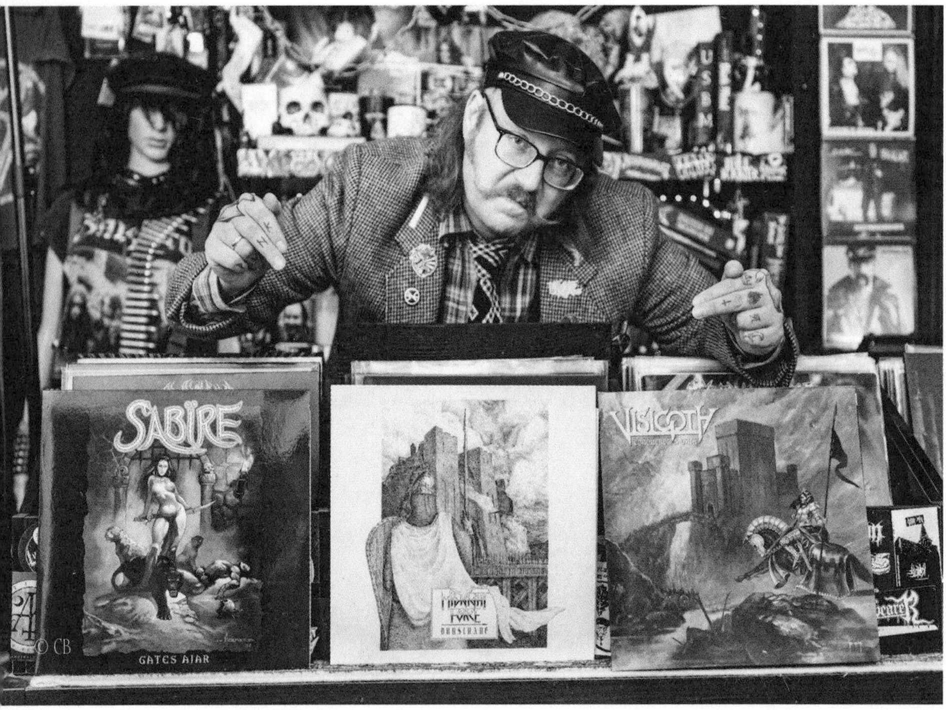

Die Geburt von „Schwert, Burg & Pferd = gutes Album" mit Sabïre, Midnight Force & Visigoth

Kind als Metapher für das Ungezwungene, das Lebhafte, Neugierige und vielleicht und vor allem das Unbedarfte in sich, welches im Zuge des Erwachsenwerdens immer mehr verblasst. Wenn ich heute mit über vierzig manchmal Gleichaltrige anschaue, denke ich mir: Meine Fresse Ernie, du bist immer noch der gleiche kindische, naive Typ von vor zwanzig Jahren, was haben die anderen anders gemacht? Natürlich bin ich älter geworden,[80] körperlich, sicher auch abgestumpfter. Ich erinnere mich an den vierzigsten Geburtstag meines alten Herren, und wenn ich, wie ich heute bin, damals anwesend gewesen wäre, hätte ich wohl immer noch am Kindertisch sitzen müssen.
Und Lemmy? Lemmy ist der personifizierte Rock'n'Roll und hat alles im Leben mitgenommen. Ohne Rücksicht auf Verluste. Er hat sich keine Grenzen gesetzt, immer Vollgas gegeben, am Limit gelebt.[81] Er ist sich treu geblieben – um so unsterblich zu werden.
Metal ist das geistige Kind des Rock'n'Roll. Freiheit, Spaß am Leben, eine gute Zeit haben. Natürlich inklusive allem, was bis hierhin thematisiert wurde. Und noch viel mehr. Aber es ist die Rückbesinnung, wenn ich mich mal wieder vollkommen verfahren habe, darauf, worauf es im Leben ankommt: nicht alles zu kompliziert zu machen.

2. Schwerter, Burgen und Drachen

Es war ein Zufall, als ich in einer meiner YouTube-Shows ein paar wunderbare Heavy-Metal-Alben vor der Kamera vorstellen wollte, mir die Coverartworks anschaute und mir folgende Weisheit aus dem Bademantelärmel fiel:

(Schwert), Pferd, Burg = gutes Album

---

80 Immer noch Gänsehaut bei ‚Dinner auf Uranos' von Nocte Obducta „Es ist kalt geworden, viel zu kalt. Wir sind alt geworden, viel zu alt." (Album: „Umbriel (Das Schweigen zwischen den Sternen)")

81 Irgendwann hat ihm sein Arzt gesagt, er solle mehr Vitamine zu sich nehmen, da ist er auf Wodka-O umgestiegen.

Ich will nicht sagen, dass ich immer so geistreich bin, aber diese Gleichung darf mir gern auf den Grabstein gemeißelt werden. Da stand ich an meiner Plattentheke, hielt Visigoths „The Conqueror's Oath", Midnight Forces „Dunsinane" und das wunderbare „Gates Ajar" von Sabïre in den Händen, schaute insbesondere auf das Artwork von „The Conqueror's Oath" und stellte fest: Pferd, Burg, gutes Album. Das Schwert kam mir erst später in den Sinn, im Falle von Sabïre musste ich etwas zaubern, aber diese wahnsinnig geile EP muss hier einfach erwähnt werden. Schönes W.A.S.P.-Worshipping. Und Midnight Forces „Dunsinane" ist einfach ein tolles Underground-Heavy-Metal-Album. Ungeschliffen, gesanglich nicht immer ganz auf den Ton, aber mit Hits wie ‚The Scarlet Citadel' und ‚Down With The King' hat sich die deutsch-schottische Freundschaft sofort in mein Herz gespielt.

Schwert, Burg, Pferd ... Ich forschte akribisch und konnte nicht vom Gegenteil überzeugt werden, ich bin wohl auf etwas gestoßen, die Gleichung stimmt. Kostproben gefälligst? Schirmherr oder Pate seien in diesem klassischen Top-5-Format Manilla Road mit „Crystal Logic", das Album habe ich mit seiner Hymne ‚Necropolis' schon so häufig schon genannt, dass ich doch auch anderen ein wenig Platz einräumen möchte.

5 epische „Schwert, Pferd, Burg"-Metal-Alben

Visigoth „Conqueror's Oath"
Nicht nur vermutlich die beste epische Heavy-Metal-Scheibe der jungen Garde, zusammen mit Eternal Champions „The Armor Of Ire", was die Jungs um Jack Rogers hier geschaffen haben, hat Epic-Metal-Weltniveau. Nur Hymnen, das imaginäre Schwert stößt bei Songs wie ‚Steel And Silver' in die Höhe, bei ‚Warrior Queen' ist das Ross längst gesattelt, und bei ‚Traitor's Gate' reitest du schon der blutroten, am

Horizont verschwindenden Sonne und unbekannten Abenteuern entgegen.

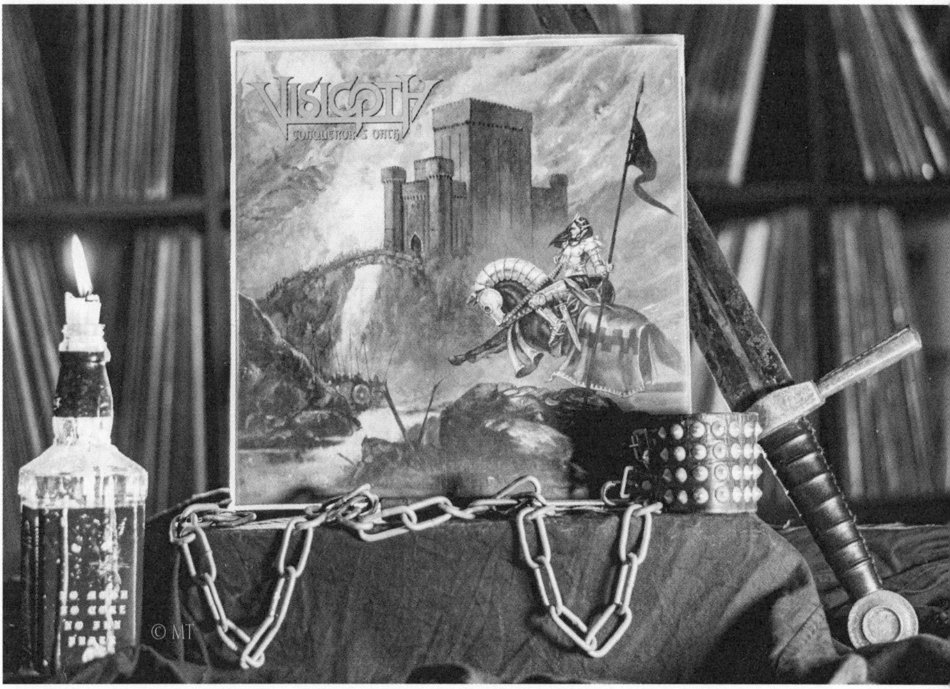

Smoulder „Times of Obscene Evil And Wild Daring"
Kanada ist nicht nur aufgrund des in den letzten Jahren dort aufblühenden Black Metal interessant geworden (Spectral Wound), auch in Sachen junger, traditionsbewusster Heavy-Metal-Bands sollte man sich das Land unbedingt merken. Haste aber sicher eh schon auf dem Zettel, oder? Zwar sind Sängerin Sarah Ann und Gitarrist Shon Vincent mittlerweile nach Finnland gezogen und haben sich dort ein Live-Line-up zusammengesucht, dafür sind Riot City, Skull Fist und

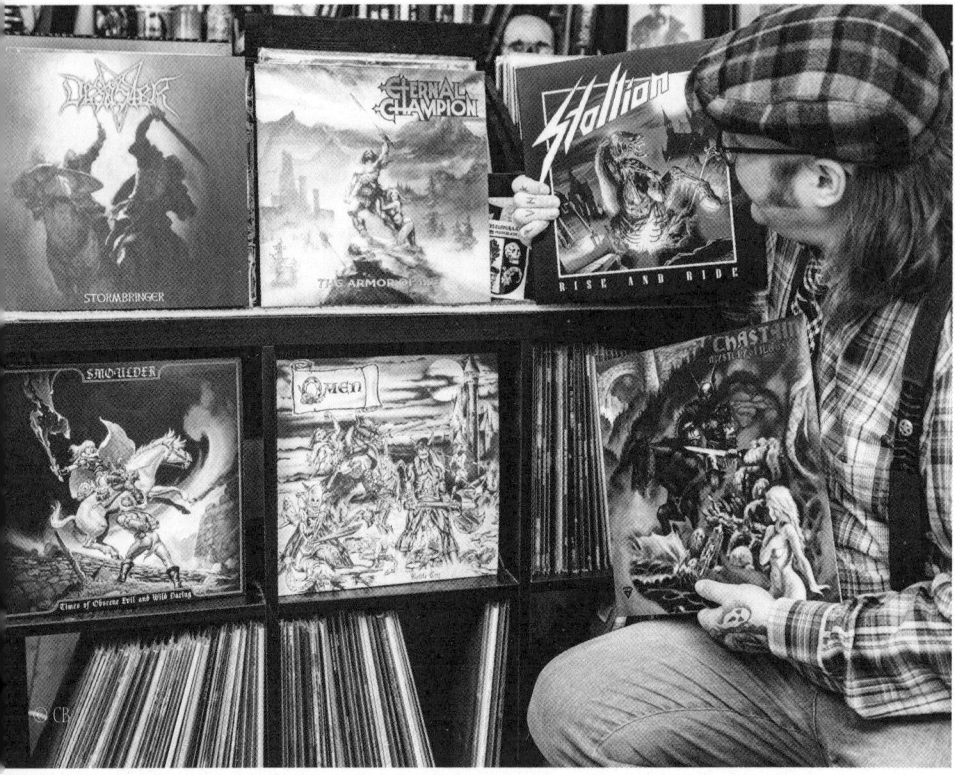

Die Fortführung von „Schwert, Burg & Pferd = gutes Album"

Traveler noch da. Egal ob jetzt Doom- oder Heavy Metal, „Times Of Obscene Evil And Wild Daring" ist ein Epic-Metal-Sahnestückchen mit Kirsche und Schokoraspeln auf Omas bestem Gedeck. Sarah Ann, die bei Banger TV ihre illustre Plattensammlung in die Kamera hält, ehrt mit ihren Mannen das Werk Moorcocks und den ewigen Helden. Mit dem Opener ‚Ilian Of Garathorm' schwelgend, mit ‚The Sword Woman' treibend, und wenn bei ‚Bastard Steel' die Doublebass bollert, sitzt du bereits auf dem strahlenden Schimmel und schwingst das Schwert aus gleißend blauem Licht. Einfach nur mitreißend!

Omen „Battle Cry"

Gut, bei Omen und diesem Album haben wir es natürlich mit einem Klassiker des US-Heavy-Metal zu tun. „Battle Cry" ist sogar eine Mustervorlage für alles, was ich an diesem alten, kratzigen amerikanischen Kauz-Metal liebe. Es scheint wirklich eine Grundvoraussetzung zu sein, als geile Achtziger-US-Metal-Band nur mit Artworks aufzuwarten, die nicht einer gewissen Naivität entbehren. Vergleiche Exxplorers „Symphonies Of Steel" oder Black Knights „Master Of Disaster". „Battle Cry" ist Kult. ‚Death Rider' und ‚The Axeman' gehen, einmal gehört, nie wieder aus dem Kopf. Ein Teil der Bandmitglieder war auch bei Savage Grace, deren Cover sind noch einmal ein ganz anderes Kaliber.

Chastain „Mystery Of Illusion"

David T. Chastain und Leather Leone, was für eine Mischung! Ordentlich harter Heavy Metal, ein Songwriting wie sich morgens noch mal umdrehen und den schönsten Traum seit Langem zu Ende träumen können. Leather Leone und ‚Black Knight', das geht zum einen Ohr rein, zum anderen wieder raus und hinterlässt dazwischen ein Glücksgefühl, dass du nur noch im Kreis grinsen willst. Warum dieses Album scheinbar nicht zu den ganz Großen seiner Zunft gehört, meiner Einschätzung nach nur Eingeweihten ein Begriff ist, erschließt sich mir nicht. Wenn ich sage, „Schwert, Pferd und Burg = gutes Album", sollte einem eigentlich als Zweites „Mystery Of Illusion" in den Sinn kommen. Und bei den ganz großen Frauenstimmen im Metal Leather Leone!

Rhapsody „Legendary Tales"

Gut Kinners, da müssen wir jetzt gemeinsam durch. Ich weiß, das wird nicht einfach, und ich höre „Legendary Tales" extra gerade sehr laut, um den richtigen Ton beim Schreiben zu treffen. Habe aber auch eine unbestimmte Lust darauf, spontan ein Einhorn zu knutschen. Doch mal runter vom hohen Ross der True-Metal-Arroganz.

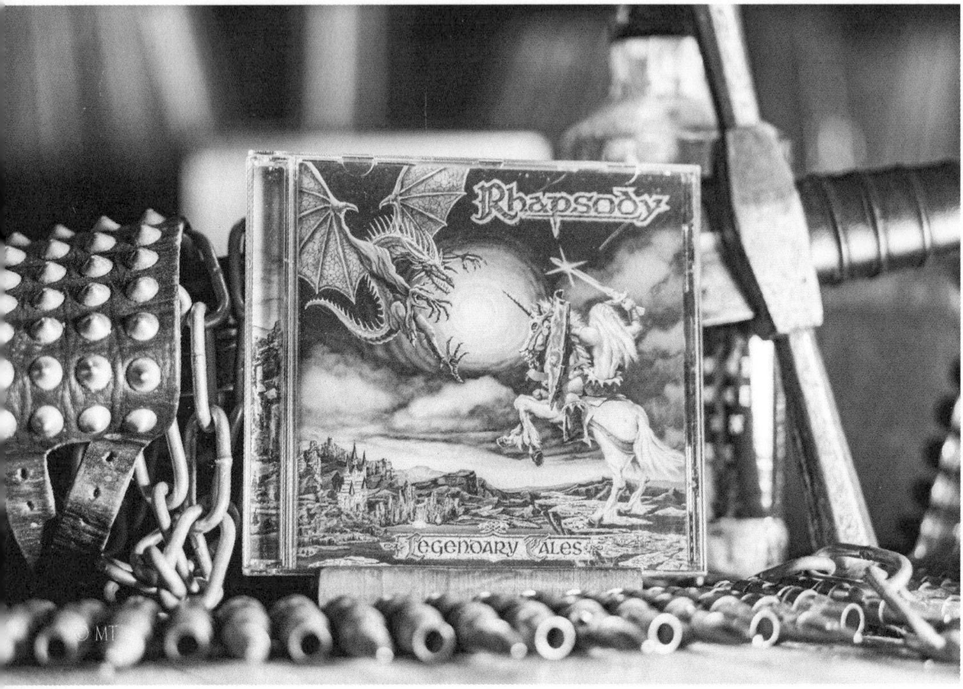

Oder sogar ganz geradeheraus: Wenn, also WENN ich mal Bock habe auf diese Art von Musik, absolut überbordenden Euro-Kitsch-Power-Metal, dann, also DANN ist „Legendary Tales“ wirklich geil! Das packe ich echt nur alle paar Jahre mal, da bin ich einfach nicht italienisch genug und habe zudem keine Zahnzusatzversicherung, doch ich muss gestehen, manchmal, GELEGENTLICH, hat das was. Ich gehe zum Beispiel gleich auf ein Straßenfest hier im Dorf, dafür wappnet mich das schon ganz gut. Rhapsody übertreiben einfach so hemmungslos, in diesen SELTENEN Momenten, in denen ich solche süßen Zuckerbomben höre, zaubert es mir ein verschmitztes Lächeln auf mein sonst von grauer Trostlosigkeit erstarrtes Gesicht.

Die fantastische Dreieinigkeit gesammelt auf einem Cover zu finden, ist natürlich die ultimative Erfüllung, aber manchmal reicht es auch, zwei dieser drei Artefakte puren Schwermetalls ausfindig zu machen, um sich sicher zu sein, hier wurde mit Verstand und Expertise musiziert.

Heavy Load „Stronger Than Evil"

Ja schade. Heavy Load sind sozusagen ein plakatives Beispiel dafür, warum es nicht reicht, einfach nur zwei unfassbar gute Metal-Album rauszuhauen, um in die ewigen Hallen unvergessener Metal-Helden aufgenommen zu werden. Oder wenigstens den Durchbruch zu schaffen. Ich vermute, der Keep-It-True-Gig 2018 ist programma-

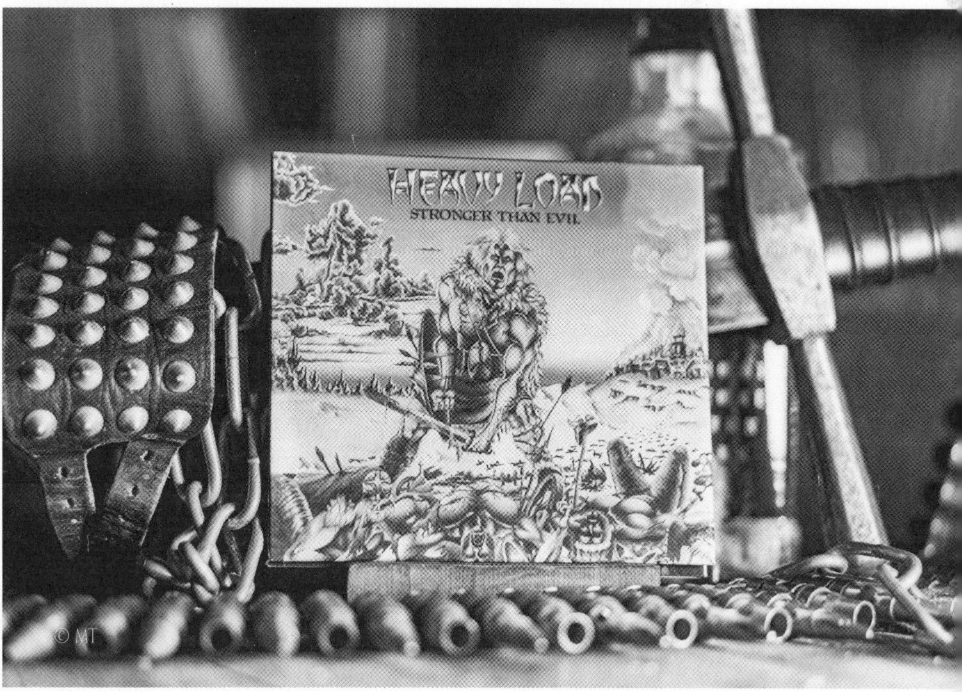

tisch für die Karriere der Band. „Death Or Glory" und „Stronger Than Evil" sind eisbärenstark, da gibt es nichts zu rütteln. „Death Or Glory" ist vielleicht einen Deut schnittiger, aber mit Songs wie ‚The King', ‚Dreaming' und ‚Saturday Night' hätte bestimmt noch etwas mehr drin sein können. Von Heavy Load wirst du gleich noch einmal lesen, aber ich bin auf die Band auch nur aufmerksam geworden, weil mich das Cover an die Situation erinnerte, als ich Vaters Holzmodellmotorrad von der Fensterbank gestoßen hatte.

Eternal Champion „The Armor Of Ire"

Wie gesagt, zusammen mit Visigoths „The Conqueror's Oath" sind Eternal Champion mit ihrem Debüt das Beste, was Epic Metal in den letzten Jahren passiert ist. Hier passt alles, und hätte man mir erzählt, „The Armor Of Ire" wäre 1984 rausgekommen, ich hätte es geglaubt. Das Retro-Cover, der Retro-Sound, Hymnen wie ‚I Am The Hammer'! Das ist Heavy Metal! Mann!

Stallion „Rise And Ride"

Ich kann da keinen Hehl draus machen, ich liebe Stallion! Meiner bescheidenden Meinung nach sind Stallion das Charismatischste und Geilste, was heute in der jungen Generation klassischer Heavy-Metal-Bands zu finden ist. Da passt einfach alles: die wilde Optik, mitreißende Live-Auftritte und natürlich das Entscheidende – Speed Metal vom Allerfeinsten. Die EP „Mounting The World" war schon ein Hit-Album, das Debüt dieser Bäckerburschen um meinen Lieblings-Pauly, „Rise And Ride" von 2014, ist das Opus magnum. Vom Titeltrack über ‚Canadian Steel' bis zur letzten Note genau das, was Metal für mich ist. Leidenschaft, geballte Faust und Schweiß, der von der Decke tropft, konzentriert in jedem Riff.

Desaster „Stormbringer"

Nach ihrem Klassiker-Debüt „A Touch Of Medieval Darkness", natürlich von 1996, dem Gourmet-Jahr für Black Metal, folgte diese rattenscharfe EP der Koblenzer. Desaster, damals noch mit Okkulto am Gesang, entdeckten den Thrash endgültig für sich. „A Touch Of Medieval Darkness“ war noch relativ klassischer, von typischer Mittneunziger-Melodik geprägter Black Metal, „Stormbringer“ tritt Ärsche – vom Pferd aus, mit Schwert, garstig und mies gelaunt. ‚The Swords Will Never Sink‘ ist natürlich ein programmatischer Titel für dieses Kapitel und die Losung für schweinegeilen Black-Thrash.

Satyricon „Dark Medieval Times“

Auch wenn ich das Thema Black Metal bis zu diesem Punkt in diesem Buch nicht ohne Sarkasmus aufgreifen konnte, bleibt festzustellen, dass es zwischen 1996 und sagen wir mal 2006 nichts Intensiveres,

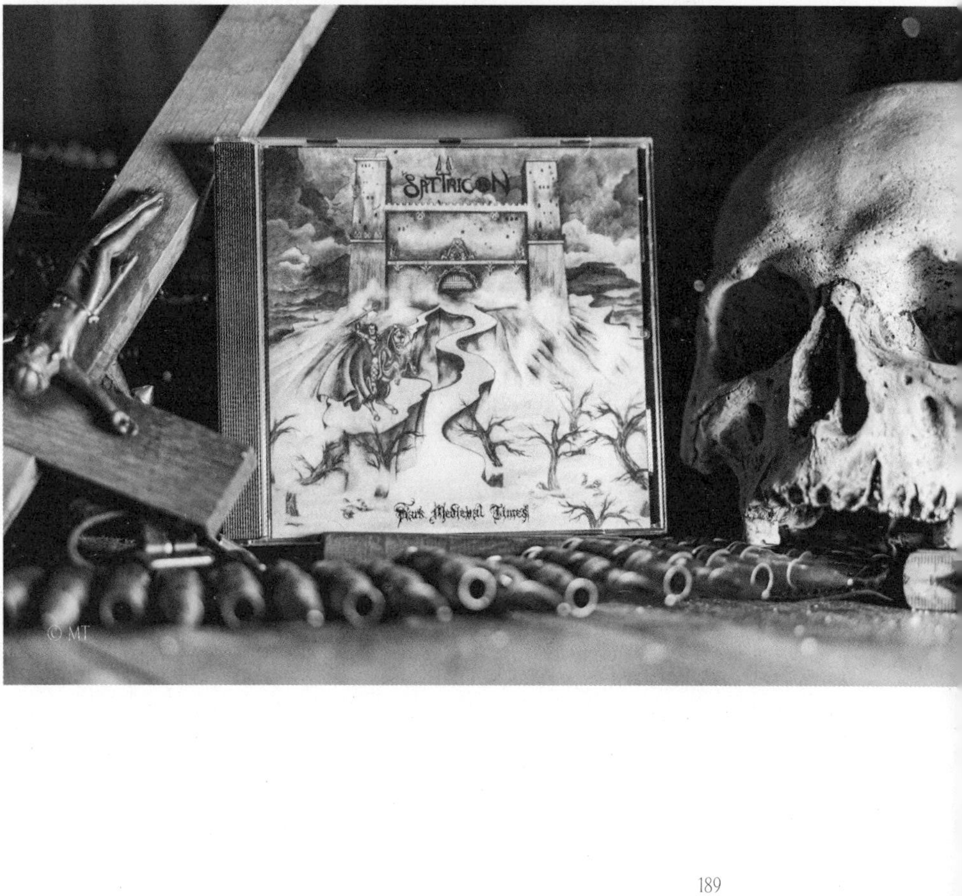

Wichtigeres und wohl auch Prägenderes in meinem Leben gab als Black Metal. Das Debüt von Satyricon, ein Relikt der Neunziger. Norwegisches Basisszenario und doch irgendwo ganz eigen. Verhalltes Krächzen, dominante Keyboardteppiche, Akustikgitarren, Flöten und das charakteristische Picking von Satyr, welches irgendwann einmal in ihrem Hit ‚Mother North' zu vollem Glanze getragen werden sollte. Satyricon sind in ihrer Karriere, der Begriff passt hier mit einem Hochziehen der Augenbraue, viele Wege gegangen, das Frühwerk war, dem Artwork entsprechend, mittelalterlich, mysteriös, melodiös. Und es ist gut gealtert. Ob so gut wie ein Wongraven, keine Ahnung, aber Satyr macht jetzt in Wein, und Frost ist einer der besten Schlagzeuger seiner Zunft.

Fazit: Die „Schwert, Pferd, Burg"-Ästhetik, das „Sword & Sorcery"-Flair, „Dungeons & Dragons" und natürlich das Werk Tolkiens gehören zum Metal wie die Orks nach Isengard. Und hier haben wir natürlich den nahezu reinen Eskapismus, vom metaphorischen Gebrauch mal abgesehen. Hier stehe ich wieder im alten Fantasyladen, vor all den Romanen, Rollenspielsystemen, Zinnfiguren, Würfeln und Gewandungen. Es dürfte mittlerweile ein Ding der Unmöglichkeit sein, aus „Der Herr der Ringe" auch nur einen Eigennamen herauszufiltern, der nicht irgendwo als Bandname, Albumtitel oder wenigstens Pseudonym genutzt wurde. Fantasy-Epik ist ein fester Bestandteil der Metal-Kultur, und ich bin mir ziemlich sicher, dass Blind Guardian für viele damals das Bindeglied zwischen der Rollenspieler-Szene und Metal waren.

3. Satan, Ziegen und umgedrehte Kreuze

Ich mache kein Geheimnis draus, und dir als findiger Leser wird sicher schon aufgefallen sein, dass mein Interesse für das Okkulte, das Satanische und meine Fährtensuche im Metal lange Hand in Hand gingen. Dieses Buch hätte einen gänzlich anderen Ton, würde ich

versuchen, die Seele des Metal mit dem Hintergrund zu ergründen, seit zwanzig Jahren Dragonforce-Ultra zu sein.
Das Böse hat schon immer mehr gelockt, und die Finsternis ist sicher nicht nur mein stetiger Begleiter. Über das Diabolische auf dem Plattencover werde ich im Verlauf dieses Buchs noch sprechen. Das Böse hat seinen festen und irgendwo auch sinngebenden Platz im Metal. Die Frage ist nur, ob das Böse als etwas Fremdes, Feindliches identifiziert und bekämpft wird, oder ob sich diesem hingegeben wird. Sprich, soll die Prinzessin vor dem Drachen gerettet werden, nagelt sie den Lindwurm eigenhändig ans umgedrehte Kreuz, um den ver-

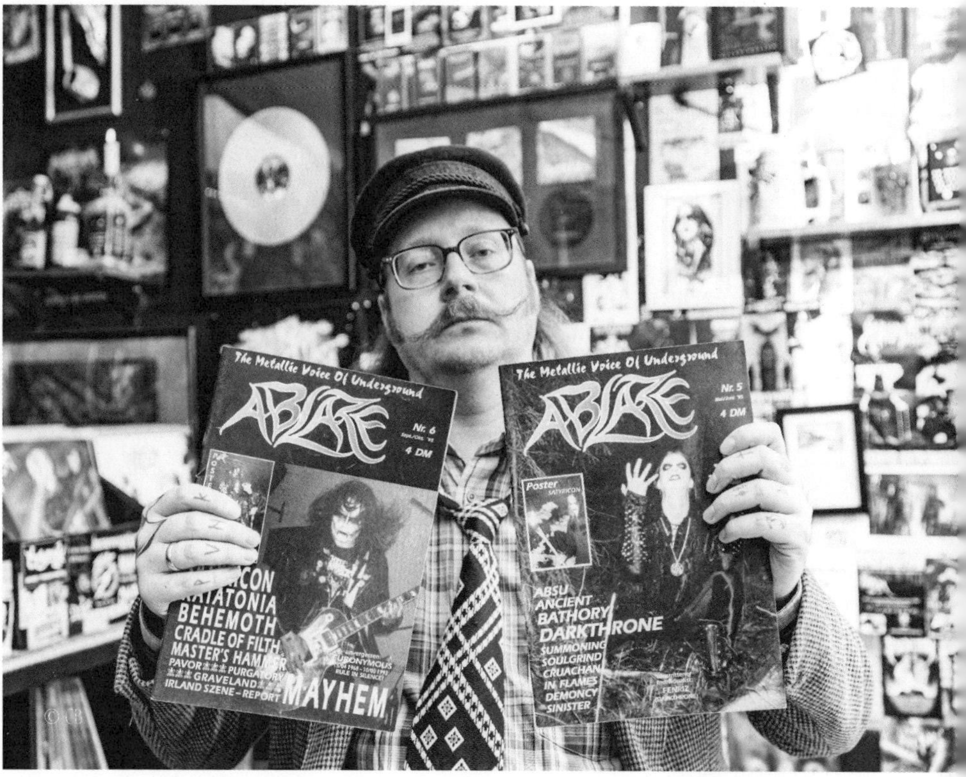

meintlichen Retter hinterherzunageln, oder kommt eine Ziege um die Ecke und nagelt die Jungfrau?

Wer weiß, wann es so richtig losging mit der plakativen Darstellung des Satanischen im Metal. Zu Zeiten von AC/CDs „Highway To Hell" war die ursprünglich geplante Version mit Höllenfeuer zumindest noch ein Affront gegen die Gutbürgerlichkeit. Coven waren noch früher dabei, „Witchcraft Destroys Minds & Reaps Souls" ist immerhin von 1969. Da hat Chris Moyen allerdings noch nicht gemalt. Irgendwann geriet das alles mächtig aus dem Ruder.

Seinen Höhepunkt hat das Motiv wohl mit der zweiten Welle Black Metal erreicht, in der sämtliche Insignien, die einstmals die sprichwörtliche Oma hinterm Ofen hervorgelockt hätten, derart inflationär ausgereizt wurden, dass ein umgedrehtes Kreuz heute vermutlich nicht einmal mehr den konservativen Normalbürger aus der Reserve locken würde. In der Konsequenz ist der klassisch, na ja, plumpe Satanismus des Neunziger-Black-Metal heute fast schon ein Relikt mit nostalgischem Anklang. Muss doch heute jede Band auf Teufel komm raus beweisen, den Satanismus nicht nur zu leben, sondern sich auch einem derart intellektualisierten Hokuspokus hingeben, dass man meinen könnte, Metal bräuchte heute neben zwei funktionierenden Ohren und Hingabe auch ein Studium der okkulten Wissenschaften, nur um zu verstehen, was die auf der Bühne wild mit den Armen Symbole in die Luft malende Gestalt einem sagen will. Vermutlich nur, dass die Priester-Kutte brennt.

Ist jetzt etwas übertrieben lästerlich dahingeschrieben, aber das liegt einfach daran, dass ich die Profanisierung der Thematik selbst miterlebt habe. Von meinem beginnenden Interesse für alles Okkulte, dem nicht in Worte zu fassenden Erbeben, welches ich spürte, als ich erstmals diesen grünbeigen Metal-Hammer-Bericht über Black Metal in den Händen hielt, oder auch die ersten Ablaze-Magazine, mit Euronymous und Fenriz auf dem Cover. Mit all diesen Fotos, Alben und Bands, die mich schier überwältigten und überforderten. Bis zum heutigen Gähnen und der Lustlosigkeit, mich überhaupt

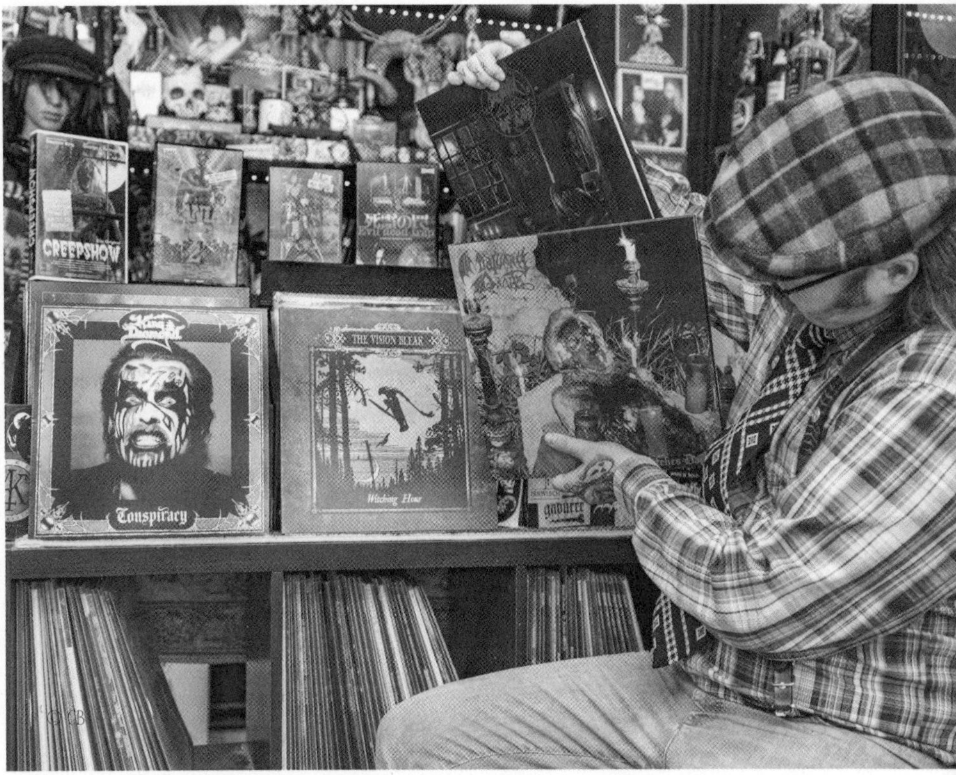

Horror im Metal: King Diamond, The Vision Bleak, Denial Of God & Mortuary Drape

noch mit Black Metal zu beschäftigen.[82] Das Mayhem-Logo mit zwei umgedrehten Kreuzen, Immortal mit ihrem Corpsepaint, es ist unmöglich, begreifbar zu machen, was ich da Mitte der Neunziger empfand, wohlgemerkt, als Black Metal ja angeblich schon wieder tot war. Heute ist das alles Erinnerung. Wenn ich mittlerweile Bandlogos mit umgedrehten Kreuzen sehe, frage ich mich: Darf man das heute überhaupt noch? Überhaupt, was soll nach der Kombination Moyen

82 Gerade befinde ich mich aber wieder mal in einer dieser Phasen, und diese Aussage ist natürlich eine Momentaufnahme. Irgendwann packt es mich sicher wieder, aber wenn ich derweil eine Black-Metal-Scheibe auflege, ist diese meist sehr alt. Oder klingt so.

und Archgoat noch kommen?

Ein deprimierender Abschnitt, merke ich selbst. Aber so ist es mit dem Extremen, es lebt von Progression, es muss alles immer extremer werden, um zu fesseln, nur irgendwann ist das Limit erreicht. So war es bei mir auf der Suche nach immer extremeren Klängen, irgendwann war ich durch und fing mit Merzbow an. Verstanden habe ich den Japaner mit dem Album „1930", welches mir erbarmungslos die Gehörgänge zerfräste, während ich an einem regnerischen Herbstabend durch das Zentrum Hamburgs lief. Die Schockwirkung hat „Satan, Ziegen und umgedrehte Kreuze" in unseren Breitengraden verloren, aber ich bin optimistisch, dass aus der Asche immer wieder etwas Neues entstehen wird. Ich bin gespannt und tippe auf die Wiederkehr des Archaischen, wenn Kapuzen, Masken und inszeniertes Musiktheater wieder langweilig geworden sind.
Doch Moment, ich bin dir noch einen Absatz über Polen schuldig. Da kommt mir in jüngster Zeit immer wieder Adam Michał Darski, bekannt unter seinem Pseudonym Nergal, Sänger und Gitarrist von Behemoth, in den Sinn. Nergal steht seit geraumer Zeit mit seiner Heimat auf Kriegsfuß. Dass es überhaupt noch Gesetze gegen Gotteslästerung gibt, natürlich nicht nur in Polen, lässt tief blicken, das Zerreißen einer Bibel wurde im Falle Darskis allerdings dann doch von der Kunstfreiheit gedeckt. Zum Ärger einiger christlicher Fundamentalisten, denen Instagramer und Musiker Nergal mit seiner ganzen Existenz bereitwillig und gern auf den Sack geht.
Religion und Metal. Ich bin mir über die Existenz christlicher Metal-Bands im Klaren, darüber dass es eine christlich ausgelegte Sparte im Metal gibt, von Mortification bis Wytch Hazel. Vor zwanzig Jahren hätte ich mich dazu vielleicht noch anders geäußert, heute lebe ich nach dem Credo: „Solang du mich nicht damit nervst …" Für mich, ich betone, für mich in meinem atheistischen Weltbild, in dem es eigentlich keine Spiritualität gibt, ergibt das alles keinen Sinn, und allein mein musikalischer Schwerpunkt macht deutlich, dass ich

gegenüber Religion sehr kritisch eingestellt bin. Aber wohl wissend, dass hier nicht jede Band mit besagten fundamentalistischen Christen verglichen werden kann, belasse ich es dabei, dass Religion schon immer Leid und Unterdrückung mit sich gebracht hat und „Liebe deinen Nächsten" doch sehr selektiv interpretiert wird. Aus einem religiösen Kontext heraus finde ich das Album „One With Darkness" (1995) von Tristitia übrigens sehr schön. Und die Sache mit der Spiritualität? Lese noch mal nach, was ich im Abschnitt über Island zum Thema Elfen und Trolle geschrieben habe.

4. Horror, Splatter und der ganze Rest

Ich will ehrlich sein, es waren ursprünglich drei Säulen, und auf den vierten Punkt machte mich ausgerechnet meine Frau aufmerksam, die mit Death Metal so ziemlich gar nichts am Hut hat. Denn auch wenn das Feld Horror Metal ein durchaus spannendes ist, mit der Spannbreite von King Diamond über The Vision Bleak bis hin zu Denial Of God, ist es doch der Death Metal, der sich dem romantischen Sujet des Zerhackens von Körpern annimmt. Necrophagia waren im Death Metal unglaublich früh dabei, „Season Of The Dead", ein Schmankerl von 1987. Mortician sind die richtige Adresse, wenn stumpf die letzte Option ist und das Genrefilmwissen auf die Probe gestellt werden soll. Wobei ich die Dose Brutal Death besser nicht aufmache, geschweige denn die mit diesem unsäglichen Goregrind. Brodequin kann ich beizeiten gut hören, aber Gore- und Porngrind fand ich eigentlich schon immer scheiße. Grindcore natürlich nicht: Napalm Death, Carcass, Rotten Sound, alles super. Aber du merkst, erschöpfend ist mein Fachwissen hier beileibe nicht.

Großmeister auf dem Gebiet sind selbstverständlich Cannibal Corpse, die mit ihren Texten und Artworks diese eine Lehrerin, wie hieß sie gleich, auf die Palme gebracht haben, die entgegen ihres Ziels, die Band zu demontieren, Cannibal Corpse geholfen hat, zur bekanntesten Death-Metal-Band weltweit zu werden. Die wichtigsten Alben sind indiziert oder beschlagnahmt und trotzdem habe ich eines der unzensierten Cover-Artworks das erste Mal in der Bravo gesehen.

Metal und Horrorfilme sind ein Traumpärchen! Ich bin mir ziemlich sicher, der erste Horrorfilm, den ich je, nun ja, gesehen habe, war „Die Nacht der reitenden Leichen" von Amando de Ossorio. Mit meinem Bruder, durch den Türspalt, weil wir für diesen Film natürlich viel zu jung waren. Aber diese Aufregung, das Adrenalin, etwas zu schauen, was für Kinder unseres Alters nicht geeignet war, das Gefühl habe ich noch in Erinnerung. Ich glaube sogar, auf der Sofaecke lag in

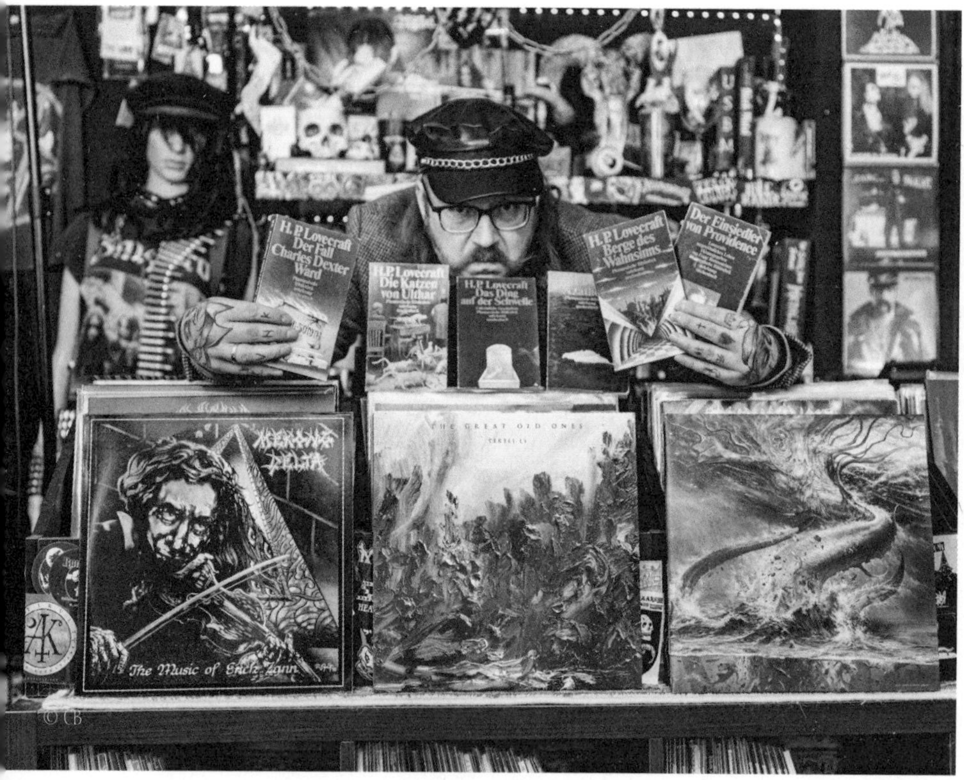

Lovecraft im Metal: Mekong Delta, The Great Old Ones & Sulphur Aeon (wo sind Morbid Angel?)

dieser Nacht „Highway To Hell“ auf Vinyl, die ich am Nachmittag geschenkt bekommen hatte. Der erste von mir von Anfang bis Ende geschaute Horrorfilm war dann „Hellraiser“, und ja, ich wollte damit ein Mädchen beeindrucken. Es waren früher, wenn wir alle beisammen saßen, vorglühten, Mucke hörten, immer Horrorfilme, die stumm im Hintergrund liefen: „Antropophagus“, „Die Geisterstadt der Zombies“, „Bambi“, all so was. Und es war „Cannibal Holocaust“, den wir dann morgens mit Kopfschmerzen beim Ausnüchtern glotzten. Das ging mir allerdings zu weit.
Es ist ein ganzer Fundus, den Metal mit sich zieht. Metal und eine Jugend mit Rollenspielen sind wie füreinander geschaffen, und Metal und Horrorfilme gehören zusammen wie Christa Jenal, ach ja, so hieß sie, und eine neue Scheibe von Cannibal Corpse. Nein, der Witz wird nie alt. Natürlich ging es, und bestimmt ist das heute nicht anders, um Muskelspiele unter Jungs. Es sich beweisen, es anderen beweisen, wie hart man ist, was man aushält und was man nicht alles schon gesehen hat. Ich rede von rotten.com, „Gesichter des Todes“ und „Ein Zombie hing am Glockenseil“, meiner Meinung nach übrigens ein wirklich guter Horrorfilm
Ich glaube, wenn ich unglaublich viel Zeit habe, erstelle ich eine Statistik über die Ursprünge von Bandnamen. Jetzt schon bin ich mir sicher, dass Tolkien eine erhebliche Rolle spielen wird, aber überrascht war ich bei einer Recherche, wie häufig ich über H.P. Lovecraft in unfassbare Abgründe stolperte. Metallica mit ‚The Call Of Ktulu‘ kommen dir jetzt sofort in den Sinn, natürlich denkst du an Morbid Angel. Vielleicht sogar an Sulphur Aeon, eine der besten Death-Metal-Bands der heutigen Zeit. An die Franzosen Catacomb? Aber auch Mekong Delta haben sich mit „The Music Of Erich Zann“ auf den alten Howard berufen.

Vampire, auch ein schönes Thema. Dani Filth von Cradle Of Filth gilt als fachkundiger Lyriker, Ancient bedienen sich am Pen-&-Paper-Rollenspiel „Vampire: The Masquerade“, Mütiilation punkten mit dem eindrucksvollen Titel „Vampires Of Black Imperial Blood". Vlad Tepes benennen sich gleich nach dem rumänischen Pfähler, Siebenbürgen haben in den Neunzigern mit „Loreia" ein wunderbares Debüt veröffentlicht, Moonspell haben auf der „Wolfheart" den Song ‚Vampiria', und ja, das ist hier keine stumpfe Auflistung, das sind alles Tipps für dich!

Ein kleines Zwischenfazit:
Jetzt blätterst du ein paar Seiten zurück, tippst auf die Stelle mit „erstaunlicherweise auf nur vier signifikante Säulen runterzubrechen ist" und zeigst mir den Vogel, weil das in deinen Augen natürlich Unsinn ist. Richtig, aber damit ist nun die thematische Vielfältigkeit im Metal mehr als bewiesen, oder? Natürlich wird Metal inhaltlich nicht nur von diesen vier Grundpfeiler getragen. Aber auch wenn ich jetzt noch ein wenig über den Tellerrand von Bikes, Drachen, Teufel und Gedärm blicken werde, bis hierhin sind wir schon auf einem sehr guten Weg gewesen.

Wurde überhaupt schon einmal das Thema Pagan Metal angeschnitten? Ich war eigentlich versucht, das breite Spektrum der nordischen Mythologie unter „Schwerter, Burgen und Drachen" einzusortieren, aber dafür würde ich vermutlich auf dem nächsten Pagan-Metal-Fest was mit dem Plastik-Methorn auf die Mütze bekommen. Du merkst, hier zuckt mein Lästermaul, wenn auch, das weiß ich doch, ein kleines bisschen ungerechtfertigt, gibt es doch zahlreiche Bands, die sich sehr ernsthaft und bewandert mit der Thematik des Heidentums in ihrer Musik auseinandersetzen – die auch gut zum Metal passt, das muss ich anerkennen.
Natürlich fängt alles so richtig bei Bathory und seiner Viking-Phase an, „Blood Fire Death" (1988), „Hammerheart" (1990) und „Twilight Of The Gods" (1991). Aber Manowar und insbesondere „Into Glory Ride" (1983), das Quorthon, was ich für sehr unwahrscheinlich halte, angeblich nie gehört hat, gibt es natürlich auch noch. Vergleich da mal die

Chöre. Warm ans Herz legen kann ich jedem nur folgende Alben: Falkenbach „...En Their Medh Riki Fara...", Menhir „Hildebrandslied", Helrunar „Frostnacht", Enslaved „Frost", Helheim „Jormundgand". Aber dir sollte klar sein, mit diesen aus der Hüfte geschossenen Alben wird allenfalls die Oberfläche angekratzt. Auch das selbstbetitelte Ensiferum-Debüt ist klasse, aber gefühlt ging es da los. Pagan Metal ist ein weites Feld, das sich irgendwann einer für mich schwer zu ertragenden Dudelei ergab und mythologisch und historisch dem Partyfaktor zugunsten, nun ... „leicht" vereinfachend dargestellt wurde.
Muss ich Metal als Spiegel des inneren Selbst noch einmal erwähnen? Natürlich sind Texte auch ein Spiegel des Seelenunfriedens, aber dass das Persönliche und das Intime Songtexte erst in den Bereich der Relevanz katapultieren, halte ich für selbstverständlich.
Einer noch, dann kann ich ruhig schlafen: Science-Fiction könnte ergänzt werden, Nocturnus „The Key" ist wegweisend in Sachen Keyboards im extremen Metal, und Darkspace haben Black Metal mit ihrem sphärischen, kalten, sterilen Sound neu definiert. Hatte Lemmy nicht eine Band vor Motörhead? Richtig, Hawkwind. „Space Ritual" von 1973 lässt dich das Universum neu entdecken, mit den richtigen Substanzen.

Schlussbetrachtung eines lückenhaften Überblicks

Dieser zweite Teil des Manifests hatte den Anspruch, der Vielfältigkeit der großartigsten Musik dieses Planeten auf die Spur zu kommen. Nicht erschließend und auflistend, aber zumindest in ihren Grundzügen angedeutet. Es soll schließlich dein Goldschürfergeist erweckt und nicht alles mundgerecht vorgekaut werden. Außerdem bin ich faul und befinde mich selbst beim Schreiben dieser Zeilen noch auf großer Entdeckungsreise.
Nicht vergessen werden sollten aber beim Betrachten dieser bis zum Grund mit Edelmetallen gefüllten Schatztruhe die zahlreichen Magazine, Fanzines, Labels und unermüdlichen Maniacs, die uns oftmals

erst den Zugang zu all diesen Schätzen bieten. Die Künstler, welche die Platten mit wahren Kunstwerken veredeln. Vielleicht ein Thema für ein anderes Buch. Geplant habe ich eigentlich „666 Alben, um aus der Kirche zu fliegen", aber dazu komme ich wohl eh nie.
Wir kommen langsam in eine Zeit, in der wir jungen Menschen begegnen, für die es unvorstellbar ist, nicht mit einem Mausklick sofort alles zur Verfügung gestellt zu bekommen. Ob YouTube, Bandcamp oder auch Spotify, heute steht nahezu jedes Album jedem jederzeit zur Verfügung. Ob das aktuelle Album von Satan, irgendein obskures Demo einer chilenischen Thrash-Metal-Band oder ein längst nirgendwo mehr erhältliches Demo aus alten Zeiten von Cradle Of Filth[83]. Wenn das deutsche Internet mitmacht. Was für mich bis heute ein nicht unwesentliches Argument für eine greifbare Plattensammlung ist, während diese schöne Tradition weitläufig immer weniger gepflegt wird und in wenigen Jahren wohl endgültig der Vergangenheit angehört. Dabei bin ich sicher nicht der Einzige, dem ausgerechnet in dem Moment, in dem wirklich gerade ein bestimmtes Album gehört werden muss, welches aber nicht im Plattenschrank steht, das Internet abschmiert. Gut, zugegebenermaßen passiert mir das vorwiegend bei Filmen.
Liegt es an meinem Alter und der Erinnerung an eine andere Zeit, dass mir die Vorstellung einer rein digitalen Plattensammlung einen Schauer über den Rücken jagt? So praktisch und platzsparend diese auch sein mag. Fakt ist, es gab eine Zeit vor der totalen Digitalisierung, und in dieser Zeit war der Zugang, das Tor zur Welt oft ein Magazin. In meinem Fall der Metal Hammer. Für andere das Rock Hard. Wenn es obskurer, undergroundiger sein sollte ein Fanzine. Das klassische Fanzine, eine manchmal eigenhändig fotokopierte und geklammerte Ansammlung von in der Mitte gefalteten DIN-A4-Seiten. Fotokopiert. Old School. Schwarz-weiß. Nein, keine Graustufen, ich rede von zwei Stufen. Schwarz. Weiß. Ich liebe es. Pure optische

83 Ernsthaft, hör dir das erste Cradle-Of-Filth-Demo an!

Erotik! Das eigenhändig erschaffene, an der Schreibmaschine getippte, mit Filzstift verzierte, mit Schere und Klebe gelayoutete und im Copyshop vervielfältigte Fanzine ist das absolute Kulturgut der Musiksubkultur. Nicht nur im Metal, das gab und gibt es immer noch im Punk, Hardcore und bestimmt auch im Hip-Hop.

Die Labels. Der Feind mag der Marktführer sein, aber auch Nuclear Blast fingen einst in der Wohnstube mit selbst kopierten Mailorderheftchen an. Natürlich musste auch ich in den Neunzigern Nuclear Blast hassen, schließlich haben sie, ganz allein, den Black Metal kommerzialisiert, in Gestalt von Dimmu Borgirs „Enthrone Darkness Triumphant". Da bin ich heute lockerer, aber natürlich sind für Metal die zahlreichen Underground-Labels eine wahre Fundgrube und der Grund, warum Metal heute noch existiert. Es gibt den Mainstream-Metaller, Metaller, die nur kennen, was in den marktführenden Publikationen stattfindet. Metaller, denen das auch reicht. Die sich gar nicht im Klaren darüber sind, dass es Bands gibt, die aus reiner Passion seit Jahren Alben aufnehmen und sich den Arsch abspielen, ohne Aussicht, jemals von ihrer Musik leben zu können – das vielleicht auch gar nicht wollen. Für die Metal einfach eine Leidenschaft und der Lohn der Schweiß ist, der in einem stickigen, kleinen Club von der Decke tropft, weil die Meute vollkommen eskaliert.

Es ist vielleicht falsch, zu behaupten, der echte Metal spiele sich ausschließlich im Underground ab. Aber es ist der Underground, es sind die selbstlosen Fanatiker, die dafür sorgen, dass Metal all das ist, was ich in diesem Teil versucht habe, zum Ausdruck zu bringen.

10 Metal-Hymnen zum Durch-die-Decke-Gehen

Es gibt Songs, die von der ersten Sekunde bis zum letzten Ton dein Blut zum Kochen bringen. Deine fünf Finger in eine geballte Faust verwandeln und dich ein imaginäres Schwert in die Luft strecken lassen. Wahlweise auch eine M16. Dir augenblicklich ein Gefühl unbändiger Energie verleihen und dich entweder allein oder Arm in Arm mit deinen Besten in ein überlebensgroßes Abbild deiner selbst verwandeln. Bei denen dein innerer Impuls dir keine andere Wahl lässt, als jede Zeile, egal ob textsicher oder nicht, mitzusingen und dich und alle um dich herum spätestens beim Chorus eins werden zu lassen: Ein entfesselter Chor in einer Schlacht ohne Verlierer.
Wenn du bei diesen Songs nicht sofort das Verlangen spürst, vollkommen auszurasten, dein Puls unter hundertzwanzig BPM verbleibt, dann reiche dieses Buch bitte an eine beliebige Person in deinem Umfeld weiter.
Hier meine unverblümte Top 10 nach dem Motto „Darum ist Heavy Metal so verdammt geil"!

1. Judas Priest ‚Leather Rebel'
von „Painkiller" (1990)
Alles an diesem Song ist perfekt! So spät ich „Painkiller" zu lieben gelernt habe, so sehr verehre ich dieses verdammte, fucking metallische Metal-Meisterwerk heute! ‚Leather Rebel', Mann! Weil ich den Titeltrack nicht so gern mag, ist „Leather Rebel" mein insgeheimer Albumtitel.
Raise-your-fist-Moment: Jedes verdammte „Lightning in the dark".

2. Accept ‚Fast As A Shark'
von „Restless And Wild" (1982)
Bizarres Intro und dann einfach fast vier Minuten eisenharter Stahl mit einem Chorus zum Niederknien, uns Udo, Solos, wat ein Gewitter!

Raise-your-fist-Moment: Der ganze Chorus!

3. Medieval Steel ‚Medieval Steel'
von „Medieval Steel" (1984)
Sind wir ehrlich, Medieval Steel könnten einen 45-Minuten-Gig spielen und dabei acht Mal hintereinander diese Hymne spielen, es würde keiner irgendwas sagen. Epic Metal in einem einzigen Song auf den Punkt gebracht!
Raise-your-fist-Moment: Jeder wartet auf diesen einen Moment, der diesen Song zu einer Göttersymphonie schmiedete – der Chorus nach der Instrumentalstrecke, das Falsett de luxe von Bobby Franklin!

4. Brocas Helm ‚Cry Of The Banshee'
von „Defender Of The Crown" (2004)
Ich habe den Song zugegeben auch das erste Mal gehört, als ich „Brütal Legend" zockte. „Auch", weil ich da sicher nicht der Einzige bin. Ich musste gegen irgendein Monster kämpfen, habe mich extra dumm angestellt, nur um diesen Kracher immer und immer wieder hören zu können. Absolutes Kauz-Gewitter!
Raise-your-fist-Moment: Der Drive des ganzen Songs!

5. Heavy Load ‚Heavy Metal Angels (In Metal And Leather)'
von „Death Or Glory" (1982)
Einer dieser Songs, bei dem du denkst: Den kenne ich doch, das ist ein Hit! Die Band muss groß sein. Nein, Heavy Load haben es nie so richtig geschafft, so ist das manchmal. Als sie auf dem Keep It True 2018 noch einmal eine Chance bekamen, haben sie diese wohl grandios vergeigt.
Raise-your-fist-Moment: Wenn nach „Heavy Metal Angels" das „uhhh" kommt.

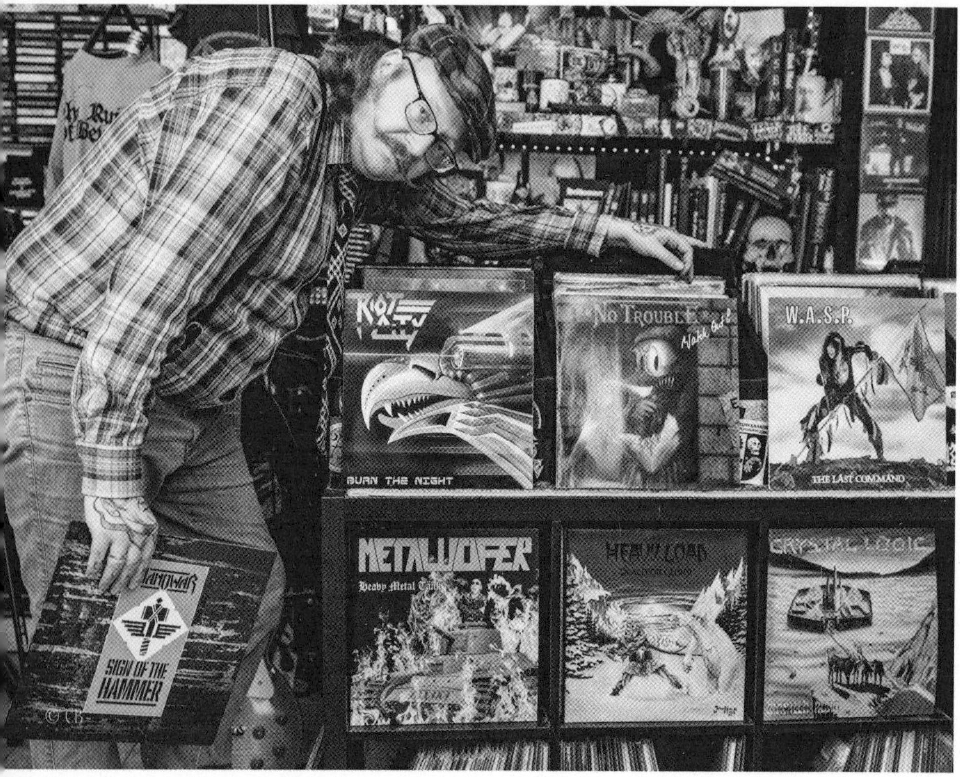

6. Blind Guardian ‚Born In A Mourning Hall'
von „Imaginations From The Other Side" (1995)
Ja, es ist so. Ich hab nie nach Bands gesucht, die wie Blind Guardian klingen, die Krefelder werden alle paar Monate aus dem Plattenschrank geholt und ausgiebig gewürdigt. Und wie früher kann ich nicht stillsitzen, wenn der Refrain angestimmt wird. Das können sie, das können sie sehr gut!
Raise-your-fist-Moment: Natürlich der Chorus. Vielleicht sogar einer ihrer besten (von vielen)?

7. Metalucifer ‚We Are Still Metal Kids'
von der Split „The Asian Tyrants" mit Sabbat (2019)
Metalucifer um den Sabbat-Frontwahnsinnigen Gezol sind ohnehin eine reine Verbeugung vor dem altehrwürdigen Heavy Metal. Eine Liebeserklärung. Einfach. Nur. Schön.
Raise-your-fist-Moment: Du musst das Video gucken. Das ist der ganz eigene Raise-your-fist-Moment. Diese reine Spielfreude!

8. No Trouble ‚Rock 'n Roll Heart'
von „Watch Out!" (1986)
Wenn es ein Song hinkriegt, dass ich ihn über Stunden immer und immer wieder hören muss, es die ersten Tage nicht schaffe, die neue Platte, die ich mir nur wegen des schrägen Covers gekauft habe, am Stück zu hören, dann muss an ‚Rock 'n Roll Heart' was dran sein. Vertrau mir, No Trouble aus Frankfurt kennt vermutlich kaum jemand, aber mindestens dieser Song und danach ‚Get Ready' sind Spitzenklasse, das Feierabendbier nach einem langen Arbeitstag!
Raise-your-fist-Moment: „Your rock 'n roll heart leads you through the night."

9. Savage Master ‚Myth, Magic And Steel'
von „Myth, Magic And Steel" (2019)
Stacey Savage und ihre Mannen haben es mir ja angetan. Hängt aber auch mit meiner Vorliebe für unverschämtes Gerumpel zusammen. Glatt ist hier nicht so viel. Wäre Conan eine Frau, ja okay, dann würden wir von „Hundra" sprechen, aber heute wären SAVAGE MASTER die metallische weibliche Umsetzung des archaischen Kriegers von Robert E. Howard.
Raise-your-fist-Moment: Beim Refrain fliegen Schwerter, Äxte und Bierbecher durch die Luft.

10. Riot City ‚Warrior Of Time'
von „Burn The Night" (2019)
Bevor ich mir die Platte im Eiltempo hab nach Hause schicken lassen, habe ich auf blauen Dunst im Internet auf dieses Cover mit dem Heavy-Metal-Cyborg-Adler geklickt. Ich wusste, dass mich Großes erwartet, aber dass es eines der geilsten Heavy-Metal-Alben der jüngsten Zeit sein würde – meine Fresse! Auf Platte Abriss, live Abriss, Cover Abriss, Band Abriss. Kanada halt.
Raise-your-fist-Moment: Wenn der Sänger bei „a flash of hot light" ins Falsett geht.

Zugabe: Visigoth ‚Iron Brotherhood'
von „The Revenant King" (2015)
Wenn die letzte Hymne verklungen ist, sich die Meute nassgeschwitzt und glücklich in den Armen liegt. Dann ist es Zeit für ‚Iron Brotherhood'.
Raise-your-fist-Moment: Ab Minute 5:23. Du weißt genau, was ich meine!

„Raise your fist beside your brothers
Stand eternally proud
We are the true and the brave
Forever one with the sound
We are the Iron Brotherhood"

Und nicht vergessen:
- Manilla Road ‚Necropolis'
- Exciter ‚Heavy Metal Maniac'
- W.A.S.P. ‚Wild Child'
- Running Wild ‚Under Jolly Roger'
- Stallion ‚Rise And Ride'
- Manowar ‚Sign Of The Hammer'
- Eternal Champion ‚I Am The Hammer'

Deine 10 Hymnen?

1.

2.

3.

4.

5.

6.

7.

8.

9.

10.

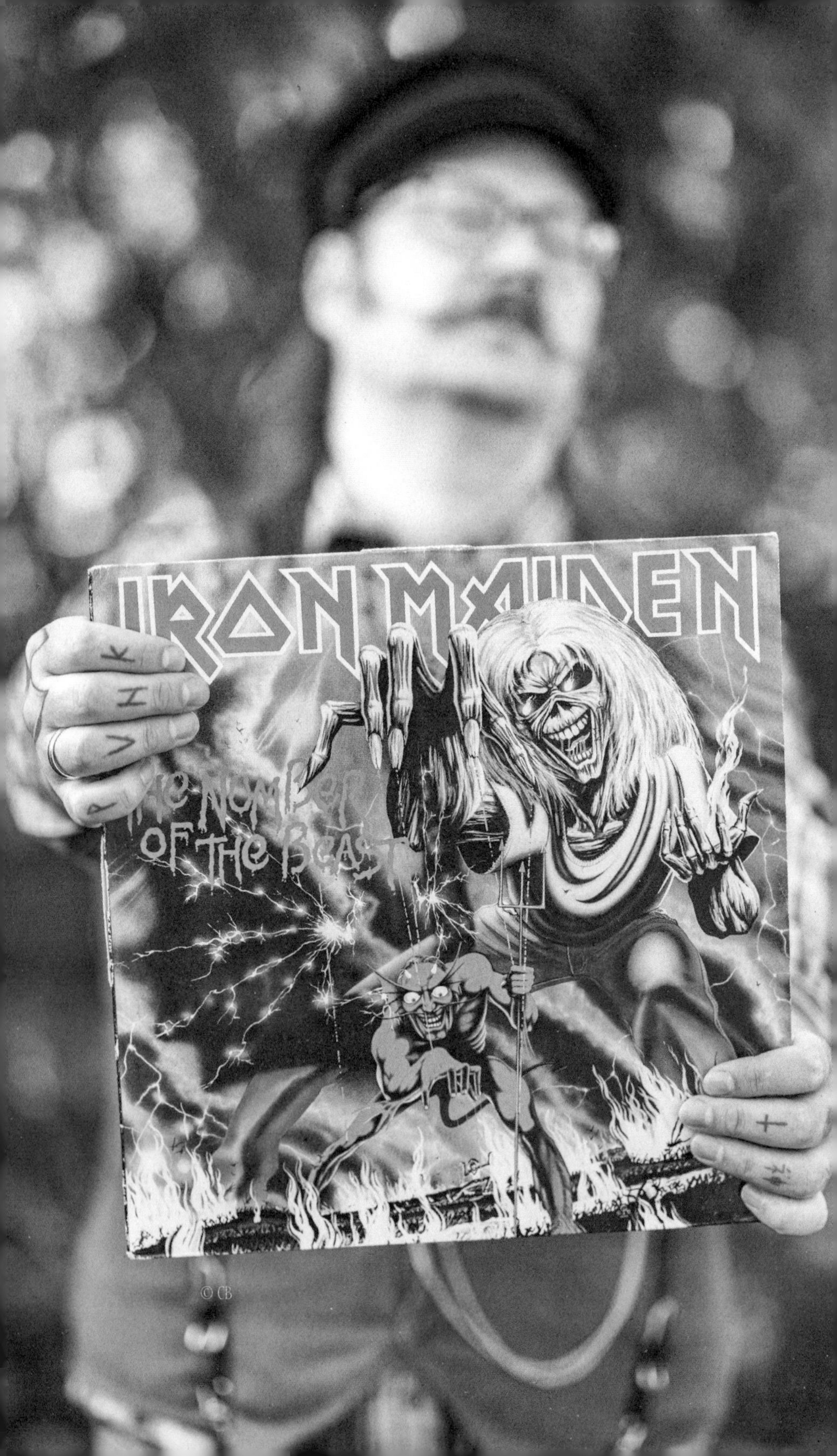
IRON MAIDEN
The Number of the Beast

TEIL III

Auf der Suche nach der Metal-Seele

For The Devil Sends The Beast With Wrath

Porträt eines Metallers

Samstagmorgen, halb eins. Sandra, siebenunddreißig, wacht auf. Kopfschmerzen. Etwas bewegt sich neben ihr. „Scheiße, bitte bitte bitte niii...“, denkt sie, es schnurrt und ist doch nur der Kater. Zweiraumwohnung, Zimmer, Bad, Küche im Zimmer. Sie setzt sich auf.
Der Einrichtungsstil ihres Zimmers dürfte sich seit ihren Jugendjahren nicht groß verändert haben. Die Medizini-Hasen- und „Masters Of The Universe“-Poster wichen irgendwann Postern von Slayer, Metallica, Tank und Venom. Erst aus der Bravo, dann dem Rock Hard und Metal Hammer und neuerdings dem Deaf Forever. Im Regal stehen statt sorgfältig aufgereihten geköpften oder haarlosen Barbies Festival-Plastikbecher, Totenköpfe aus Kunstharz und ein Lemmy-Wackelkopf. Statt „Drei ???“ Stephen King und Musikerbiografien, DVDs von „Der Herr der Ringe“ über diverse Red-Editions bis hin zu Sammelschubern von „Helloween“, „Freitag, der 13.“, und „Nightmare On Elm Street“. Außerdem eine Sammlung

Toxic Holocaust, Knife, Entombed & Tank

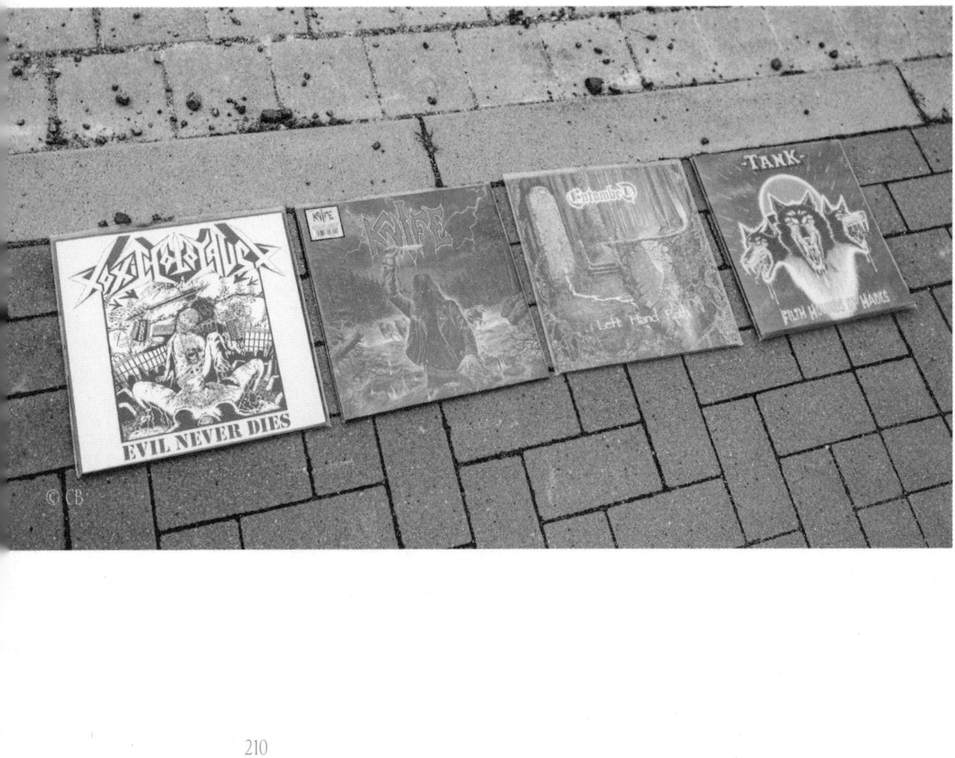

© CB

Whisken[84] aus dem unteren bis mittleren Preissegment. Über der Tür hängt eine Gratisbeilage einer Sammelbestellung, ein Fußabtreter mit der Aufschrift: „Meine Nachbarn hören Metal. Ob sie wollen oder nicht." An den Wänden überdies mehrere Picture-Discs[85], Festivaltickets inklusive Bändchen, Festivalposter und die Drumsticks von Nekrovault, aus der Luft gefangen auf dem Party.San.
Kater Edgar schnurrt erneut, springt mit seinen sechs Kilo anmutig vom Bett und schleicht unter dem Sofatisch durch bis zum Plattenregal. Reibt sich mit erhobenem Schwanz, die Spitze leicht angewinkelt, an der mit mehreren anderen Platten ans Regal angelehnten Erstpressung von Winters „Into Darkness" und springt allen Gesetzen der Schwerkraft zum Trotz katzenhaft elegant auf den Schreibtisch. Verharrt und blickt Sandra mit goldenen Augen an. „Is' ja gut, Eddie, gleich ..."
Sie steht auf, wankt mit ihrem eigenen Kater Richtung Kochnische und holt aus dem Schrank eine Dose Katzenfutter. Edgar lässt sich nicht bitten, landet mit einem geräuschvollen „Bums" auf dem alten Teppich und erscheint blitzschnell auf der Arbeitsplatte. „Ersma' Mucke", denkt sich Sandra. Die Anlage ist noch an, Tank „Filth Hounds Of Hades" vom Plattenteller runter, Entombed „Left Hand Path" rauf. Verhalltes Schreien, dann eine Wand furztrockener Schwedentod mit sofortigem Leadgitarren-Einsatz. Blick auf den Sofatisch. Leere Bierflaschen, eine noch halb voll. „Die geht noch." ... „Ne, bäh, die geht nicht mehr." Der Titeltrack des wichtigsten Schwedenbretts wummert durchs Zimmer, Break, aber die hämmernde Bassdrum poltert weiter, nur ungewohnt rhythmusfreier. „Eyyy jaaaaaaa", flucht Sandra, gerade im Begriff, in ihre schwarze Jeans zu steigen. Sie hüpft ungelenk zur Anlage und macht die Musik leiser. Nachbarn, ey!
Auf dem Boden verteilt liegen getragene Bandshirts, Wäsche („die geht noch") und Chip&Chap-Socken. Sandra bückt sich, greift ein ausgewa-

84 Legitimer Plural von Whisky.
85 Vinyl-Schallplatten mit Bildaufdruck. Eine vollkommen sinnlose Erfindung, die ausschließlich dazu taugt, die Platte an die Wand zu nageln, da dort der Sound am besten ist.

schenes, ärmelloses Graupel-Shirt und tritt auf ihren silbernen Patronengurt. „Fuuuu...ntastischfuuuckverdammt!"
Ein paar Minuten später sitzt Sandra mit angewinkelten Beinen auf ihrem Bett, mit einem heißen Kaffeebecher mit der Aufschrift „Dein Design hier" in der Hand. Edgar liegt zusammengerollt neben ihr, und sie schaut eine Folge „Scrubs". Das Handy klingelt. „Ja?" „Ahhh, ja ne, weiß nicht, bin irgendwann los, kann mich an das Ende nicht mehr erinnern." „Im Ernst? Haha, der Idiot!" „Ne, war geil, beste Band, cool, dass du auch da warst." „Ey voll, muss erst mal klar werden." Edgar dreht sich auf den Rücken, lässt sich die Wampe kraulen und macht dabei Geräusche wie ein altes Fahrrad. „Ja, alles klar, ich schau mal. Bis denn."
Das Nokia landet geräuschvoll auf dem Tisch und stoppt zwischen

Knife „Knife" – Alles dabei, Messer, Dosenbier, Patronengurt

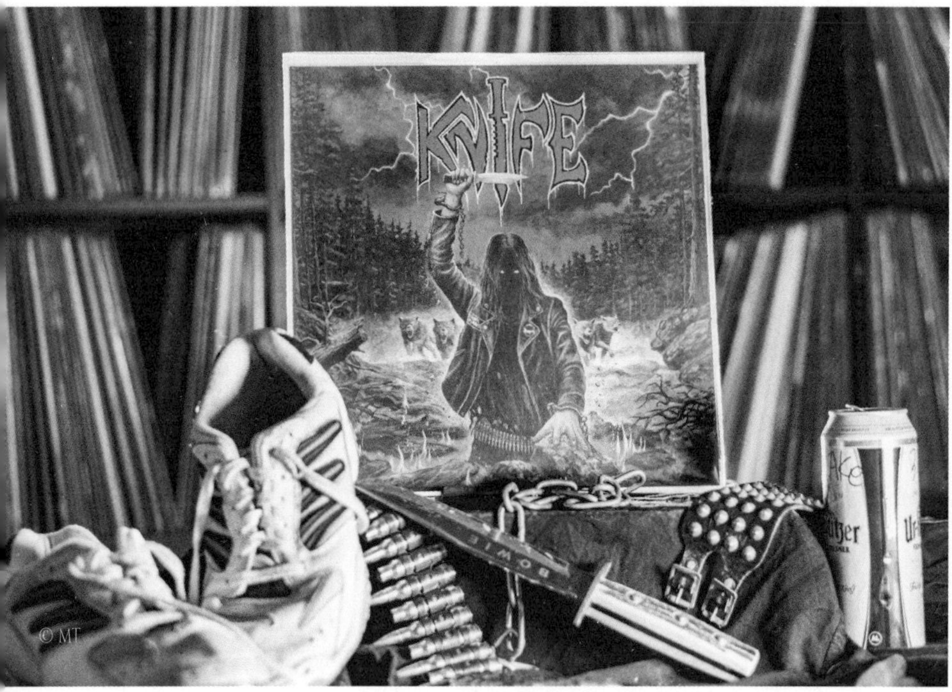

Aschenbecher und Portemonnaie. Sandra denkt an den gestrigen Abend zurück. Erst rappelvolle Hütte im Foxy, danach Underground und besinnungslose Druckbetankung bis halb drei. Ausnahmslos alle dagewesen und eines der epischsten Konzerte der letzten Jahre erlebt. Der Schweiß tropfte von der Decke, schweißnasse Arme um schweißnasse Schultern gelegt. Der ganze Saal am Mitgrölen.
Biergläser wurden aneinandergeschlagen, Bier floss durstige Kehlen runter, irgendwer kam immer mit neuem Bier oder einem Tablett Mexikaner, Pfeffi oder Schädelspalter. Irgendwer kam immer von hinten mit den Worten „Eyy, lang nicht gesehen, lass mal einen trinken!", und irgendwer lag wieder viel zu früh vollkommen besoffen in der Ecke auf der Box und schlief. Auf der Bühne wurde gefeiert, vor der Bühne wurde gefeiert, und später wurde im Underground weitergefeiert. Bis die Lichter ausgingen. Bei Sandra eben um halb drei.
So langsam weicht der Kopfschmerz dem klassischen, aber heute recht wohligen Kater-Blues und der Überlegung, wie der weitere Ablauf heute aussehen könnte. Edgar ist des Kraulens müde geworden, Sandra steht auf, schnürt ihre Zwölf-Loch-Stiefel bis Loch fünf und verlässt die Wohnung.

Kopfhörer auf, Walkman in der Tasche, Musik an, die reale Welt hat Pause. Kapuze tief ins Gesicht gezogen, der Kälte trotzend, in Gedanken versunken. Natürlich fängt es an zu regnen, ein leichter Nieselregen, ist ihr egal. Die schweren Stiefel treten in jede sich bietende Pfütze, aber Sandra nimmt keine Geräusche um sich herum mehr wahr. Auch nicht das Hupen eines quietschend in die Eisen gehenden grauen Ford Fiesta.

„Living hard in the sign of the black knife
You see the spikes and the studs in the dark
We're the guards to take you out on the hard ride
You hear us coming, hear the noise from ..."

Mit Knarzen und einem Bimmelton öffnet Sandra die schwere Tür von Helvete Records, nimmt ihre Kopfhörer ab, unterbricht dabei Knife mitten im Chorus von ‚Black Leather Hounds'. In einem der letzten Plattenläden der Stadt läuft Dios ‚All the Fools Sailed Away' von der „Dream Evil".

„They'll take your diamonds
And then give you steel"

Hinter dem Tresen blickt Hannes von seinem Laptop auf und nickt kurz. „Sandra." Graues langes Haar, graues schmales Gesicht, graues raues Krächzen. Tausend Jahre harte Rockmusik in einer Person. Es riecht nach alter Lederjacke und Staub.
„Alles klar, Hannes?" „Muss." – Stille – „Ja, danke, mir auch", antwortet Sandra schnippisch, und läuft die Plattentische entlang, blättert in einer Kiste, zieht jede dritte Platte prüfend heraus, kurz sinnierend, um sie dann doch wieder zurückzustellen. „Metal B". Baxaxaxa „The Old Evil", hab ich, Bewitched „Diabolical Desecration", ‚Blade Of The Ripper', geiler Song. Hm, auf CD hab ich die ja schon, aber ... Oh, wie viele Bolt Thrower habe ich eigentlich? Ja, zu wenig. Finger in fingerlosen Wollhandschuhen blättern weiter durch die Schutzhüllen. „Metal C". Hm, Cinderella, denkt sie, bis ihr einfällt, dass die Zeiten, in denen sie das Bedürfnis verspürt, Hair Metal zu hören, in den letzten Jahren rar geworden sind. Sie schaut weiter. „Hab ich schon, hab ich schon, Alter, ich glaube, ich hab zu viele Platten."
„Metal D". „Sag mal Hannes, wie findest du die letzte Darkthrone?" „‚Astral Fortress'?" „Hä? Die ‚Eternal Hails......'!" „Ham 'ne neue." „Wat? Ich hab die hier noch nicht mal verarbeitet", rümpft Sandra die Nase und hält die Scheibe von 2021 in die Luft. Hannes scheint sich nicht genötigt zu fühlen, weiter auszuführen. „Ey, so langsam nervt das, echt! Also ich bin wirklich keine dieser ‚Nur die ersten vier Darkthrone ...'" „Die erste ist die ‚Soulside'." „Oh Mann, Alter, du weißt, was ich meine, okay, die vier ersten Black-Metal-Alben, oder

eben die zweite, dritte, vierte und fünfte, besser so?"
Die schwere Tür öffnet sich wieder mit einem Bimmeln, und zwei Jungs, die Sandra noch nie gesehen haben, kommen unsicher herein. „Also wie gesagt, ich mag ja auch die späteren Sachen, aber mittlerweile hauen die ja nur noch raus, und irgendwie ist das alles gleich. Also eigentlich nicht, aber weißt, wie ich meine? Hören irgendwas aus den Achtzigern und nehmen dann ein Album auf. Ich komme da gar nicht mehr hinterher, kommt ja eh schon viel zu viel raus. Letzte Midnight, wieder richtig gut, Unru auch megagut. Aber hier Darkthrone, irgendwie ist das nur noch so Nerd-Musik, weißt, wie ich mein? Hauptsache alter Metal, Big Sunglasses und so. Also ist ja immer schon gut, aber ..." Hannes guckt sie erwartungsvoll schweigend an. „Aber ... ach Mann, mit dir kann man echt nicht reden. Die haben mal die ganz großen Klassiker geschrieben, dann hatten sie 'ne Durststrecke, dann kam diese geile Punk-Zeit mit ‚The Cult Is Alive' und der Trilogie und dann ... ja gut ‚The Underground Resistance' war schon cool, hier ‚Valkyrie'. Aber dann?"
„Die machen halt, worauf sie Bock haben." Sandra blitzt einen der Jungs an, der gerade fast schüchtern das Wort erhoben hat und kann sich gerade noch ein „Was willst du denn jetzt von mir?" verkneifen. „Ja, können sie ja auch, aber das wirkt alles nur noch so rausgeschleudert. Und ‚Old Star', fand ich ja erst gut, aber die habe ich seitdem nie wieder aufgelegt. Und jetzt schon wieder was ... Nee, Alter, ist DAS die Neue?" Sandra hält eine Platte in die Höhe. Auf dem Cover irgendwer von hinten im „Panzerfaust"-Kapu auf Schlittschuhen. „Wollen die mich eigentlich ver... ne ... ich ..."
Sandra legt die Platte ganz nach vorn in die Kiste und schaut weiter, bis der bisher schweigsame andere Junge Richtung Hannes fragt „Was willst du für die Iron Maiden?" und „Senjutsu" hochhält. „Zweiundvierzig." Sandra lacht auf. „Ey, auch so'n Ding, nä? Über vierzig Euro für eine Platte, die spinnen doch." „Sind drei", meldet sich der vorlaute Bursche wieder, und Sandra ballt innerlich die Faust. „Und die geht ja auch achtzig Minuten." Sandra überlegt, wie viele Jahre

es auf Totschlag wegen Nerverei gibt. „Drei, vier, ja und? Was soll dieser Kack mit diesen Alben in Spielfilmlänge? ‚Reign In Blood' geht keine halbe Stunde, da sagt auch keiner ‚Ey sorry, Kerry, so'n Achtminüter hätte da jetzt schon noch gepasst.' ‚Under The Sign Of The Black Mark', uhh Quorthon, pack ma' noch ein Cover von Venom drauf! Niemand! ‚Tol Cormpt Norz Norz Norz...', Mika war bestimmt kalt und Wodka im Studio war alle. Oder, hier, du Penner, Napalm Death, da standen die bestimmt im Studio und haben sich gedacht, auf ‚From Enslavement To Obliteration' passt noch 'ne B-Seite, und ..." „Sandra." „Ahh, hmmm, Ramones, eure Songs sind ja geil, aber schon 'n büschen kurz, nääää?" „Hörst du bitte auf?" „Rotten Sound ‚Exit', Hannes, weißte noch, wie der Produzent sagte, auf fünf Minuten gestreckt entfalten die Songs so richtig ihr Potenzial?" „Gehst du bitte ..." „Jaaaaaa. Hab eh kein Bock mehr." „‚Astral Fortress' und ‚Senjutsu' nimmste mit?" Hannes tippt etwas in seinen Laptop. „Ja, pack ein ..."

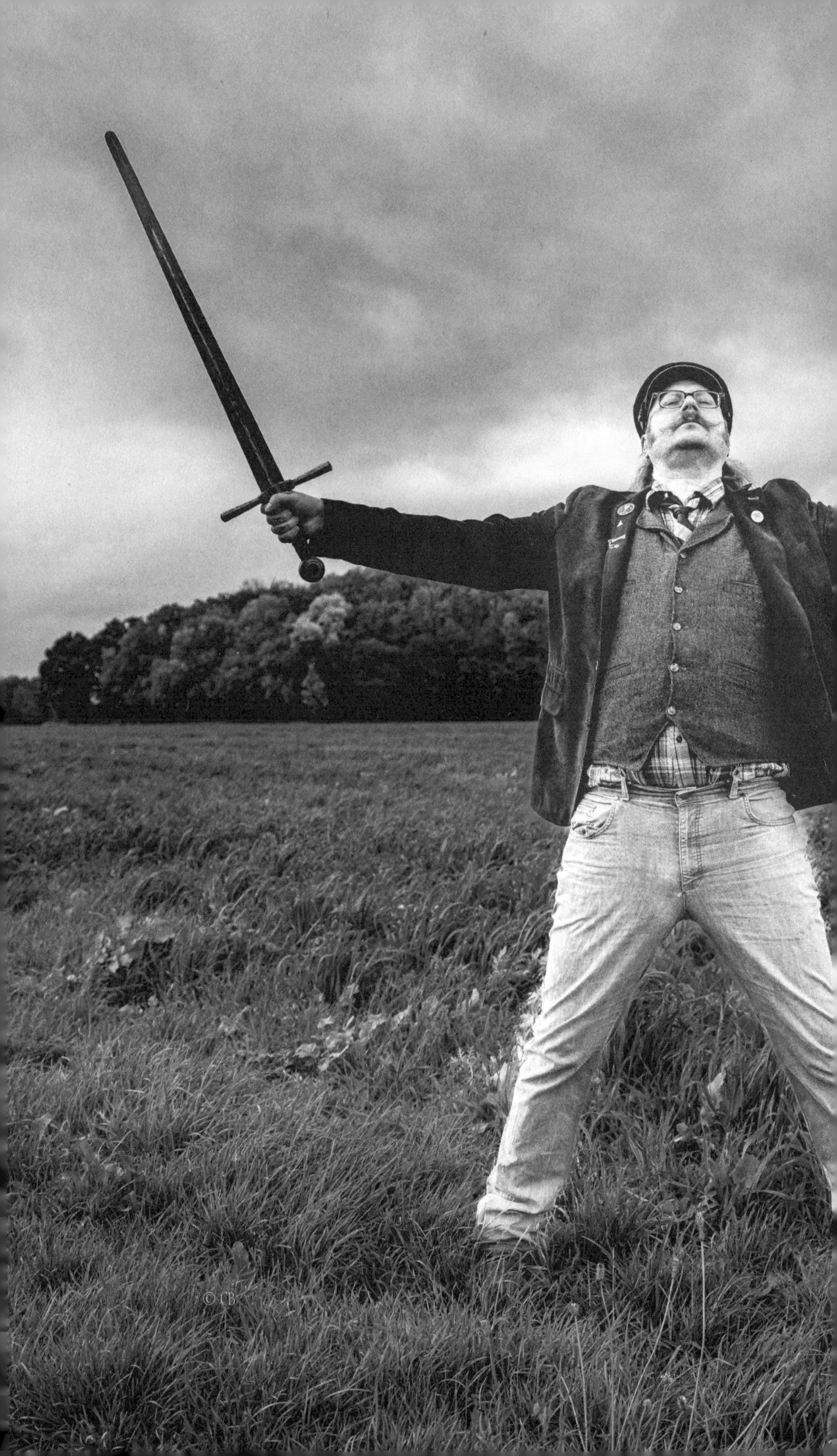
© CB

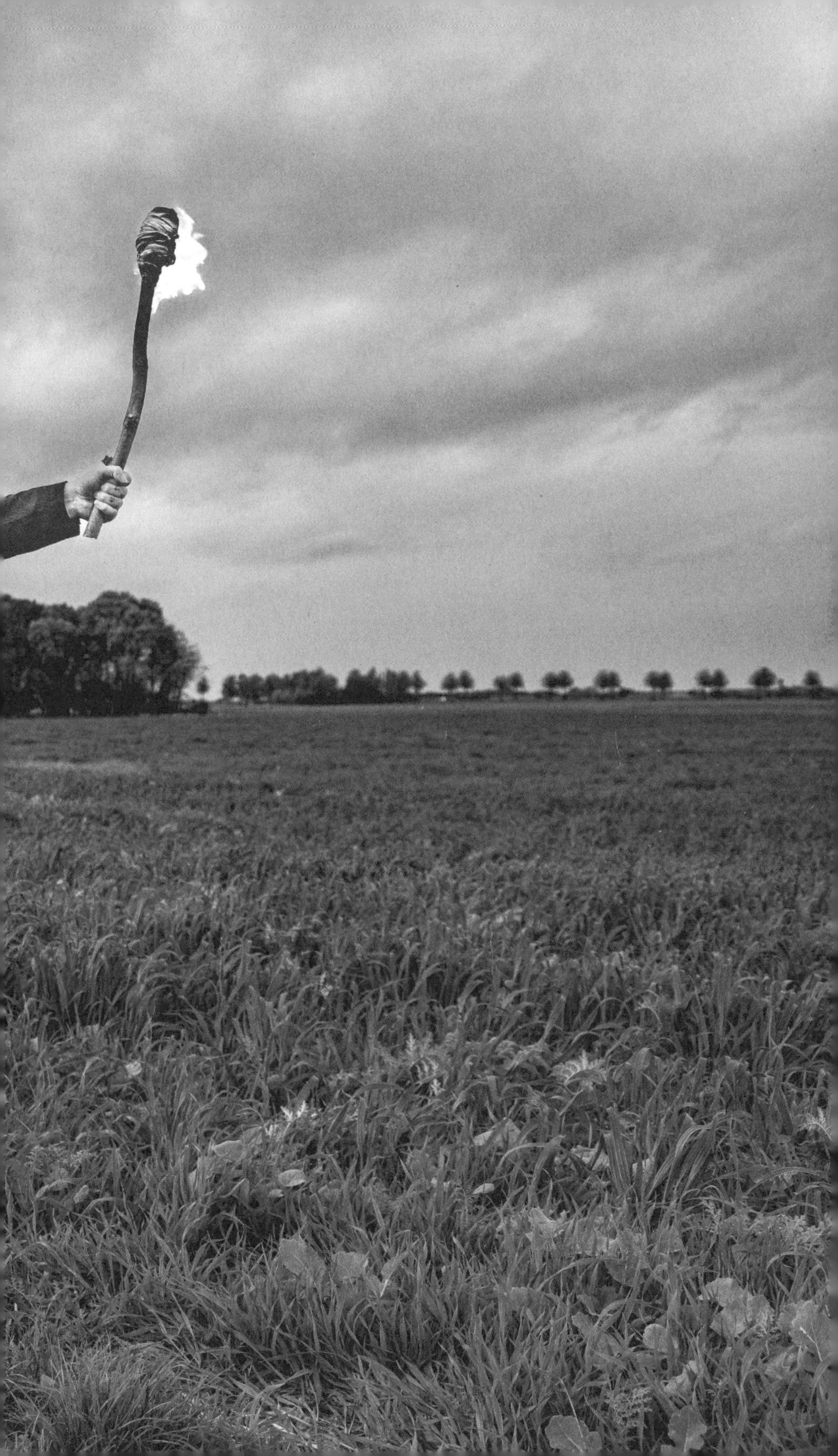

Wissenswertes Pt. 2

Das erste Stück auf der Mayhem-EP „Deathcrush" (1987), ‚Silvester Anfang', wurde von Conrad Schnitzler von Tangerine Dream beigesteuert.

Als man ihn mit seiner Band Type O Negative in ein piekfeines Hotel setzte, antwortete Pete Steele auf die Frage, was sie gern zu essen hätten: „Just give me a bowl of spaghetti."

Noch vor „Black Metal" der englischen Band Venom (1982) fand sich der Begriff „Black Metal" bereits auf dem ersten Holy-Moses-Demo „Black Metal Masters" (1980).

Rick Rubin produzierte nicht nur Slayers „Reign In Blood", sondern auch Public Enemys „It Takes A Nation Of Millions To Hold Us Back" und verwendete dort das Slayer-Solo von ‚Angel Of Death' auf ‚She Watch Channel Zero?!'.

Gene Simmons von Kiss verklagte King Diamond zu Zeiten von Mercyful Fate aufgrund der angeblich von ihm geklauten Gesichtsbemalung, die der King daraufhin änderte und sinngemäß kommentierte: „Die brauchten wohl mal wieder Publicity." Ähnliche Beweggründe hatte Gene Simmons wohl auch, als er sich die mano cornuta sichern wollte, weil er sie seiner Überzeugung nach am 14. November 1974 auf der „Hotter Than Hell"-Tour das erste Mal genutzt hatte. Dio reagierte entspannt.

Noch vor Kiss und King Diamond war es Arthur Brown, der eine erstaunlich stark an das spätere Black-Metal-Corpsepaint erinnernde Gesichtsbemalung benutzte – und das bereits in den späten Sechzigern.

Der Tscheche František Štorm von den legendären Master's Hammer ist von Beruf Typograf (Schau mal ins Impressum, welche Fonts in diesem Buch verwendet werden.) und hat auf diesem Gebiet sogar einen beachtlichen Bekanntheitsgrad. Wahnsinnsfakt, aber ich kann dieses Buch nicht aus der Hand geben, bevor nicht wenigstens einmal Master's Hammer erwähnt wurden. Die Großartigkeit dieser unglaublich innovativen, aber auch grenzenlos kauzigen Band geht viel zu oft unter.

Auf dem Album „Stormblåst" (1996) von Dimmu Borgir ist der Song ‚Sorgens Kammer' zu finden. Die Melodie stammt aus dem Amiga-Spiel „Agony", was Keyboarder Stian Aarstad der Band gegenüber verheimlichte. Das Album wurde 2005 unter dem Titel „Stormblåst MMV" komplett neu eingespielt, ohne diesen Song.

Der Wrestler Razor Ramon benannte seinen Finishing Move „Razor's Edge" vermutlich nicht nach dem gleichnamigen AC/DC-Album, aber für Wrestling- und Metal-Fanatiker ist das doch eine schöne Koinzidenz. Außerdem bietet es mir die Gelegenheit, darauf hinzuweisen, dass „The Razors Edge" von 1990 für mich immer „das neue AC/DC-Album" sein wird. Du erinnerst dich an Matthias Jabs? Ganz nebenbei, ein fantastisches Album!

Übrigens, weiß auch nicht jeder, das Darkthrone-Logo stammt von niemand Geringerem als Tomas Lindberg von At The Gates!

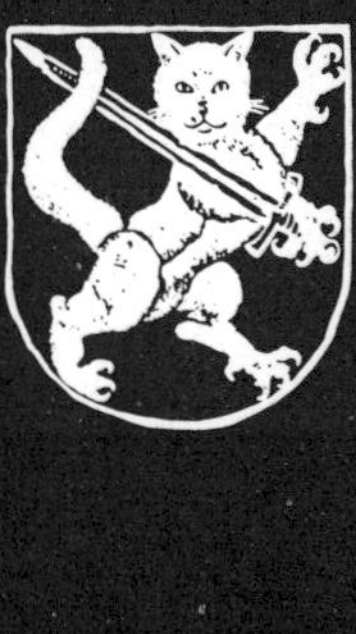

Das Metal-Arschloch

Glauben wir doch einmal kurz ganz fest und illusorisch daran, dass sich der unbedarfte Naivling aus dem Kapitel „Heavy-Metal-Grundschule“ bis hierhin vorgekämpft hat und sich schon optimistisch in der nächsten Metal-Kneipe den Bierstiefel hebend Arm in Arm mit den Stammgästen feiernd sieht. Vor seinem geistigen Auge antwortet er auf die Frage „Welches Metallica-Album ist das beste?“ schlagfertig mit „Die ersten drei“, dann mit „Och, ‚Whisky In The Jar‘ fetzt.“ In der Theorie ist er schon wie selbstverständlich von Apfel-Daiquiri auf Pils umgestiegen, und auch die Phobie vor klebrigen Tischen entlockt ihm im Höchstfall nur noch ein überraschtes „Ih“, aus dem lebensrettend ein „Iiiiich weiß ja nicht, war mal geil-dreckiger hier!“ geformt wird. Und jetzt fühlt der Lemmy für Brotdosenbesitzer sich vermutlich, als ob er schon immer dabei war.
Tja, da wurde die Rechnung allerdings ohne ein ganz besonderes Exemplar im Kreise der Metal-Family[86] gemacht: das Metal-Arschloch. Wie wir bereits wissen, auch schon vor der Lektüre dieses Manifests biblischer Tiefgründigkeit, Menschen sind Menschen – und Menschen sind gern und oft einfach sch...anstrengend. Zwar hilft dir im Metal eine gewisse misanthropische Grundhaltung, die spannenderweise nicht dem Umstand widerspricht, jedes Wochenende dicht gedrängelt auf Konzerten abzufeiern, aber du wirst dem Metal-Arschloch nicht aus dem Weg gehen können. Dieser perfiden Mischung aus Besserwisserei, Arroganz, stumpfer Intoleranz und einem eigentlich vollkommen vorhersehbaren Phrasen-Repertoire.

---

86 Benutze nie, niemals den Begriff „Metal-Family“! „Familie“ in diesem Kontext ist die Verwandtschaft, die unangekündigt vor deiner Tür steht, wenn du es dir gerade mit „Rambo III“, einer Kiste Bier, Frottee-Darkwing-Duck-Bademantel und Chips gemütlich gemacht hast.

10 Merkmale des Metal-Arschlochs

Was an Metal nervt, Teil 1[87]:

1. Du bist true! „True“ bedeutet für dich in beeindruckender Reflexion: „Was Metal ist, bestimme immer noch ich!“ Selbstironie ist dir absolut fremd, Metal ist schließlich kein Spaß, sondern eine ernste Angelegenheit. Man könnte meinen, du bist das „true“ in Tiefkühltrue[88].

2. „True“ bedeutet für dich vor allem eines: Du kennst die Klassiker. Gut, nur die Klassiker, aber wie gut kann eine Band schon sein, die in den Achtzigern keine große Nummer war? Heißt auch: Hör selbst niemals in was Neues rein, weil das kann ja nicht gut sein. Ausnahme: „Oh, Manowar haben ein neues Hörspiel raus, geil!“

3. „True“ bedeutet vor allem auch, dass du bestimmst, wer dazugehört und wer nicht!

4. Der heilige, unantastbare Gral deiner Metal-Welt sind Metallica, Slayer und die Böhsen Onkelz. Wer das nicht versteht, ist ... und da gehen meist wüste Beschimpfungen los.[89]

5. Deine Mantra ist: „Ich höre Metal länger als du!“

6. Das Metal-Arschloch sagt oft und aufdringlich „Du hast keine Ahnung“ und meint damit „Du magst nicht die gleichen Alben wie ich“. Das Pendant im Black Metal wäre: „Du hast Black Metal nicht verstanden!“[90]

---

87 Teil 2 bis 666 drehen sich um Black Metal.

88 Ich bin mir im Klaren darüber, dass dieses nur erzählt und nicht gelesen funktionierende Wortspiel körperliche Schmerzen verursacht.

89 Man könnte meinen, ich denke mir vieles der Pointe wegen aus, dem ist aber nicht so.

90 Black Metal zu verstehen ist vollkommen unmöglich und deshalb auch ein beliebtes Totschlagargument. Denn was „Verstehen“ ist, beruht immer und ausschließlich auf den Ansichten des Proklamierenden. Alles andere ist mindestens falsch.

7. Das Metal-Arschloch sagt oft und gern: „Die Jugend hört heute nur Scheißmusik", „Der Metal von heute ist scheiße" und „Ach, das ist alles kein Metal". Es würde sich nie zu Hilfestellungen herablassen wie: „Min Jung', guter Ansatz, aber wenn du Bock auf richtig guten Metal hast, hör mal hier rein." Denn: Wissen teilt man nicht oder gibt es freimütig weiter, entweder man hat es oder ist ein Poser!

8. Das Metal-Arschloch legitimiert jeglichen Bullshit, den seine angebetete Supergroup verzapft, damit, dass „die Musik aber so gut sei". Dünnes Eis, aber isso.

9. Ja, das Metal-Arschloch hat die Band noch live gesehen, als sie geil war.

10. Das Rumgehampel vor der Bühne nervt total! Es sei denn, das Metal-Arschloch ist gerade besoffen, dann sollen sich alle mal nicht so anstellen, is' ja schließlich Metal.

Ich habe selbst erst nach langer Zeit wieder die Erfahrung gemacht, dass die „heile Metal-Welt" eine infame Illusion ist. Ich habe es mir einige Jahre in meiner kleinen Blase gemütlich machen können, einer Blase, die sich dadurch auszeichnete, dass ich kaum wegging, mich nur mit Menschen traf, die einem nicht nach drei Sätzen schon auf die Nerven gehen, und alles andere ausblendete. Das funktioniert auf dem Dorf besser als in der Großstadt, von zu Hause aus arbeiten zu können ist auch ein Vorteil, nur geht die Isolation natürlich nicht auf Dauer auf. Auf Konzerten und Festivals ist es zwar auch nicht so schwer, vielem aus den Weg zu gehen, jedoch hatte die Entscheidung, meine Leidenschaft für Metal auf YouTube zu teilen, nicht nur Vorteile. Natürlich wird das Internet vor allem für eines genutzt: Ja gut, Pornos. Also es wird für mindestens zwei Dinge genutzt, neben Wichsvorlagen auch, um sein eigenes leeres Leben durch Beleidigungen und Missgunst mit was auch immer man daraus zieht zu füllen. Das ist bekannt, damit muss ein jeder leben, der sich in der Öffentlichkeit produziert. Allerdings wurde ich zu meinem Missfallen wieder an gewisse Archetypen erinnert, die ich über lange Zeit erfolgreich verdrängt hatte.

Drei Typen des Metal-Arschlochs:

Der Gatekeeper: Zugegeben, ich kannte diesen Begriff bis vor Kurzem selbst nicht. Er beschreibt aber eine Unart in der Metal-Szene, die nicht nur potenziellem Zuwachs die Freude am Einstieg nimmt,

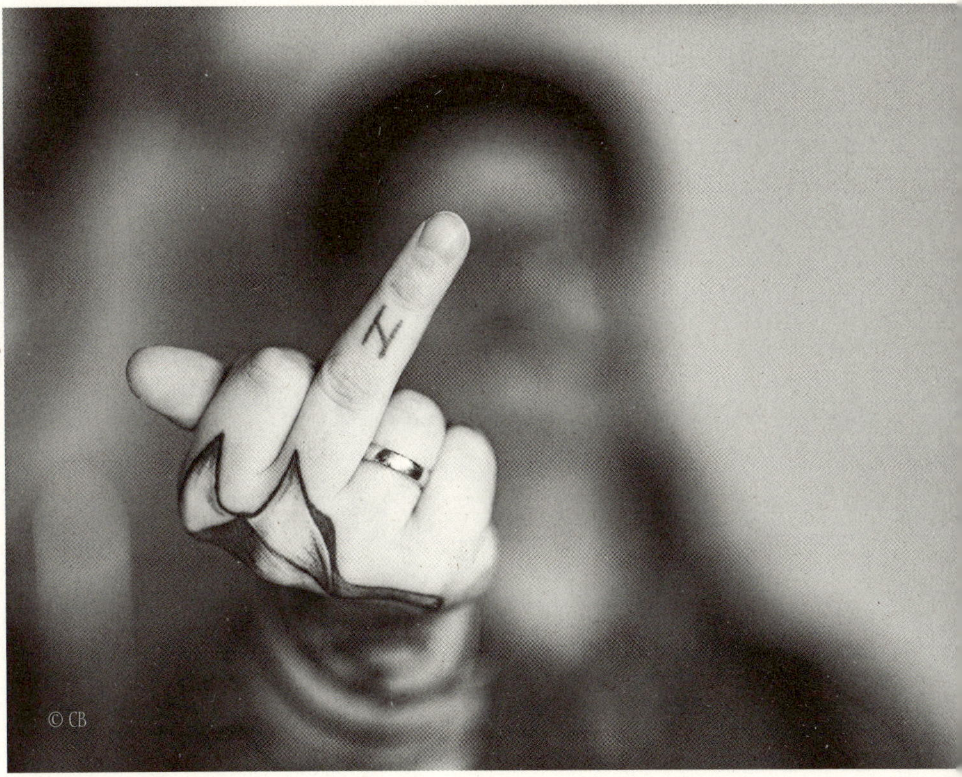

nein, diesen die Freude an diesem Zugang auch mit allen Mitteln nehmen will. Wie das Wort selbsterklärend zum Ausdruck bringt: Vor dem Tor, welches den Zugang zur erhabenen Welt des Heavy Metal verschließt, vor dem Tor Morias, steht ein Arschloch in Kutte und sagt: „Du kommst hier nicht rein, du hast das falsche Shirt an!" Oder keine langen Haare. Oder keine Ahnung. Gatekeeping ist der lächerliche Versuch, durch ohnehin sinnlosen Informationsverschluss und Barrieren die Szene vor unliebsamen Eindringlingen zu schützen, die, weil es eben so ist, im Metal nichts zu suchen haben. Durch Einstiegsparolen, die anfangen mit „Du bist nicht Metal, wenn ..." oder gleich „Du bist nicht Metal!" und vollkommen absurde Thesen, gewisse Musik sei nur einem bestimmten Kreis von Eingeweihten vorbehalten und dürfe von Unwissenden nicht gehört werden.
Bis in die Neunziger hinein war es vielleicht noch relativ einfach, solch unliebsamen Zuwachs unter Kontrolle zu halten. Früher brauchte es reichlich Geduld und Kontakte, um an bestimmte Platten jenseits des Metal-Mainstreams zu kommen, von diesen überhaupt erst zu erfahren – heute reicht ein Internet-Zugang. Sätze wie „Ich kenne da ein krasses Demo von so einem irren Soloprojekt aus Papua-Neuguinea" wurden früher mit Sicherheit durch respektvolles Raunen geadelt, heute wird fast alles bei YouTube hochgeladen. Für eine beeindruckende Plattensammlung, bei der es gar nicht mal nur um ihre allgemeine Größe, sondern die Quantität von Raritäten und Sammlerstücken geht, brauchst du heute kein explizites Szenewissen, Glück, exquisite Kontakte oder Geduld mehr, sondern Discogs und viel Geld.
Ich verstehe ja den Ansatz. Ich entdecke eine Band, die nicht jeder kennt, habe etwas Exklusives geborgen, natürlich möchte ich, dass diese Entdeckung etwas Besonderes bleibt, nicht feilgeboten wird wie jede andere Band da draußen. Ich möchte nicht mit Shirts von Bands rumlaufen, die jeder trägt. Will etwas für mich haben, etwas Eigenes. Aber einmal um die Ecke gedacht, sollte schon auffallen, dass es ziemlich dämlich ist, so zu denken. Was wird mir weggenommen?

Richtig, nichts. Aber in der Realität ist es dann doch so, davon kann ich mich auch heute noch nicht freimachen, wird das neu entdeckte Juwel einer breiten Öffentlichkeit bekannt, hat einen größeren Bekanntheitsgrad sogar beabsichtigt, geht auf das einstmals Besondere der Makel des Beschmutzten über. Hier findet sich dann auch ein Merkmal im Metal, welches vielleicht sogar noch von den Straßen Sutton Coldfields, Warwickshire, England herrührt, dem Geburtsort von Rob Halford: Um Erfolg wird keine große Sache gemacht. Ganz im Gegengensatz zum Rap ist es im Metal äußerst verpönt, erfolgreich zu sein, viele Platten zu verkaufen, gar Geld mit seiner Kunst zu verdienen. Ich höre es praktisch nie, dass mir eine Band erzählt, auch finanziell laufe es gerade richtig gut. Ausverkaufte Konzerte, ja, Vinyl schnell ausverkauft, ja. Aber Geld verdient? Darüber redet man nicht. Übrigens, ich schrieb irgendwann vor hundert Seiten, ich mache mir keine Mühe mit Gendern. Ich kann nicht alles relativieren, überall einlenken, um ja niemandem auf den Schlips zu treten. Aber im Schriftbild ist mir Gendern schlicht zu unästhetisch. Wenn mein Einwand nicht reicht, damit sich immer jedes Gänseblümchen auf der Wiese dieser wunderschönen Welt angesprochen fühlen kann, dann ist das so. Aber hier wähle ich ganz bewusst die maskuline Form, denn ich habe den Eindruck, dass es sich bei den drei Formen des Metal-Arschlochs vorwiegend um Männer handelt. Das finde ich durchaus spannend, und ich lasse mich da auch gern eines Besseren belehren, doch mein Eindruck ist, dass Frauen für so einen Scheiß gar keine Zeit haben. Denn so viele Damen ich schon leidenschaftlich das Schwert des Heavy Metal hab in die Höhe recken sehen, so selten bis gar nicht ist es mir untergekommen, dass das weibliche Geschlecht irgendwo hier einzuordnen wäre. Damit möchte ich nicht den Eindruck erwecken, Frauen seien etwas Besseres, arrogant gucken geht immer. Aber mal ernsthaft, Trolle im Internet, Elitisten, liege ich damit so falsch, dass dies die Domäne des Stehpinklers ist? Muss am Testosteron liegen.

Der Elitist & Besserwisser: Es ist keine rein dem Metal zuzuschreibende Unart des Menschen, zu jeder Zeit und Gelegenheit eine innere Befriedigung zu empfinden, Mitmenschen zu verbessern. Aber dieses impertinente Verlangen nach Klugscheißerei, mit welchem sich der Absender, oder Absonderer, zu jeder sich bietenden Gelegenheit über den Adressaten stellen muss, ist nicht nur unerträglich und in höchstem Maße lächerlich, sondern auch mit Vollgas im Metal angekommen. Der siebte Punkt meiner Liste „10 Merkmale des Metal-Arschlochs“ war mit Bedacht genauso formuliert. Bei aller Liebe zu dieser Musik, bei allem Verständnis gegenüber der Ruppigkeit seiner Hörer, „Wissen teilt man nicht oder gibt es freimütig weiter, entweder man hat es oder ist ein Poser!“, ist ein Lehrsatz, den es für erschreckend viele mit aller Macht zu verteidigen gilt.
Natürlich, dass Metal fürs Leben schult, sage ich auch nicht nur so dahin, Metal schult zur Selbstständigkeit, denn was hat einen größeren Wert als das selbst Erarbeitete? Aber mit was für einer selbstverliebten Arroganz manch einer seinen Wissensschatz hortet, um ihn ausschließlich gegen, nie für andere einzusetzen, grenzt an Debilität. Vor allem heute im 21. Jahrhundert. Wovon ich rede? Von „Du hast keine Ahnung von Metal“, ein Satz, der ausschließlich und immer eingesetzt wird, wenn es zu konstatieren gilt, der Gegenüber hat eine andere Meinung.
Aggressiv hervorgebrachte Behauptungen, alles, was gerade gesagt oder geschrieben wurde, sei falsch, ohne nach dieser Behauptung eine Erklärung oder Quellen anzuhängen, begegnen mir in sieben von zehn auf Beleidigung abzielenden Posts, die mir in Kommentarspalten im Internet unterkommen. Konkret: „Ich finde ‚Ride The Lightning‘ jetzt nicht so geil.“ „Alter, ‚Ride The Lightning‘ ist die beste Metallica, bist du dumm, oder was?“ Eine Erklärung, warum das zweite Album der Band dem einen nicht gefällt, ist dem anderen egal, denn irgendwer hat die ersten drei Metallica-Alben schließlich zu Klassikern erklärt, und deshalb ist es in Stein gemeißelt: Wer dieses Album nicht mag, hat keine Ahnung von Metal. Genau aus die-

sem Grund muss bei der „...And Justice For Jason" – entschuldige „... And Justice For All" – auch immer angemerkt werden, dass der Bass nicht zu hören ist, weshalb das Album nicht gut ist.
Nur, darauf will ich hinaus, eine für beide Seiten erfreuliche Diskussion zu diesem Thema ist beim Metal-Arschloch gar nicht vorgesehen. Im besten Fall wird noch hinterhergeschoben, dass Metallica ohne Cliff bereits am Ende waren, aber eigentlich wird hiermit auch nur die Phrase „Das Demo war besser" bedient. Mir beispielsweise ist bei der Entdeckung dieses Albums, ich war jung und das Album war meine erste CD, überhaupt nicht aufgefallen, dass da etwas fehlt. Ich schweife schon wieder total ab und schlage einen Haken Richtung Ausgangspunkt: Es wird viel zu wenig mit Spaß an der Sache diskutiert, der eigene Standpunkt wird auf Gedeih und Verderb verteidigt, es besteht gar kein Interesse, das Risiko einzugehen, sich in schwächlicher Selbstreflexion eingestehen zu müssen, der eigene Standpunkt könne überdacht werden. Ist alles nach „Master Of Puppets" Mist? Mit Cliff ist ein genialer Musiker von uns gegangen, das ist Fakt! Und es gilt ohnehin: Sich über andere zu stellen gehört sich nicht.
Es ist das Internet, welches immer wieder die ekelhaften Seiten des Menschen ins grelle Licht der Bildschirmoberfläche trägt. Und es sind Kommentare in den sozialen Medien, die mich hoffen lassen, Aliens haben keinen Zugang zu Facebook.

Der Metal-Proll: Verdammte Axt, wenn ich irgendetwas im Metal nicht vermisst habe, seitdem ich aufs Land gezogen bin, der Stadt und ihren Clubs den Rücken gekehrt habe, dann ist es dieses dem Begriff „Arschloch" sein Ausrufezeichen gebendes Exemplar Mensch: der Metal-Proll. Ich musste eine Weile überlegen, bis ich mich auf diesen Begriff festgelegt habe, und musste dafür wirklich lange abwägen, worüber ich hier eigentlich spreche. Lange, weil die Gefahr besteht, hier auch ungewollt Gruppen anzuprangern, die ich eigentlich gar nicht meine. Erst hatte ich den Typ Dorf-Metaller oder abfälliger, Metal-Bauer im Kopf. Dann musste ich aber an die wirklich schöne Zeit zurückdenken, als ich im hohen Norden eine Weile auf dem Dorf lebte und mit genau diesen Dorf-Metallern zu tun hatten. Metaller, groß geworden zwischen Traktoren, Zeltfesten und Busverkehr einmal am Tag. Einfache Typen. Berufswahl LKW-Fahrer. „Boah, Ernie, halt die Fresse! Nur weil man einmal in Hamburg 'ne Matebrause im Pudel getrunken hat, ist man kein Weltmensch." Ja schon klar! Aber woran ich denke? Mit Bier im Rucksack losziehen, beim Kollegen klingeln, die Eltern machen auf, rauf ins Zimmer, alles voller Poster, es läuft Children Of Bodom, eine handvoll Typen sitzen – alle in Kutte, aber in Socken – auf dem Bett oder auf dem Boden, es werden CDs auf Kassetten überspielt, einer hat einen Smurf-Metal-Sampler aufgenommen, Iron Maiden auf doppelter Geschwindigkeit. Es wird getrunken, gelacht, danach geht's auf ein Zeltfest oder vielleicht sogar in die Stadt. Jungs, euch meine ich nicht, es war großartig mit euch!

Ich glaube, das Personal, das ich meine, habe ich das erste Mal so richtig in der Stadt wahrgenommen. Heute vor allem im Internet. Dieses dickbräsige Klientel im Metal-Club, ja, das wird jetzt ein Drahtseilakt, und am Ende muss ich wieder relativieren, aber jetzt mal ungefiltert aus der Hose geschissen: Du kommst in den Metal-Club und erkennst ihn sofort. Selbstgefällig, (optisch) alt, stehen geblieben, mit hundertprozentiger Sicherheit trägt er ein Metal-Shirt einer der ganz großen Bands am Wanst, mit der Ästhetik einer Wurstpelle. Hat alles schon gesehen, weiß alles – und ganz wichtig, war früher schon dabei, und früher war es auch alles viel besser. Er erzählt auch ausschließlich davon, dass es früher besser war, denn heute ist alles scheiße.

Jetzt könntest du mir Redundanz vorwerfen, ich habe doch eben schon über den Elitisten gesprochen, aber nein, im Gegensatz zum Besserwisser, der einfach nur eine etwas unangenehme Form des Nerds ist, ist der Metal-Proll ein Arschloch, das seit Jahrzehnten immer nur die gleichen Bands hört, sich seit der für ihn großen Zeit des Metal kein Stück weiterentwickelt hat, aber fest davon überzeugt ist,

das Wissen gepachtet zu haben und den Metal mehr als irgendwer anderes, vor allem du, zu atmen. Kennst du Frauen, die so sind? Ich nicht, deshalb bleibe ich weiter beim Maskulinum.
Es ist diese stumpfe Arroganz, ohne auch nur irgendeine Leistung vollbracht zu haben, als am Leben geblieben zu sein. Von den Klugscheißern kannst du eventuell noch etwas lernen, auch wenn es schwerfällt, sich das einzugestehen. Der Metal-Proll ist einfach nur da, redet, wie ein Schwein kackt, und hat absolut keinen Mehrwert. Ich liebe es, wenn mir irgendwelche Typen in die Kommentarspalte defäkieren, dass man mich früher an einen Baum gebunden und angerotzt hätte. Denn früher war Metal noch knallhart, und so was wie mich hätte es da nicht gegeben. Was seine gesamte Weltanschauung zusammenfasst.
Doch bei all dem, was ich hier schreibe, wurmt es mich, wenn ich mich manchmal doch schmerzlichst wiedererkenne, obwohl ich doch viel lockerer geworden zu sein bekenne. Die Schattenseiten des Sturm-und-Drang hinter mir gelassen habe. Vor etwa einer halben Stunde hatte ich ein schönes Gespräch mit einem liebgewonnen Kollegen über die Problematik der Arroganz über sein angesammeltes Wissen, und er hat einen durchaus wichtigen Punkt angesprochen. Wir sind beide mit Fantasy-Rollenspielen groß geworden, und wer damit etwas anfangen kann, wird wissen, das waren in der Schule nicht die Themen, die einem auf dem Schulhof Respekt verschafft haben, im Gegenteil. Wer mit Metal und „AD&D" groß geworden ist, hat in der Schulzeit vermutlich seinen Schulranzen nicht nur einmal durch die Gegend fliegen sehen. Für Nerds und Metaller waren die Jugendjahre hartes Brot, und du hattest nur ein stumpfes Messer, das aber zu Hause neben der vergessenen Kniftendose auf dem Küchentisch lag. Manch einer musste für seine Leidenschaft bluten, wortwörtlich.
Und dann kam irgendwann „The Big Bang Theory", plötzlich war das Nerdsein cool, und die, die dich früher noch angewidert angeschaut hätten, schmücken sich nun mit etwas, das du für dich unter durchaus schmerzvollen Bedingungen noch verteidigen musstest. Es ist

sehr nachvollziehbar, dass eine solche Jugend nicht nur prägt, sondern auch ein gewisses Selbstbewusstsein, besser noch, Selbstwert mit sich bringt. Du hast für etwas gekämpft, es verteidigt und blickst vielleicht sogar mit einem gewissen Stolz auf deine Blessuren, die dir dieser erfolgreiche Kampf eingebracht hat. Mehr dazu im Kapitel „Verlierer". Rational vielleicht fragwürdig, aber emotional doch schon ein ganz anderer Schuh, dass nun wenig Verständnis aufgebracht werden kann, für eine Jugend, der heute, ja, zur Versinnbildlichung übertreibe ich wieder, alles mundgerecht serviert wird. Die heutige Jugend, jetzt rede ich selbst schon so, kennt es nicht, dass es Zeiten gab, in denen es etwas Besonderes war, ein bestimmtes Album hören zu dürfen, kennt die vorangegangenen Anstrengungen nicht. Das Internet stellt heute alles jederzeit abrufbar zur Verfügung. Während früher noch mit zittrigen Händen der Umschlag mit dieser einen Bestellung geöffnet wurde, die mit einem Umschlag mit Deutschen Mark bezahlt wurde, die man ohne die Sicherheit, je etwas dafür zu bekommen, verschickt hatte, kannst du dir heute jedes noch so obskure Demo aus Singapur auf Bandcamp anhören. Ja, das prägt, aber ist diese, sagen wir mal Überheblichkeit auch gerechtfertigt? Wird mir etwas weggenommen, nur weil nach der vierten Staffel „Stranger Things" plötzlich „alle" Metallica hören?
Ich sitze in diesem Fall zwischen den Stühlen. Früher war es wie gesagt etwas Beeindruckendes, dieses eine obskure Demo aus Singapur zu kennen, früher musstest du jedes Album, das du hören wolltest, physisch in den Händen haben, um es hören zu können, während du heute alles im Internet findest. Auf der einen Seite ist dadurch viel Spannung verloren gegangen, Musik hat vielleicht sogar etwas an Wert verloren. Aber ist es nicht toll, heute diese große Auswahl zu haben? Heute haben wir ohnehin das Wissen, dass Unwissenheit nichts mit fehlender Zugänglichkeit zu tun hat. Wobei heute das Problem vor allem darin liegt, mit dieser Masse an Informationen umzugehen. Wirklich leicht hat es keine Generation.
Sturm und Drang. Jaja, ich war auch mal wilder, und ehrlich gesagt

bin ich mir ziemlich sicher, dass mein jugendliches Ich in Zeiten der Entdeckung von Morbid Angel bis Darkthrone diesen versöhnlichen, älteren Ernie, der bei jeder kontroversen Aussage erst einmal drei Absätze Erklärungen nachschieben muss, nicht sehr gemocht hätte. Einen Ernie, der für den jungen ... Benni ... irgendwie viel zu viel von früher redet. Als ja alles viel besser war. Ich merke an Kapiteln wie diesem ganz besonders, was sich verändert hat. Ich bin ruhiger geworden, innerlich ruhiger. Ich finde es schöner, Wissen zu teilen, als wie Smaug auf seinem Schatz zu hocken und jeden, der sich nähert, grimmig anzufunkeln.
Natürlich gehen mir die erwähnten Charaktere, wie du sie nun einmal im Metal findest, auf die Nerven. Aber ich kann auch einfach den Browser schließen oder mich auf einem Festival woanders hinsetzen. Ich kann auch nicht ständig betonen, dass zu Metal auch eine gewisse Grobschlächtigkeit gehört, aber mich beschweren, wenn mancher Charakter seinem Frust ungefiltert freien Lauf lässt. Gehört alles zusammen. Was ich sagen will, eine Metal-Szene nur aus Ernies wäre der Horror. Es braucht einfach Arschlöcher. Wir gucken eh jeden Tag einem im Spiegel direkt in die Visage.

Brainstorming – das nervige Phrasen-Repertoire eines „wahren Metallers“:

1. *„Das ist kein Metal (mehr)!“*
2. *„Die waren früher besser!“*
3. *„Die Neunziger waren scheiße!“*
4. *„Wacken ist kein Metal!“*
5. *„Die Band ist überbewertet!“*
6. *„Irgendwas mit Sabaton.“*[91]
7.
8.
9.
10.

91 *hust“

Treffpunkt Plattenregal

- *„Hier, haste die Neue von, guck hier, schon gehört? Gestern angekommen, musste hören, so geil! Warte mal, ich spiel mal ... ne, besser den, ach egal, hier, so!"*

Eine in sich ruhende Nadel sinkt behutsam herab, legt sich in erwartungsvoller Stille sanft auf schwarzes Vinyl. Es knistert, bis eine bis zur Unkenntlichkeit verzerrte Gitarre lossägt, ein Becken wird krachend ange...

- *„Ach Mist, falscher Song, warte!"*

Unsanftes Brummer einer erschrockenen Nadel, ein schweigender Gast denkt an den letzten Getriebeschaden und nippt an seinem Bier.

- *„Jaaa, das isser! Geil oder?! Mann, der Song ist so stark, ich könnte ... ach, wenn du das magst, musst du unbedingt auch die hier noch, Moment, haben ja Zeit, ich hau die mal drauf!"*

- *„Schade, wurde gerade spannend, aber na ja, mal gucken, was da jetzt kommt", denkt der andere, nippt erneut an seiner Kaltschale und schaut einem aufgeregt zappelnden und referierenden Gastgeber zu, wie er das Vinyl vom Teller hebt, vorsichtig in die Schutzhülle steckt und neben die Box stellt.*

- *„Absoluter Hammer, hier guck mal, das Cover, Mann, klar, kein Marschall, aber das hat voll die Ausstrahlung. Sieht aus, wie die Platte klingt, oder?"*

**Während ein irritierter Gast versucht, das ihm für den Bruchteil ei-*

*ner Sekunde präsentierte Plattencover in sich aufzunehmen, schnellt die Nadel aufs Vinyl, es knistert, ein Intro erklingt.**

- „Geiiiiil, wie das schon anfängt, wie das anfängt, Mann, hör mal, hier, still jetzt, still ... sooo geil! Wusstest du, dass die das mit richtiger Hardware, kein VST-Schrott ... Ahhhh, stimmt, stehst du auf Ambient, ich hab da ...“

Anlage und Gast brummen, einer von beiden in sich hinein, immer mehr Platten gesellen sich neben der Anlage zueinander, immer mehr leere Bierflaschen sammeln sich auf dem Tisch, und man munkelt, es wurde irgendwann auch mal ein Song zu Ende gespielt.

Kommt dir bekannt vor, oder? Nicht? Dann lebst du ein Leben ohne eines der schönsten Rituale der Welt: mit Freunden zwischen Plattenschrank und Anlage Musik hören. Mit Kaltgetränken bis spät in die Nacht. Ganz wichtig dabei ist, das richtige Maß aus Entspannung und absoluter Hektik zu finden. Wobei die Hektik nur eine einseitige Erfahrung darstellt, denn während oft der Gastgeber, gut, ich rede hier von mir, in reiner Begeisterung eine Platte nach der anderen rauskramt, von Regal zu Regal flitzt und seinem Gast parallel möglichst alles präsentieren muss, was ihm gerade durch den Kopf geht, sitzt der Besuch gern daneben und versucht verzweifelt, auch mal was zu sagen. So vergehen die Stunden, und es soll im Rahmen des Möglichen sein, dass der Gastgeben gegen Mitternacht versucht, die Genialität von Merzbows „Pulse Demon“ begreifbar zu machen – anhand von je fünfzehn Sekunden währenden Hörproben.
Metal ist die Musik und das Plattenregal der Treffpunkt. Bin ich Gast und sehe eine gut sortierte Plattensammlung, bin ich begeistert und vergesse gern, nur Gast zu sein, während ich, den Gastgeber fast vergessend, murmle „Ich darf doch mal gucken“ und mit schräg gelegtem Kopf die Regale begutachte. Eine große Plattensammlung, was gibt es Schöneres. Ich erwähnte schon, welche Aussagekraft die

Kutte über ihren Besitzer hat, die Plattensammlung ist noch einmal ein ganzes Stück persönlicher, finden sich hier doch auch unter Umständen die sogenannten Guilty Pleasures. Ein Dauerthema: Musik, die einem irgendwie peinlich sein sollte, aber doch gern gehört wird. Da bin ich heute drüber hinweg, bereue dutzend verkaufte Tonträger, die ich heute gern wieder hören würde. Aber es gab Zeiten, da habe ich Body Count und Ugly Kid Joe weit unten im Regal einsortiert. Heute steht die alte Sesamstraßen-LP, ein Relikt aus Urzeiten, irgendwo zwischen Satan und Summoning.
Plattensortierung, schönes Thema. Heute sortiere ich meine Platten, wenn ich das sage, meine ich nicht nur das Vinyl, sondern auch meine CDs, stumpf von A bis Z, mit nur wenigen Ausnahmen. Separate Rubriken sind bei mir heute nur noch jeweils Dungeon Synth, Ambient, Noise, Synth Wave, Deutschpunk, Horrorpunk, Rap, Soundtracks und Sonstiges. „Sonstiges" besteht aus einer LP von Marlene Dietrich und zwei Otto-Platten. Das war mal schlimmer. Ich erinnere mich an Zeiten, da hatte ich einen eigenen Stapel für „Melodic Black Metal aus Österreich". Summoning, Abigor, Raventhrone, Angizia (auf die erste Split bezogen) und Dornenreich. Death Metal separat vom Black Metal, Gothic Rock und Dark Wave hatten auch ihre jeweils eigenen Fächer. Schwierig wurde es irgendwann, da wurde es mir dann auch zu blöd, als ich Ulver aufgrund ihrer Vielfalt in drei verschiedenen Rubriken einsortieren musste, weil mein innerer Monk sonst rebelliert hätte. Das Frühwerk unter Black Metal, „Lyckantropen Themes" unter Soundtracks, und der Rest stand für sich, weil ich solche Musik sonst überhaupt nicht in der Sammlung hatte. Als die Vinylsammlung irgendwann größer wurde, hatte ich genug und habe alles von Johnny Cash über Idle Hands bis Possessed hintereinander einsortiert.

Das Vinyl

Es ist ein Segen und ein Fluch mit dem schwarzen Gold. Verrückterweise fing meine Sammlung mit Vinyl an, ein sperriger, großer

Kasten mit eingebautem Radio war mein erster Plattenspieler. Scorpions' „Crazy World" drehte sich darauf, wie auch diverse EAV auf 7". Der ganze Punk wurde mir seinerzeit auf Kassette überspielt. Aber irgendwann hielt die CD Einzug im Hause Fleetenkieker. Vater mit einer durchaus ansehnlichen Schallplattensammlung stieg um, und auch ich kaufte mir Anfang der Neunziger meine erste kleine Kompaktanlage. Rückblickend war das ein großer Fehler. Hätte ich mir damals, obwohl ich schon ein paar Jährchen zu spät kam, alles an damals aktuellem Black Metal auf Vinyl geholt, hätte ich heute den Gegenwert eines Mehrfamilienhauses im Schrank.
Ja, es ist ein Segen und ein Fluch mit diesem Vinyl. Ich bin mittlerweile, aber auch erst seit ein paar Wochen, vom „Vinyl only" runter. Es gab Zeiten, da habe ich ohne mit der Wimper zu zucken gern das Doppelte für die Platte im Vergleich zur CD bezahlt, habe gute Alben ignoriert, weil sie nur auf CD erschienen sind, habe Unsummen ausgegeben, nur um bestimmte Platten zu besitzen, deren Version auf CD gerade verramscht wurde. Denn CDs sind nichts wert, Liebhaber kaufen Vinyl. Habe ich jetzt zwar nie so dramatisch gesehen, aber ich für mich wollte alles auf 12" haben. Das große Cover, die Haptik, das Ritual. Die Platte aus der Hülle ziehen, aus der Schutzhülle nehmen, auflegen, den Staub mit der Plattenbürste wegschrubben, vorsichtig die Nadel auflegen. Das Knistern. Heimelig, wunderschön. Und dann brettern Toxic Holocaust mit „Evil Never Dies" los.
Bis heute bereue ich es nicht, über Jahre viel zu viel Geld ausgegeben zu haben und dass ich eine deutlich größere Sammlung hätte haben können, würde ich CDs sammeln. Vinyl ist einfach von den fünf Tonträgervarianten (Vinyl, CD, Kassette, Download, Diskette) die stilvollste. Das weiß allerdings auch der Markt. Und nutzt es aus, wie es so die Sache des Marktes ist. Klartext, ich bin heute nicht mehr bereit, dreißig Euro für eine Platte zu bezahlen. Zumal sich mittlerweile Ärgernisse eingeschlichen haben, die mir die Freude am Vinyl-Kult nehmen. Natürlich, im Vergleich zu früher wirken Platten heute wertiger. 180 Gramm verglichen mit den alten Scheiben aus

der Sammlung von Vaddern, da kannste durchgucken, so dünn sind die. Auf der anderen Seite wird heute viel liebloser produziert. Und ich muss hier gar nicht die Dose des „Audiophilen" aufmachen, es ist eh behämmert, eine Anlage für fünftausend Tacken in der Bude stehen zu haben und dann vor allem von Kassettenmaster auf Vinyl gepresste Demos zu hören. Vinyl ist heute ein Statussymbol, und das wird gnadenlos ausgenutzt. Neben überforderten Presswerken wird möglichst jedes Re-Release auf Doppel-LP rausgebracht, manchmal sogar ohne den Umweg über ohnehin sinnloses Bonusmaterial. Dann halt auf 45 rpm, klingt ja besser. Noch mal, Ulvers „Nattens Madrigal"

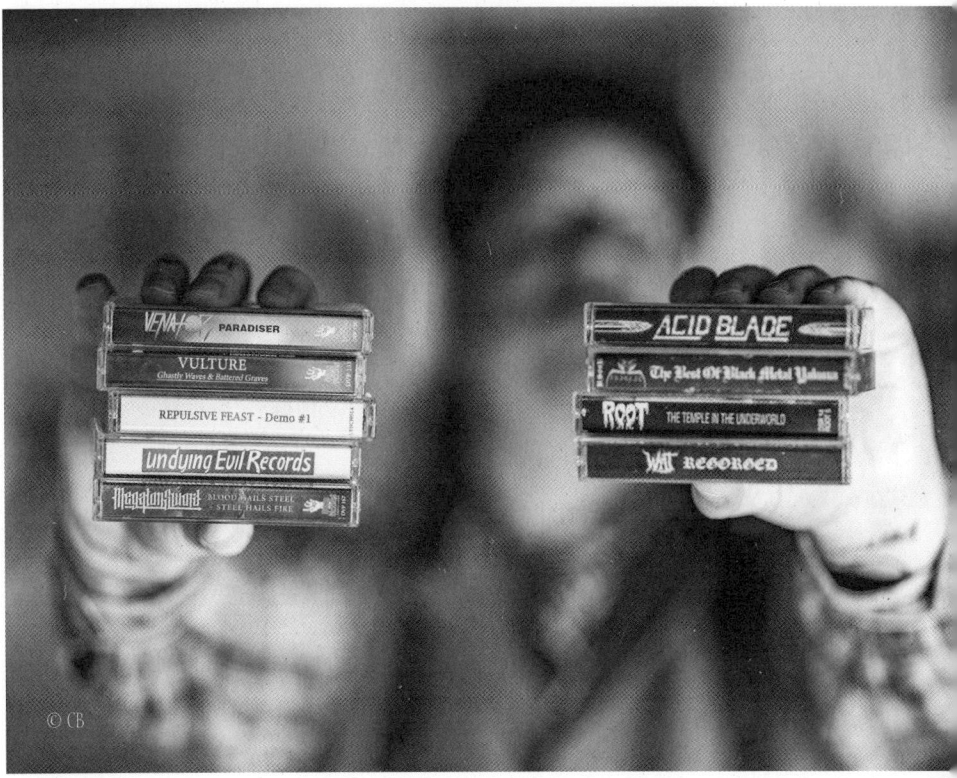

© CB

ist nicht Pink Floyd „The Dark Side Of The Moon".
Was bleibt mir, außer Zynismus? Natürlich ist eine wertige Anlage was Tolles, natürlich gibt es richtig geil produzierten Metal, aber unter dem Banner des Kultes, unter dem Deckmantel der Qualität, unter Ausnutzung des Hypes wird ein Sammler heute einfach nur verarscht. Die Qualität nimmt immer mehr ab, noch nie hatte ich so oft Probleme mit unsauber geschnittenem Vinyl. Die Preise haben einen Grad der Lächerlichkeit erreicht, dass ich mir mittlerweile auch wieder CDs kaufe. Es ist nicht das Gleiche, merke ich immer wieder, wenn ein Paket mit Platten und CDs ins Haus flattert, aber so sehr ich immer wieder betone, der Vernunft im Leben nicht zu viel Raum zu gewähren, irgendwann geht das Portemonnaie halt nicht mehr auf. Um allerdings der Liebe zum Vinyl hier nicht mit solch harschen Worten den Zauber zu nehmen, es gibt natürlich heute immer noch viele Labels, die mit Liebe zum Detail arbeiten, LP-Editionen herausbringen, bei denen der Fan selbst im Herzen eines Labelchefs noch zu spüren ist – und dann ist das Zugreifen einfach für alle Seiten ein Gewinn.

Die CD

Welches Jahr es jetzt genau war, keine Ahnung, irgendwann kam mein Vater mit den ersten CDs nach Hause. Und es dauerte nicht lange, bis ich mir von hart erarbeitetem Geld und gespartem Taschengeld meine erste Kompaktanlage gekauft habe. Meine erste CD? Metallica „...And Justice For All". So zwiespältig ich auch manchmal über Metallica spreche, mit unter anderem dieser CD bin ich groß geworden, und ich kenne sie in- und auswendig. Was danach alles folgte, kannst du dir über diese Lektüre zusammenreimen, den Höhepunkt meiner CD-Sammlerei habe ich mit vielleicht knapp tausend CDs erreicht. Der Umstieg auf Vinyl war fließend, nicht abrupt, aber irgendwann verlor die CD für mich derart an Wert, dass ich meine CDs bis vor wenigen Wochen noch in einem ganz anderen Raum stehen hatte.
Auch heute spüre ich noch nicht die endgültige Überzeugung, ob-

wohl ich viele Vorteile genieße. Was mich an diesen verdammten Doppel-LPs so nervt, ist, alle zehn Minuten aufstehen zu müssen, um ein Album zu hören, das eigentlich nur fünfundvierzig Minuten Spielzeit hat. Und The Ruins Of Beverast zum Beispiel ist einfach keine Musik, bei der du überhaupt die nächsten siebzig Minuten aufstehen möchtest. Jetzt ist Ván Records natürlich ein tolles Label, eines derer, wo noch mit Liebe gearbeitet wird, aber es war durchaus eine Band wie The Ruins Of Beverast, bei der ich am Überlegen war, auf CD umzusteigen, weil das eigentlich geschätzte Ritual des Platte-Umdrehens hier der Magie der Musik und dem Herausgerissen-Werden aus Alptraumwelten gegenübersteht. Ach so, keine Ahnung, worum es gerade geht? „Rain Upon The Impure" anhören und zurücklehnen!

Der Download/Streaming

Jetzt wird es schwierig. Ich glaube, dass sich heute vor allem zwei Hardliner gegenüberstehen: der Vinyl-Enthusiast, der sich zum Leidwesen seiner Mitbewohner über die ganze Wohnung auszubreiten vermag, und der konsequente Digital-Fanatiker, der nicht mehr bereit ist, in seinem Heim die Tonträger zu stapeln. Meine Position sollte klar sein: ein Heim, bis zur Decke vollgestopft mit Büchern, Platten, Nerdzeug. Das ist Sex. Selbst wenn für GV kein Platz mehr ist. Aber bei allem, was ich über die heutige Herangehensweise beim Entdecken und Erschließen neuer Musik gesagt habe, denn uns Ernie, oh ja, der musste noch kämpfen für seine Musik, ist es doch so! Musikliebhaber haben es heute deutlich einfacher, bequemer und ja, auch besser. Und das kann doch auch mal so stehen gelassen werden, ohne die Schublade „Wertschätzung" wieder zu öffnen. Ich habe über YouTube so viel tolle neue Musik entdeckt, sicher nur einen Bruchteil davon gekauft, aber ich gebe immer noch sehr viel Geld für Musik aus.

Für den goldenen Orden der „Wertschätzung von Musik" muss nicht zwangsläufig die ganze Bude voller Plattenkisten stehen. Wenn jemand für sich entscheidet, zu Hause keinen Platz zu haben und Musik ausschließlich digital kauft, dann ist das doch in Ordnung, ebenso wie eben irgendeinen Streamingdienst zu abonnieren. Die Annahme, Streaming zerstöre den Markt, ist einfach ein Trugschluss. Nur weil du zehntausend Klicks auf dein Album bekommen hast, heißt das noch lange nicht, du hättest ohne Streaming zehntausend Alben verkauft.[92] Wenn überhaupt, muss hier vor allem bedacht werden, dass 1980 vielleicht zweiundvierzig Metal-Alben rauskamen, 2022 dann achttausendvierhundertsechs.[93] Wie viele hast du davon im Schrank? Aber das ist ein anderes Thema, für eine Diskussion mit Menschen, die mehr Plan von Wirtschaft haben als ich.

Die Kassette – ein Gedanke

Auf einen ausgesprochenen, im Verhältnis harmlosen, aber vielleicht nicht ganz unbedeutenden Irrsinn dieser unserer heutigen Zeit bin ich gestoßen, als ich mir im Internet kürzlich ein Kassettendeck bestellt habe. 2019. Im Internet. Mit dem Smartphone. Über Wifi … ein Kassettendeck. Vor Jahren habe ich einen Sack von Tapes über den Jordan geworfen, weil mir dieses Medium zum Musikhören dann doch zu antiquiert geworden war, aber auf unerklärliche Weise hat sich schon wieder ein ganzer Stapel Tapes angesammelt. Es war nicht das erste Mal, dass in meinem Leben Nostalgie eine rationale Entscheidung mit einem schmackigen Flying-Elbow vom obersten Ringseil ausknockte, in flimmernder VHS-Optik, wir verstehen uns.

Ich rede hier ganz klar von Rückwärtsbewegung, Rückbesinnung. Ob es was mit dem Älterwerden zu tun hat – und jeder weiß, ab Mitte/Ende dreißig denkt jeder, jetzt ungestraft Sätze beginnen zu dürfen mit „Früher …“ oder „Als ich in deinem Alter war …“ –, ob es was damit zu tun hat, dass ich durchaus langsam nervös denke „Na ja,

---

92 Natürlich ist das Thema etwas komplexer, wobei ich nach wie vor finde, dass Bands mit der Zeit gehen müssen. Gerade jungen Bands kann ich nur einen einfachen Tipp geben: Macht Merch! Macht geiles Merch! Mit dem Verkauf von Tonträgern oder Klicks auf Streams wird heute kein Geld mehr gemacht, das ist so. Aber Merchandise wird immer gekauft.

93 Quelle: www.metal-archives.com.

kacke, so langsam habe ich die Hälfte meines Lebens aber echt rum", der verklärte Blick zurück erspart schließlich den realistischen Blick nach vorn. Was hinter einem liegt, selbst wenn es nicht so doll war, kennt man wenigstens. Im Gegensatz zu dem allnächtlichen Terror vor der Zukunft. Ich glaube, das alles hat gar nicht so viel mit einer Midlife-Crisis zu tun, denn vielmehr mit einer Schwierigkeit, sich in der heutigen Zeit zurechtzufinden. Es ist alles zu schnell, und es wird immer schneller, alles zu viel, zu komplex, unübersichtlich ... Ein Blasphemy-Album hingegen ist einfach.

Es fehlt absolut die Zeit, sich mal hinzusetzen, durchzuatmen, zu besinnen, erst mal alles zu verarbeiten, weil da kommt ja schon das Nächste, und da will wieder irgendwer irgendwas von einem. Und dann der Nächste, und noch einer. Und man will einfach nur losschreien. Und dann fliehst du in die Musik, den sichersten Ort seit ... immer. Und selbst hier macht der gefühlte Zeitraffer keinen Halt: hier ein neues Album, da eine neue Band, hör hier mal rein, check die mal aus ... Wann hab ich das letzte Album gehört wie mit dreizehn „The Number Of The Beast", tausendmal hintereinander? Standen ja auch nur fünf bis sieben Platten im Regal. Der geneigte Zeitgeistverachter hasst alles; die Schnelllebigkeit, die Entwicklung in der Musik, Oberflächlichkeit, Playlisten, keine Alben mehr, nur noch einzelne Songs, die Möglichkeit bei YouTube, Videos auf eineinhalbfacher Geschwindigkeit zu gucken, damit noch mehr konsumiert werden kann, noch mehr in sich hineingestopft werden kann, nicht für den Seelenfrieden, für die Ruhe im Kopf, aber um überall mitreden zu können.

Und da will man die Stopptaste drücken. Nicht mit der Maus, nicht dieses Scheißklicken am CD-Player, und manchmal ist auch der Tonarm am Plattenspieler zu fragil. Ein schöner Stoppknopf eines guten alten Kassettenrekorders. Bei dem es noch richtiger Kraft bedarf, wo es nicht klickt oder piepst, sondern schnarrt und rattert, quietscht und spult und rumst! Das fühlt sich plötzlich so echt an, so befriedigend. Und das ist es doch, die Suche nach dem Echten, dem Spür-

baren, etwas Greifbarem aus einer Welt, die man glaubt zu kennen. Weil man sie erlebt hat.
Ich werde meine Sammlung mit großer Sicherheit nicht auf Kassette umstellen. Die Kassette ist von den vier gängigen Musikmedien das unpraktischste und auch das vom Sound her schlechteste. Doch da wird es spannend. Denn der Hype ist real. Dass sich das Konsumieren von Musik am PC über Playlisten bei manchen Musikliebhabern und Nerds nicht durchsetzt, ist klar. Digital vs. analog war die logische Konsequenz. Vielleicht nur, um sich abzuheben, wer weiß. Platten haben trotzdem größere Cover als CDs. Immer noch einen draufsetzen. So war es auch nicht ganz überraschend, dass ein mir vertrautes Label kürzlich mit Promos auf Disketten bemustert wurde. Ich bin offensichtlich nicht der Einzige, dem es so geht, wie es ihm geht. Irgendwas läuft in die falsche Richtung, und weil mir die Kompetenz fehlt, das große Ganze zu begreifen, suche ich die Erklärung dort, wo ich mich wohlfühle: in der Musik – die immer ein Spiegel des großen Ganzen ist. Und es macht so irgendwie auch Sinn, die Überflutung mit Musik, die Masse, die auch in diesem Rückzugsort über einen hereinbricht.
Aber dagegen muss sich gewehrt werden. In der realen Welt da draußen ist der Einzelne oft machtlos, aber wo, wenn nicht hier, bestimmst DU, was gespielt wird. Und da ist es scheißegal, ob von MP3, CD, Platte, Kassette, Diskette oder mit Muschel-ans-Ohr-Halten. Scheiß auf alles, hör, was dir gefällt, wie es dir gefällt – schmeiß alles raus, was du nicht brauchst, das Leben ist zu kurz für Scheiße, es ist aber nie zu kurz, um nicht wenigstens einmal am Tag innezuhalten, sich hinzusetzen und ein Album zu hören, in Ruhe, nicht beim Abwasch, der Steuerklärung. Hinsetzen, abschalten und denen zuhören, die was zu sagen haben, die fünfundvierzig Minuten ihr Herz ausschütten, weil sie genauso wenig mit all dem da draußen klarkommen.

Warum „Wayne's World" der beste Metal-Film überhaupt ist, und darüber brauche ich jetzt auch gar nicht diskutieren, mach es aber trotzdem.

Warum „Wayne's World" der beste Metal-Film überhaupt ist? Zugegeben, spitzfindig betrachtet hat der 1992 erschienene Streifen (Regie: Penelope Spheeris) nur wenig bis gar nichts mit Heavy Metal zu tun. Da mag jetzt der eine oder andere „This Is Spinal Tap" (1984) ins Rennen schicken. Na klar, grandioser Film, eine der besten Musiksatiren überhaupt. Wobei, Satire? Oder „Ragman"/ „Trick Or Treat" (1986) mit unter anderem Ozzy als Priester. Düster, okkult, best viewed in ausgenudelte-VHS-Kassette-Charme. Oder von 2015 „Deathgasm", alles dabei, Splatter, Metal, ja, was denn noch? Das Spiel können wir bis zum Morgengrauen fortführen. „Detroit Rock City" (1999), „Heavy Trip" (2018), „Heavy Metal" (1981), „The Pick Of Destiny" (2006), „Metalhead" (2013) oder auch, in Sachen Spirit, „Bill & Teds verrückte Reise durch die Zeit" (1989). Auch, obwohl eine Doku, „Anvil! Die Geschichte einer Freundschaft" (2008). Wenn ich darüber nachdenke, ist die Anvil-Doku irgendwie die Real-Life-Version von „Wayne's World", und das ist nicht böse gemeint.

Am besten ist es, wenn Heavy Metal zwar vielleicht mit einem Augenzwinkern behandelt, aber nicht der Lächerlichkeit preisgegeben wird, was leider in sehr vielen Filmen der Fall ist, die sich mit der bestesten Musik der Welt befassen. Und entschuldige, den vermutlich metallischsten Metal-Film der Metal-Filmgeschichte habe ich fast vergessen: „Conan der Barbar" (1982)! Ach jaaa, einer noch, DIE Jugenderinnerung schlechthin: „Beavis & Butt-Head"! All diese Filme mögen im Detail mal mehr, mal weniger mit Heavy Metal zu tun haben als „Wayne's World". Ein Blick auf den Soundtrack gefällig? Queen, Cinderella, Red Hot Chili Peppers, Ugly Kid Joe, Soundgarden,

Eric Clapton. Okay, auch Black Sabbath und Alice Cooper.
Das sollte jetzt aber nur für die Kategorie Neunmalkluge ein Problem sein, die auch bei Motörhead und AC/DC immer und in besserwisserischem Tonfall konstatieren müssen, dass es sich bei Motörhead und AC/DC keinesfalls um Heavy Metal handelt. Ja, weiß ich. Weiß jeder. Aber wer gerade keine Bachelor-Arbeit mit dem Titel „Was ist Heavy Metal, und zwar wirklich Heavy Metal, so trve ich hier stehe" schreibt, kann sich vielleicht auch für einen kleinen Moment damit abfinden, dass Motörhead und AC/DC zwar formell kein Metal, aber ein nicht wegzudenkender Bestandteil dieser Musikszene sind.

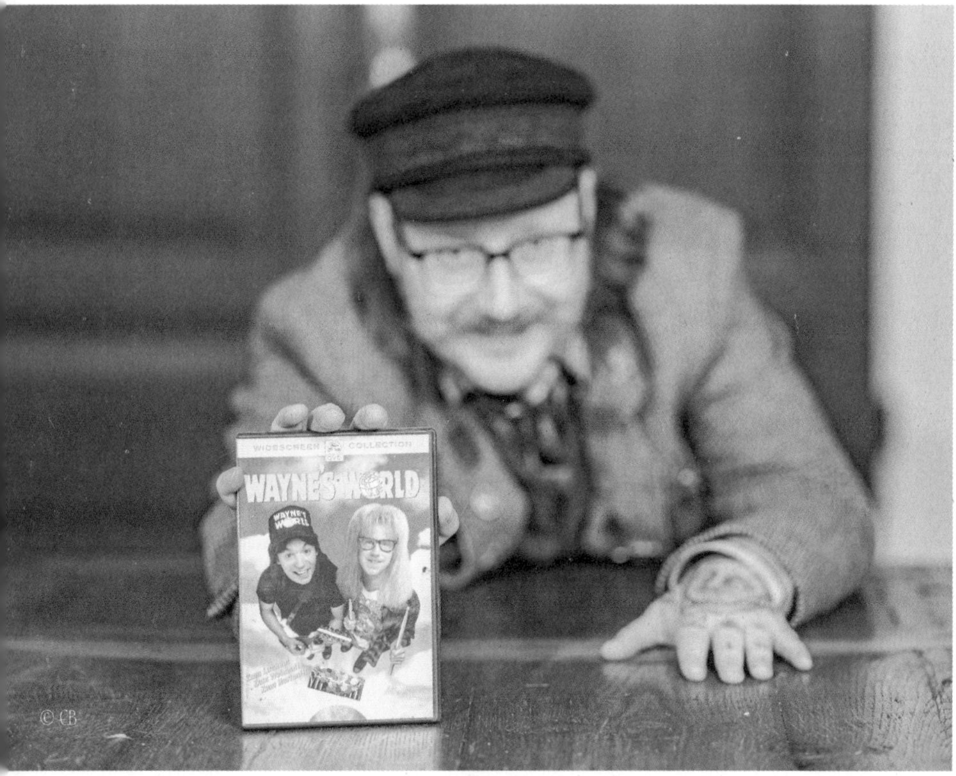

Nebenbei bemerkt, den größten Metal-Faktor im Film hat definitiv Garths Zimmer. Einfach mal drauf achten!
„Wayne's World" hat etwas, das keiner der anderen genannten Filme hat, etwas, das bei der Premiere im Kino einen wahnsinnigen Eindruck auf mich als Zwölfjähriger gemacht hat und mich auch heute noch berührt, wenn ich den Film zum hundertsten Mal sehe. „Wayne's World" schafft es, auch wenn es objektiv „nur" eine recht leichte Komödie ist, mit einem beeindruckenden Fingerspitzengefühl, den Spirit des Heavy Metal, wie ich ihn verstehe, auf die Leinwand zu tragen. Etwas zu berühren, was wir alle kennen, wenn ich denn jetzt mal verallgemeinern darf. Außenseiter sein, Loser, aber kein Idiot! Leidenschaft und Leichtigkeit, aber immer wieder im Kontrast und in der Konfrontation mit der harten Wirklichkeit.
Auf den Punkt gebracht: Zwei Außenseiter, Wayne Campbell und Garth Algar, sitzen mit ihren Kumpels im Keller des Elternhauses und produzieren eine Fernsehshow. Ohne „Bling Bling", naiv, aber voller Hingabe: „Wayne's World, Wayne's World, Partytime, Excellent!" Da muss keine tiefenpsychologische Analyse in Auftrag gegeben werden, es geht um Party, Spaß! Bescheuerte Ideen haben und diese nicht nur hypothetisch bei einem Glas IPA wohlgesonnen belächeln, weil man ist jetzt ja erwachsen, NEIN, auch MACHEN! Wer würde bei klarem Verstand auf die Idee kommen, eine Fernsehshow zu produzieren, einfach nur aus Bock?! Und dann kommt das fucking Business und zerstört alles. Der Plot ist kein Scorsese, ganz klar, aber der Film war und ist für mich zu hundert Prozent Heavy Metal!
Spirit! Ich weiß nicht, wie es dir geht, aber ich muss mir ja selbst eingestehen, dass das, was ich eben mit dem „Erwachsenwerden" noch auf die Schippe genommen habe, bei mir viel zu sehr Einzug gehalten hat. Natürlich, man ist keine zwanzig mehr, aber „man ist keine zwanzig mehr" als verdammte Ausrede zu benutzen, nur noch zu Hause zu sitzen und in der Vergangenheit zu schwelgen, weil früher war ja noch alles so wild, und man könnte heute ja nicht mehr ... Ja, was kann man denn heute nicht mehr? Ja klar, saufen, als ob in der Stammdisco Mark-

tag ist, und dann am nächsten Tag zur Arbeit erscheinen – gut, das geht vermutlich wirklich nicht mehr, wenn der dreißigste Geburtstag nur noch graue Erinnerung ist.
Die vermutlich schönste und bekannteste Szene in „Wayne's World": fünf Freunde unterwegs in der alten Schrottkarre. Absoluter Bestandteil einer jeden Jugend. Wer kennt das nicht? Auf dem Weg zur Party, Tapedeck an, Freddie spricht. Seit diesem Film ist ‚Bohemian Rhapsody' ein legitimer Metal-Song für mich.
Nostalgie! Der immer häufigere Blick zurück. Aber eben, dass man sich nicht damit abfinden will, auch nicht muss, dass man jetzt, klassische Phrase „erwachsen ist und sich auch so verhalten müsse", und alles eine Form annimmt, gegen die man früher mit allen Mitteln gekämpft hat. Und wenn es nur die Inkaufnahme von mächtig Ärger zu Hause bedeutet hat, wenn man halt, leicht wankend, ein bisschen später nach Hause gekommen ist, weil das letzte Bier immer doch erst das vorletzte war.
„Wayne's World" bedient sich klassischer Stereotypen. Der eine immer viel zu betrunkene Freund, der klassische langhaarige Frauenheld, der rücksichtslose erfolgreiche Geschäftsmann, der Boss, weltfremd, aber ein „Ich hab mir das alles selbst aufgebaut"-Typ. Die viel zu attraktive Freundin für den viel zu nerdigen Typen. Oder aber: der redselige Türsteher, der psychopathische Imbissbudentyp (Al Bundy!), der intelligente, reflektierte Rocker Alice Cooper! Und Wayne und Garth.
Ich kann hier natürlich nicht für jeden sprechen. Aber ich habe mich immer ein wenig wie Wayne gesehen, den lockeren, witzigen Typ mit diesem einen Traum. War aber vermutlich immer mehr der Typ Garth. „Wartet, ich bin auf meinen Schlüssel gefallen" war Ausdruck meines Leben als jugendlicher Metal-Fan.
Ich habe den Film neu entdeckt für mich. Früher, mit zwölf, waren es diese Coolness, das Lebensgefühl und ja, irgendwie die harte Musik – mir fiel das auch gar nicht auf, dass es, nüchtern betrachtet, gar nicht um Heavy Metal ging. ‚Foxy Lady' war auch so hart, danke, Mr. Jimi Hendrix! Heute sehe ich den Film mit etwas anderen Augen. Ver-

misse natürlich die alte Zeit, im Auto mit Freunden übers Tapedeck Gebretter hören.
Heute erinnert mich der Film vor allem daran, wie zeitlos beschissen das ganze Musikbusiness läuft. Auf meinem Weg vom zwölfjährigen zum nun über vierzigjährigen Ernie ist viel Naivität verloren gegangen. Niemals die Leidenschaft, aber oft wäre ich gern wieder der Wayne oder Garth aus den ersten Szenen des Films, die einfach nur machen. Nicht die geläuterten Jungs am Ende, die nun halt wissen, wie es läuft. Ich würde nichts rückgängig machen, mein Leben ist mein Weg, aber – und das macht „Wayne's World" für mich so toll – diese neunzig Minuten erinnern daran, was wichtig ist, worum es geht. Und auch, was einfach nicht wichtig ist und was vielleicht fehlt.

Beste Erinnerungen:

„Schwiiiing!"
„Wir sind unwürdig."
„Sie wird mal mir gehören, oh ja!"

Und sonst so?

Nein, so kann ich dich jetzt nicht ins nächste Kapitel entlassen, hier fehlt noch was. Ein paar Filme muss ich dir noch an die Hand geben. Zwar glaube ich, dass ein Buch mit dem Titel „Metal, seine Filme" durchaus seinen Reiz hat, aber ich habe ja schon mein Projekt „666 Alben, um aus der Kirche zu fliegen" ins Rennen geschickt. Das werde ich zwar auch niemals umsetzen, aber bevor du ebenso vergeblich auf mein Filmbuch wartest, hier ein paar Tipps für die Abendgestaltung:

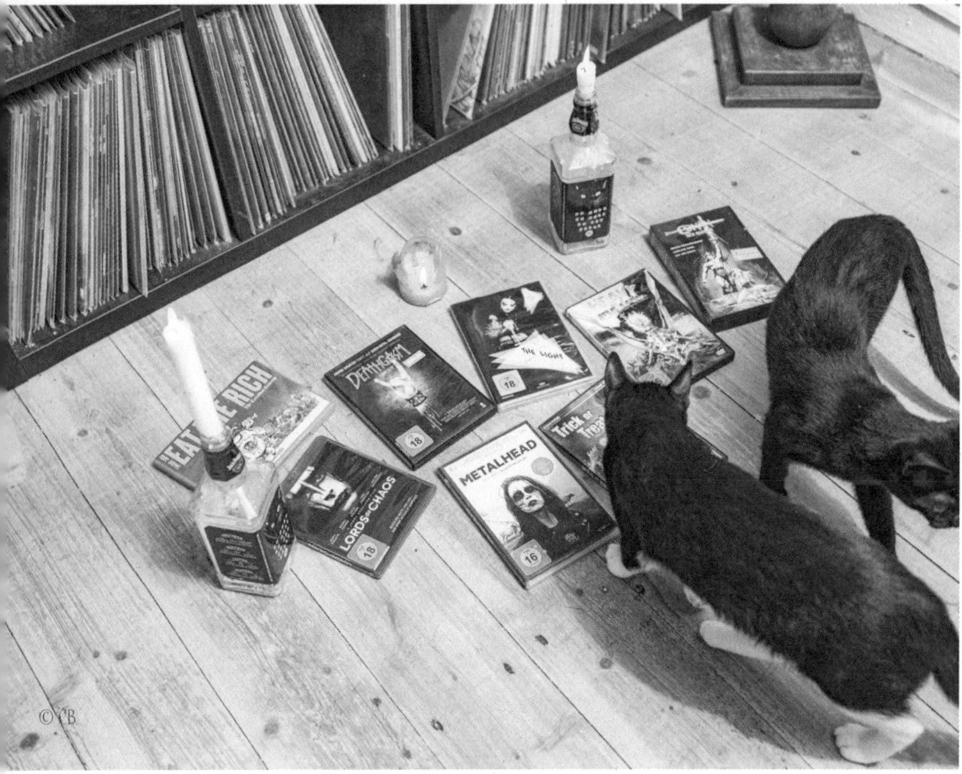

Captain & Elvira inspizieren das Abendprogramm

This Is Spinal Tap
(1984, Regie: Rob Reiner)

Die Mutter aller Metal-Filme. Mann, ist das lange her, dass ich den Film das erste Mal gesehen habe. So lange her, dass mein jugendliches Ich den grandiosen Humor dieser Mockumentary noch gar nicht richtig verstanden hat. Klar, die Stonehenge-Szene ist legendär, und ich lachte bei der Szene, als der Basser Derek Smalls auf der Bühne in seinem Kokon feststeckte. Und bis heute will ich einmal die Erfahrung machen, mich auf dem Weg vom Backstage zur Bühne gnadenlos zu verlaufen. Was ich heute sehe? Eine ganz normale Banddoku. Es ist schön zu lesen, dass Rob Halford in seiner Bio „Ich bekenne" trocken schreibt, dass er alles aus „This Is Spinal Tap" so oder so ähnlich schon mit Judas Priest erlebt hat. „This Is Spinal Tap" schauen, danach einfach den Anvil-Film. Mehr Liebe geht nicht, so viele Details, so viel Wahrheit. Einfach schön!

Deathgasm
(2015, Regie: Jason Lei Howden)

„Deathgasm" ist der beste Metal-Film des 21. Jahrhunderts. Was ist die große Kunst eines guten Metal-Films? Genau, der Film soll Spaß machen, das Sujet aber ernst nehmen. Aber auch nicht zu ernst. Es muss einfach deutlich werden, dass die Macher hinter diesem Film Ahnung von der Materie haben und nicht zwei Tage vor Drehbeginn „Metal" bei Google eingegeben haben. Jeder Maniac erkennt sofort, mit wie viel Sachverstand gearbeitet wurde, vor allem an den Postern, Shirts und Aufnähern. „Deathgasm" macht alles richtig. Der Film ist lustig, blutig, beste Abendunterhaltung und der Soundtrack geilomatikus. Emperor, Skull Fist und Midnight, noch Fragen? Ja gut, diese eine Corpsepaint-Szene zum Fremdschämen muss wohl sein, du findest sie selbst, aber scheiß der Hund drauf. Eine Metal-Band findet einen Satz Notenblätter, spielt diese, und alle verwandeln sich in Zombies. Wenn du mehr brauchst, guck halt „Der Pate".

Metalhead
(2013, Regie: Ragnar Bragason)

„Metalhead" ist der beste Metal-Film des 21. Jahrhunderts. Ach verdammt, den Spruch hatte ich ja gerade schon. Tja, was einen guten Film ausmacht, ist vermutlich Geschmackssache. „Metalhead" ist der wohl größtmögliche Gegensatz zu „Deathgasm". Sehr ruhig, ernst, voller Schwermut. Die junge Protagonistin verliert ihren Bruder durch einen Unfall und nutzt die Energie des Metal, um das Geschehene zu verarbeiten. Wichtig ist der Schauplatz: Island. Irgendwo an anderer Stelle sprach ich über Island. Es ist ein anderes Leben, und auch wenn ich das hier jetzt vielleicht überdramatisiere, die Umgebung, die Weitläufigkeit, die archaische Natur wecken in mir eben dieses Gefühl der besagten Schwermut. Davon lebt „Metalhead", ein in meinen Augen sehr unpassender Titel, aber was soll's. Es gibt eine Vice-Doku über Black Metal, in der ein Reporter-Team Gaahl durch Eis und Schnee den Berg hinauf zum Haus seiner Großeltern begleiten soll. Schau es selbst, das Verhalten des Teams spottet jeder Beschreibung, aber genau diese Wanderung Gaahls in klirrender Kälte drückt viel vom Gefühl des Films „Metalhead" aus. Eine andere Seite des Metal, eine sehr verletzliche Seite.

Lords Of Chaos
(2018, Regie: Jonas Åkerlund)

Black Metal filmisch darzustellen ist ein Drahtseilakt, und so waren die Kritiken vor und nach Erscheinen auch vorhersehbar. Ob nun Kritik am Cast, an Regisseur Jonas Åkerlund, einstiger Drummer von Bathory, oder über den Frevel, den Film nicht in Schwarz-Weiß mit einer Kartoffel gedreht zu haben – es war alles dabei. Natürlich war ich auch skeptisch, aber nachdem ich diesen Film mittlerweile vier Mal gesehen habe, kann ich zumindest für mich sagen, dass der Versuch, die Ereignisse rund um den Mord an Euronymous durch Varg Vikernes cineastisch zu erzählen, gelungen umgesetzt wurde. Ja, der Film ist demystifizierend, nein, nicht alles entspricht der Realität. Aber meiner Meinung nach wurde, trotz vermeidbarer Filmfehler, mit Fingerspitzengefühl gearbeitet.
Natürlich ist es schmerzlich zu sehen, dass die Protagonisten irgendwie doch menschlich, voller Fehler und Unzulänglichkeiten waren, wenn die posthume Glorifizierung ein ganz anderes Bild in den eigenen Kopf gemeißelt hat. Auch können einige dichterische Freiheiten

bemängelt werden, aber an dieser Stelle muss eben der Unterschied zwischen einer Dokumentation und einer Geschichte verstanden werden. Suchst du eine brauchbare Doku zum Thema, schau dir „Until The Light Takes Us“ an. Willst du ein genaues Bild der damaligen Ereignisse, lese Bücher, Interviews und höre dir die zeitgenössischen Alben an. „Lords Of Chaos“[94] ist ein sehr guter Film, der auf wahren Ereignissen beruht, diese aber im Sinne der Kunstfreiheit interpretiert. Inklusive wirklich derber Todesszenen!

Es gibt noch zahlreiche weitere Metal-Filme, aber wer weiß, vielleicht finde ich Gefallen am Schriftsteller-Dasein und verwirkliche die Anthologie „Filme zum Headbangen“.

---

94 So wirklich stört mich nur der Titel, der natürlich reißerisch dem gleichnamigen Buch von Michael Moynihan und Didrik Søderlind entlehnt wurde. Den Titel kennt szeneintern sicher jeder, aber der Ausdruck „Lords Of Chaos“ bezieht sich überhaupt nicht auf die Norweger.

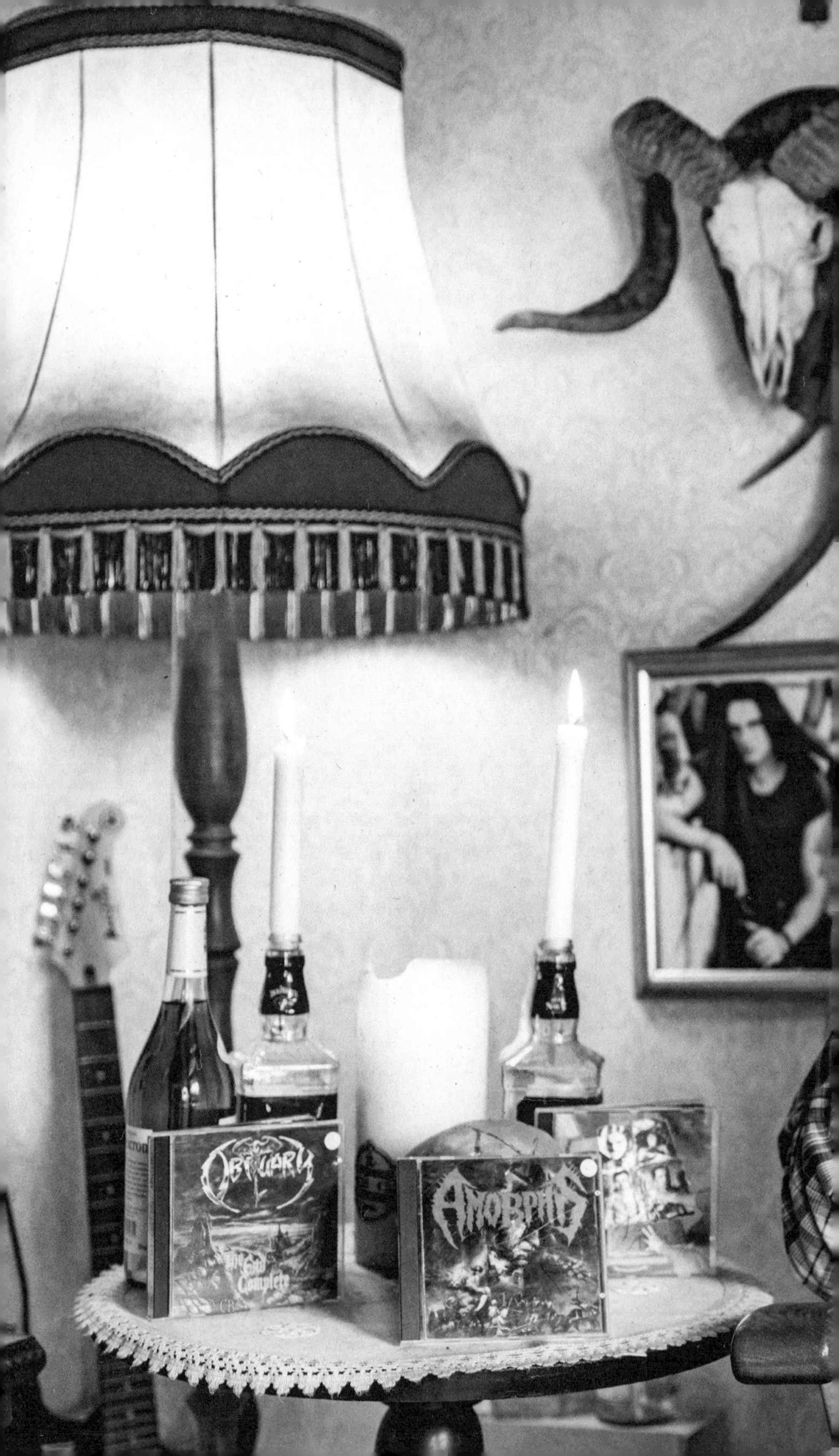
Obituary
The End Complete
Amorphis

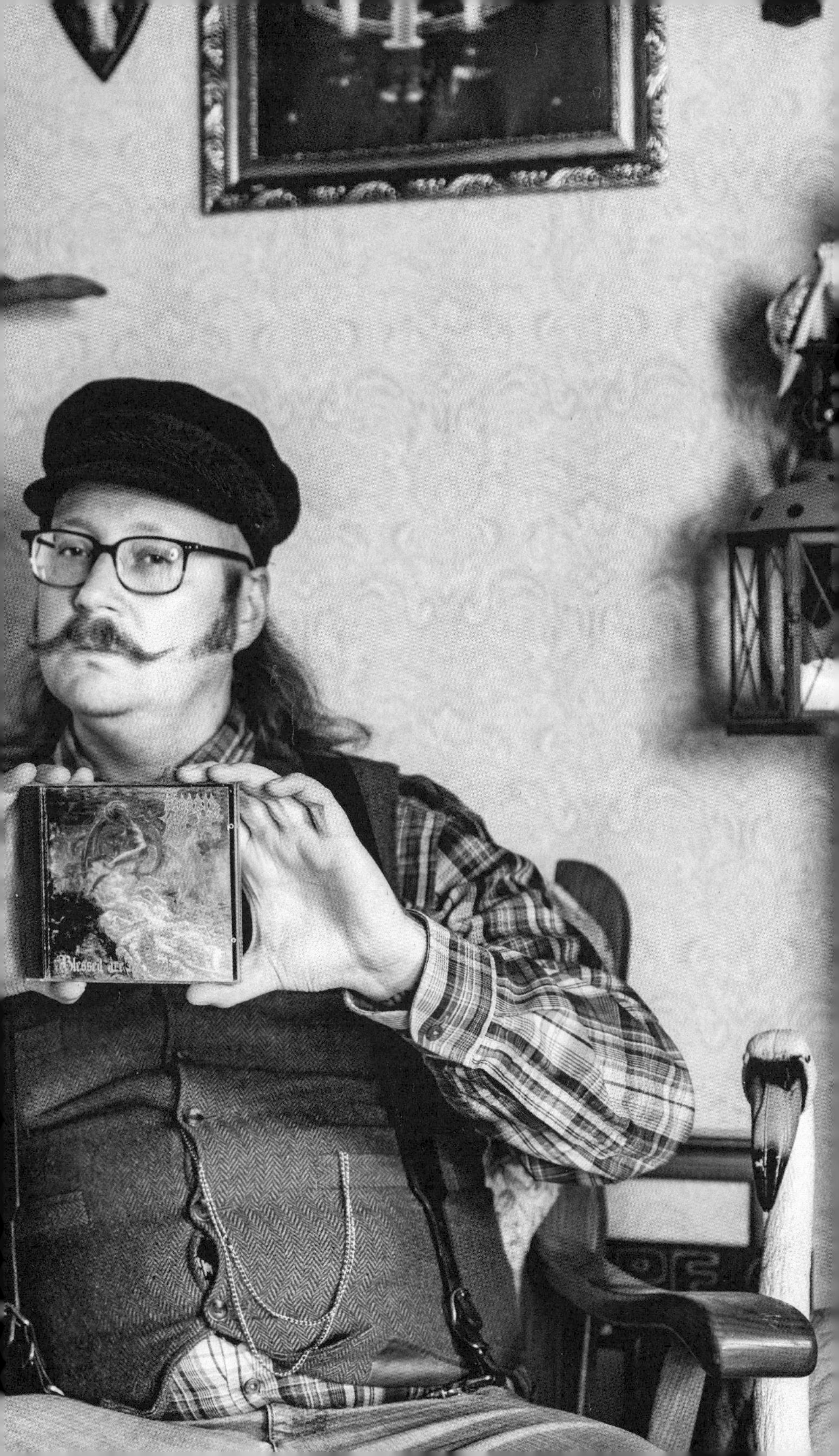
Blessed are

Stationen Pt. 4

Morbid Angel „Blessed Are The Sick"

(1991, Earache Records)

Der Death Metal und ich, eine Geschichte voller Missverständnisse. Damals war Death Metal für mich nur ein Übergang zum Black Metal, der, ich sehe das heute anders, nächsten Evolutionsstufe harter und brutaler Musik. Ob es nicht doch Absu mit „Barathrum: V.I.T.R.I.O.L." waren, die mir den Weg zum Schwarzmetall ebneten, weiß ich nicht mehr und ist im Wirbel der Zeit nicht mehr verifizierbar. Das Cover allerdings finde ich bis heute finster, das Intro immer noch fast konkurrenzlos dunkel. Im Zweifel war es eh immer der Metal-Hammer-Bericht von Robert Müller in Grün-Schwarz-Beige.

Aber auch davor zeichnete sich schon ab, wo ich mich im extremen Metal zu Hause fühlen sollte. Weniger im frickeligen Hochgeschwindigkeitsgebolze als in der schleppenden Variante, zu schätzen gelernt bei Amorphis' „The Karelian Isthmus", später vor allem bei Asphyx, aber auch Pungent Stench. Dass zu viel Technik oder gar Progressivität mich nicht gerade zum Jauchzen bringen, ist vielleicht schon deutlich geworden, ich schätze es einfach sumpfig, grollend und morbide. Ich muss immer an Daniel von Incarceration denken, der mir mal im Proberaum sinngemäß und überzeugend charismatisch sagte: „Ich höre nur Necro Death Metal!" Das trifft es ganz gut.

Mitte der Neunziger war Death Metal für mich eine geradezu lächerliche Zeitspanne von einem halben Jahr lang nur die Brücke zwischen allem, was ich bis dahin kannte, und Black Metal. Weshalb ich mich doch bis heute manchmal wundere, was für peinliche Lücken ich gerade beim Death Metal habe. Es ist nicht allzu lange her, dass ich eigentlich keinen Plan von Death hatte, und von Death sollte doch jeder jederzeit ein bisschen Plan haben. Ruhe in Frieden, Chuck!

Neben Amorphis, Absu und diesem einen Song, den ich von Winter kannte, waren es in dieser kurzen Zeit aber auch Morbid Angel, die etwas in

mir auslösten. 1991 brachten Morbid Angel „Blessed Are The Sick" raus, ich hielt die CD vielleicht vier Jahre später im CD-Secondhandladen in den Händen. Von der Presse seinerzeit hochgelobt, wollte ich natürlich wissen, was es damit auf sich hat. Und saß zwischen den Stühlen. Auf der einen Seite empfinde ich „Blessed Are The Sick" als viel düsterer als den Bandklassiker „Altars Of Madness", mir war das damals aber, im Gegensatz zu „The Karelian Isthmus" schon wieder zu frickelig. Anderseits hat dieses Album seine Instrumentale, die mich unglaublich beeindruckt haben, mich auch heute noch fesseln. ‚Desolate Ways' ist sowieso ein beeindruckend gutes Akustikgitarren-Stück. Ja, ich habe die CD teilweise nur wegen ‚Doomsday Celebration', ‚Desolate Ways' und ‚In Remembrance' eingeworfen.
Heute sehe ich das Album etwas anders. Das eigentlich ja dritte Morbid-Angel-Album stinkt nach Pestilenz, der Sound ist modrig, und jeder Song setzt diesen widerlichen Gestank von warmer Verwesung frei.

"World of sickness
Blessed are we to taste
This life of sin"

Ich war damals wirklich unbelehrbar der Auffassung, nach Heavy Metal, Thrash Metal und Death Metal ist Black Metal die nächste Stufe brutaler, harter Musik. Ich glaube, es lag für mich am Gesang, das harsche Kreischen von Ihsahn, Dani Filth oder auch Landfermann klang für mich einfach härter, böser. Es sind die Maßstäbe, an denen solche Stufen festgemacht werden. Heute würde ich sagen, Black- und Death Metal sind pauschal nicht miteinander zu vergleichen. Frei nach „Im Death Metal wird gegrunzt, im Black Metal gekreischt", was nicht einmal bei nur oberflächlicher Betrachtung stimmt. Auch die Begrifflichkeit „brutal" war vielleicht in Ermangelung einer Übersicht meines jungen Ichs falsch gewählt. Ich habe, das sage ich jetzt rückblickend, nicht nach handwerklich härterer Musik gesucht, die Suche sollte in die Dunkelheit führen. Black Metal war ja ohnehin eine Abgrenzung vom Death Metal, höre dir „Soulside Journey“ und dann „A Blaze In The Northern Sky“ von Darkthrone hintereinander an. Die Intention war eine ganz andere, und die Mittel berufen sich vielleicht auf die gleiche Instrumentierung, aber die Ausführung ist eine gänzlich andere. Black Metal setzt, sicher auch durch Repetition, auf eine unnahbare, kalte Atmosphäre. Death Metal hat tatsächlich unter anderem das Ziel, „brutal“ zu klingen, und hat unter dieser Prämisse auch das brutalere Geballer zu bieten. Bis zu einem gewissen Punkt, denn heute sind die Grenzen viel verschwommener als noch 1995.

Female-Fronted, aber bitte im Ballkleid!

Gleich vorweg, ich halte es für fragwürdig, ob Männer für Frauen das Wort ergreifen müssen. In einer perfekten Welt wäre dieses Kapitel unnötig, denn eigentlich sollte das Thema „Frauen im Metal" keines sein, es sollte vollkommen normal sein, auch und insbesondere, wenn sie auf der Bühne stehen. Ist es aber nicht. Zwar habe ich den Eindruck, dass zumindest vor der Bühne Frauen endlich ihren Platz gefunden, den Makel des Anhängsels von sich gewiesen haben und die Leidenschaft für diese Musik genauso zelebrieren wie die Männer. Stehen Frauen auf der Bühne, gibt es aber immer noch Schwachköppe, die sich ein „Ausziehen!" nicht verkneifen können. Ein modernes Wort für das, was ich jetzt hier auf dich loslasse, ist „Rant". Und komm mir hier jetzt keiner mit Ernie-Frauenversteher. Dabei verstehe ich bis jetzt immer noch nicht, warum nur die Männer kreischen, wenn ich auf der Bühne im Gedenken an den großen Lemmy meine knallengen Hotpants trage.

Ein schneller Blick auf die Metal-Szene, insbesondere den musizierenden Teil, lässt Metal erst einmal als hoffnungslose Würstchenparty erscheinen. Vermutlich nicht nur gefühlt neunzig Prozent der Metal-Szene besteht aus Männern. Der Rest sind angeblich Anhängsel oder von findigen Labels mit der „Sex sells"-Strategie in Szene gesetzter Blickfang. Weil, Frauen hören keinen Metal, sind entweder nur wegen ihrem Freund auf dem Konzert, finden nur die Balladen geil, und wenn sie auch nur ein bisschen singen können, werden sie sofort einkassiert und für den dreihundertfünfzigtausendsten belanglosen, identitäts- und inhaltslosen „Symphonic Metal"-Müll verbraten. Frauen haben gut auszusehen, fertig!

UND DAS IST SCHEISSE!

Ja, ich schreibe mich jetzt einfach mal in Rage! Dafür brauche ich kein Feminist zu sein. Es ist nur zum Kotzen, und da muss unverhohlen auf den Mainstream und seine Labels gezeigt werden, dass selbst im Metal, einer Szene, die mal eine Abgrenzung zur oberflächlichen Gesellschaft sein und sich eben nicht gängiger Biederkeit und Stigmatisierungen ergeben wollte, ausgerechnet hier und seit langer Zeit schon genau die gleichen Stereotype bedient werden wie auf jeder verkackten Discoparty. Ausschnitt runter, Verkaufszahlen hoch. Ich finde Möpse ja auch super, also warum rege ich mich auf? Weil Metal das überhaupt nicht nötig hat! Wenn es je eine Zeit gegeben

Gallhammer, Bethlehem, Savage Master, The Devil's Blood, Warlock, Smoulder & Nekrovault

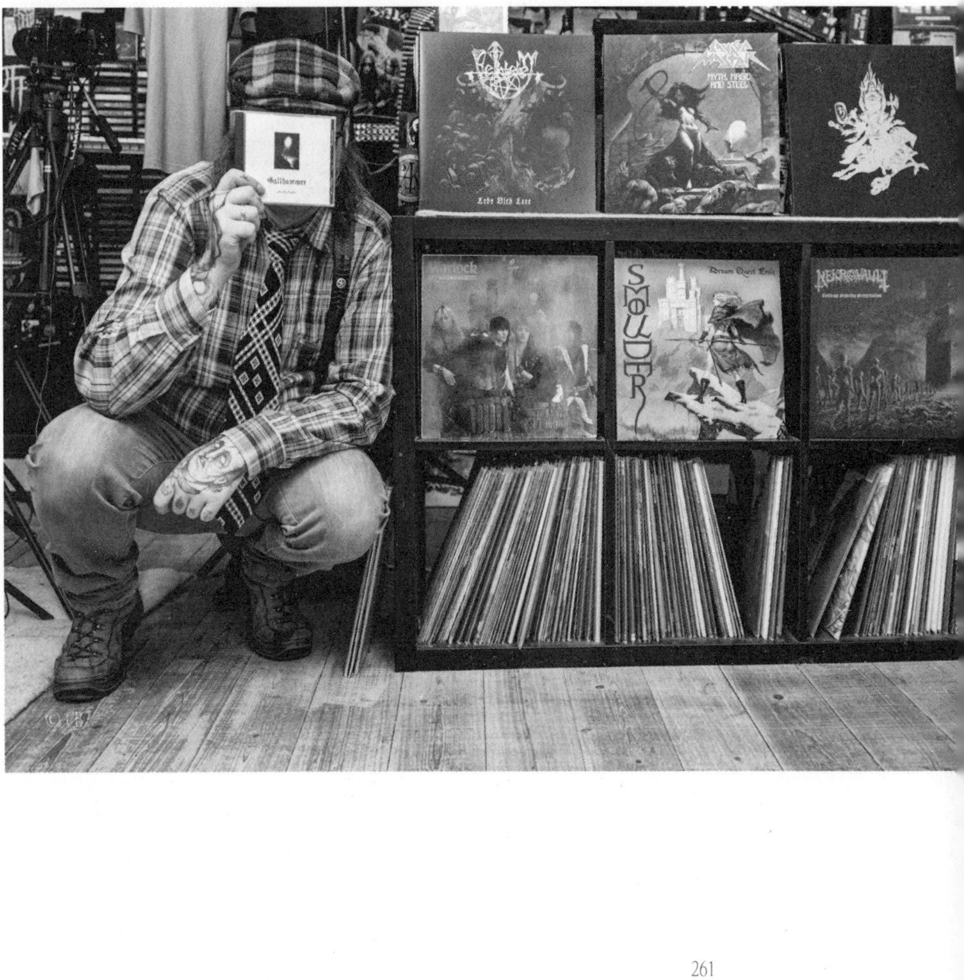

hat, in der Frauen, junge Frauen, Mädchen je ein Anhängsel gewesen sind, dann ist diese Zeit längst vorbei. Ich laufe auf Konzerten und Festivals so vielen Frauen über den Weg, die so viel Passion für den Metal haben. Mit Begeisterung für alles mit lauten Stromgitarren. Frauen, denen es vielleicht nicht wichtig ist, sich jedes Veröffentlichungsdatum irgendwelcher Klassiker zu merken, weil, zugegeben, das ist irgendwie schon so ein Jungs-Ding. Denen du aber bei jedem Wort anmerkst, dass Metal für sie genauso wichtig ist wie jedem Bekloppten, der dieser Leidenschaft einen Platz ganz weit vorn in seinem Leben eingeräumt hat. Frauen, die einfach nur Bock auf Metal haben und sich vermutlich viel zu oft der Situation stellen müssen, nicht ernst genommen zu werden, weil ... ja, warum eigentlich? Weil eine Frau brutalen Death Metal genetisch gar nicht gut finden kann? Weil eine Vagina dem Körper das Signal gibt, nur bei Enya Glücksgefühle auszustoßen?

Ich kenne genug Typen, die sich hinter irgendwelchen auswendig gelernten Phrasen verstecken, kaum eine eigene Meinung haben. Die von Metal reden, aber auf jedem Festival noch vor Abenddämmerung besoffen im Zelt liegen, ohne sich eine einzige Band angeschaut haben. Und Frauen sind dann die, die keine Ahnung haben?
Frauen, zum Beispiel meine, die bezaubernde Natascha, hört Metal mit großer Leidenschaft, hat nur keinen Nerv, darüber zu reden. Finde ich manchmal schade, aber so ist das halt. Sie geht da vielleicht intuitiver ran? Mehr auf der Gefühlsebene? Wo zwei Typen sich schon bei der Frage in den Haaren liegen, ob der Snaredrum-Sound auf welchem Album auch immer zu pappig klingt, heißt es dann eben nur zu oft und vermeintlich lapidar „mir gefällt's halt". Schlimm? Ne. Hat das was mit dem Geschlecht zu tun? Schreibt mir, interessiert mich wirklich!
Das Frauenbild im Metal, welches nun einmal hauptsächlich von kommerziell orientierten Labels präsentiert wird, ist zum Teil grauselig. Blaupause, geprägt in den Neunzigern, als Gothic Metal zur

Schlachtbank geführt wurde: stupide zusammengecastete Bands mit Frau am Mikro. Irgendwas mit beliebigen Riffs, Keyboard und „Engelsgesang". Wahlweise Ballkleid, aber Hauptsache nicht zu Metal, das richten die Männer in der Band ja schon. Schnarch. Irgendein Abklatsch von Nightwish. Aber, ich schrieb es bereits an anderer Stelle, Tarja Turunen kann wenigstens singen! Mich wundert es kaum, dass sich Onielar von Darkened Nocturn Slaughtercult aufregt, wenn ihre Stimme als besonders krass bezeichnet wird, in dem Sinne, dass sie für eine Frau einen heftigen Kreischgesang draufhat. Vor allem weil die Intensität ihrer Gesangsleistung vermutlich neunzig Prozent aller ach so harten Black-Metaller die bunte Propellerkappe aufsetzt. Das allgegenwärtige „Für eine Frau ist das echt gut" oder komplett das Können, die jahrelange Arbeit im Proberaum mit „scharfes Gerät" abzuhandeln, deprimiert zwar auch mich beim Schreiben dieser Zeilen, aber überlege mal, wie sich erst eine Musikerin dabei fühlt! Jaja, ich sag ja, Ernie der Frauenversteher.

Natürlich habe ich da auch meine Macken, die bezaubernde Natascha wird nicht müde, mich darauf hinzuweisen, Frauen bitte nicht als „Fräulein" zu bezeichnen. Klar, ich kann in diesem Buch auch den Macho raushängen lassen, Frauen in „sieht geil aus" oder „hat bestimmt einen guten Charakter" einteilen, aber zu wem spreche ich dann eigentlich hier und warum? Ich bin mit Sicherheit nicht sonderlich philanthropisch, was ich hier mache, ist ja nicht aus purer Selbstlosigkeit entstanden. Ich rede gern und viel. Aber wenn es einen kleinen idealistischen Funken in mir gibt, dann den, ach komm, darüber hab ich jetzt schon Seiten geschrieben ... Na klar, die Leidenschaft. Und da braucht es keine stumpfen Sex-sells-Strategien, um diese zu vermitteln.

Warum es deutlich weniger Frauen im Metal gibt, weiß ich nicht. Klar, im klassischem Metal trieft es vor Testosteron. Und im Mittelpunkt steht das klassisch Maskuline, selbiges stark überzeichnet. Muskeln, Schwerter und Kriegsgeschrei. Und jetzt blätter noch einmal zum Kapitel „10 Metal-Klassiker ..." im ersten Teil zurück, ist dir was aufgefallen? Richtig, keine einzige Frau dabei, nicht einmal bei meinem eigenen Versuch, eine repräsentative Liste zu erstellen. Soll ich noch einmal zurück, wenigstens eine Band streichen, für die Diversität? Nein, genau in dem Moment dieser Feststellung wäre das der falsche Ansatz, und das kann auch nicht im Sinne, nein, in der Ehre einer Band liegen, aufgrund von Quote eingewechselt zu werden. Ich finde den Denkanstoß entscheidend, mein Denkmuster zu erkennen, auch die Feststellung, dass ich hier zwar ein ganzes Kapitel dem Thema „Frauen im Metal" widme, selbst aber auch stark fokussiert auf reine Männerbands bin. Obwohl ich natürlich mit großem Interesse und Begeisterung Savage Master und Smoulder höre, oder Black Knights „Master Of Distaster" mit Lori „The Scream Queen" Wilde. Und so, wie ich allein aufgrund meiner eigenen Biografie stark im extremeren, düsteren Metal verwurzelt bin und die gesamte Bandauswahl in diesem Buch daher naturgemäß einen anderen Schwerpunkt hat, als wenn ein begeisterter Thrash-Metaller dieses Buch geschrieben hätte, ist doch auch die Überlegung spannend, wie die Bandauswahl bei einer weiblichen Autorin ausfallen würde.

Was Frauen in Bands betrifft: Vielleicht sind Frauen einfach pragmatischer und nicht dumm genug, sich regelmäßig mit vier anderen Metallern in einen Ford Fiesta zu zwängen, sechs Stunden durch die Republik zu gondeln, um irgendwo am Arsch der Heide vor dreißig Nasen aufzutreten. Ich nehme mich da nicht aus, auf Tour sind Männer eine Mischung aus Schwein und Kleinkind: ungewaschen, nur am Jammern und ständig besoffen. Wenn nicht besoffen, dann am Jammern. Und manche jammern echt viel!

Aber ich kann schreiben, so viel ich will, es ändert nichts an der wunderbaren Tatsache: Frauen gehören im Metal nicht nur dazu, sie sind ein wichtiger Teil des Ganzen! Ob vor oder hinter der Bühne. Ob hinter dem Merchtisch, an der Tastatur, am Pinsel oder im Booking. Auf und vor der Bühne wird dann ordentlich abgerissen. Bevor ich zu einer Auswahl meiner schwer auf dem Plattenteller liegenden Scheiben komme, noch ein kurzer Blick auf die Materie. In diesem Buch

und vor allem diesem Kapitel nicht mit einem Wort Sabina Classen und Holy Moses zu erwähnen, würde mir vermutlich verdient einen bis zehntausend Nackenklatscher einbringen. Jetzt habe ich die Band zwar nie viel gehört, aber es läuft gerade auf Dauerschleife ‚Current Of Death' vom zweiten Album „Finished With The Dogs" (1987). Classen erinnert mich da wirklich gerade in ihrer Brachialgewalt an die frühen Slayer. Klar, eine Frauenstimme hat eine andere Klangfarbe, so angeschrien werden möchte ich aber auch nicht, wenn ich zu spät nach Hause komme.
Heutzutage dürften gerade Alissa White-Gluz von Arch Enemy und Tatiana Shmailyuk von Jinjer ein Begriff sein. Ich habe ohnehin Respekt vor der Leistung, sich auf einem so hohen Level behaupten zu können, und auch gesanglich sind beide Frauen sehr beeindruckend. Jetzt sind mir Arch Enemy musikalisch allerdings zu beliebig und Jinjer zu progressiv, aber würde ich den Vorsatz pflegen, objektiv sein zu müssen, würde ich sagen, dass Alissa und Tatiana zeigen, wie Mainstream für Frauen selbstbewusst funktioniert, ohne sich unterbuttern zu lassen.
Ein anderes Kaliber sind dann Nervosa. Alter Falter, ich sag ja, Brasilien ist kein Ponyhof. Geritten wird auf feuerspeienden Lindwürmern. Warum ich bei Nervosa erst vor Kurzem reingehört habe, weiß der Geier, vermutlich weil ich bekanntlich wenig mit Thrash anfangen kann. Aber hier wird mit Hass gekocht. Brutal, nach vorn, schnell noch die Bierflasche an der Hauswand zerschlagen, und dann auf die Fresse. Ey ... Beeindruckend ist auch, was Tyrannizer auf Nocturnals „Storming Evil" reißt. Das Album ist ja so schon eine FOAD/10. Ach ja, schon mal von Jo Bench gehört? Seit 1987 bis zur Auflösung die Bassistin von Bolt „Knochen zu Staub" Thrower. Asagraum, live auf dem Braincrusher In Hell 2022 gesehen. Dunkelheit, sag ich dir, Dunkelheit!
Und jetzt ist es mir egal, dass ich meine eigene Behauptung torpediere, aus Frauen in Bands solle keine große Sache gemacht werden, aber hier und jetzt ein paar Schmankerl (Chastain und Smoulder

wurden schon im Kapitel „Schwert, Burg & Pferd = gutes Album“ gewürdigt):

Warlock – eigentlich alles

Doro gehört mit zu meinen frühsten Erinnerungen, wenn ich an meine ersten Entdeckungen im Auftrag des Heavy Metal denke. Und zugegeben, ein klein wenig geschwärmt habe ich vielleicht auch für die Gute. Um meinen Vater zu zitieren: „'Ne Fünf in Mathe, aber die Unterhosenfarbe von Doro Pesch kennen.“ Er streitet diese Aussage ab, im Zweifel ging es um eine Sechs in Erdkunde. Ob Doro wirklich die Metal Queen ist, als welche sie hin und wieder bezeichnet wird, möchte ich nicht beantworten, in diesem Zuge müssten allerdings mindestens auch Jutta Weinhold und Leather Leone ins Rennen ge-

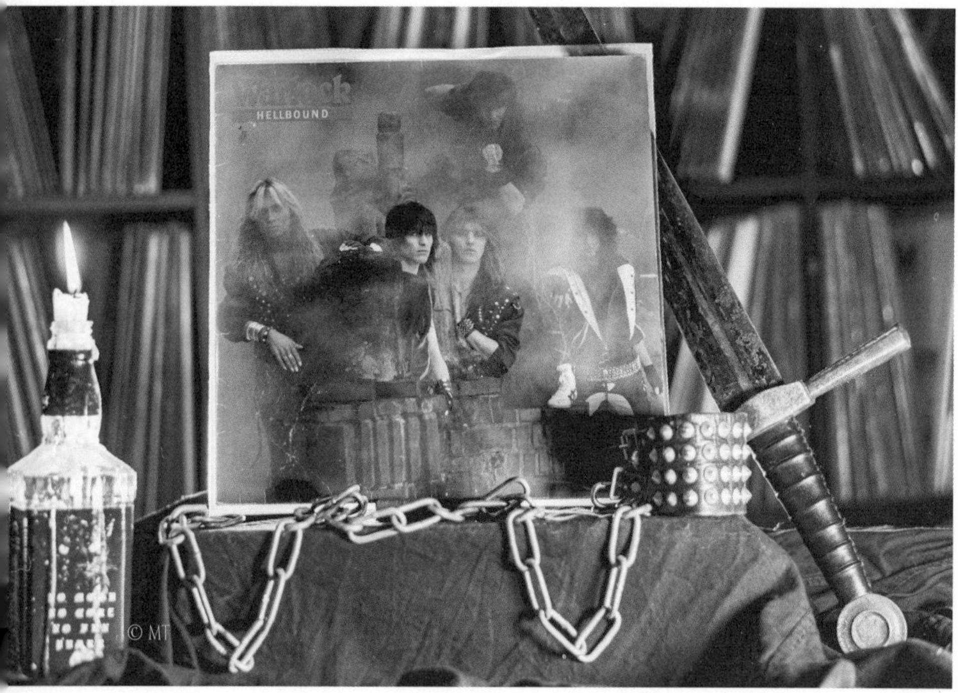

schickt werden. Auch mag Doro heute nicht mehr die Power ausstrahlen wie zu Warlock-Zeiten, was entweder an ihrem Management liegt oder wirklich ihre persönliche Entscheidung ist, so zu sein, wie sie ist. Letzteres ist ja absolut legitim. Aber in der aktuellen Wahrnehmung überwiegt für mich ungerechterweise die Häme für eine Frau, die für den Metal definitiv sehr viel getan und mindestens zu Warlock-Zeiten ultimativ geliefert hat. So muss ich gestehen, mich auch schon auf der Bühne etwas sarkastischer über sie geäußert zu haben, ihre doch recht prägnante „Wir haben uns alle lieb"-Attitüde provoziert halt den bitteren Stinkstiefel in mir. Kneif ich mir mittlerweile, lege aber immer wieder gern eine gute alte Warlock-Scheibe auf. Eigentlich egal welche, alle super. Doro hat eine fantastische Stimme, alles andere ist mir egal!

Gallhammer „Gloomy Lights"

Eine Band, die ein Kollege einst mit den Worten beschrieb: „Die können nix, aber wie sie das machen, ist großartig." Die, das sind Vivian Slaughter, heute wohl verheiratet mit Maniac von ehemals Mayhem, Risa Reaper und Mika Penetrator. Aus Japan. Da brauch nicht drumherum geredet zu werden, die Aufmerksamkeit haben Gallhammer genau aus diesem Grund: Drei japanische Frauen machen Black Metal. Aber was sie tun, so simpel es auch sein mag und so dick der verwesende Gestank der altehrwürdigen Hellhammer in der Nase liegt, Gallhammer sind auf „Gloomy Lights" hervorragend! Scheppernd, kalt und abgrundtief böse.

Savage Master „Myth, Magic And Steel"

Hach ja, Stacey Savage und ihre Henkerjungs. Gezündet hat es bei mir, als ich die Amis auf dem Hell Over Hammaburg auf der Bühne gesehen habe. Irgendwie erinnerte mich Stacey ein wenig an Tia Carrere als Cassandra Wong, was ich ihr dummerweise auch sagte, zumindest guckte sie mich etwas verwirrt an und ging. Vielleicht hat sie in dem Moment bei „Wayne's World" nur an eine Komödie

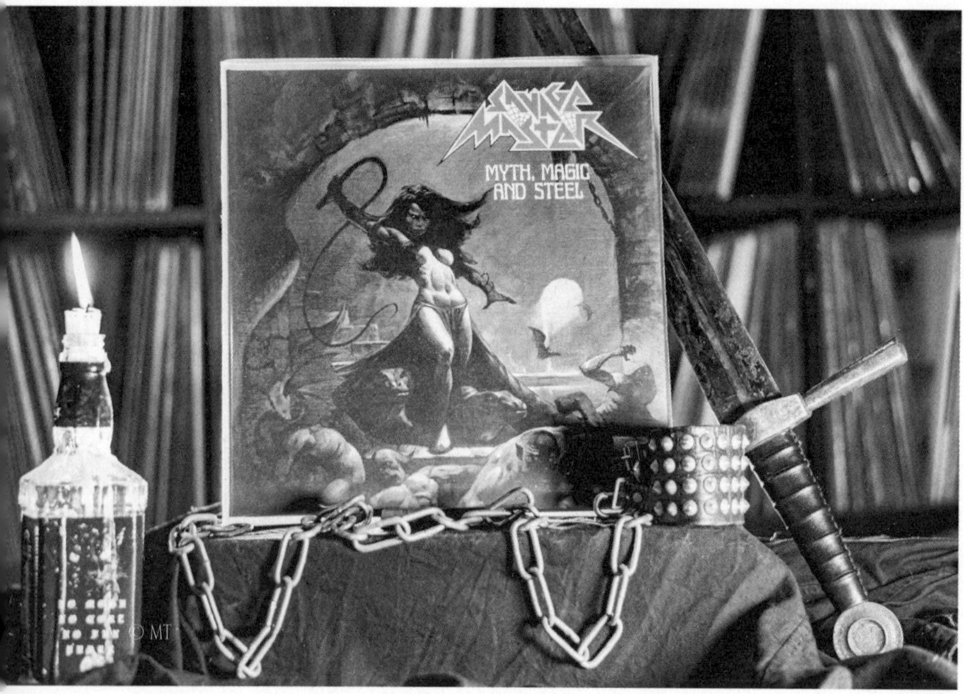

gedacht und nicht an eine meiner nostalgischsten Jugenderinnerungen. Cassandra und Stacey hatten jedenfalls für mich in dem Moment die Gemeinsamkeit dieser überzeugenden Power. Stacey Savage war auf der Bühne, verschiedene Musikvideos von Savage Master stehen da in keinem Widerspruch zu, die personifizierte Metal-Kriegerin, die Conan zwinkernd im Armdrücken besiegt. „Myth, Magic And Steel" macht einfach nur Spaß, es ist rauer, ungeschliffener Heavy Metal. Gut, der Gesang klingt, als ob er in einer Duschkabine aufgenommen wurde, aber irgendwo macht selbst das den regressiven Charme der Wiederentdeckung des traditionellen Heavy Metal aus.

The Devil's Blood „Come, Reap"

Die Niederländer sind, beziehungsweise waren ein Phänomen. Die nach dem Tod ihres Bruders Selim aufgelöste Band um Sängerin Farida Lemouchi ist streng genommen kein Metal, sondern Okkult Rock, streng genommen sind The Devil's Blood aber auch Black Metal. Ich habe die Band nie live gesehen, ein vermutlich dummer Fehler.[95] Die Ausstrahlung von Farida soll enorm gewesen sein, und ihre Stimme ist, so viel kann ich mutig sagen, das Beste, was es nach Coven in diesem Bereich an die Öffentlichkeit geschafft hat. Faszinierend sind

95 An dieser Stelle muss ich gestehen, nie ein großer Konzert- und Festivalgänger gewesen zu sein, weshalb ich einige der ganz Großen nie live auf der Bühne gesehen habe. Am meisten bedaure ich dies bei Peter Stahl und Lemmy.

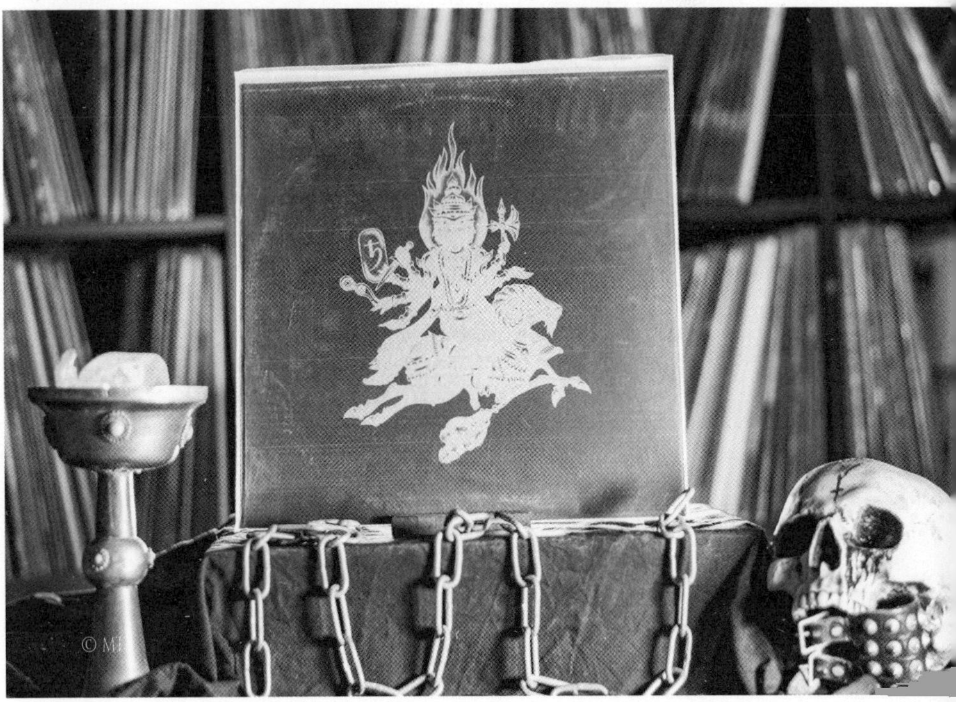

die Energie, die Passion dieser Band, die sie, entschuldigt, allen in der Folge aus dem Boden schießenden Okkult-Rock-Gruppen meilenweit voraushatten. Entschuldigung zurückgenommen. Es ist förmlich spürbar, dass hier nicht einfach Musik gespielt wurde, sie wurde gelebt. Dazu gehört natürlich auch, dass Selim eine extreme Persönlichkeit war. Ich bin kein großer Fan dieser Okkult-Rock-Schiene, aber The Devil's Blood ist die Band, von der ich Platten im Schrank habe, die ich auflege, wenn ich doch mal in der Stimmung bin.

The Gathering „Mandylion"

So schön. Sooo schön! Einfach nur ... hach. Anneke van Giersbergen, was für eine atemberaubend verzaubernde Stimme auf dem – ich pack wieder die der Momentaufnahme geschuldeten Superlative aus – besten Gothic-Metal-Album überhaupt und für immer. Moment, besser als Holmes und Kollegen zu ihren besten Zeiten? Ach, ist das wichtig? Ich meine auch eher Gothic Metal mit Frauengesang, denn da krempeln sich mir heute die Fußnägel hoch bis zur Nasenspitze. Stichwort: Symphonic Metal und gecastete Sängerin. Aber ich rede von den guten Zeiten, den wilden Zeiten, den traurigen, schmerzvollen Zeiten. Die Neunziger. Lieber Leser, liebe Leserin, liebes Metal-Herz, ich höre das Album hier beim Schreiben, ich könnte heulen, so wunderbar ist das gerade. Was ist bloß passiert, was haben The Gathering 1995 anders gemacht? Ganz einfach, da wurde noch mit Seele musiziert. Die Riffs mit Wiedererkennung, das Keyboard kein Marshmallow-Gewichse, hervorragende Arrangements und ein Gesang mit so viel Gefühl und Ausdruck. Fertig! Es gab damals noch Theatre Of Tragedy, bis zur „Velvet Darkness They Fear" habe ich die auch, so viel Offenheit muss sein, viel gehört. Ist aber nur mäßig gut gealtert und läuft bei mir, wenn überhaupt, nur noch unter Nostalgie, wenn ich das selbstbetitelte Debüt doch mal wieder auflege. Tristania fallen mir noch ein, dann wurde es aber auch echt schon schlimm. The Gathering waren einfach toll. Ach ja, und natürlich The 3rd And The Mortal mit Kari Rueslåtten.

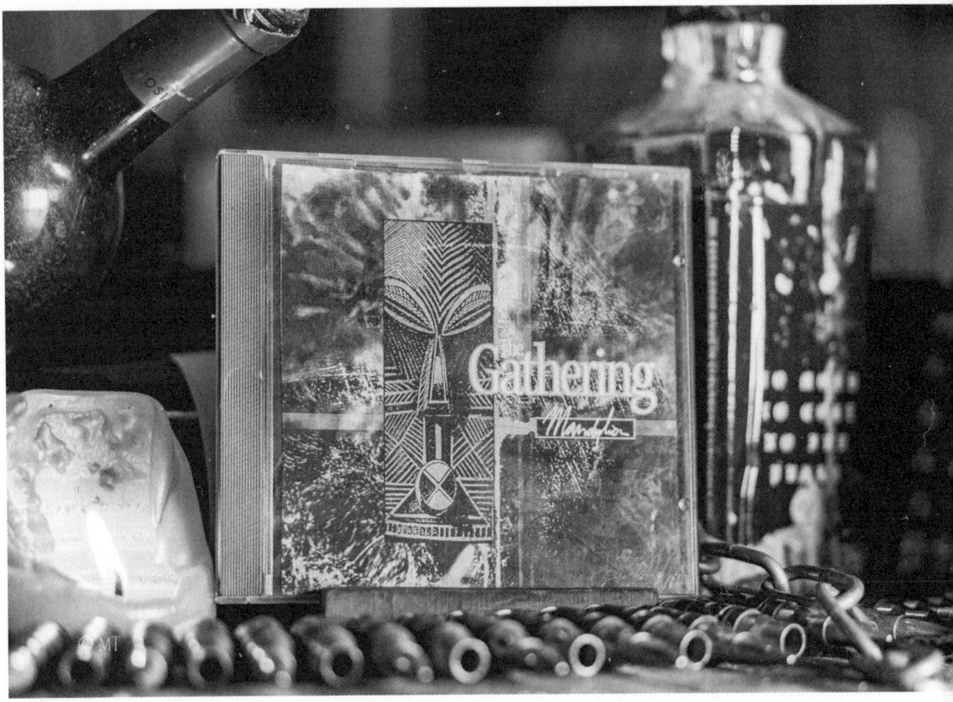

Bethlehem „Lebe dich leer"

Zwei Scheißhausfliegen mit einer Rostklappe totgeschlagen. Bethlehem bis zu diesem Punkt noch nicht erwähnt zu haben, fühlt sich schon komisch an, es ist eine der für mich wahrscheinlich wichtigsten Bands, mehr noch, ein musikalisches Trauma meiner dunkelsten Zeiten. „Dictius Te Necare" ist das nicht mehr in seiner Intensität zu überbietende Meisterwerk, ein kalter Fiebertraum. Bis zu einem bestimmten Punkt haben sich Bethlehem nicht wiederholt, war jedes neue Album ein Erkundungsfeldzug in neue, sumpfig stinkende Gewässer. Bis zum selbstbetitelten „Bethlehem". Da bin ich auch gern und häufig uneinsichtig störrisch. Klang mir zu sehr nach einer Wiederholung der „Dictius Te Necare“. Zu diesem Zeitpunkt stieg Onielar von Darkened Nocturn Slaughtercult bei Bethlehem ein – und orientierte sich für meinen Geschmack zu sehr an Landfermann. „Lebe dich leer“ habe ich dann einfach ungehört abgestempelt. So bin ich. Jedoch, großer Fehler! Es vergingen ein paar Monate, bis ich es erneut versuchte, es mir mit einer Tüte Blutsuppe gemütlich machte und die Nadel in den Arm steck..., ich meine auf das Vinyl legte. Zum Glück revidiere ich auch gern vorgefertigte Meinungen. Na ja, das mache ich eigentlich fast ständig. Zurück zu den zwei Fliegen: Onielar ist eine fantastische Künstlerin. Darkened Nocturn Slaughtercult haben es bei mir nur leider nie so recht geschafft. Bei Bethlehem agiert sie jetzt in einem Umfeld, wo mir nur zu sagen verbleibt: Wow! Ja, ihr Debüt bei Bartsch ist mir immer noch zu sehr Rainer Landfermann, aber auf „Lebe dich leer“ ist sie perfekt – ekelhaft, widerlich, abgründig, böse, bitter. Ich wüsste nicht, wer Jürgens literarischen Auswurf heute besser inszenieren könnte.

Ist das noch Metal? Zu modern, zu core, zu post, zu alternativ.

Bevor es mit diesem mein Grab bei der Jugend schaufelnden Kapitel losgeht, an dieser Stelle einleitend ein wichtiger Hinweis: Ich bestimme nicht, was Metal ist. Ich schreibe, palavre, philosophiere, schnacke, schnoddere, labere und monologisiere ohne Punkt und Komma über Metal, aber das heißt noch lange nicht, dass ich mir irgendetwas anmaße. Du findest dich in keiner Zeile, keinem Wort dieses großspurig als Manifest betitelten Werkes wieder? Die meisten genannten Band bis hierhin sind dir völlig schnuppe? Vollkommen in Ordnung, und vor allem meinen Respekt, dass du es bis hierhin überhaupt ausgehalten hast. Aber bist du deshalb jetzt kein Metal, was auch immer das bedeutet, obwohl du genau das immer über dich gedacht hast? Quatsch!

Natürlich kann ich jetzt mit Erfahrung argumentieren und mich verteidigen, aber schlussendlich bleibt dieses Buch immer nur eines: ein rein subjektiver Versuch einer einzigen Person, die Seele des Metal zu fassen. Dein Verständnis kann sich davon erheblich unterscheiden, das ist sogar ziemlich wahrscheinlich. Erinnere dich: „Metal ist nicht eine große Community! Dafür ist die Metal-Szene zu groß, mit viel zu vielen verschiedenen Individuen.“ Habe diese Zeilen einfach im Kopf, wenn du bei den nächsten Absätzen versucht bist, ins Tischbein zu beißen. Aber mal ehrlich, du hast dieses Werk auch nicht bei Thalia geklaut, weil du ein seriöses Sachbuch erwartet hast.

Da sind wir nun. Bei einem wichtigen Thema, das auch die Zukunft des Metal betrifft, aber auch dem Geständnis, dass der Verfasser dieses Buches zwar meint, über Metal als Ganzes reden zu wollen, aber eigentlich nur von irgendwelchen Uralt-Combos faselt, die heute niemanden mehr interessieren. Irgendwie ist dir das alles viel zu

true und underground, was dieser Ernie hier schreibt, oder? Und wo sind Heaven Shall Burn, verdammte Axt?!
Überhaupt, kein Rammstein, kein System Of A Down, kein Tool, kein Slipknot? Mit keinem Wort wurden bisher Bullet For My Valentine erwähnt, geht's noch? Aber ob du es mir glaubst oder nicht, ich mag von vier der fünf genannten Bands mindestens ein Album gern. Doch selbst wenn du nicht jedes meiner Worte auf die Goldwaage legen solltest und trotz meiner Abneigung gegen trues Metal-Phrasen-Gedresche: Ich tue mich schwer, die Bands, ohne mit der Wimper zu zucken, unter der Rubrik Metal einzuordnen. Doch aufgepasst, „kein Metal" heißt nicht „keine gute Musik"! Beispielsweise tauchte auch Marilyn Manson mit „Antichrist Superstar" bisher nicht auf, das ich für eines der wichtigsten Alben der Neunziger halte. Aber nicht für Metal. Natürlich habe ich mir viele Listen angeschaut, die den Anspruch stellten, die wichtigsten Metal-Alben aller Zeiten zu benennen, bin über Bands gestolpert wie eben Tool, aber auch Life Of Agony oder Sunn O))). Großartige Musik, nur bin ich, das wird dieses Kapitel wohl leider zeigen, doch wesentlich konservativer, als ich es wahrhaben möchte. Schließlich fühle ich mich eigentlich in der Rolle des Abgehängten nicht wohl und versuche, auf einem aktuellen Stand zu bleiben.
Ich befürchte, es liegt am Alter. Altern schenkt einem eigentlich nichts, außer schmerzende Gelenke und viele Lebensmittelunverträglichkeiten. Die wichtigen Dinge, wie Erfahrung, Weisheit und Erinnerungen, muss sich jeder selbst erarbeiten. Aber obwohl ich mich wirklich nicht für engstirnig halte, die Scheuklappen nie aus der Kiste geholt habe, ich merke, ich habe gewisse Ansichten entwickelt und es mir in einer Schublade bequem gemacht, die durchaus sehr groß, aber trotzdem schon anständig gefüllt ist.
Relativ harmlos ist es mit mir und dem sogenannten Alternative Metal. Es gibt einfach Bands, die sind für mich partout kein Metal. Nicht, weil ich bestimme, was Metal ist. Nicht, weil ich wüsste, wie Bands wie Tool, System Of A Down, Rage Against The Machine, Danzig oder

Pearl Jam sonst einzuordnen wären. Aber in diesem einen Punkt bin ich für mich in meinem stillen Kämmerlein wohl doch ein konservativer Traditionalist. Mir fehlt der Link zum traditionellen Heavy Metal vollkommen, es fühlt sich einfach an, als ob die Ursprünge und Inspirationen fast aller in diesem Kapitel bisher genannten Bands überall liegen, nur nicht im Metal. Was natürlich wieder die Frage aufwirft, was Metal ist, neben den besagten langen Haaren. Ist alles mit einer verzerrten Gitarre schon Metal? Sicher nicht, und ich gehe auch so weit, zu behaupten, dass zu Metal nicht nur der Klang, sondern auch die Außenwirkung gehört. Aber wie eben schon angedeutet, ich habe mit keiner dieser Bands ein Problem. Zugegeben, mit Rage Against The Machine und Pearl Jam werde ich absolut nicht warm, aber System Of A Downs „Toxicity" ist klasse, Life Of Agonys „River Runs Red" ist pure Emotion, Danzig hat mit den ersten vier Alben Geniestreiche hingelegt, und Marilyn Manson war zumindest bis zur „Eat Me, Drink Me" mindestens sehr gut, mit den ersten Alben überragend. Wobei Alternative Metal wohl auch sehr schwammig ist und ich mir gerade nicht im Klaren darüber bin, wo Crossover hier oder dann zu finden ist. Denn auch die erste Body Count liebe ich über alles!

„Dafür ist die Metal-Szene zu groß, mit viel zu vielen verschiedenen Individuen." – Ich finde das super, wie schlimm wäre es, wäre Metal nur Keep It True? Wie schlimm wäre es, wäre Metal nur Wacken Open Air? Das Wichtigste bei allem ist doch, jeder soll das hören dürfen, was er will, ohne dafür gescholten zu werden. Denn ... ach Fuck, Mann, jetzt gehe ich mir wieder selbst auf den Keks. Warum muss ich immer so nett sein, warum sage ich nicht hin und wieder auch mal klar und deutlich, wen und was ich scheiße finde? Um niemandem auf den Schlips zu treten, mein Harmoniebedürfnis nicht zu gefährden? Ja. Moderner Metal und ich, da ist und bleibt der Beziehungsstatus eben kompliziert. Ach, komm, gib mir mal einen Absatz befreiendes Abhassen, okay?[96]

---

96 Und bitte wortwörtlich ernst nehmen, ja?

[HASS]Ich könnte kotzen, wenn ich diese von Kinn bis Zehenspitze flächendeckend zutätowierten Core-Spaddel mit Tunneln groß wie Essteller sehe. Warum? Weil, sobald der erste Ton eines x-beliebigen Songs erklingt, also die achtsaitige Gitarre angeschlagen, der Zwölf-Saiten-Bass gezupft wird, absolut vorhersehbar ist, wo die Reise endet. Don Babyface und seine Schimpansen-Freunde markieren den Silberrücken, growlen und riffen sich von Break zu Down, tanzen dabei kurz vor Schlaganfall, um dann im Refrain die Dose „Herzschmerz im Schlagergarten" platzen zu lassen. Dicke Riffs, dünne Arme. Und was soll das mit diesen elendigen Halbsatz-Bandnamen? Bullet For My Valentine, As I Lay Dying, Tears In My Hotpants. Denkt euch vernünftige Namen aus und erzählt mir nicht schon auf einem Backdrop eure traurige Lebensgeschichte. [/HASS]

Puh, das tat gut, aber jetzt wieder zur Vernunft. Natürlich ist das vollkommen undifferenziert, meinem Anspruch nach unwürdig, und ich würfle ich hier einiges durcheinander. Mir ist das klar. Auch dass es in der Sparte „Modern Metal", wenn das überhaupt ein differenzierter Sammelbegriff ist, erhebliche Unterschiede gibt, diese Sparte sich auch mittlerweile stark entwickelt hat und nicht alles auf „harte Riffs und Heulgesang" reduzierbar ist. Gehören Gojira schon zum Modern Metal? Das taugt mir, wohingegen ich mich bei aktuellen In Flames frage: „Warum?"

„Warum moderner Metal scheiße ist"

Folgenden Text schrieb ich für einen Auftritt auf dem Full Force 2022, in vollem Bewusstsein, wo ich auftrete, und darauf vertrauend, dass Fans des modernen Metal nicht mit Bierflaschen schmeißen.

Bei allem, was Metal liebenswert macht und mal kurz meine Überschwänglichkeit ignorierend, wenn es um die beste Musik der Welt geht, muss doch festgestellt werden: Metal braucht offenbar seine Hassobjekte. Schnell abgefrühstückt sind bei der Frage, was der geneigte Metal-Fan denn neben Metal hört, Rap und Techno. Diese beiden Genres nämlich auf gar keinen Fall. Aber auch innerhalb der eigenen, mittlerweile unübersichtlich großen Gemeinschaft findet sich seit den Neunzigern mit stetiger Verlässlichkeit und Regelmäßigkeit ein neues Feindbild. In den Neunzigern war es erst der Grunge, dann der Nu Metal. Ab den 2000ern Metalcore, überhaupt alles, was auf „-core" endet, wenn es um Musik geht. Heute lässt sich das große Übel für den traditionsbewussten Geballerfreund an allem festmachen, was mit „Modern" beginnt. Ist jetzt keine besonders exklusive Erkenntnis. Was der Metaller nicht kennt, das frisst er nicht. Jetzt ist es allerdings so, dass auch ich bei „Modern" mit meiner gelegentlich zur Schau getragenen Offenheit und Neugier an meine Grenzen komme und mich frage, ob das, was heute unter dem Banner „Modern Metal" läuft, grundlegend noch Metal ist.

Dafür schauen wir erst einmal wieder zurück. Irgendwann in den Neunzigern, als die alte Garde von Karohemd tragenden Jammergestalten, die schon mit vierzehn ihre Midlife-Crisis hatte, in ihre Schranken verwiesen wurde, begann plötzlich, obwohl es die zehn Jahre davor auch super ohne geklappt hatte, das wilde Experimentieren: Metal mit Keyboard, Metal mit Frauengesang, Metal mit Rap, Metal mit ... Moooment mal, mit Rap? Oh ja, es brachen Zeiten an, in denen wild untereinander rumgemacht wurde, Aerosmith kollaborierten für ‚Walk This Way' mit Run-DMC, Anthrax mit Public Enemy, und Ice-T holte Ernie C von der Straße und gründete als Rapper eine Metal-Band mit Black Sabbath und Slayer im Hinterkopf: Body „Motherfucking" Count[97]. Der „Judgment Night"-Soundtrack muss dann vermutlich auch den letzten Hardliner an seine Grenzen gebracht haben. Es waren Bands wie Cypress Hill, die auf Partys an der Bushaltestelle plötzlich Hip-Hopper und Metaller am gleichen Joint ziehen ließen, um aus der gleichen

---

97 Ich liebe das Debüt!

Palette dem Dosenstechen zu frönen. Es waren gute Zeiten!
Dann kam Nu Metal, der, mit Verlaub, heute eine Erinnerung aus uralten Zeiten zu sein scheint. Ich danke da vor allem an Slipknot, vermutlich weil plötzlich eine ganz neue Schar Jugendlicher ihre Shirts trug. Slipknot wurden, vergleiche Dimmu Borgir und Cradle Of Filth im Black Metal, wie der Todesstoß für den wahren Metal gehandelt. Warum eigentlich, waren die ersten beiden Alben doch knallhartes Geprügel? Nun, es muss konstatiert werden, dass die traditionelle Metal-Szene ein zwiespältiges Verhältnis zu Innovationen und Veränderungen hat. Was eigentlich bescheuert ist, waren es doch einst auch Black Sabbath, Metallica, Slayer und ja, auch Hellhammer, die für ihre Zeit innovativ waren und etwas Neues erschaffen haben. Aber es scheint, als wäre dieses Rezept in den glorreichen Achtzigern perfektioniert worden, denn alles, was sowohl optisch als auch musikalisch von dieser Rezeptur abweicht, ist in den Augen und Ohren einiger Metal-Richter kein Metal mehr.
Ich hatte nicht den Eindruck, dass die Crossover-Welle der Neunziger wirklich so sehr auf Ablehnung gestoßen ist, der Nu Metal allerdings schon. Der Grund liegt vermutlich in seinen Ursprüngen. Während zum Beispiel Gothic Metal in der Tradition von Tiamat, Paradise Lost und Anathema aus der Metal-Szene selbst entstanden ist, von Bands erschaffen wurde, die tief verwurzelt im Death Metal waren, scheint es, und das zieht sich bis heute, als ob sich Nu Metal und alle weiteren modernen Spielarten des Metal aus ganz anderen Szenen heraus entwickelt hätten, ob nun Rap oder eben Hardcore. Metalcore könnte zwar dem Namen nach zum Metal gerechnet werden, steht aber dem Hardcore viel näher – in seinem Ausdruck, seiner Ideologie, seinem Bewusstsein. Ist das jetzt schlecht? Natürlich nicht! Da geht es nur mit diesem unsäglichen Schubladen-Gewichse los. Schubladen sind ja nichts Schlechtes, eine Orientierung, eine Diskussionsgrundlage, aber ich habe es schon häufig erlebt, dass manche Band allein aufgrund ihrer noch nicht einmal selbst gewählten Schublade im Dunkeln blieb, obwohl der Schrank im gleichen Zimmer steht. Aber kann ich selbst

mich davon freimachen? Wenn ich den Begriff „Neue Deutsche Härte“ höre, kriege ich eine ganz unangenehme Gänsehaut und würde erst einmal alles dafür tun, der jeweiligen Band keine Chance geben zu müssen.

Schubladen. In der Flut an neuen Bands und Veröffentlichungen in der heutigen Zeit macht es ja sogar mittlerweile einen Unterschied, ob ich „Lo-Fi Black Metal“ oder „Raw Black Metal“ lese. Aber so sehr Spitzfindigkeit Spaß macht, Musik ist erst einmal Musik, sollte an ihrer Qualität bemessen werden und nicht daran, ob es der Schublade nach uncool ist. Die besten Beispiele aus der letzten Zeit sind Cattle Decapi-

Cattle Decapitation & Lorna Shore

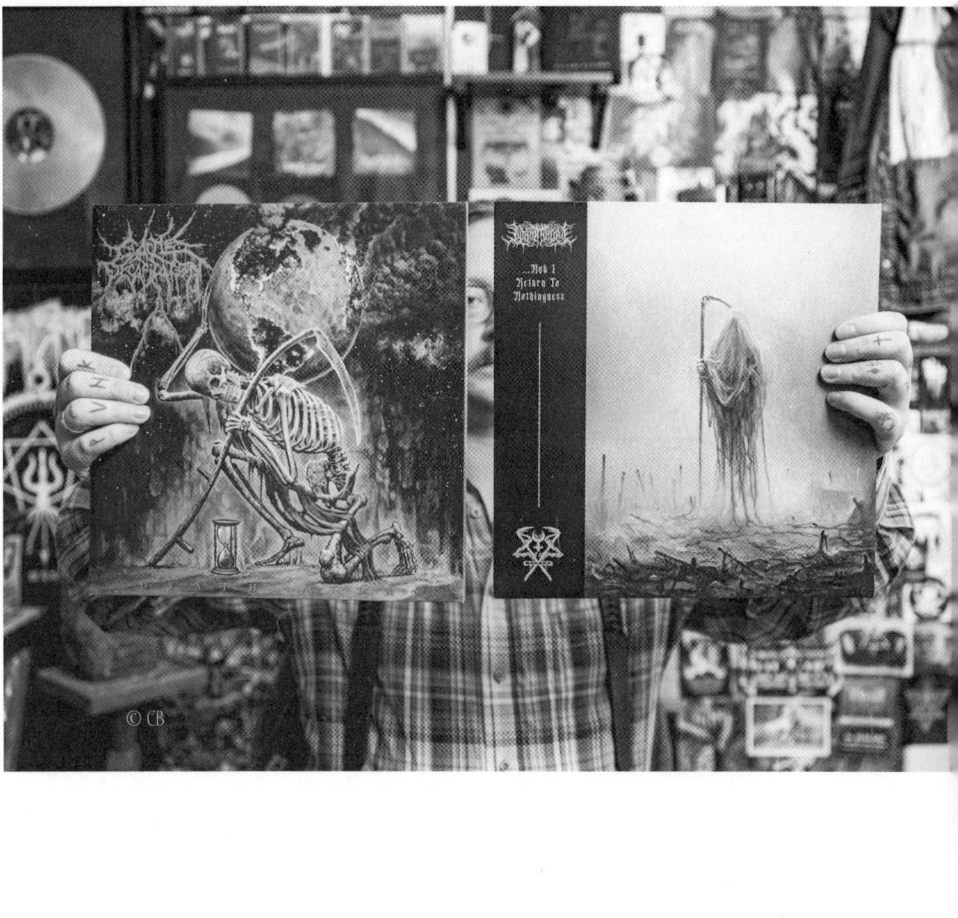

tation und Lorna Shore. Erstere werden zwar dem Grind zugeordnet, aber „Death Atlas" müsste eigentlich jedem Freund moderner Stressmusik gefallen. Und Lorna Shore? Wenn der Begriff Deathcore auftaucht, höre ich nicht rein, und bei der Optik war ich mir auch sehr unschlüssig. Sechs Minuten und sechs Sekunden später, ich hatte auf das Video zu ‚To The Hellfire' geklickt, saß ich sprachlos und vollkommen überfahren am Bildschirm und musste mich erst einmal sammeln. Das Vinyl der „...And I Return To Nothingness" stand eine Woche später in meiner Plattensammlung. Solche Erlebnisse sind selten, aber für diese Momente lohnt es sich, auch Schubladen zu öffnen, deren Inhalt mutmaßlich eigentlich beim nächsten Schrottwichteln weitergegeben wird.

Ich habe bei Whitechapel reingehört, das hat schon Bums. Ich habe mir auch vor einiger Zeit die gesamte Diskografie von Mastodon erarbeitet, das ist natürlich Musik über sauber gespieltes e-Moll hinaus, vor allem live war das höchst beeindruckend. Live habe ich auch einmal Fit For An Autopsy gesehen. Die mussten auf die Schnelle einen Slot auf ihrer Tour ersetzen und haben, das war schon sehr strange, bei uns im Vorprogramm gespielt. Nicht nur waren die Jungs sehr sympathisch und kein Stück abgehoben oder ob ihrer Position im Line-up pissig, live hat das natürlich noch einmal eine ganz andere Energie, als wenn ich zu Hause am Rechner schnell mal reinhöre.
Aber es gibt sie eben einfach, diese Bands, bei denen sich bei mir alles sträubt. Die aber die Blaupause für den sogenannten Modern Metal geben. Meistens fängt es mit vermeintlich harten Riffs an, zwar technisch sehr versiert und ziemlich sauber produziert, aber immer noch in einem durchaus angenehm brutalen Rahmen. Bis der Chorus kommt. Und das scheint gefühlt bei jeder Band so zu sein. Ja, auch bei Manowar kommt gefühlt in jedem Song der Metal Brother zum Einsatz, aber dieser teils vollkommen stumpfe und vorhersehbare Übergang von harten Riffs zu weichgespültem Klargesang im Refrain, vielleicht gerade noch durch einen Breakdown kaschiert, weckt bei mir genau

zwei Assoziationen: „Wir sind ziemlich harte Jungs, aber irgendwie auch sensibel" und „Wir machen brutale Musik, wollen aber auch in die Charts". Das Ganze mit einer Optik zwischen Emo, Tattooleinwand und Everybody's Darling.

Vielleicht liegt hier die Wurzel aller Missverständnisse. Ich will niemandem etwas vorwerfen, für mehr als unverschämte Behauptungen reicht da mein Verständnis dieser Kultur – Metalcore, Deathcore, auch Nu Metal und Crossover – nicht, aber mein größtes Problem mit dem sogenannten Modern Metal ist: Er klingt aufgesetzt. Unecht, konstruiert und oberflächlich. Ist moderner Metal deshalb scheiße? Nein, aber er wird vermutlich von einer ganz anderen Generation gemacht, einer ganz anderen Szene als der, die bei Brutalität an die ersten Slayer denkt, bei wahrem Metal an Judas Priest oder Manowar, bei der Optik an lange Haare und Kutte. Und in diesem Zuge sollte sich immer bewusst gemacht werden, dass für den durchschnittlichen Radiohörer da draußen das „wahre, ehrliche und traditionsbewusste" des Metal auch nur unanständiger Lärm ungewaschener Rüpel ist.

Metal entwickelte sich stets weiter, so wie Black Sabbath einst innovativ waren, sind es heute andere Bands. In den Neunzigern, nach zwanzig Jahren Metal, war es wohl an der Zeit, dass ein Teil des Metal seine traditionellen Pfade verlässt. Nicht jeder geht diese Richtung mit, aber das muss ja auch keiner.

Das klingt jetzt natürlich alles sehr versöhnlich, nur bin ich zwar in der Eigenwahrnehmung immer noch relativ offen und tolerant, aber eben auch schon alt. Und daher ist es einfach so, dass ich gegenüber Bands mit drei oder mehr Wörtern im Namen gewisse Vorurteile pflege. Wie gegenüber Gitarristen mit mehr als sechs Saiten am Instrument, Bässen mit mehr als vier Saiten und Tunnelohrlöchern, durch die bequem das Mikrofon passt. Ist nicht böse gemeint, seit ich vierzig bin, schiebe ich einfach jede Unart auf mein Alter. Es gibt eben diejenigen, für die nur Arnold der einzig wahre Conan ist, andere geben auch Jason Momoa eine Chance.

Immer am Abgrund

Ich werde in diesem Kapitel über einen sehr dunklen, negativen Teil meiner Selbst sprechen. Dieses Kapitel hat im Wesentlichen keinen informativen Gehalt, was Metal an sich betrifft, beschreibt aber meinen Umgang mit mir selbst und der Musik als kathartischem Element. Empfindliche Geister überspringen vielleicht einfach diesen Teil, mir ist es allerdings wichtig, all dies einmal in expliziter Form aufgeschrieben zu haben.

Musik ist Lebensbewältigung. Musik ist Therapie. Musik ist, wir denken zurück an meine Thesen, in der Lage, dich zumindest für einen Moment aus der Scheiße des alltäglichen Lebens herauszureißen. Hast du was gemerkt? Ich habe nicht explizit von Metal gesprochen. Wie sich so vieles in diesem Buch auch auf andere Genres, andere Leidenschaften, Dinge, die dem Leben das Leben geben, übertragen lässt, möchte ich es an dieser Stelle noch einmal in aller Deutlichkeit betonen: Musik ist alles! Nicht unbedingt für den, dessen Lieblingsmusik Radio ist, aber Musik, das ist meine ganz persönliche Meinung, ist der reine Emotionskanalisator. Musik ist in der Lage, in Worte zu fassen, was nicht in Worte zu fassen ist, ohne Worte benutzen zu müssen. Musik begleitet dich in und aus der größten Trauer, zieht mit dir in Zeiten der Glückseligkeit und kann dich in höchste Höhen tragen sowie in den finstersten Abgrund treten. Über den finsteren Abgrund möchte ich an dieser Stelle sprechen.

Musik war, ist und wird immer mein Begleiter in diesem Leben sein. Während, gerade im Zuge der Zeit, dem Altern, dem Ansammeln von Vergangenheit und Erinnerungen, alles um einen herum kommt und geht, verschwindet, verblasst, ist es die Musik, die über allem wacht. Selbst wenn ich in diesem Moment das Gehör verlieren würde, die Töne würden in meinem Kopf weiterleben.

Viele Erinnerungen sind mit Musik verknüpft, einem Soundtrack,

einzelnen Songs, Zitaten oder nur Bruchstücken. Nicht immer etwas Speziellem, aber einem sorgfältig aufbewahrten Mixtape, einer Playlist. Es sind manchmal längst verloren geglaubte Erinnerungen, die blitzartig vor deinem inneren Auge auftauchen, es sind Gerüche, die dich schlagartig in die Vergangenheit katapultieren und den Soundtrack neu abspulen lassen.
Mich lassen diese Momente oft in einer melancholischen Nostalgie zurück. Nostalgie ist, davon sprach ich bereits, natürlich häufig eine Form von Realitätsverzerrung: diffuse Erinnerungsfetzen, aus dem Kontext gerissen. Was in der jeweiligen einstigen Situation das totale Chaos war, wirkt mit dem Blick zurück manchmal sogar auf eine melancholische Art heimelig, ergibt Sinn oder ist irgendwie einzuordnen. Nein, Sinn ergibt nicht alles, vergiss das, manch Erlebtes ist einfach nur Mist und komplett sinnlos gewesen. Doch all das Chaos, die schlimmen Erinnerungen, das eigene Fehlverhalten, all die Rückschläge habe ich erlebt, um heute genau da zu sein, wo ich bin. Ich habe das Glück, und das meine ich, wie ich es sage, dass mein jetziges Jetzt ein gutes Jetzt ist. Aber der Weg dahin war ein Kampf. Ich rede von mir, aber vielleicht verstehst du trotzdem, was ich meine. Anzukommen scheint ein Ziel zu sein, welches ich mir nie gesetzt, aber es irgendwie erreicht habe. Nicht vollkommen, aber was ist schon vollkommen?
Vieles aus meiner Vergangenheit kann ich nicht mehr sortieren, manchmal nur Details, manchmal große Abschnitte. Kannte ich Morbid Angel bereits, als ich Type O Negative gehört habe? Schrieb ich mein erstes Demo oder die darauffolgende EP während einer temporären Arbeitslosigkeit, einer Zeit, an die ich mich im Detail gar nicht mehr erinnere? Das mag daran liegen, dass der Abschnitt meines bewussten Lebens, als der Rock'n'Roll begann, mittlerweile dreißig Jahre zurückliegt, dass ich einen beträchtlichen Teil dieser dreißig Jahre in einem lethargischen Wachkoma lag und ich, dass muss man einfach so sagen, eine beträchtliche Zeit sehr viel getrunken habe. Die angeführten Beispiele mögen für dich jetzt keinen Mehrwert haben,

für mich sind es in Sachen Lebenssituation entscheidende Aspekte. Mein bewusstes Leben begann mit der Musik. Ja, unter anderem mit Roxette, wenn vielleicht auch das Trio Scorpions, Slime, Iron Maiden als jeweiliger Impact prägender gewesen sein dürfte. Seitdem hatte ich einen Soundtrack für mein Leben und konnte all das, was ich vorher nicht verstanden habe, plötzlich fassen und einordnen. Ich fühlte mich erstmals verstanden.

Ich bin nichts Besonderes, meine Biografie eines Kleinstadtjugendlichen werden viele von euch da draußen, vielleicht auch du, ähnlich erlebt haben. Meine Ausgangsposition war genauso gewöhnlich.

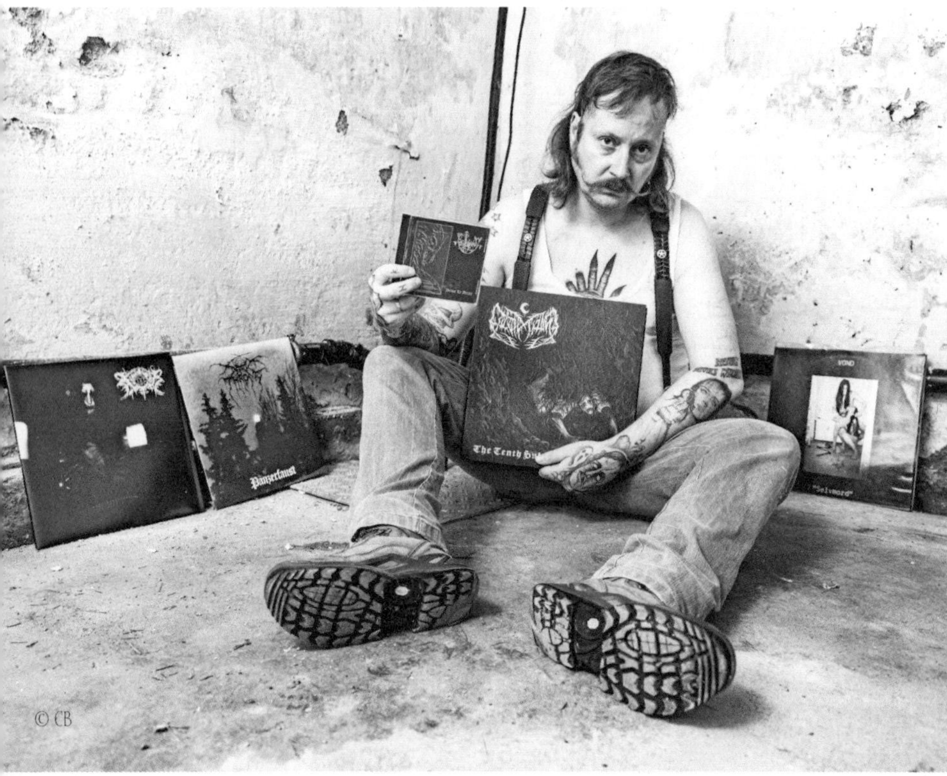

Finsternis: Xasthur, Darkthrone, Bethlehem, Leviathan & Vond

Normal situiert aufgewachsen, nicht arm, nicht reich. Ein Vater, für den seine Nächsten immer Priorität haben. Seine Frau, meine Mutter, die es mit mir nicht leicht hatte, aber als Mutter einen Orden verdient hat. Meine Erzeuger stehen auf einem anderen Blatt. Ob sie dennoch in meinem Leben eine unterschwellige Rolle spielen, etwas Unliebsames weitergegeben haben, die Frage habe ich mir gestellt, aber ich bleibe dabei: Meine Ausgangssituation in diesem Leben war eine gute! Das ist ein großes Glück, und ich weiß, dass ich ohne die Erziehung meines Vaters, den ich in diesem Buch gern als dezent zynisch darstelle, vermutlich irgendwann aufgrund eines eklatanten Mangels an Vernunft im Abgrund gelandet wäre.
Ich bin sehr froh, dass die Aufmerksamkeit, die mir heute geschenkt wird, mich erst mit einer gewissen Reife erreicht hat. Bei „Reife" muss ich beim Tippen lachen, meiner bescheidenden Meinung nach habe ich oftmals noch die Perspektive eines zehnjährigen Kindes. Aber nicht nur fällt es mir heute deutlich leichter, mit dieser Aufmerksamkeit umzugehen, dabei immer im Hinterkopf zu haben, trotz dieser Aufmerksamkeit immer noch der gleiche Idiot zu sein wie schon immer, ich habe auch ein sehr ausgewogenes Bewusstsein darüber, wie man mit mir umgegangen ist, als es diese Figur „Ernie Fleetenkieker" noch nicht gab. Ich will damit nur sagen, dass es für mich immer noch schwer in Einklang zu bringen ist, dass ich vor der kleinen Bühne, auf der ich im Moment stehe, für viele eine Witzfigur war, ein Sonderling, ein Typ, auf den man höchstens mit dem Finger zeigt, um ihn auszulachen. Für genügend Menschen mit Zeigefinger bin ich das natürlich heute noch, aber nicht wenige der wirklich schönen Momente in meinem Leben verdanke ich all den Verrückten, denen das, was ich auf dieser kleinen Bühne treibe, etwas bedeutet.
Es war dieser erwähnte Beginn meines bewussten Lebens, als ich merkte, irgendwas an mir scheint ... ja, komisch zu sein. Ziemlich schnell lag der wohlige Schein einer umsorgten Kindheit hinter mir, als ich feststellte, irgendwie nicht dazuzugehören. Ich verweise ein weiteres Mal auf das Kapitel „Verlierer", doch hier kurz angerissen:

Ohne dass ich es bewusst und willentlich herbeigeführt habe, befand ich mich früh in der Rolle des Sonderlings. In der Schule, auf dem Schulhof, auf den ersten Partys. Irgendetwas stand plötzlich zwischen mir und allen anderen. Ich benahm mich komisch, das merkte ich durchaus selbst, alle anderen reagierten mit Irritation oder Ablehnung. Und ich entdeckte meine Vorliebe für das Alleinsein. Mein Vater fragte mich irgendwann mal, ob ich keine Freunde hätte, und nein, ich hatte eine Zeit lang wahrscheinlich wirklich keine Freunde. Fühle aber bis heute eine anhaltende Ruhe und Frieden, wenn ich einfach allein bin.

Ich hatte bereits etwas gefunden, das mich verstand, das ich verstand, das war der Metal. Und ich machte erstmals mit einer für mich anfangs widersprüchlichen Erfahrung Bekanntschaft. Ich suchte nicht nur Musik, die meinen Gefühlen entsprach, diesem wirren, schwankenden Inneren eines Jungen in der Pubertät. Ich fing auch an, mich darin zu suhlen. Musik ist in der Lage, dich aufzufangen, aber warum nutzte, nein, nutze ich bis heute Musik, um jedwedes Gefühl noch zu untermauern, zu füttern? Warum höre ich anstachelnde, motivierende Musik in Momenten des mentalen Höhenflugs, und warum schmeiße ich Leviathans „Tenth Sub Level Of Suicide" auf den Teller, wenn es mir eh schon kacke geht? Ich möchte an dieser Stelle einen Begriff in den Raum werfen, den ich von Dr. Nico Rose habe: „Stimmungskongruenz". Wie er in einem gemeinsamen Interview mit dem Rock Hard sagte: „Du musst dich emotional erst abholen lassen, bevor es wieder auf eine positivere Ebene gehen kann."

Musik wurde der Soundtrack für meine psychische Labilität. Mit vielleicht dreizehn wurde das Gefühl der Andersartigkeit bedrohlicher, und rückblickend würde ich sagen, mit vierzehn, spätestens fünfzehn fingen meine Depressionen an. Und hatten mich im Griff. Ich begann, mir selbst bewusst Schmerzen zuzufügen, erst mit Linealen, dann mit Scherben, Messern, Teppichmessern, glühenden Häkelnadeln und Rasierklingen. Ich entwickelte daraus eine Art zerstörerischen Körperkult. Und ich muss leider auch sagen, dass ich dabei eine Form

von Stolz verspürte. Niederer Stolz, aus der Situation geboren, immer am Rande des Niedergangs zu taumeln, mit einer Flasche Bier in der Hand. Eine Art bizarrer Antihelden-Dramatik. Es sollte mittlerweile aus der Art, wie ich das hier schreibe, hervorgegangen sein, dass diese Art Stolz heute gänzlich verflogen ist und ich mir absolut im Klaren darüber bin, dass vieles, was ich damals getan habe, völlig daneben war. Aber ich konnte nicht anders, war und bin vielleicht wirklich komisch und verspüre heute zwar weniger Scham, bin mir jedoch bewusst, dass ich alles andere als ein gutes Vorbild war und bin. Alles, was passiert ist, hat mich da hingebracht, wo ich heute bin. Sage ich mir immer wieder.
Ich glaube, es war meine Mutter, die einmal den Gedanken ins Spiel brachte, dass es mir vielleicht besser ginge, wenn ich andere Musik hören würde. Das ist etwas, daran glaube ich bis heute nicht. Ich glaube aber auch nicht daran, dass Musik für Amokläufe oder Selbstmorde verantwortlich ist. Da rumort bereits etwas in den Tätern oder Opfern. Ich will damit nicht ausschließen, dass Musik die Macht hat, ein Fass zum Überlaufen zu bringen, aber bis dahin muss in das Fass schon sehr viel Dreck hineingekippt worden sein. Ich bezweifle einfach, dass mein Leben, auch ohne die dunklen Aspekte des Metal, in eine psychisch heilsamere Richtung verlaufen wäre.
Ein mir gerade in den Sinn kommendes Beispiel dreht sich nur über Umwege um Metal, wohl aber um eines der düstersten Stücke Musik, die mir bis heute zu Ohren gekommen sind: Vond „Selvmord“. Auf diesem Nebenprojekt von Mortiis, ehemals Basser bei Emperor, wird mit minimalistischen Keyboardklängen eine Atmosphäre geschaffen, die dem Albumtitel sehr gut gerecht wird. Mortiis, vermutlich Begründer des obskuren Genres Dungeon Synth, erschafft auf „Selvmord“ eine Klanglandschaft, die den Hörenden in der mulmigsten Ecke seines Verstands ein Grab ausheben lässt, um sich dort niederzulassen. Ich habe dieses Album in den dunkelsten Momenten meines Lebens gehört, in den wirklich, wirklich dunklen Momenten. Und dennoch lebe ich immer noch. Nun war ich, würde ich sagen, nie

suizidal. Ich habe auch nie mich selbst gehasst, ich kam und komme einfach nur schwer mit meiner Umwelt zurecht und trage seit langer Zeit ein bedrückendes Gefühl mit mir herum, welches mir mal den Verstand zu rauben vermag, mich gelähmt Wände anstarren lässt und immer und immer wieder packt, wenn ich denke, durch einen strukturierten Tagesplan und frische Luft vielleicht alles unter Kontrolle kriegen zu können.

An dieser Stelle mal Klartext. Ich spreche von Depressionen. Vielleicht sind es bei mir auch eher Angstzustände. Depressionen werden bis heute in der breiten Öffentlichkeit immer noch missverstanden und verklärt. Aus falschem Stolz weggeschoben, weil Schwächen keinen Platz in dieser Gesellschaft haben. Aus Angst, als Jammerlappen abgestempelt zu werden, wird gemauert, und wenn es ganz dicke kommt, wird irgendwann niemand mehr hinter diese Mauer blicken können, bis es zu spät ist. All die Sprüche ... Jeder habe mal einen schlechten Tag. Man solle sich nicht so anstellen, nä? Nur leider sind Depressionen keine zeitweise auftretenden traurigen Gefühle, kein „Sich-mal-nicht-gut-Fühlen". Wenn man denn wenigstens heulen könnte! Oder schreien. Es ist im Grunde der Zustand, überhaupt kein zuordenbares Gefühl zu haben. Die Leere nach einem üblen Schlag in den Magen. Im besten Fall sind es Episoden, aber unter Umständen ist eine Depression der ständige Begleiter, der lauernd hinter jeder Ecke kauert, das ganze Leben lang. Frische Luft heilt keine Depressionen, Medikamente unterdrücken Depressionen höchstens, inklusive beschissener Nebenwirkungen. Ein Klassiker ist auch der Rat, positiv zu denken. Ich meine, so wie du rumläufst, ist es ja kein Wunder, dass du schlecht drauf kommst. Therapien können hilfreich sein, aber um Therapieplatzsuche soll es hier jetzt mal besser nicht gehen.

Unglaublich wichtig ist es, sich jemandem anzuvertrauen. Aber hat jeder Mensch so einen Menschen? Ohnehin, sobald die Tür hinter dir zu ist, musst du allein mit der Stille klarkommen. Dir hilft keiner, so hart das klingt, aber schönreden bringt dich auch nicht weiter. Der erste Schritt muss von dir selbst kommen! Und das ist verdammt

noch mal nicht einfach, weil du jeden verdammten Scheißtag mit diesem Druck lebst. Ich kann mich an keine Phase der letzten dreißig Jahre erinnern, in der ich nicht doch irgendwann wieder wie aus dem Nichts Anspannung und latente Panik verspürt habe. Das heißt ja nicht, dass ich keine schönen Zeiten erlebt habe, aber der niederträchtige Begleiter weicht mir nicht von der Seite und haucht seinen betäubenden, dehydrierenden Atem in den Nacken. Es ist sehr körperlich, ich spüre es von der Hüfte aufwärts im Unterbauch, es kriecht den Hals hoch und lässt die Schaltzentrale da oben isoliert vom Rest des Körpers zurück. Permanent steht irgendetwas Bedrohliches hinter mir. Lauert.
Ich habe heute eine eigene Familie, ein sicheres Umfeld, das hatte ich lange nicht, wollte ich lange nicht haben. Was ich heute habe, erst zulassen musste, hat meine Situation unbeschreiblich verbessert. Es ist alles noch da, aber es ist der Umgang mit dem „Grau“, der einiges zum Besseren verändert hat.

„Selvmord“, aber auch Darkthrones „Panzerfaust“, Bethlehems „Dictius Te Necare“, Deinonychus‘ „Ark Of Thought“, vermutlich alles von Xasthur, Nyktalgias Debüt, aber auch Nick Cave, Townes Van Zandt oder Leonard Cohen vermögen mit ihrer Musik etwas ganz anderes, als den Wunsch zu gebären, sich oder anderen etwas anzutun. Diese Musik lässt mich auf der einen Seite zwar auch in meinem Elend siechen, lullt mich in Selbstmitleid ein, aber sie schafft etwas, das in diesen Momenten der Hilflosigkeit und Reglosigkeit keine andere Musik zu vollbringen vermag: Das Schwelen, das sich Hingeben dem Moment absoluter Betäubung vollbringt eine Katharsis. Die Musik untermalt in diesen Stunden alles, was im Kopf gerade nicht richtig läuft, bringt alles an Trauer, Wut, Hass an die Oberfläche. Wringt dich wie einen alten, nassen Fetzen aus. Und der Druck löst sich.
Das Gegenbeispiel klingt einfacher verständlich. In Momenten des Höhenflugs Visigoth, Medieval Steel oder einfach ballernden Death Metal wie Obituary, Cannibal Corpse oder Death zu hören, putscht

auf, tut gut, fühlt sich fantastisch an. Aber, und da kann ich nur von mir sprechen, in diesen Momenten, in denen der dunkle Begleiter wie in „Shutter" (bitte nur das thailändische Original!) schattenhaft und schwer auf den Schultern lastet, funktioniert manchmal nur der Soundtrack zum Untergang.
Musik rettet! Und in diesem Rahmen ist Metal ist nur ein kleiner Teil des großen Ganzen.

Der Teufel auf dem Plattencover

Im Rahmen meines Bühnenprogramms „Heavy Metal" live on stage habe ich über mehrere Auftritte hinweg versucht, anhand von fünf Platten meine eigene Chronologie der Teufelsanbetung auf dem Coverartwork zu ergründen. In Prosa: Wie und in welcher Reihenfolge wurde es in meinem Plattenschrank immer diabolischer. Da ich bei dem Konzept „Fünf Cover, ein Thema" keinem festen Skript folge, improvisierte ich so ein ums andere Mal, tauschte Platten aus, tauschte sie wieder zurück und lernte über Diskussionen mit meinem Publikum das eine oder andere dazu. Final kam ich zu folgender Aufstellung:

- Iron Maiden „The Number Of The Beast"
- Deicide „Deicide"
- Marduk „Opus Nocturne"
- Bathory „Under The Sign Of The Black Mark"
- Blasphemy „Fallen Angel Of Doom"

Iron Maidens „The Number Of The Beast" war bekanntlich das Metal-Album, welches mich schlussendlich, endgültig und auf alle Zeiten in den Höllenschlund Heavy Metal heruntergezogen hat. Es war geradezu bildlich Eddie, der seine Klauen nach mir ausstreckte, mich an der Gurgel packte und mich zu sich ins Fegefeuer zog. Dieses Artwork, verdammt! Diese Kreatur aus der Feder Derek Riggs, die auf den Iron-Maiden-Alben in verschiedenster Gestalt auftaucht (allerdings seit der „Fear Of The Dark" mit Ausnahme von „Brave New World" nicht mehr von Riggs gemalt wurde), in unterschiedlich bösartigen Auswüchsen. Zu Zeiten von Paul Di'Anno passenderweise geradezu punkig, später als Sphinx, Irrer, Cyberpunk, Baumdämon oder 2021 sogar als Samurai auf „Senjutsu". So eindrucksvoll Riggs auch seiner

Fantasie freien Lauf lassen durfte,[98] bis heute ist es der Marionetten dirigierende Eddie auf „The Number Of The Beast", der mich in seinen Bann zieht, seit diesem einen schicksalsträchtigen Tag damals in dieser WG.

Interessiert habe ich mich für, nun, das Dämonische, das Übersinnliche, bereits sehr früh und verirrte mich häufig in die jeweilige Abteilung „Parapsychologie" der Schul- oder Stadtbücherei. Ich las alles über Geistererscheinungen, Satanskulte und ... ach, da sind wir doch schon beim Stichwort: Satan. Beelzebub, Mephisto, Luzifer, der Antichrist, wer auch immer. Alles, was mit dem Teufel zu tun hatte, war mein Ding.

Wann ich meine erste Begegnung mit dem oder den Herren der Unterwelt hatte, das weiß ich heute nicht mehr. Auf einem Albumcover sah ich ihn vermutlich das erste Mal im zarten Alter von zehn Jahren, als mir ein gewisser Ralf von Tischlerei Lischitzki AC/DCs „Highway To Hell" schenkte: der gehörnte Angus Young, seinen Teufelsschwanz in der Hand. Dass es sich dabei sogar noch um eine entschärfte Version eines der wichtigsten harten Rock-Alben in meinem Universum handelte, das wusste ich damals nicht, sonst wäre ich vermutlich sofort schnurstracks in die Hände des nächsten Dorfkultes gerannt. Von der Church of Satan, der ich damals einen Brief schrieb, habe ich ja leider nie eine Antwort erhalten, mein handgeschriebenes Bewerbungsschreiben kam ungelesen zurück.

AC/DC „Highway To Hell"

Ein fantastisches Album. Blues? Hard Rock? Egal, das war für mich einmal der richtig harte Scheiß! Trotz des klassischen Problems mit dem ausgenudelten Titeltrack hat dieses Album bis heute absolute Power! Vielleicht zwei bis drei Songs, die nur gut sind, aber ‚Touch Too Much' ist immer wieder ein wunderschöner Stich ins Herz, solche Songs höre ich und weiß wieder, warum ich harten Rock bis Blasphe-

98 „Dance Of Death" geht zum Glück nicht auf seine Kappe.

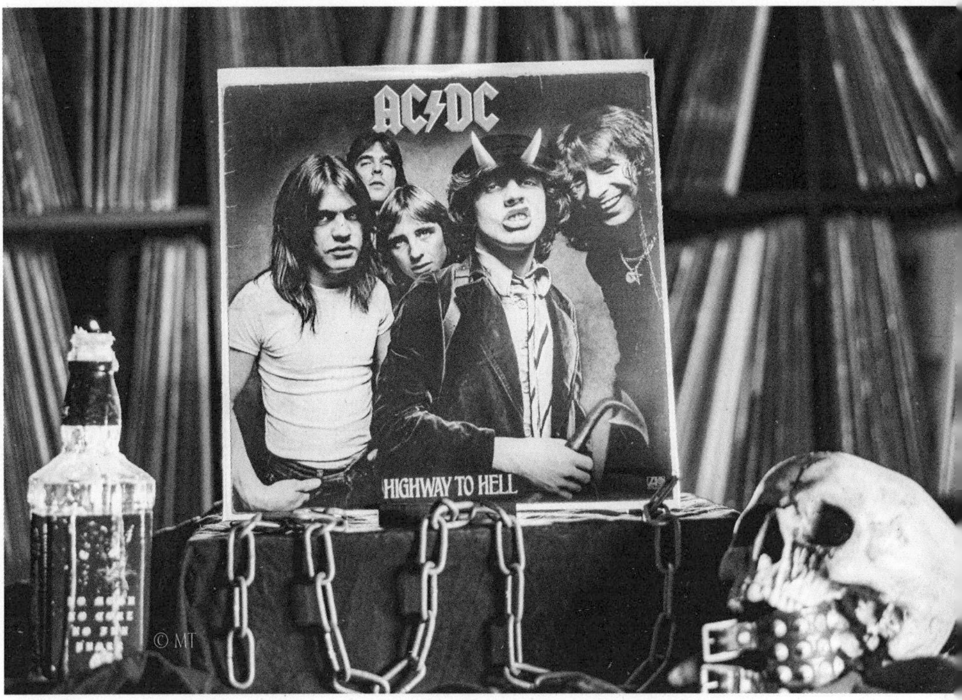

my höre. Und ‚Night Prowler' ... ey, da sitz ich mit Kopfschmerzen und schlimmen Gefühlen in einer längst leeren Kneipe und bediene mich aus alten Flaschen selbst. Aufdrehen und Faust ballen. Den Sound genießen!

Der Teufel in der Musik, das ist sicher schon Thema seriöserer Arbeiten gewesen. Weil ich aber, damals, als es mit besagtem Album von AC/DC losging, für bestimmt fünfzehn Jahre zielstrebig nach immer schwärzerer, böserer und vermeintlich härterer Musik ins Dunkle stierte, möchte ich dieses wunderbar abgründige Thema einmal anhand meines eigenen Werdegangs beackern.

Von AC/DC bis Blasphemy

Der Teil des Heavy Metal, der mich damals und dann auch lange Zeit am meisten fasziniert hat, war Musik als Ausdrucksform des Bösen. Das kannte ich vorher als begeisterter Roxette-Fan und Besitzer von diversen Rolf-Zuckowski-Platten nicht. Gut, sehr gruselig fand ich damals diese Horror-Hörspielkassetten, die sich allerdings Jahre später bei der Wiederentdeckung als nicht mehr ganz so furchterregend herausstellten und heute mehr den Durst nach Trash zu stillen vermögen.

Während es bei Iron Maiden inhaltlich in Form der Texte nie sonderlich viel um den Teufel ging, waren es in frühen Neunzigerjahren, als ich den Metal jungfräulich im wahrsten Sinne des Wortes zu entdecken begann, besonders die düsteren Albumcover all dieser Bands, die mich in ihren Bann zogen.

„Highway To Hell" war vermutlich der Anfang, ein erstes Lodern, „The Number Of The Beast" das donnernde, alles erschütternde Beben. Ob Blasphemy schlussendlich das satanische Armageddon waren? Wer weiß, aber bis dahin war es, auch wenn „Fallen Angel Of Doom" bereits 1990 rauskam, noch ein langer Weg für mich.

Nach Iron Maiden entdeckte ich erst einmal ganz für mich allein und mithilfe von Magazinen wie dem Metal Hammer unseren städtischen CD-Secondhandladen und ... Moment mal, Zeitrad ein paar Umdrehungen zurück, da war ja noch die Bravo. Richtig gelesen, das bunte Jugendmagazin mit vielen Bildern, Postern und „Liebe, Sex und Zärtlichkeit". Das Magazin, das wir Jahre später immer wieder an irgendeiner Autobahnraststätte einsackten, neben Postillen für die Frau ab sechzig, um uns auf ewig langen Autobahnfahrten zu irgendwelchen Gigs unterhalten zu lassen. Die Bravo flatterte uns damals mit einem ganzen Haufen anderer Kioskblätter wie Micky Maus und Playboy ins Haus, unsere Oma hatte da Verbindungen zur Illustrierten-Mafia. Während heute der geschriebene Inhalt der Bravo zugunsten von vielen Fotos auf ein maximales Minimum gekürzt und die Wichs-

vor-, ähm, Aufklärungsseiten ganz gestrichen wurden, empfand ich, rückblickend betrachtet, den Informationsgehalt damals als noch verhältnismäßig passabel. Denn damals gab es noch eine Metal-Rubrik! Auch wenn diese oft darum ging, wie „Girls" anhand des Outfits erkennen, ob der „Boy" eher zu Def Leppard oder Metallica das Tanzbein schwingt. Eines stillen Nachmittags blätterte ich nach der Schule Seite um Seite um, über New Kids On The Block zu schon erwähnten Masturbationshilfen, wollte gerade die Hose ... Da starrte mich ein ekelhaftes, sich selbst auffressendes Etwas an, das mit Iron Maiden-Eddie ungefähr in einem Verhältnis stand wie Scheiße zu Schokolade. Cannibal Corpse „Eaten Back To Live". Obwohl Cannibal Corpse damals zwischen 1990 und 1992 bereits den Indizierungs-Hattrick, inklusive einer Beschlagnahmung, eingesackt hatten, durfte das besagte Cover scheinbar dennoch abgebildet werden – wie die wohl im Nachhinein juristisch schwierigen und infolgedessen heute gestrichenen Abbildungen junger Menschen im Adamskostüm.
Was mich allerdings optisch noch viel mehr packte als „Eaten Back To Life", „Necroticism – Descanting The Insalubrious" von Carcass, Death mit „Spiritual Healing" oder Obituarys „Cause Of Death", ja, die Bravo hat damals geliefert, war das selbstbetitelte Debüt von Deicide. Dass sich Glen Benton zu der Zeit ein umgedrehtes Kreuz auf die Stirn gebrannt hatte, wusste ich noch gar nicht, aber das Album stand für sich selbst. Wenn auch nur das Cover, denn es sollte ein paar Jahre dauern, bis ich ein erstes Album aus diesem Bravo-Special in den Händen halten sollte. Es war übrigens die Carcass, ein bis heute von mir sehr geschätztes Death-Metal-Album.

Deicide „Deicide"

Verdammter in Dreiteufelsnamen[99]! Dieses Album ist in seiner Finsternis bodenlos. Das Debüt von 1990. Absolute Boshaftigkeit, Glen Benton in widerlichster Verfassung. Wie so ein Album produziert

99 Heute gerade Luzifers „Iron Shackles" gehört.

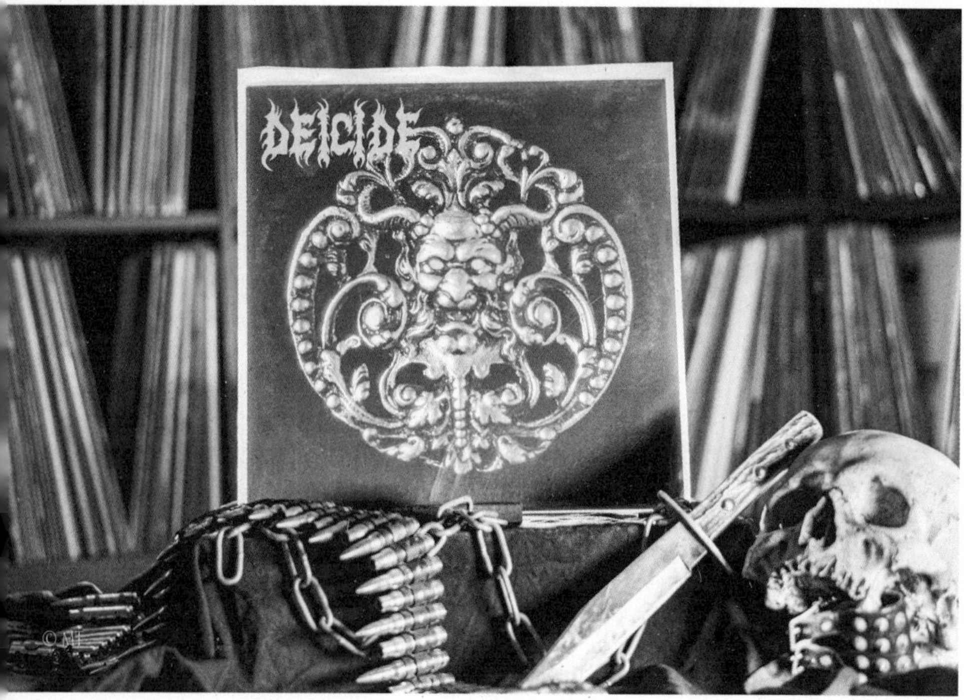

wird, ohne dass es am Ende Tote gibt, ist mir ein Rätsel, aber Scott Burns hat an den Reglern alles gegeben, dieses direkt aus irgendeinem miesen Alptraum entsprungene Machwerk über Bentons Gesang hinaus wie einen Bare Knuckle Fight unter zwei Todesendgegnern klingen zu lassen. Begriffen habe ich das alles bei Erstlauschung nicht, das hat Jahre gedauert. Aber wie ich in emotionalen Momenten dazu neige, würde ich es gerade als eines der, sagen wir mal, drei finstersten Werke seiner Zunft bezeichnen. Dreiunddreißig Minuten dreizehn reichen da auch.

Wir waren beim Metal Hammer und dem städtischen CD-Secondhandladen, den es heute gar nicht mehr gibt. Als ich das erfahren habe, wurde ich doch glatt kurz wehmütig, war dieser unscheinbare Laden doch Bezugsquelle meiner ersten wirklich harten Metal-CDs. Neben Manowar und Running Wild staubte ich dort meine ersten vier Death-Metal-Alben ab, neben der Carcass waren dies: Obituary „The End Complete“ (hat außer mit dem Auftakt, dem widerlichen Tardy-Growl, lange nicht gezündet, mittlerweile schon), Amorphis „The Karelian Isthmus“ (pure düstere Atmosphäre) und Morbid Angel „Blessed Are The Sick“ (mit „The Treasures Of Satan“ von Jean Delville auf dem Cover, was für ein Artwork!). Erstmals erblickt im Metal Hammer, oder war es das Rock Hard? Auf jeden Fall gab es damals eine sehr hohe Wertung, was mir allerdings vollkommen egal war, denn mich hatten die Schätze Satans ohnehin schon überzeugt. Meine Devise war um 1995 klar: härter, schwärzer, bösartiger. So hörte ich zu der Zeit parallel zwar auch Goethes Erben und Das Ich, war aber im Metal fast ausschließlich auf der Suche nach Musik, die den letzten Einkauf in puncto Dunkelheit zu toppen vermochte. Es war also nicht verwunderlich, dass ich nach nur einem halben Jahr Death Metal und vermutlich nur circa vier Jahren Metal beim Black Metal landete. Über eine Ausgabe des Metal Hammer. Ein Bericht von Robert Müller sollte mein Leben nach der Entdeckung von Iron Maidens erstem Album mit Bruce Dickinson einmal wieder komplett umkrempeln und mir, würde ich sparsam mit dem Begriff „Impact“ umgehen, ein zweites Mal, diesmal mit Emperors „In The Nightside Eclipse“, die Welt auf den Kopf stellen. Während die vier Norweger natürlich mit ‚Inno A Satana‘ punkteten, waren es bei der Erstsichtung des Metal-Hammer-Berichts vor allem Mayhems „De Mysteriis Dom Sathanas“ und Marduks „Those Of The Unlight“, die mir Bezug nehmend auf dieses Kapitel den Boden unter den Füßen wegzogen. Ja nun, ich war sechzehn, umgedrehte Kreuze waren 1996 noch etwas, mit dem Ernie zumindest seinen Erdkundelehrer aus der Reserve locken konnte.

Dann passierte sehr viel gleichzeitig. Zwar hatte ich bis zu meinem achtzehnten Lebensjahr zwei Jahre später nahezu keinen realen Kontakt zu richtigen Metallern, geschweige denn Leuten, die Black Metal hörten, aber nach dem EMP-Katalog, bei dem es damals noch eine erstaunlich große Auswahl an Musik gab, bekam ich den Nuclear-Blast-Katalog in die Hände. Ich weiß noch, wie ein Teil meiner Familie ob des Namens die Nase rümpfte, aber da ging es dann richtig los. Neben sehr viel melodischem Black Metal hielt ich alsbald Marduks „Opus Nocturne" in den Händen. Chris Verwimp hatte alle Register gezogen.

Marduk „Opus Nocturne"

Old-Schooler schwören auf „Those Of The Unlight", Ballerfreunde auf „Panzer Division Marduk", aber es ist und wird für mich immer „Opus Nocturne" sein. Niemals davor und danach waren Marduk so dunkel, so atmosphärisch. Ein Hochgenuss, dem Bass von B. War zu lauschen, Joakim Af Gravf am Gesang, ab ‚Sulphur Souls' eine Lehrstunde, wie in Schweden Anfang der Neunziger Ziegen zur Jungfrau ... na egal. ‚Materialized In Stone' – haben Marduk so was später überhaupt noch mal hinbekommen? Versteh mich von mir aus falsch, Marduk hatten auch nach diesem Album ihre Momente, auch wenn irgendwann Mortuus/Arioch mit Funeral Mist gezeigt hat, wie es richtig geht, aber „Opus Nocturne" ist Neunziger-Black-Metal in seiner reinsten Form auf höchstem Niveau.

Hier im Detail alle Black-Metal-Alben aufzulisten, die ein dämonisches Cover aufweisen, ist, wie Labskaus nach Hamburg tragen, aber ob nun Gorgoroths „Antichrist", Dark Funerals „The Secrets Of The Black Arts" oder Fallen Christs „Abduction Ritual" (gut, Death Metal, war mir da aber egal), das Kreuz wurde sehr oft umgedreht.
Logische Konsequenz: Es war sehr schnell ein Punkt erreicht, an dem das Sujet „Satan" ausgereizt war, kalter, abgestandener Kaffee. Selbst mein Religionslehrer musste bei meinem „Fuck Me Jesus"-Shirt lachen, auch wenn er sehr empört tat. Lediglich meine alte Dänischlehrerin fragte mich einmal mit sehr ernstem Gesichtsausdruck, ob mein „Gallery Of Suicide"-Shirt von Cannibal Corpse nicht etwas ge-

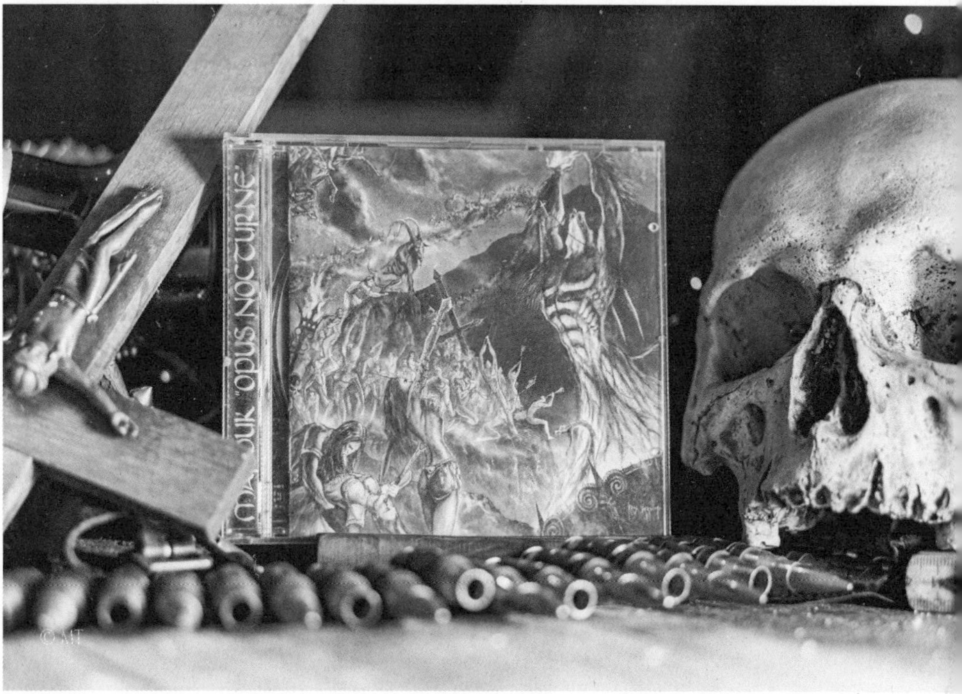

schmacklos sei. Ich sagte „Nein“, sie „Nun gut“.
Ab den 2000ern war mit umgedrehten Kreuzen kein Boden mehr gutzumachen. Als dann irgendwann die Hipster das auf den Kopf gestellte Kruzifix als Designelement entdeckten, war der Drops endgültig gelutscht. Die frühen Nullerjahre waren für mich in Sachen Musik ohnehin trostlos. Mein Geld floss in Alkohol und Drogen.
Nach gut fünfzehn Jahren mit dem Motto „Black Metal ist die einzige Musik, die mir alles gibt, was ich brauche“ erweiterte ich meinen Fokus wieder. Nicht dass ich je ein Problem mit dem Tellerrand hatte, aber ich fing an, mich endlich wesentlich breiter gefächert mit Metal zu beschäftigen, den geilen Achtziger-Heavy-Metal zu entdecken. Aber auch auf Spurensuche zu gehen. Unweigerlich begann

ich, mich mit den Ursprüngen des Black Metal zu beschäftigen, der sogenannten ersten Welle: Bands, die ich vom Namen her alle kannte, für die ich aber scheinbar in all den Jahren nicht bereit gewesen war, den Sound nicht verstanden hatte. Die Erklärung wie folgt: Das erste Black-Metal-Album, das mich nachhaltig beeindruckt hat, war Emperors „In The Nightside Eclipse“. Majestätischer, hymnischer, melodischer Black Metal. Ich hörte: Diabolical Masquerade „Ravendusk In My Heart“, Ancient Wisdom „For Snow Covered The Northland“, Abigor „Nachthymnen (From The Twilight Kingdom)“. Es sollten Jahre vergehen, bis ich mit Darkthrone was anfangen konnte.
Ich entdeckte Hellhammer, das dämonische Artwork von „Apocalyptic Raids“, gemalt von Tom G. Warrior selbst. Zum ersten Mal hörte ich Sarcófagos „I.N.R.I.“, deren Logo hatte sogar drei umgedrehte Kreuze. Aber obwohl ich eigentlich satt war von plakativer Teufelssymbolik, was die Brasilianer auf diesem Album verunstalteten, Jahre bevor die ganzen schwarzen Alben in meinem CD-Regal entstanden, das war einfach nur wüst.

Sarcófago „I.N.R.I.“
Ich weiß nicht, wie oft ich dieses Album gehört habe, aber wo ich so schön im Fluss bin mit emotional verunreinigten Behauptungen, gerade in diesem Augenblick lasse ich mich einfach dazu hinreißen, „I.N.R.I.“ als das entscheidende Black-Metal-Album zu bezeichnen. Ja, es kam nach Bathorys „Under The Sign Of The Black Mark“ raus, ich hab das sicher auch schon von hundert anderen Alben behauptet, aber so oft ich dieses Album höre, es ist einfach so unnahbar, dreckig, mies, abgründig – egal wie oft ich es höre, ich werde, genau wie ich es sage, nicht warm mit diesem brasilianischen Schlag mit der Nagelkeule, und deshalb liebe ich es! Der Einfluss dieses Werks ist unbestritten, auch hier ist das Artwork prägend as fuck. Ich muss es einfach noch einmal hören. Und noch einmal. Irgendwann werde ich es verstehen.

Ein Album war es dann aber, das noch einmal ganz besonders zu beeindrucken vermochte und einen Ehrenplatz in dieser Reihe verdient: Bathorys „Under The Sign Of The Black Mark“. Mag ein Bodybuilder namens Leif Ehrnborg mit Ziegenkopf in der Royal Swedish Opera in Stockholm auch dezent plakativ anmuten, dürfte diese Fotografie von Gunnar Silins heute dennoch ins metallisch-kulturelle Vermächtnis eingegangen sein. Überhaupt, wir haben es hier mit einem der unbestritten wichtigsten Alben extremer Musik zu tun. Und es ist einmal mehr verrückt, wie durcheinander meine eigene Chronologie, meine Entdeckungsreise extremer Musik erscheint und dass ich erst fast zwei Jahrzehnte lang den jungen Norwegern zuhören musste, um schlussendlich den großen Quorthon zu verstehen.

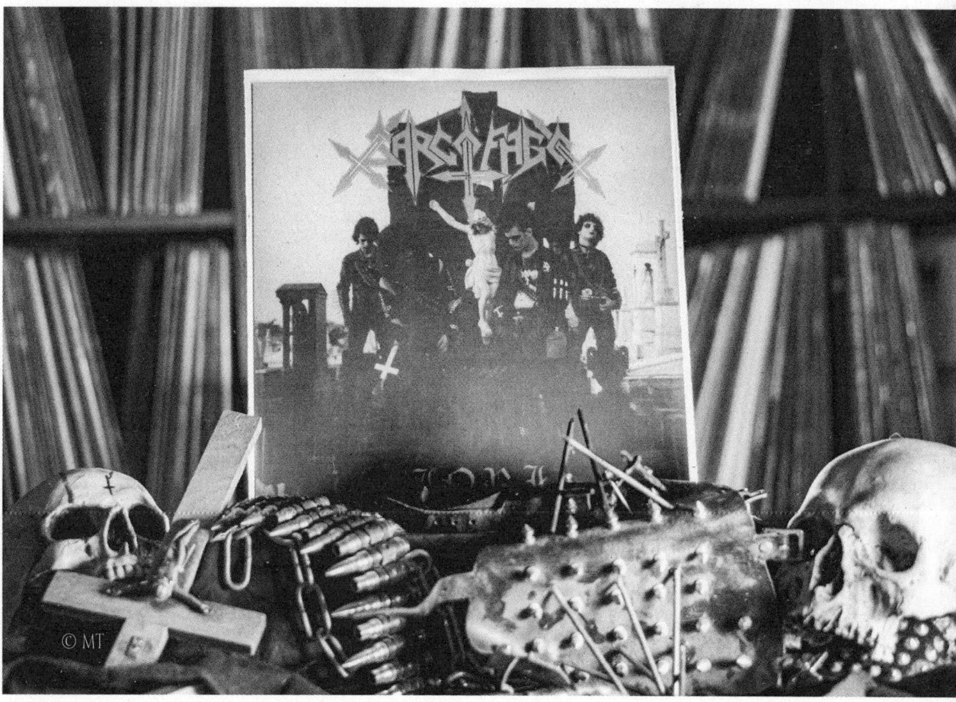

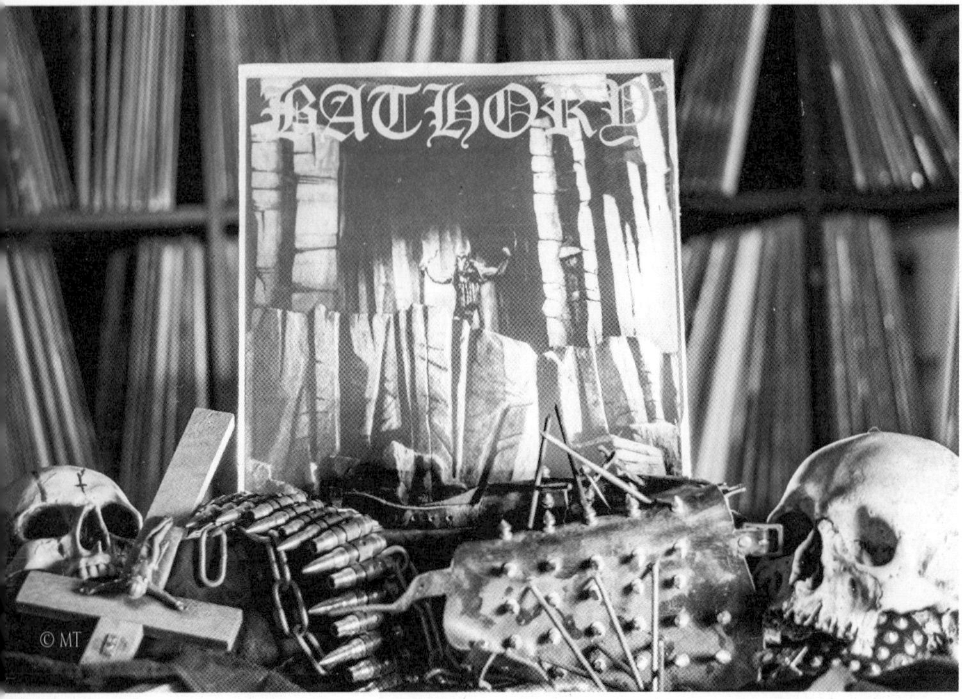

Bathory „Under The Sign Of The Black Mark"

Mag das selbstbetitelte Debüt der Kult schlechthin sein, „The Return......" eine Grundlage für War Metal, das dritte Album im Bunde hat dem Black Metal 1987 seine Erhabenheit gegeben. Waren es (unter anderem) Venom, welche die Seele des Metal an den Teufel verkauften, oder Hellhammer, die dem Metal die Dunkelheit schenkten, so war es Bathory beziehungsweise Quorthon, welcher der zweiten Welle Black Metal den letzten Wink gab. ‚Woman of Dark Desires', Keyboard ohne Schönheit und trotzdem eine Art Hit! ‚Call From The Grave', das meine ich mit der Erhabenheit. Oder ‚Enter The Eternal Fire', hier bahnt sich an, was auf „Hammerheart" in Perfektion ausmusiziert wird. Dieses. Album. Ist. Perfektion!

Meine Suche nach immer extremerer Musik stagnierte ein paar Jahre. Ich kam vom Hard Rock wie Scorpions zur NWOBHM wie Iron Maiden. Entdeckte über verschiedene Spielarten des Heavy Metal den Death Metal wie Morbid Angel. Kam zum BLACK METAL, verlor mich in den Klängen von Marduk, Gorgoroth und Mayhem. In dieser Zeit erreichte ich auch meinen Zenit in Sachen „Okkult-Interesse". Ich las das Necronomicon, magische Schriften, Sachbücher über allerlei pseudo-arkanes Zeug. Dann flachte die Neugier ab. Ich wandte mich anderen Dingen zu. Musikalisch hatte ich ohnehin alles gehört, was sollte nach Bethlehems „Dictius Te Necare" noch abgründiger, schwärzer, schweißtreibender sein?
Dann entdeckte ich Sunn O))). Drone nannten sich diese wabernden, ja dröhnenden Klangexperimente aus der Feder von Stephen O'Malley und Greg Anderson. Zwei Männer mit tatkräftiger Unterstützung vieler Gastsänger wie Atilla von Tormentor und Mayhem oder Malefic von Xasthur, die der Dunkelheit neue Töne gaben. Bereits alles ausgelotet? Mit Sicherheit nicht! Und wie auch immer ich genau dahin kam, ich landete beim War Metal, oder besser gesagt, dem Bestial Black Metal – dem Triumphzug der satanischen Coverkunst in Gestalt von Thorncross aka Christophe Moyen. Arbeitsmotto: Entweder fickt die Ziege, oder sie wird gefickt. Mit Coverarbeiten für Beherit, Black Witchery und zahlreichen Bands mehr dürfte er sich insbesondere für seine Blaupause „War-Metal-Cover" auf alle Zeiten einen Namen gemacht haben. Rotes Logo, schwarzer Hintergrund, weiße Abbildung einer Ziege, die irgendetwas tut, das so im christlichen Glauben nicht vorgesehen war.[100] Wo hier die Ursprünge zu finden sind, ist ungeklärt. 1985 wurde von Banzai Records das selbstbetitelte Bathory-Debüt wiederveröffentlicht. Im Gegensatz zur unerschwinglichen Originalversion 1984 von Black Mark Production mit weißer Schrift und gelbem Ziegenkopf, entsprach die Banzai-Edition den Grundvoraussetzungen, die Moyen berühmt gemacht haben dürften. Ganz vorn mit dabei waren auch Archgoat aus Finnland.

---

100 „Fallen Angel Of Doom" von Blasphemy ist übrigens kein Moyen!

Archgoat „The Light-Devouring Darkness"
Erstaunlicherweise schon seit 1991 aktiv, dürften sich Archgoat vor allem in den letzten Jahren einen Namen als pechschwarzes Death-Metal-Kommando gemacht haben. Knurrig, zuweilen schleppend, polternd, prügelnd. Und in jedem Ton ultra-blasphemisch. Es gibt sie, diese Bands, die rein akustisch zwar sehr schwarzen, aber immer noch eher typischen Death Metal spielen. Wo das Gesamtbild erst den Stempel Black Metal aufdrücken könnte. Ich denke da vor allem an Excoriate und ihr Opus magnum „On Pestilent Winds…". Kennste nicht? Nicht schlimm, aber du hörst dir das Album jetzt sofort an!

Es war ein langer Weg von AC/DC zu Archgoat oder eben Blasphemy.

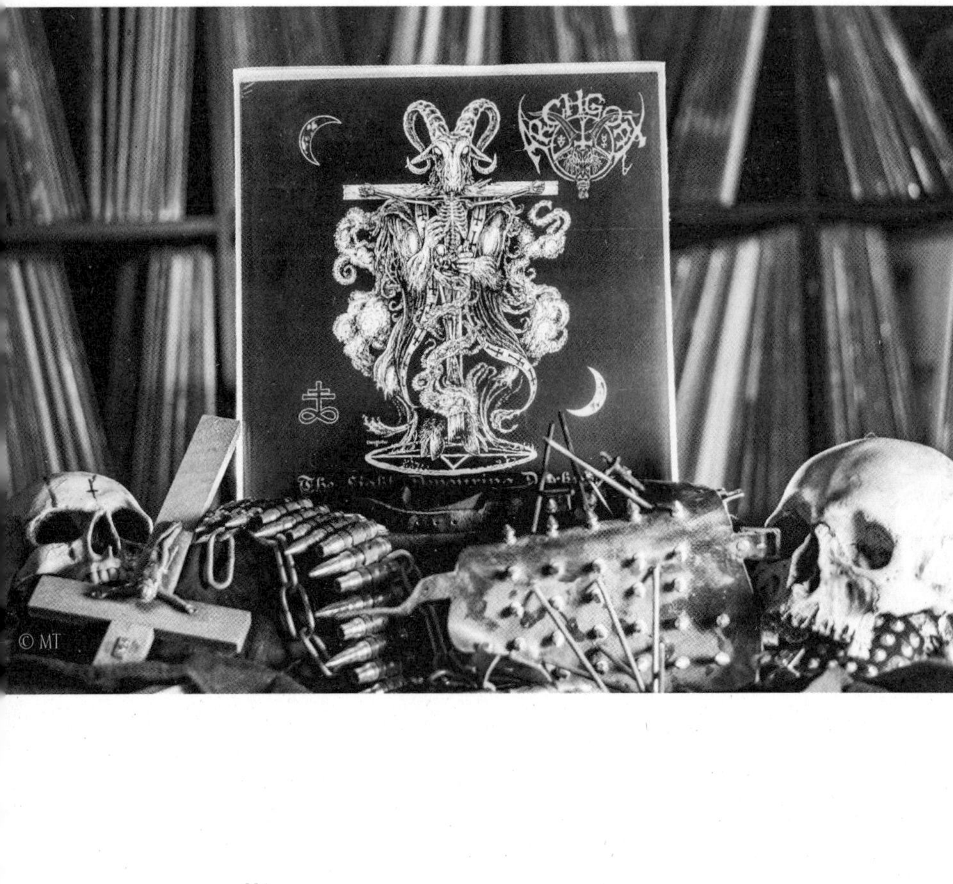

1979 waren höllisch anmutende Flammen schon zu viel, 2009 krönte Chris Moyen die skelettierte Leiche Jesu mit einem Ziegenkopf. Ein in meinen Augen wahnsinnig dämonisches Artwork, wenn auch dem Lovecraftschen Universum entlehnt? Sulphur Aeon „Gateway To The Antisphere“. Das Ende der Menschheit, nicht der Hölle entkrochen, sondern den Tiefen des Meeres.

Über den Geist des Black Metal, seine Spiritualität und die alles umschließende Finsternis. Ein Zugang zum Verständnis, warum Black Metal mehr als nur Musik ist.

Geht dich 'n Scheiß an!

Verlierer

Ein Text über das Aufwachsen und Erwachsenwerden als junger Heavy-Metal-Fanatiker.

Ich war zwölf, vielleicht dreizehn Jahre alt, als ich merkte, dass ich irgendwie nicht dazugehöre. Den Eindruck, von allen anderen als merkwürdig wahrgenommen zu werden, hatte ich zwar schon im Kindergarten zeitweise bekommen. Doch es begann mit den ersten Sackhaaren, dass ich feststellte, mein Platz ist überall, nur nicht hier. „Nur nicht hier" war allerdings noch ziellos, denn das „Wohin" war mir vollkommen unklar. Überall, nur nicht in dieser Stadt, dieser Schule, dieser Klasse.

Oft sind es Momentaufnahmen, die prägen. Mein Moment war ein Montag in der fünften Klasse, als ich mit einem grellen Jahrmarkts-Roxette-Bootleg-Shirt der „Joyride"-Zeit in XL und einem nicht minder ästhetikfeindlichen Cappy das Klassenzimmer betrat und mir zur Begrüßung ein „oh nein, nicht der schon wieder" entgegengeächzt wurde. „Nicht der schon wieder" ... Mal wieder unerwünscht. Woran das lag? Ich weiß es nicht, vielleicht an meinen hässlichen T-Shirts. Wahrscheinlicher an, das muss ich ja eingestehen, unbeholfenen Versuchen, mich in Gruppen einzufinden, Gruppen, mit denen ich eigentlich schon da nichts mehr anfangen konnte. Cliquen nannte es sich damals, und ich hatte keine. Das sollte sich über viele Jahre, genau genommen, bis ich achtzehn wurde und wegzog, auch nicht ändern. Ein tagtäglicher Spießrutenlauf, viele unglückselige Momente von morgens um acht bis über den Heimweg am Nachmittag hinaus, dann die Flucht in eine andere Welt, geschaffen in einem Kinderzimmer, dessen weiße Raufasertapete immer mehr von Postern mit langhaarigen Typen zugekleistert wurde. Schön war das alles nicht, allerdings muss ich auch betonen, wenn ich heute zurückblicke, sehe ich mich trotz allem nicht als Opfer, besonders wenn ich an die zwei

bis drei armen Gestalten denke, die damals richtig einstecken mussten. Ich war nur „komisch". Ich gehörte schlichtweg nicht dazu, das war alles.
Dann kam der Metal. Erst Scorpions, dann AC/DC, dann Iron Maiden. Und wenn ich immer wieder von diesen bestimmten Momenten rede, die mein Leben verändert, in neue Bahnen gelenkt haben, dann war es einfach diese Sekunde, als ich das erste Mal das Coverartwork der „The Number Of The Beast" sah und mit dem Opener ‚Invaders' meine Welt komplett umgekrempelt wurde. Metal! Ich hatte den Metal gefunden. Oder der Metal fand mich. Und aus dem Nichts ertönte ein

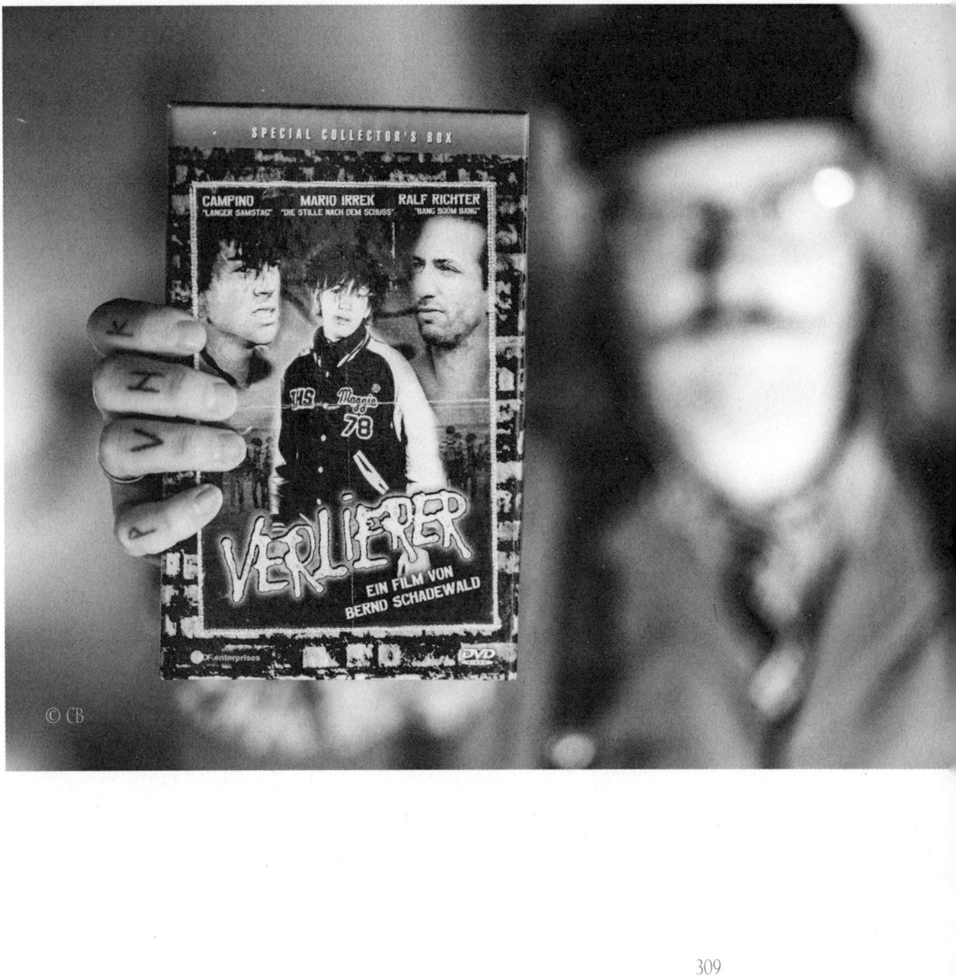

© CB

düster gesprochenes „Woe to you, oh Earth and Sea – For the Devil sends the beast with wrath because he knows the time is short..." Plötzlich wusste ich, wo das „Wohin" ist. Der Rest ist Geschichte.
Die guten Metal-Klischees. Metaller trinken Bier, Metaller haben lange Haare, Metaller sind ungepflegt. Metal ist die wahlweise toleranteste oder intoleranteste Szene überhaupt. Für die einen sind Metaller alle dumm, statistisch sind Metaller angeblich häufig Gymnasiasten. Metal ist Lärm. Metal ist keine Musik (was stimmt, Metal ist eine Lebenseinstellung). Metaller und Klassikfans sind sich angeblich sehr ähnlich. Metaller saufen Bier, das muss mehrfach genannt werden. Metaller reden nur von den uralten Klassikern aus den Achtzigern, und Metaller sind auch viel zu true, deshalb hörst du nur Mittelalter. Metaller beten den Teufel an und werden von Marilyn Manson zu Amokläufen und Rob Halford zum Selbstmord animiert. Frauen im Metal sind nur wegen ihrem Freund dabei, finden aber die langen Haare vom Sänger toll. Ach ja, und Metaller ballern schon morgens 'ne Kiste Starkbrause.
Es gibt eine Gemeinsamkeit, die wie ein Klischee klingt, mir aber nur allzu oft bestätigt wird. Metaller waren früher in der Schule immer die Außenseiter, die Verlierer. Und das ist gut so!
Die Metal-Szene ist wahnsinnig groß, viel zu groß für Verallgemeinerungen, außer dass es eben die gibt, die Metal verstanden haben, und alle anderen ... Dennoch, in diesem einen Punkt, eine beschwerliche Kindheit und Jugend hinter sich zu haben, findet sich allzu oft ein gemeinsamer Nenner bei allen, die ihr Leben dieser großartigen Form von Musik gewidmet haben. Für die Metal alles ist. Das Leben. Wobei, oh Überraschung: Ist es doch gerade die Schulzeit, in der es vor allem um Oberflächlichkeiten geht und der größte Macher oft der größte Blender ist, bei dem das Ende der Schulzeit dann auch oft das Ende seiner großen Zeit bedeutet. Angepasst sein, dazugehören müssen, alles unerträgliche Eigenschaften, die dem Metal nicht ferner sein könnten. Und darauf aufbauend eine Frage, die ich mir immer wieder stelle, sie steht der Frage nach dem Huhn oder dem Ei

sehr nahe: Findet der Außenseiter zum Metal, weil er sich dort, inmitten dieser anderen Außenseiter, verstanden und geborgen fühlt? Oder war der Metal immer unterbewusst im Herzen, als nicht greifbares Gefühl, und musste nur seinen Ausdruck, die Musik, finden? Ich meine damit die Frage, ob ich nicht vielleicht heute hätte Hip-Hopper alter Schule sein können, wenn ich damals nicht „The Number Of The Beast“, sondern „It Takes A Nation Of Millions To Hold Us Back“ von Public Enemy entdeckt hätte, in dieser Zeit, in der ich sehr empfänglich für alles Aufrührerische war? Ich mag das Album, finde auch die traditionelle Hip-Hop-Kultur mindestens spannend, aber ich denke, auch wenn das schwer zu erklären ist, der Metal war immer da. Nicht greifbar, aber irgendwo ruhte etwas, das bei den ersten Tönen von ‚Invaders‘ erwachte.

Bei aller Liebe, du musst Metal lieben, denn es ergibt gerade in der Metal-Szene überhaupt keinen Sinn, vorzugeben, etwas zu mögen oder zu sein, nur um dabei zu sein. Metal lebt von der Leidenschaft, dem Echten, dem Wahren, lebt davon, Bock auf harte Musik zu haben, Bock auf Fachsimpeln, aber auch Bock auf, ja verdammt, Bier und Randale. Metal ist zu ruppig, auch heute gesellschaftlich noch viel zu uncool. Wer einfach nur Anschluss sucht, landet in der Regel über kurz oder lang in einer anderen Szene. Weil, Aussteiger-Zitat, Metaller doch alle eher intolerant sind und ausschließlich auf die Kenntnis der uralten Klassiker bestehen. Tja, wer Letzteres nicht als Herausforderung begreifen will, dem ist eh nicht mehr zu helfen.

Aber ein paar sind dabeigeblieben, teilweise bis ins hohe Alter. Ohne es zu merken, weil es sich ... normal anfühlt. Dass Metal alt wird, heißt ja auch nicht, dass Metal die Zeit abläuft, es bedeutet: Metal bindet und verbindet.

Was bedeutet es eigentlich, dieses Außenseiter-Ding? Und wer sind diese angeblichen Verlierer? In der Schule alle, die nicht zur Mehrheit gehören. Der eine Goth, der eine Punk, der eine Metaller, die wie automatisch zusammenfinden. Der eine stille Typ, der immer nur liest, irgendwo auch der Klassenclown, der Nerd sowieso. Als ich an-

fing, mich für Metal zu begeistern, kannte ich keine Gleichgesinnten. Und so hing ich meistens mit den anderen komischen Typen ab.
Ein wenig inspiriert wurde ich zu diesem Text von dem Film „Verlierer" von 1987 unter der Regie von Bernd Schadewald mit unter anderem Ralf Richter und Grave Violater von ehemals Sodom als Darsteller. Ach ja, Campino war auch dabei. Eine vielleicht nicht schöne, aber emotional an die eigene Jugend erinnernde Sozialstudie, selbst für Nicht-Ruhrpottler. Ähnlich wie auch bei „Wayne's World" stehen im Mittelpunkt Charaktere, die in anderen Filmen sonst nur der Lächerlichkeit preisgegebene Randfiguren sind. Während „Wayne's World" allerdings relativ seicht, vielmehr liebevoll vorgeht, ist „Verlierer" der harte Leberhaken der böse grinsenden Realität. Die Vergangenheit war nun einmal oft zum Kotzen, und statt der Ballkönigin bekam man eher was auf die Fresse.

Die Schulzeit war eine Scheißzeit, in allen Belangen. Aber auch wenn ich damals alles gehasst habe, heute bin ich froh darüber, dass der Weg so steinig begann. Begriffen habe ich das damals natürlich nicht, aber diese Zeit schulte am besten für alles, was noch kommen sollte. Dass wir den ganzen Kram in Mathe je brauchen würden, war gelogen, und das Einzige, was mich Physik gelehrt hat: Wenn man fällt, landet man auf dem Boden. Denn dort sah sich der eine oder andere angebliche Verlierer des Öfteren.
Für die einen war mit dem Ende der Schulzeit die Party vorbei, bei manchen kam dann auch nicht mehr viel. Andere hatten da schon ihre ganze Zukunft fest verplant, sind irgendwann aufgewacht und haben gemerkt, dass sie ihr Leben neben der Karriere ganz vergessen haben.
Wo mein Platz in dieser Gesellschaft ist, weiß ich bis heute nicht. Ich habe keine großen Lebensweisheiten und bis heute keinen Masterplan. Ich weiß den größten Teil meiner Zeit nicht einmal, was um mich herum gerade passiert. Ich sehe es, bekomme es mit, aber verstehe es nicht. Aber was ich weiß, ist, du bekommst nichts geschenkt,

und wenn du dich für einen Weg abseits des Mainstreams entscheidest, musst du härter arbeiten als andere. Bist aber, unter Umständen, nicht irgendwann erstaunt, dass dein Leben in die falsche Richtung gelaufen ist, weil du immer mit dem Strom geschwommen bist und andere dir Entscheidungen abgenommen haben. Um zu merken, dass du irgendwo bist, wo du nicht sein willst. Ich bin da, wo ich sein will, und ich bin mir sicher, ich wäre nicht an diesem Punkt, wenn nicht alles genauso gelaufen wäre wie erlebt. Für die Gesellschaft nicht gerade auf der Gewinnerspur, aber die meiste Zeit mit Menschen um mich herum, die Ähnliches erlebt haben.

Ich rede von Verlieren, die eigentlich keine sind. Von all denen mit so viel Charakter, Träumen, Witz, Ideen und Visionen, in einer Gesellschaft, die all das nicht zu schätzen weiß. Von all denen, die wie ich mit all dem, was um sie herum passiert, nichts anfangen können und nicht das Leben von anderen leben wollen. Die ihre eigenen Vorstellungen haben und nur deshalb in eine Traumwelt fliehen, weil alles um sie herum nicht erträglich ist.

Was mir im Metal oft aufgefallen ist, und ich glaube, das ist einfach eine Sache der Einstellung: Viele sind durch schwere Zeiten gegangen und daraus gestärkt, wenn auch mit Blessuren hervorgegangen, weil sie etwas gefunden haben, das ihnen Kraft gibt. Das ist zwar andernorts auch so. Allerdings kriegt das nicht jeder mit dem Selbstbewusstsein und der Kraft hin, hat aber im Metal Menschen mit einem gewissen Feingefühl um sich, die wissen, was Takt ist. Eine stützende Schulter für die mit Herz, aber vielleicht nicht ganz so viel Stärke. Alles sehr pathetisch, aber das ist Metal ja auch hin und wieder.

Irgendwann ist man an einem ganz bestimmten Punkt. Da wo man immer sein wollte. Mit Freunden in einem Zimmer, das sich manchmal kaum merklich seit der Schulzeit verändert hat, in stickigen Kellerclubs, auf einer großen Ackerfläche. Mit einem Bier in der Hand oder halt nicht, aber mit Menschen um sich rum, die alle die gleiche Leidenschaft teilen. Wo niemand ein Außenseiter ist.

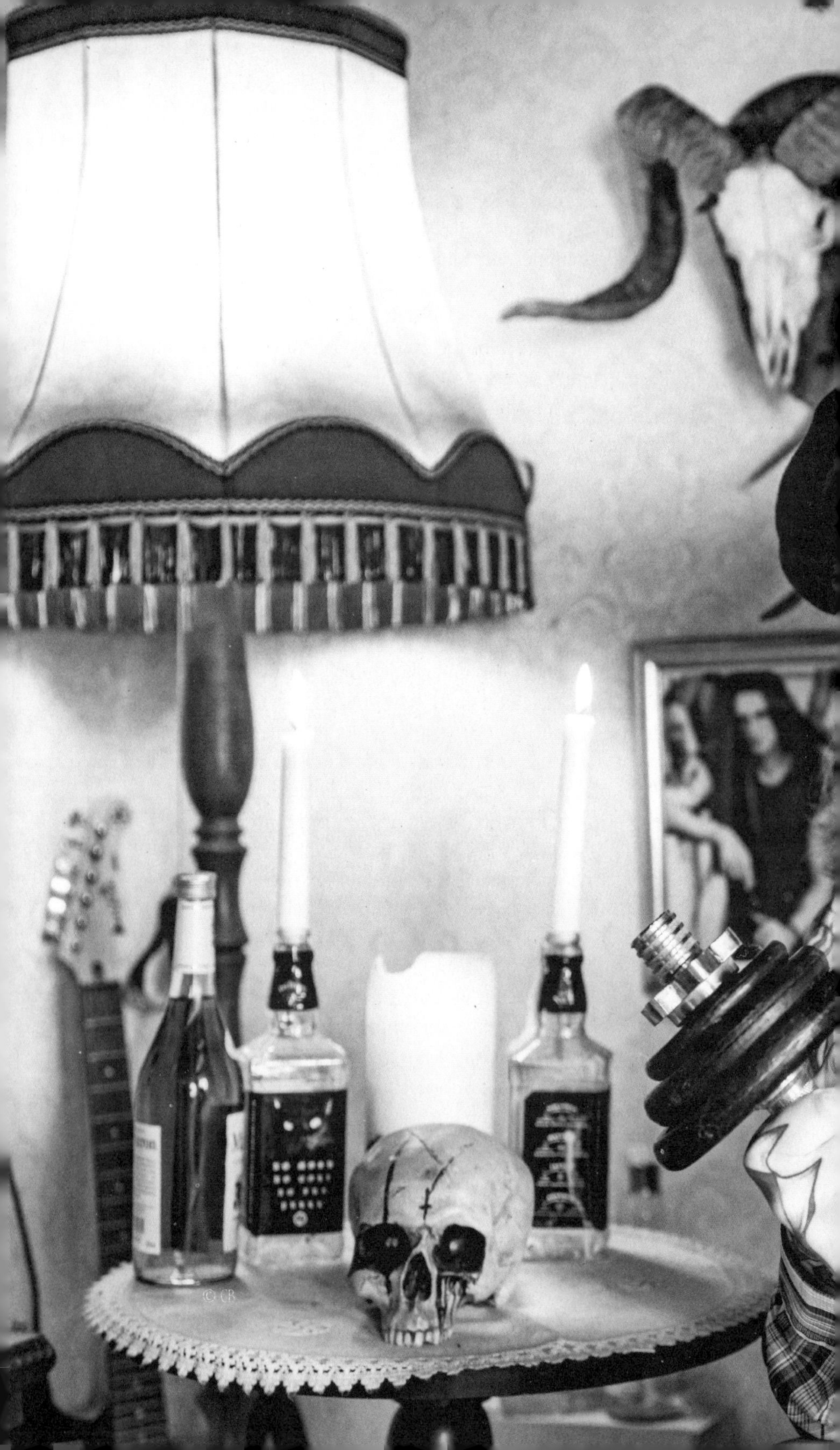

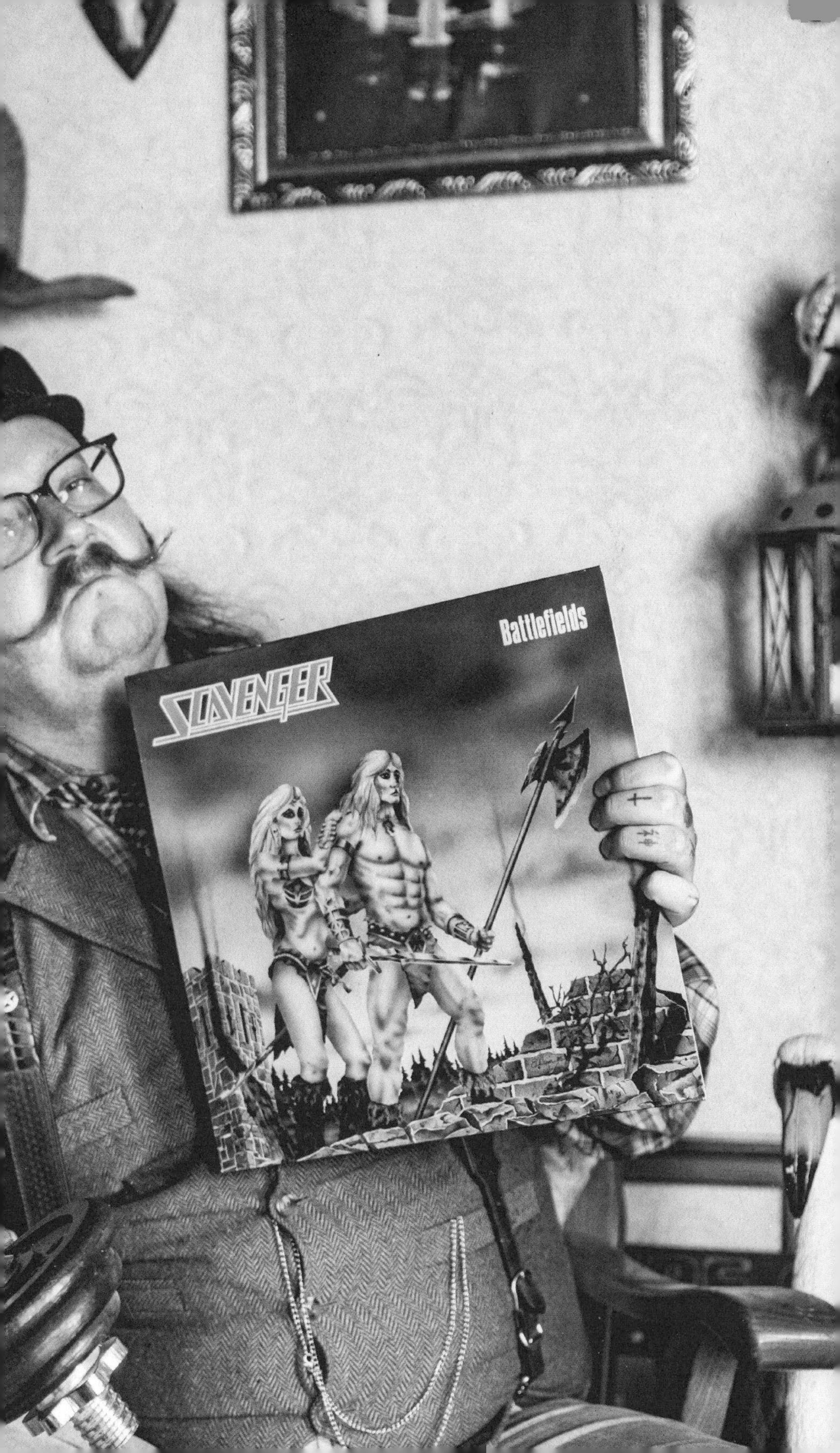
SCAVENGER
Battlefields

Stationen Pt. 5

Scavenger „Battlefields"

(1985, Mausoleum Records)

Das bis dato einzige Album der belgischen Scavenger ist zwar ein schwertgeiles Heavy-Metal-Album der Mittachziger-Schule, steht hier aber programmatisch für eine ganz bestimmte Entwicklung und Entdeckung, die ich vor einigen Jahren durchmachte. „Stationen" ist, das wirst du sicher mittlerweile erkannt haben, eine lose Serie, in der ich nachzuvollziehen versuche, wie sich mein Weg durch das Dickicht des Metal von damals bis heute entwickelt hat. Mit den Scorpions entdeckte ich meine Liebe zu harten Gitarren, Iron Maiden dürften in diesem Buch als Band am häufigsten genannt worden sein, über Running Wild, Blind Guardian und Manowar kam ich zu den ersten düsteren Alben von Type O Negative und Paradise Lost, fand über den Death Metal mit Morbid Angel, Obituary und Amorphis hin zum Black Metal, verweilte dort lange dunkle Jahre meines Lebens, bis ich mich von diesen Fixierungen löste und eine große Neugierde in mir entfacht wurde, Metal als Ganzes verstehen und ergründen zu wollen.

Diese Neugierde sollte dann Krachmucker TV hervorbringen, meinen YouTube-Kanal, auf dem ich zwar augenscheinlich viel in die Kamera blubbere, aber auch im Austausch mit meinen Zuschauern sehr viel über diese großartige Musik dazulerne. Neben meinem Interesse, wo der norwegische Black Metal ursprünglich herkam, wo Metal überhaupt begann, entdeckte ich den Heavy Metal ganz neu. Teilweise auch den Mainstream, vor allem aber den grandiosen Heavy Metal der Achtziger, der heute zwar ein starkes Revival erfährt, aber eigentlich immer mehr eine Fundgrube für Trüffelschweine, Nerds und sonstige Verrückte war.

Scavenger waren eine Art Initialzündung für mich, die ich später unter der Formel „Achtziger = ganz schlimmes Cover = geiler Heavy Metal" zusammenfassen sollte. Nächte verbrachte ich damit, mich auf YouTube von einer Cover-Katastrophe zur nächsten zu klicken. Heavy Load „Death Or Glory" und „Stronger Than Evil", Attack „Destinies Of War (egal, welche der beiden Versionen, ‚Back To Attack' ist halt ein Sahnestückchen), Lynx „Caught In The Trap" (ein Traum!), Blitzkrieg „A Time Of Changes", Riot „Narita" oder No Trouble mit „Watch Out!". Und Manilla Roads „Crystal Logic" ist ja nun einmal der schulterbreite Beweis für meine Gleichung. Was all diese Alben gemeinsam haben? Die Coverkunst reicht von naiv bis was-zum-Geier, bietet aber geilsten Heavy Metal. Lynx, ey! Irgendwas muss damals in den

Attack „Destinies Of War" - Ganz Gallien ist von den Römern besetzt. Ganz Gallien?

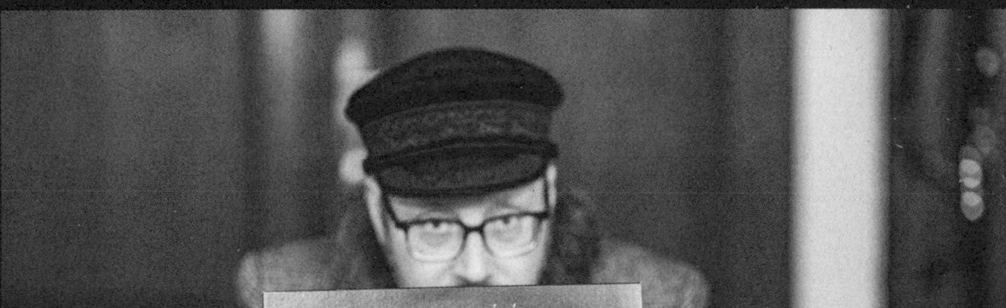

Achtzigern die Lichtbrechung beeinflusst habe. Wobei, Tacheles gesprochen, ist ja auch immer eine Sache von Kontakten, Geld, eigenen Ideen und Anspruch in Zeiten vor dem Internet, während heute jeder zumindest theoretisch aus einem reichhaltigen Fundus an begabten Künstlern schöpfen kann. Und wenn dann noch das Label das letzte Wort hat, kann es manchmal auch gegen den Willen der Band schäbig werden. Warum aber manche Band nicht lieber ein einigermaßen vorzeigbares Bandfoto auf die Plattenfront geklebt hat, statt die kleine Schwester der Übergangsfreundin des Sängers mit Buntstiften ein naives Fantasy-Szenario malen zu lassen, das weiß nur die Band selbst. Oder gerade diese eben nicht. Fates Warnings „Night On Bröcken", Junge, Junge!

Oder eben „Battlefields". Jetzt mal im Ernst, naives Airbrush und so, aber die beiden Protagonisten auf dem Cover haben doch das gleiche Gesicht, oder was? Was soll ich jetzt noch viel zur Musik schreiben, die Linie ist klar. ‚Rock Fever', ‚Into The Fire', ‚My Ears Are Ringing', starke Songs eines im Grunde über die gesamte Spieldauer starken Heavy-Metal-Albums der Achtziger!
Aber vielleicht doch noch einmal ins Detail. Wie komme ich vom Black Metal, der viele Jahre mein Leben bestimmt hat, plötzlich zur Basis zurück, einer Basis, die dem gemeinen Schwarzmetaller zu viel Party ist. Wobei, ist das so? Ich habe das Stichwort schon geliefert: Mainstream. Der Heavy Metal, von dem ich hier rede, das muss ganz klar ins Bewusstsein gerufen werden, ist absolut kein Mainstream. Ich rede von Bands, die in den Achtzigern vielleicht gerade mal zwei Alben aufgenommen haben, meistens neben einem Debüt lediglich Demos vorweisen können. Bands, die danach in der Versenkung verschwunden sind und heute, fünfundzwanzig Jahre nach ihrer Auflösung, wiederentdeckt und manchmal zu Revivals überredet werden. Das kann klappen, siehe Cirith Ungol, kann aber auch komplett in die Hose gehen, siehe Heavy Load. Ich rede von einem bestimmten Schlag von Bands, einer ganz bestimmten Prägung von Heavy Metal.

Während Bands wie Iron Maiden, Saxon und Manowar der große Durchbruch gelang, gab es unzählige junge, motivierte Bands, die den Sprung nicht schafften. Das kann verschiedene Gründe haben, es reicht nicht, als Band ein tolles Album aufzunehmen, eigentlich geht danach erst die richtige Arbeit los. Das kann nicht jeder. Was bleibt, sind eine Unmenge an Demos und Debüts, voller Leidenschaft, Spielfreude und Leichtigkeit, die aber auch dieses gewisse Etwas und eine Ungeschliffenheit besitzen. Eine raue Produktion, kantigeres Songwriting, der Funken Naivität, der vielen Bands, die ins große Rampenlicht treten, abgeht. Vergleiche „Kill 'Em All" mit „Ride The Lightning". Das ist nicht jedermanns Sache, nichts für ein breites Publikum, aber mich und vor mir schon viele andere begeistert diese Art des alten Heavy Metal. Ich glaube, mit dieser Erklärung ist der Übergang von „Transilvanian Hunger" zu „King Of The Dead" gar nicht mehr so abwegig, oder?

Das Schönste daran ist: Meine Reise hat gerade erst begonnen, wenn ich überlege, was sich im US-Heavy-Metal noch für Schätze vor mir verbergen. Und das vierzig Jahre, nachdem ich das erste Mal „The Number Of The Beast" hörte.

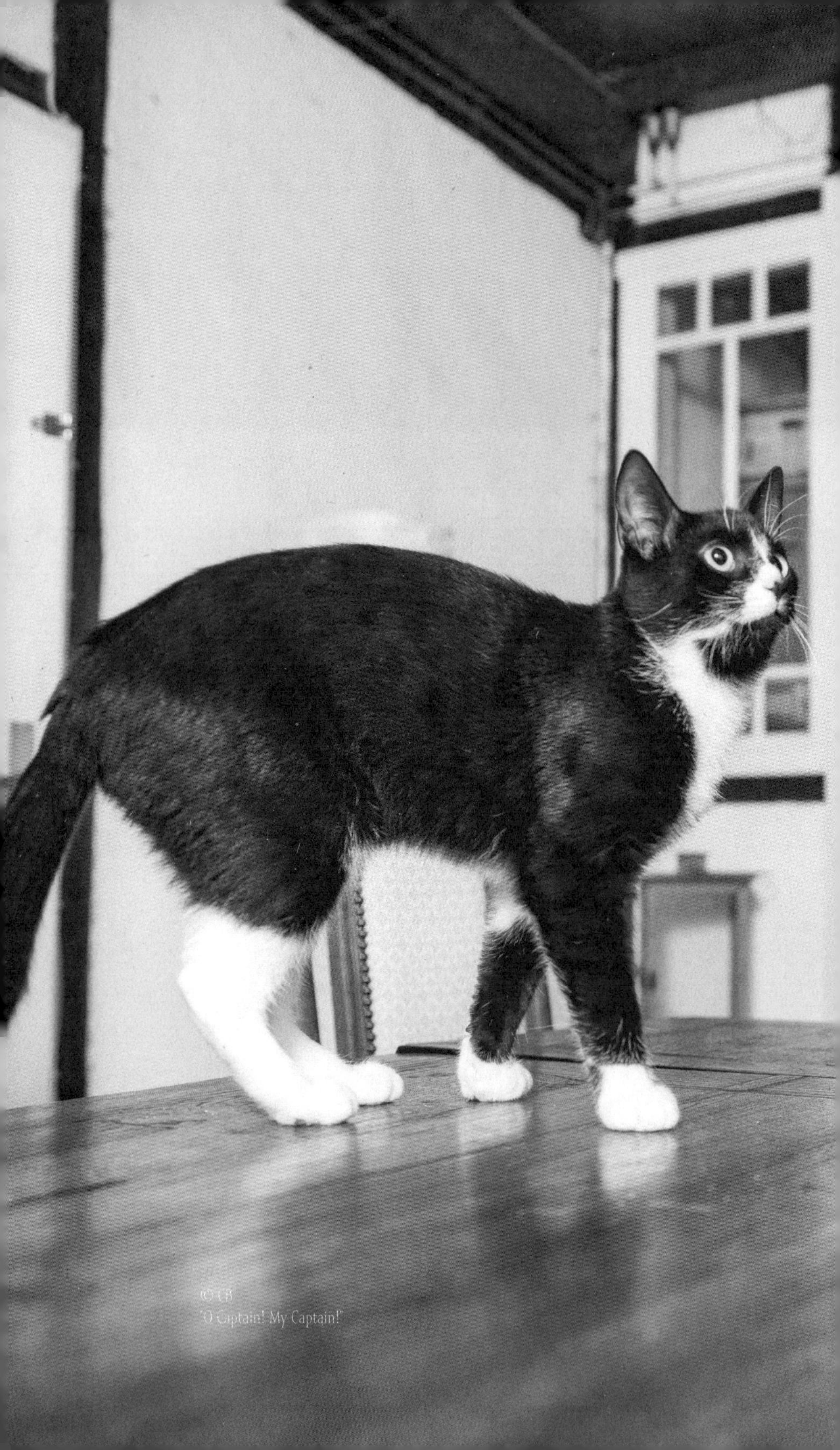

"O Captain! My Captain!"

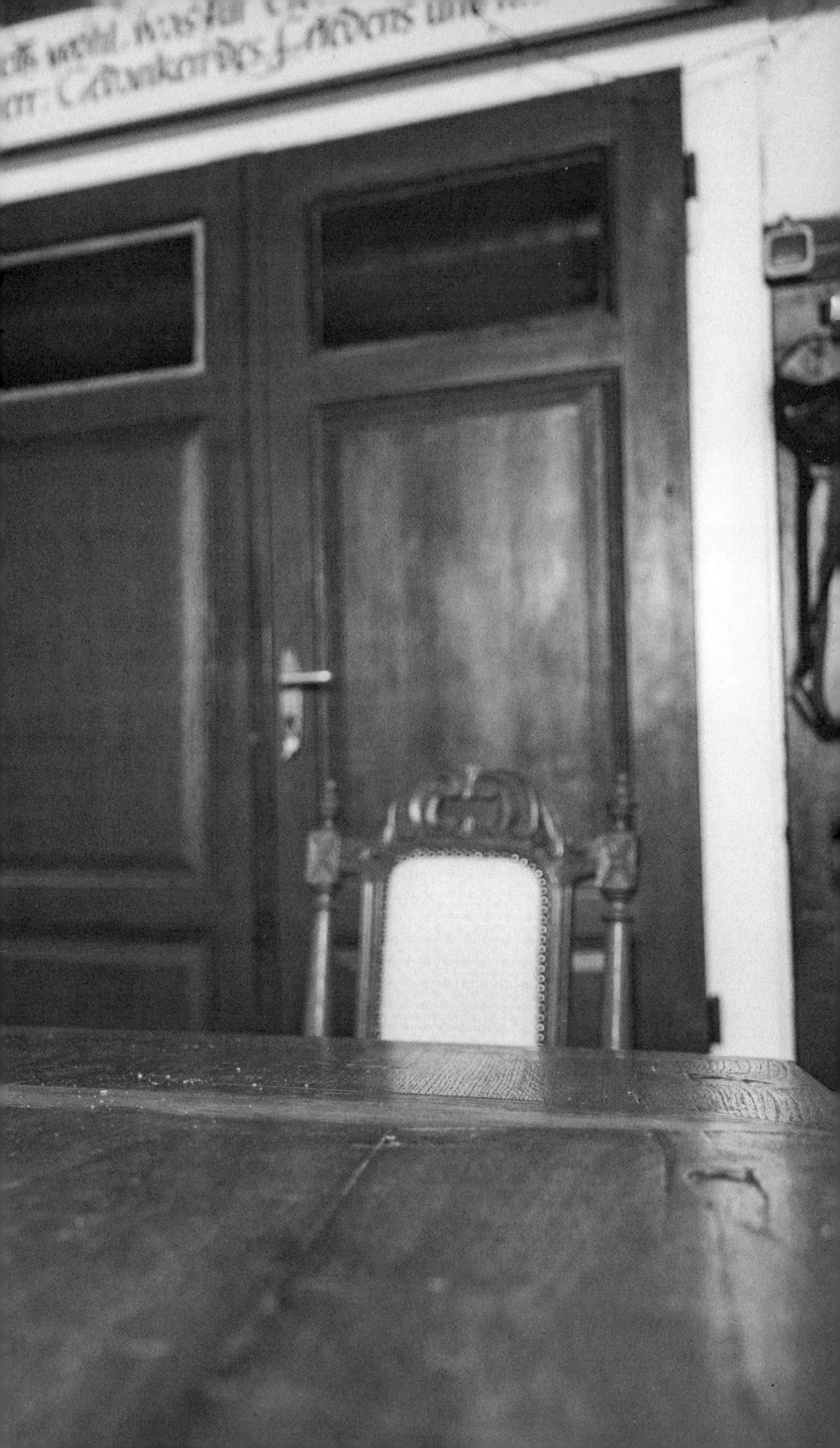

Der Schweiß muss von der Decke tropfen!

Es war 1993, als ich auf mein erstes richtiges Metal-Konzert mitgenommen wurde. Die „Real Live"-Tour von Iron Maiden stoppte auch in Hannover. Zu Weihnachten hatte ich gerade erst die Doppel-LP „Fear Of The Dark" bekommen, bis heute war ich mir absolut sicher, die Tour hieße „Fear Of Live". Ich erinnere mich aber vor allem daran, dass ich die Platte von meinen Großeltern bekam und ich eine unvorteilhaft geschnittene blaue Jeans und einen hässlichen, weiß-gelben Pullover von C&A trug. In Hannover trug ich eine Jeansjacke und erinnere mich auch da nur an zwei Dinge: Ich war mit Abstand der Jüngste in der Halle, und ich habe Eddies Auftritt nicht mitbekommen, weil ich vom ersten bis zum letzten Ton wie ein Irrer geheadbangt habe.

Ende der Neunziger war ich auf den beiden „Gods Of Darkness"-Touren in der Hamburger Markthalle, immer waren Cradle Of Filth Headliner, supportet von Dissection, Old Man's Child, In Flames, Dimmu Borgir, Gorgoroth und Einherjer. Der Sprung von Cradle Of Filth an die Spitze des Black Metal zeigte sich hier sehr schön. Während im ersten Jahr noch mies und angepisst durchgekreischt wurde, begrüßte Dani sein Publikum ein Jahr später im nippelfreien Oberteil und warf Plastiklilien ins Publikum. Pünktlich zur vorletzten Band gab es in der Halle keinen Sauerstoff mehr, und Gorgoroth wurden ausgepfiffen, weil das Goth-Publikum Bock auf die Serie „Twilight" hatte. Gaahl trat einen Fotografen von der Bühne, Rückkopplungen, bei Gorgoroth herrschte Hass.

Auf vielen Konzerten war ich die Jahre danach nicht. Erst als es mich später von meinen Eltern wegzog, fernen Kleinstädten entgegen, machte ich erste Erfahrungen mit Clubkonzerten. Festivals besuchte ich wenig, sodass Wacken 1998 mein erster Festival-Besuch werden sollte. Auch hier zwei Erinnerungen: Orientiere dich auf dem Zeltplatz nicht an der Amorphis-Flagge der Nachbarn, wenn die umzie-

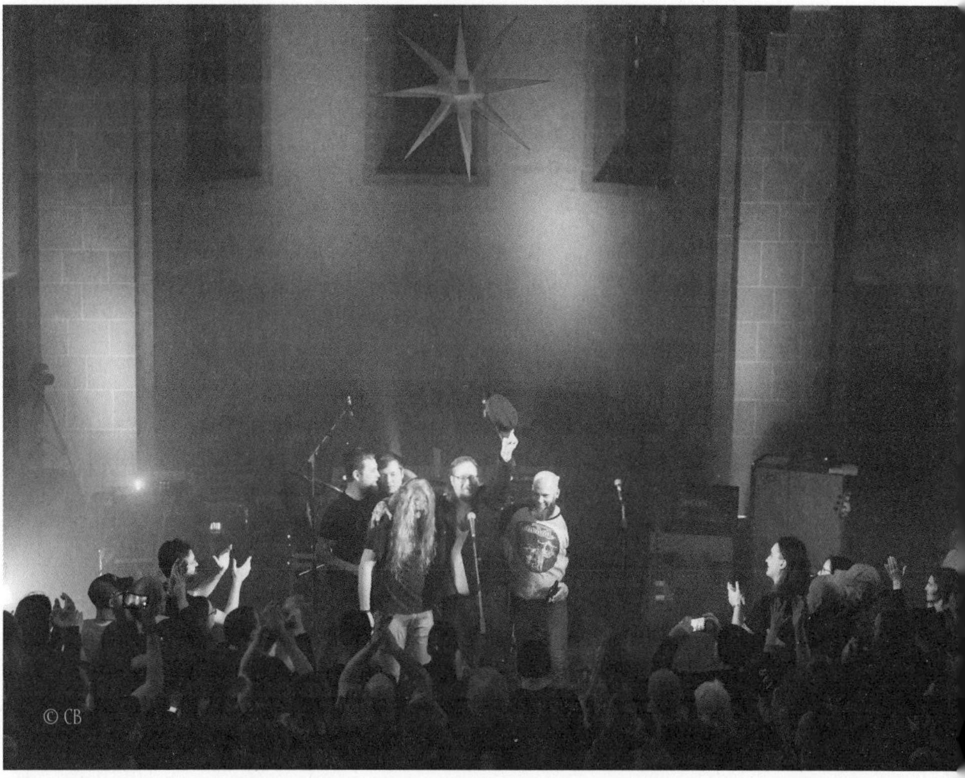

Ahabs Release-Show von „The Coral Tombs". Die Band spielte, ich las u.a. aus „Moby Dick"

hen, bist du am Arsch. Zweitens: Wenn in erstaunlicher Nähe zum Mainfield-Eingang am Donnerstag noch sehr viel Platz zum Zeltaufstellen ist, hat das einen Grund. In dem Falle waren es die Dixi-Latrinen.

Über das Fuck The Commerce 2003 können Bücher geschrieben werden. Anstößige Bücher. Ich habe keine Ahnung, wie die Jahre davor oder danach in Torgau so abliefern, aber 2003 war speziell. Vierzig Grad im Schatten, ohne Schatten, ein altes NVA-Gelände, Vinyl, das auf Autoarmaturen einfach schmolz, Schweden, die sich mit Holzbeinen prügelten. Mehr Anekdoten verrate ich auf der Bühne ...

Dafür dass ich nicht der große Festivalgänger oder Konzertbesucher bin oder war und große Menschenmengen mir Unbehagen bereiten, habe ich eine Menge erlebt. Ich war in meinem Leben zwar noch nie auf einem Stadionkonzert, fühle mich auf den kleinen, heimeligen Festivals am wohlsten, bin aber doch irgendwie immer wieder froh, wenn ich wieder zu Hause bin. Doch es ist schon verrückt, wie sich die Autonomie eines Festivals vom Alltagsleben unterscheidet. Sind Festivals vielleicht sogar der Ort, an dem du dem Verständnis von „Freiheit" am nächsten kommst?
Seit etwa 2009 bin ich relativ regelmäßig mit eigenen Bands oder heute im Rahmen von Krachmucker TV unterwegs. Der Umstand, so immer etwas zu tun und eine Aufgabe in diesem Gewimmel zu haben, nimmt mir viel Unbehagen. Ohne all das hätte ich wohl nie die Vielfalt der heimischen Festivals kennengelernt, wäre nie auf dem Summer Breeze gewesen, hätte vielleicht sogar nie das Party.San Open Air besucht, mittlerweile eines meiner wichtigsten Dates im Jahr. Wäre ich dann je im UT Connewitz in Leipzig gewesen, einem alten Kino? Im MTS Oldenburg, wo die Bands in einem Plattenladen spielen? Hätte ich dann auf dem Prophecy Fest mit Arthur Brown über Club-Toiletten schwadroniert? Ich glaube, das Thema Festivals und Konzerte würde hier den Rahmen sprengen, und über Festivals wurden vermutlich auch schon erschöpfende Bücher geschrieben. Ich möchte, wir kommen ja langsam zum Ende dieses Buchs, eine kleine Geschichte mit dir teilen, einen Text, den ich kurz nach Ausbruch der Pandemie schrieb.

Die letzte Party

Als ich mich Anfang März 2019 auf den Weg nach Hamburg machte, um das Hell Over Hammaburg respektive die heißeste Warm-up-Party des Jahres zu besuchen, war mir, war wohl niemandem klar, dass dies womöglich eine der letzten Partys für eine lange Zeit sein würde. Das Thema der Stunde war Thema in den Medien, aber kein Thema in

den Herzen von knapp über tausend verrückten Heavy-Metal-Fanatikern. Über das Thema wurde, zumindest wie ich es wahrnahm, kaum bis gar nicht gesprochen. Doch schon wenige Tage später wurden alle Festivitäten für die nächsten drei Monate kompromisslos abgesagt – und heute weiß niemand genau, wie es weitergeht.
Es wäre vermutlich vermessen, zu behaupten, ich hätte Freitag und Samstag schon geahnt, was auf uns zukam, als ich mit leerem Gefühl auf dem Hell Over Hammaburg vor mich hin tristete – es war wohl eher die altbekannte Hangover-Depression nach der, wie eingangs erwähnt, heißesten Warm-up-Party des Jahres: Riot City, Sabïre, Midnight Force und Iron Kingdom. Während die ersten drei Bands ohnehin zu meinen wichtigsten Entdeckungen der vergangenen zwei Jahre zählen, war dieser Abend in allen Belangen nicht nur perfekt, sondern geradezu ein Statement und das furiose Intro zur letzten großen Party.
In Bildern aus „Conan der Barbar" ausgedrückt: geballte Fäuste in die Luft gestreckt, als ob sie ein Schwert in den von Blitzen durchzuckten Himmel bohren. Ekstase, Energie. Schlachtgesänge, auch wenn die Schlacht eine gemeinsame ist, ohne Feind, und alle schon gewonnen haben.
Bei einer bestimmten Art des Filmemachens würde durch abrupten Schnitt die Szene wechseln. Vom zum Bersten gefüllten Konzertsaal, Lärm, Schweiß, Chorusgesängen ... zur Stille. Markthalle. Backstage. Ich sitze abseits auf einer Bank, sehe nervöse Musiker, angeregt diskutierende Musiker, erschöpfte, zufrieden vor sich hin saufende Musiker. Mir ist nicht nach reden zumute. Klingt komisch, weil ich vermutlich vor allem dadurch auffalle, sehr viel zu reden. Aber heute geht das nicht. Einfach nur dasitzen, Zuschauer sein. Von draußen brummen Geräuschfetzen von der großen Bühne herein, immer wenn die Tür kurz aufgeht. Ich schaue in ein Paket, welches mir Amor Fati großzügig zusammengestellt hat, bestellte Platten plus sehr viel Bonus. Wann soll ich das alles hören?
Schnitt. Ich stehe auf der Bühne und sage Sabïre an. Das Publikum

johlt. Ich mache meine flotten Sprüche, teils zurechtgelegt, teils aus der Hüfte geschossen. Habe irgendwie das gefunden, was mir Spaß macht. „Jetzt macht verdammt noch mal Alarm", brülle ich, springe von der Bühne, welche sofort von der Band geentert wird. Fließender Übergang, das Publikum kommt nicht zur Ruhe.

Einen Tag später kämpfe ich mit meinem Kater. Mit Bart durch die Nacht zu seiner Bude, an den Weg kann ich mich nicht erinnern. Eine verlorene Tüte Platten und die Gewissheit: „Nie wieder Alkohol!" Ich trinke Tee. Und Kaffee. Im Wechsel. Ruhige Gespräche. Ein mulmiges Gefühl im Bauch. Es wäre so einfach, so schön, so passend, von Vorahnung zu sprechen.

Fünfhundert glückliche Menschen brüllen sich die Seele zu den großen Metal-Hymnen der heutigen Zeit aus der Seele. Scheiße, Mann, Riot City. Ich hörte nicht nur einmal, dass man hier eventuell einer Band beigewohnt hat, die nicht mehr oft in diesem kleinen Rahmen zu sehen sein wird. Man gönnt es. Wirklich! Ein Abend ohne Missgunst? Man fühlt sich ohnehin wie im Film. Realistisch wohl eher der Film, der einem von dem einen oder anderen Astra zu viel vorgaukelt wird, aber ich kann mir nicht alles eingebildet haben! Dass bei Midnight Force eine schottische Burgkulisse aufgebaut wurde, Gallonen von Whiskey getrunken wurden, Sabïre einen leibhaftigen Panther auf der Bühne hatten und bei Riot City die fünfzigtausend Fans lautstark brüllten:

„A flash of hot light
Ignites the night sky.
The eagles eyes cuts through the ice,
He is the warrior of time."

Jeder legte dem Nebenmann oder der Nebenfrau seine verschwitzen Arme um die Schultern, Bier wurde geteilt, wenn es nicht in hohem Bogen durch die Luft flog und wie bernsteinfarbener Regen hinabprasselte. Hitze, der Schweiß, der von den Gemäuern der Burg Kulturpalast tropfte. DANN, der Chorus, alle fünfzigtausend wie aus einem Organ, fünfzigtausend Schwerter in der Luft, die Band überlebensgroß auf der Bühne, Riesen, hinter ihnen der Nachthimmel grell von Blitzen zerschnitten, ohrenbetäubendes Donnergrollen. Pathos! Zu viel Pathos? Nein, denn das ist es jetzt, was wir brauchen. Pathos, Gefühle, große Gefühle. Was da draußen in der Welt abgeht, das kann keiner von uns wirklich kontrollieren, verstehen, in den Griff kriegen sowieso nicht. Wir hier sind nur ein kleiner Haufen verrückter Heavy-Metal-Fanatiker. Selten war es so sehr an der Zeit, der Phrase „Support the Underground" Ausdruck zu verleihen. Wir sind über das „Mal schauen, was passiert" hinweg, das Chaos ist da, es ist spürbar, bei den Festivals, Clubs, jetzt auch schon den Labels und Magazinen. Noch, jetzt gerade, sitzen wir zu Hause, weil wir es

Riot City „Burn The Night" – Kanadischer Stahl, ein grandioses Debüt!

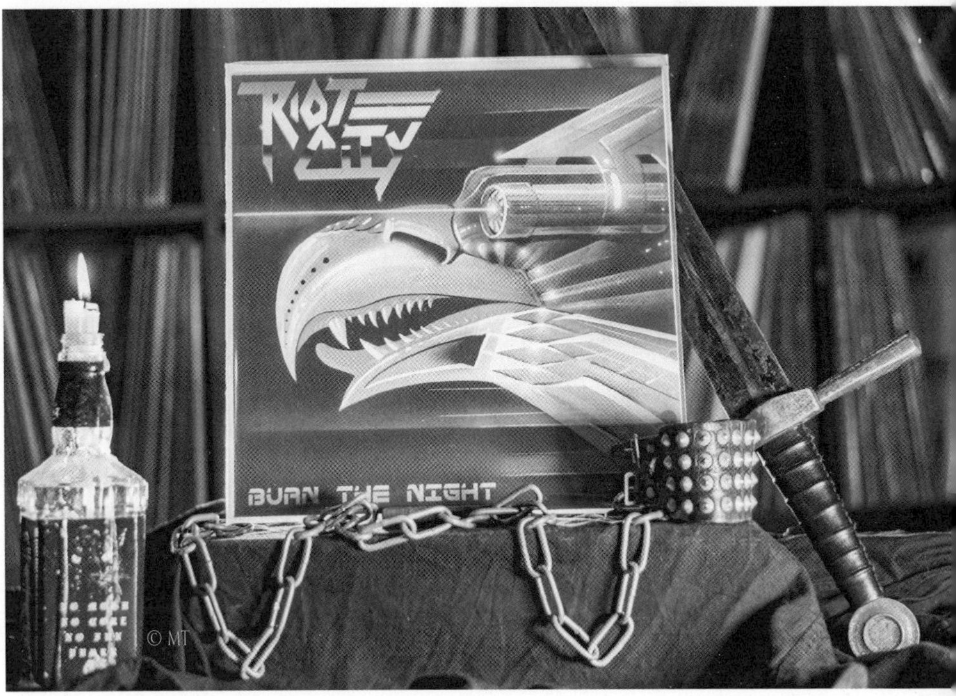

müssen. Aber lasst es nicht dazu kommen, dass wir zu Hause sitzen, weil wir keinen Ort haben, wo wir hingehen können.
Es gibt viel zu tun, aber Menschen sind Menschen, und wenn man Menschen nicht in den Arsch tritt, bleiben sie zu Hause, und es stört sie nicht einmal. Es ist die Stunde gekommen für Pathos, für Musiker, Kunstschaffende, alle, die irgendwie mit Tönen, Worten und Feuer umgehen können, genau das tun, was manchmal übertrieben, bald aber ein Teil der Lösung ist: Menschen bewegen, sie vom Sofa zerren, wenn man wieder darf ein Feuer entfesseln. Denn dann? Dann war die letzte Party einfach „nur" ein geiles Wochenende, anstatt wirklich die letzte Party gewesen zu sein.

Meine 10 schönsten Live-Katastrophen als Sänger:

1. Ich trat einst in Wien im Escape auf der Bühne die Tür eines Instrumenten-Verschlags ein, blieb mit dem Fuß stecken und hüpfte den Rest der Strophe auf einem Bein vor und zurück. Der Spaß kostete mich 66,60 Euro, weil „sonst macht der das das nächste Mal wieder".

2. In Lichtenfels vergaß ich beim Gin-Trinken vor der Halle fast den Soundcheck und kam gerade rechtzeitig, um verschwommen ins Publikum zu glotzen und mich zu fragen, wo ich da überhaupt bin.

3. Meiner ersten Tour überhaupt (2014) ging eine Grippe vorweg. Noch vor dem ersten Auftritt einer neuntägigen Tour hatte ich praktisch keine Stimme mehr. Es ist mir bis heute ein Rätsel, wie das funktioniert hat.

4. Keine Katastrophe, aber auf der gleichen Tour rief in München ein Zuschauer „Du bist fett und hässlich", und ich konterte geistesabwesend ohne Überlegung „Dann habe ich was mit deiner Mutter gemeinsam". Tausend Zuschauer lachten sehr laut, und meine erbärmliche Gesangsleistung wurde mir scheinbar gänzlich verziehen.

5. Auf einem kleinen Festival im Osten sagte ich den Headliner an und unterstrich meine Begeisterung mit einem schmackigen Mic-Drop. Es war das Mikro des Sängers. Natürlich ging es kaputt.[101]

6. Auf einer neuntägigen Tour mit Harakiri For The Sky habe ich meinen Gastgesang bei ‚Jhator' nicht ein einziges Mal fehlerfrei über die Bühne gebracht – den Text, den ich selbst geschrieben hatte.

7. Mein Gastgesang bei Agrypnie in Hamburg endete mit wütenden Blicken der Band, da ich mit Betreten der Bühne und dem Ausziehen meines Shirts nicht nur wieder einmal den kompletten Text vergessen hatte, sondern auch über alle Tretmienen der Klampfer stampfte und vier Minuten einfach rumschrie, wo es mir gerade passte. Ich frage mich, wieso man mich trotzdem immer wieder nach Gastgesang fragt.

8. Wien lief nie reibungslos, aber immer intensiv. Wieder Gastgesang, wieder betrunken. Arm in Arm mit dem ebenfalls stark angeheiterten Sänger fielen wir mitten in irgendeiner Strophe einfach von der Bühne.

9. An meinen Gastgesang bei Endstille irgendwo im Osten auf einem schnuckeligen Festival erinnere ich mich gar nicht mehr. Ich sang wohl ‚Navigator' und habe bis heute nichts Negatives gehört. Ein Beweisfoto zeigt mich im Schwitzkasten von Zingultus.

10. Bei meinem vorletzten Aufritt als Sänger bis dato habe ich auf der Bühne in Berlin meine Schuhe verloren und kann mich bis heute, dank einer geleerten Flasche Klarer, nicht an die letzten fünfundvierzig Minuten einer sechzigminütigen Show erinnern. Ein guter

---

101 So etwas ist natürlich asozial, war mir auch enorm peinlich, und ich habe das Mikro natürlich ersetzt.

Mensch sagte rückblickend: „Das war der gleichzeitig schlechteste und beste Auftritt, den ich je gesehen habe."

Mein letzter Live-Auftritt als Sänger fand in Bremen statt, das Ende und der Höhepunkt einer intensiven Zeit. Noch angeschlagen vom Vortag in Berlin zogen wir unser letztes Set durch. Mit Verklingen der letzten Note des letzten Songs und meiner Bekanntgabe, dass dies der letzte Auftritt dieser Band war, applaudierte das Publikum rund fünfzehn Minuten schweigend, ohne einen einzigen komischen Zwischenruf, während wir abbauten und von der Bühne verschwanden. Ich habe danach nie wieder eine Note für Fäulnis komponiert.

Katergeschwängerte Küchengespräche

Irgendwann saß ich so da und habe an meine alten WG-Zeiten zurückgedacht und wie es wohl gewesen wäre, mit ein paar berühmten Persönlichkeiten aus der Metal-Szene zusammenzuwohnen. Vermutlich ganz schlimm, denn es gehört nicht ohne Grund zu den großen Weisheiten des Lebens, dass man niemals mit dem besten Freund zusammenziehen soll. Oder mit jemandem, vor dem du zumindest einen gewissen Grundrespekt hattest, bevor du seine Unterhose im Nudelsieb gefunden hast. Nun denn, ich habe einfach mal versucht, ein ganz bestimmtes Lebensgefühl festzuhalten, welches ich um die Jahrtausendwende gespürt habe.

Irgendwann kommt der Zeitpunkt, da stellt man mit seinen Eltern in gemeinsamer Runde fest, dass man immer aufhören sollte, wenn es am schönsten ist. So standen auch mein Vater, meine Mutter und ich einst in der Küche und schrien uns gegenseitig an, wie schön es doch gerade ist. Und beschlossen in einseitigem Einverständnis meiner Eltern, dass es jetzt Zeit für den Jungen ist, auszuziehen.
So machte sich also der gerade volljährige Junge auf Wohnungssuche und stellte alsbald fest, dass er sich seine Traumbleibe, ein verlassenes altes Herrenhaus an einer Klippe in England, gar nicht leisten konnte. Stellte überdies fest, dass er sich im Grunde gar keine Wohnung für sich und seine Einsamkeit leisten konnte. Realisierte so ein zweites Mal in seinem Leben, was für ein Luxus Einsamkeit ist. Das erste Mal hatte mit einem geschmackvollen Nacktmagazin, ihm und seinem überraschend die Zimmertür aufreißenden Bruder zu tun gehabt.
Aus Ermangelung an Geld und, na ja, es ging eigentlich nur um Geld, blieb mir also nichts anderes übrig, als mich auf ein Wagnis einzulassen, das den irreführenden Namen Wohngemeinschaft trägt. Klingt auf den ersten Hör aufregend. Mit seinem besten Kumpel zu-

sammenziehen, jeden Abend Party, saufen und keine Eltern, denen der Tisch gehört, unter den man seine Füße stellt. Nur ergaben irgendwann leider viele der nervigen Elternsprüche Sinn. Es sollte aber Jahre dauern, nicht nur zu verstehen, sondern auch das Verstandene umzusetzen, wie beispielsweise den Fakt, dass sich dreckige Teller zwar irgendwann durchaus von allein bewegen, aber nie Richtung Spülbecken.

Auch das mit der Gemeinschaft offenbarte sich als infamer Etikettenschwindel. War die allabendliche Party inklusive saufen zwar schon irgendwie Alltag, wenn auch oft nur im Nebenzimmer, obwohl man selbst am nächsten Morgen um sieben Uhr zur Arbeit musste, nahm der Gemeinschaftsgedanke oft und zuverlässig ein jähes Ende, wenn es um den gemeinsamen Hausputz ging. Und so fand man sich irgendwann doch schnell in einem Regeln und Pflichten unterworfenen Zwangsbündnis wieder, welchem man doch einst noch durch das Verlassen des Elternhauses zu entfliehen versucht hatte.

Wie dem auch sei, nach mal mehr, mal noch stressigeren Wohngemeinschaften mit Extremkiffern, die auch im Sommer die Heizung auf ihr Maximum aufdrehten, Erfahrungen mit WGs, die posthum vom Kammerjäger ausgeräuchert werden mussten, und BWL-Studenten mit Lieblingsgeräusch Schlager hatte ich zwar nicht im Ansatz ausgelotet, was es alles im WG-Kosmos zu erleben gibt, aber präsentiere hier eine wirklich wahre kleine Geschichte, die auf keinen Fall erfunden ist, so wahr Christa Jenal Fanfiction-Liebesromane über Alex Webster und sich selbst schreibt.

Sonntagmorgen, halb eins. Ich sitze mit Joey in der Küche, beide starren wir mit hängenden Köpfen in heißes, schwarzes Heroin. „Harte Nacht, wa?", werfe ich feststellend in den Raum. Joey, die Arme über dem Kopf, mit der rechten Hand das linke Handgelenk festhaltend. „Ich würde sterben für ... eine Aspirin." Stille ... Aus dem Küchenghettoblaster rauschen Versatzstücke eines verendenden Metal-Mixtapes. Kaum wahrnehmbar, aber Joey headbangt. Mann, ist der Typ Metal!

Mein leerer Blick spiegelt sich schemenhaft im Schein der schwarzen Brühe. Auf dem Flur wird eine Tür aus den Angeln gerissen, gefolgt von einem tiefen „Sorry". „Hey Pete", murmle ich, „Wohin willst du mit der Axt in der Hand?" Nun nicht mehr gemurmelt, vielmehr erschrocken, als ein Riese an mir vorbei mit geschulterter Spaltaxt zum Spülbecken wankt, in der anderen Hand eine Flasche Rotwein. „Ich bring meine Alte um", brummt Pete mit tiefer Stimme, grinst mich aber schelmisch auffordernd an, als er meinen erschrockenen Blick sieht. Ich will ihn von der von ihm provozierten Frage erlösen, werde aber unterbrochen von Joey, der mit der Faust auf den Tisch schlägt, sich von seinem Stuhl hochfantasiert und erst merkt, dass er sich gar nicht bewegt hat, als er mitsamt des Stuhls zur Seite kippt. Entgegen allen Gesetzen der Physik in Zeitlupe. Headbangend.
Ich schau wieder zu Pete, der mich mit seinem im Schatten liegenden Blick fixiert. „Wie denn?", erlöse ich Pete endlich, wohl wissend um die Pointe, die er in seiner zur Faust geballten Pranke versteckt. „Langsam, tief und hart."
„Ne, Späßchen", grinst mich Pete an, nimmt einen kräftigen Schluck Rotwein und erklärt: „Martin, hier, der Schirenc, der hat angerufen, ist in der Stadt, braucht was wegen Coverartwork oder so."
„Ah ja, und du hast natürlich immer 'ne Axt parat. In der Stadt. Im Winter."
„Ja ne, die hab ich, weil ..." Mit einem verträumten Blick mustert er das schwere Kaliber in seinen Fäusten, und als er mich daraufhin gedankenverloren anblickt, wechsle ich schnell das Thema. „Was machen wir eigentlich mit ihm?", frage ich und blicke auf den auf dem Boden laut schnarchenden Joey, der immer noch mit der einen Hand sein anderes Handgelenk umklammert. „Lass ihn doch, tut doch keinem was."
„Meine Eltern kommen nachher aber noch ..."
Wir gucken uns beide an und müssen brüllend lachen, worauf sich sofort meine Kopfschmerzen wieder melden. „Alter, was 'ne Nacht gestern, ey. Robs neue Band, ey, Killer!"

„Auf jeden, die werden mal richtig groß"
„Auf jeden, Mann, ey, wie wie das abging, wie hieß der Song gleich … ‚Breaking The Law', ich schwör dir, den spielen die nicht mehr oft nur vor zehn Leuten. Hab mir gleich das Demo mitgenommen, ‚Süderbrarup Steel'."
Wir schweigen, schwelgend. Ich tippe mit den Fingern auf dem Tisch den Rhythmus von ‚Damned For All Time' mit, leiernd quält sich das Tonband von einer Seite zur anderen.
Pete holt sich aus dem Schrank eine Schale und Müsli, kippt seinen Rest Wein rein und setzt sich zu mir an den Tisch. Ich beobachte ihn beim Essen und werde den Gedanken nicht los, Pete könne sein Frühstück auch in einem Laden für Schwermetalle zusammenstellen. Roter Wein läuft seine Mundwinkel herunter, und das Geräusch, welches sein Kauen verursacht, knirscht in meinen Ohren wie das Rühren durch einen Eimer Schrauben und Nägel.
„Auf jeden Fall eine geile Party gestern!", nimmt er das Gespräch mit vollem Mund wieder auf. „Und Joey hier hat zwar 'ne große Fresse, aber er und seine Jungs haben abgeliefert, das muss man sagen."
Wir schauen beide auf das auf dem Boden liegende Häufchen Elend, sind uns sicher, gerade würde er für ein warmes Bett und eine Folge „Chip und Chap" sterben, lassen ihn aber in seiner Nahtod-Erfahrung in Ruhe.
„Ja schon", gestehe ich zähneknirschend. Ich kann Joey und seine überhebliche Art nicht ab, und es ärgert mich wahnsinnig, wie er und seine Jungs gestern vor praktisch leerer Hütte abgerissen haben, als ob sich vor ihnen die Heere Rohans versammelt hätten und sie – dieser beschissene Fantasy-Odin-Pathos-Prollhaufen – die flammende Rede vor dem Sturm in den Untergang gehalten hätten. Was sollte überhaupt dieser Scheiß mit den Intros vor jedem Song und dem Schwertgefuchtel? Und diese Ansagen! Von wegen Metal-Brüder … Alter, es waren zwölf zahlende Gäste! Aber wahrscheinlich braucht es diesen Größenwahn.

„Das wird alles mal richtig groß hier", fang ich an, laut nachzudenken. Über den gestrigen Abend, an dem wir uns irgendwie alle größer als wir selbst gefühlt haben. Unbesiegbar für eine Nacht, in Gemeinschaft unter zwar wenigen, aber einem eingeschworenen Haufen Wahnsinniger. Feiernd, mitsingend, Arm in Arm, vom ersten Chorus über das erste Rückwärtstrinken auf der Clubtoilette bis zum ins Unendliche hinausgezögerten Verabschieden draußen bei Morgengrauen und dem Schwur, das so schnell wie möglich zu wiederholen.
„Ich mein, wir sitzen jetzt hier, an einem fucking Küchentisch in der fucking Provinz im fucking Niemandsland, aber glaub mir, irgendwann, irgendwann ..."
Ich weiß nicht, wie ich den Satz beenden soll. Aber ich fühle, nein, ich weiß, das hier ist nicht das Ende der Fahnenstange. Wir sind nicht diese Typen, die immer nur reden, labern, nach ein paar Flaschen Bier intus nur noch vom großen Durchbruch fabulieren, aber immer nur Ausreden sammeln, wenn es ernst wird. Ausreden sammeln, warum dies und das nicht geklappt hat, warum es immer noch nicht auf große Europatour ging. Basser ausgestiegen, Proberaum zu teuer, Freundin hat Nein gesagt. Nein, hier passiert was, und wir sind Teil davon. Ich schaue zum Spülbecken, in dem sich die Teller stapeln.
„Schon mal überlegt, 'ne Band zu gründen?", frag ich Pete. „Oder Texte zu schreiben?"
„Keine Ahnung, ich fahr jeden Tag den Müll anderer Leute durch die Gegend. Müll, der mich nicht interessiert, wer soll sich da für meinen Müll interessieren?"
Valider Punkt des wohl muskulösesten Straßenreinigungsamt-Angestellten, den diese Stadt je hatte. Mein Kopf schmerzt langsam vom Nachdenken. Allerdings auch, weil jeder noch so langweilige Möchtegern-Philosoph seinen klischeehaften Gedankenmüll in diese geistlose, übersättigte Gesellschaft pumpen muss, während die, die wirklich was zu sagen haben, in falscher Bescheidenheit und erdrückender Selbstkritik schweigen.

Viel zu viele Gedanken an einem Sonntagmorgen. Pete steht auf, stellt seine leere Müslischale auf den schon stark einsturzgefährdeten Geschirrturm. „So, min Jung, ich muss los, ich hab da gestern eine kennengelernt."
„Lass mich raten: Sie mag die Dunkelheit?"
Pete grinst, und ich habe ein mulmiges Gefühl im Bauch, als er mit der Axt die Wohnung verlässt.

Für all jene, die von uns gegangen sind

Wir haben die zweifelhafte Ehre, in einem Jahrzehnt zu leben, in dem eine Legende nach der anderen von der Bildfläche verschwindet und ein schwarzes Loch hinterlässt, welches gefühlt nie wieder aufgefüllt werden kann. Die Einschläge kommen in immer kürzeren Zeitabständen. Ohnehin kommt mir dieses Buch wie ein aus den Fugen geratener Nachruf vor. Ob es daran liegt, dass Metal mittlerweile über fünfzig Jahre alt ist und die alten Helden in ihren Siebzigern sind, auf ein Leben zurückblicken, in dem „Sex, Drugs & Rock'n'Roll" noch gelebt wurde? Ob unsereins immer älter wird und es einfach zum Älterwerden dazugehört, viele geliebte Menschen um sich herum gehen zu sehen? Es sind nicht nur die Menschen, deren Poster unsere Wände schmücken, es sind in dieser Metal-Welt auch die Clubbesitzer, Promoter, Labelchefs und Booker, die uns verlassen. Weggefährten auf der Reise, die für jeden von uns irgendwann endet. Weggefährten, mit denen wir so viel Leben erlebt haben. Schmerzvoll, schwer zu verstehen sind die vorzeitigen Abgänge, teils von Menschen, mit denen wir auf dem letzten Festival noch gefeiert und uns mit den Worten „Bis zum nächsten Mal!" verabschiedet haben, ohne zu wissen, dass es ein nächstes Mal nicht geben wird.

Es ist schwer, damit umzugehen. Ich spüre bis heute noch Schmerz, wenn ich an Tiffy, Linus und Schnubby denke. Tiffy, mit vier Jahren überfahren, Linus starb zwei Tage nach seinem ersten Geburtstag, Schnubby schlief mit siebzehn Jahren ein. Das alles passierte innerhalb von vier Monaten 2021. Und ja, ich rede von zwei Katzen und einem Hund. Macht es nicht einfacher für mich. Der Verlust von geliebten Weggefährten ist mit das Schlimmste, was ich mir vorstellen kann, und, prosaisch gesprochen, es hilft mir einen Scheiß, dass es zum Leben dazugehört. Jetzt starb auch noch Balu. Am gleichen Tag, als ich das lektorierte Manuskript dieses Buches zurückbekam.

Ernie, die Musik und der Tod – eine kryptische Fährtensuche

Jimi Hendrix: Aus Vadderns Plattenschrank. Das erste Mal so eine krasse E-Gitarre gehört.

Jim Morrison, The Doors: Ich höre ‚The End' und ‚Riders On The Storm'. Was ist das, diese Musik? Ich verstehe sie nicht, aber finde sie großartig. Vaddern sagt, da sei ich noch zu jung für. Noch ...

Kurt Cobain, Nirvana: Eine Band singt über ein Deodorant, und ein junger Ernie entdeckt in einer Jugend-Disco das Headbangen für sich. Dann geht alles ganz schnell. Als Kurt starb, war irgendwas anders.

Sid Vicious: Eine Szene inmitten von Mülltonnen. Dreck fällt vom Himmel wie Herbstlaub.

Bon Scott & Malcolm Young, AC/DC: „Ain't nothing I would rather do – Going down, party time."

Peter Steele, Type O Negative: Billiger Rotwein aus dem Tetrapak, schwarz gestrichene Wände, Kerzenlicht und selbstzerstörerische Teenagerfantasien.

Dead, Mayhem: „Come on. Leipzig. Come on. Join us. Pure Fucking Armageddon."

Quorthon, Bathory: Das Hammerherz schlägt immer noch.

Ronnie James Dio: Die Stimme.

Chris Witchhunter, Sodom: „Shrill cries – Angel dies – Shrill cries – Outbreak of evil."

Nattdal, Lifelover: „Benzos wie Gummibärchen."

Frank Watkins, Obituary: „The End Complete" brachte mich zum Death Metal.

LG Petrov: Mir ist erst spät bewusst geworden, was dieser Mann geleistet hat. Klar, Entombed. Aber lacht mich aus, dass Petrov auf dem legendären Morbid-Demo „December Moon" dabei war, das habe ich bis zu seinem Tod nicht gewusst.

Martin Eric Ain, Celtic Frost: Finsternis.

Mark Shelton, Manilla Road: Viel zu spät entdeckt, aber ... entdeckt: „Crystal Logic".

Mark Lanegan, Screaming Trees: Ich bekam um Weihnachten herum seine Autobiografie „Alles Dunkel dieser Welt" geschenkt. Der Titel hat mich schwer getroffen, von Mark hatte ich bis dahin nie gehört. Wenige Wochen später, nachdem ich das Buch gelesen hatte, starb er, was eine merkwürdige Leere in mir zurückließ.

Und immer wieder Lemmy: Man muss nicht für immer leben, um unsterblich zu sein.

Lemmy

Der 24. Dezember ist ein großer Tag für den Heavy Metal. Jedes Jahr gedenken zahlreiche Gläubige dem Mann, der viele Menschen inspiriert, alles für seine Sache gegeben hat und zwar viel zu früh gestorben ist, für uns alle aber unsterblich in unseren Herzen weiterleben wird. Richtig, es ist der Geburtstag eines der fraglos wichtigsten Menschen für uns, die wir hier am verglimmenden Lagerfeuer versammelt sind. Ian Fraser Kilmister, besser bekannt als ... Lemmy Kilmister.

Es ist irgendwie bezeichnend, dass Jahr für Jahr und in immer größerem Ausmaß unseren großen Helden gedacht wird, allerdings lediglich am Tag ihres Ablebens. Es wird um das Ableben getrauert, was verständlich und legitim ist, aber nie oder selten der Geburtstag gefeiert. Gefühlt sind es gerade die letzten Jahre, in denen uns Schlag auf Schlag einer nach dem anderen verlässt. Man muss nicht darüber diskutieren, wessen Tod fataler war. Cliff Burton, mit der Frage: Was wäre aus Metallica geworden, wäre er nicht bei diesem Busunglück ums Leben gekommen? Was wäre Black Metal heute, würden Dead und Euronymous noch leben, wäre der Kult der Gleiche? Natürlich nicht! Genau die gleiche Frage zum Thema Jimi Hendrix und dem ganzen 27er-Club. Bon Scott, Dio, Quorthon. Mit Pete Steele ist eine derart markante Gestalt abgetreten.
Merkwürdig ist, wenn ich rein auf mein Bauchgefühl höre, dann war es Lemmys Tod, der mich am stärksten zum Nachdenken gebracht hat und mir ein flaues Gefühl in Magen und Hals bereitet. Dabei kannte ich ihn gar nicht persönlich. Komisch, oder? Und ich bin auch nicht der größte Motörhead-Fan der Welt. Aber, und das ist das Entscheidende, ich denke, Lemmy hat die Metal-Szene mit am spürbarsten geprägt und verkörpert. Nicht nur durch seine Musik, man musste ihm auch mal zuhören. Seine Lebensweisheiten füllen Bücher. Gerade das hebt ihn noch einmal ein Stück weit mehr ab, auch wenn Ronnie James Dio unbestritten genauso unfassbar wichtig für den Metal war, nein, immer noch ist – sein Werk ist zeitlos. Aber Lemmy wirkte zu Lebzeiten und eigentlich heute auch noch, wie ein unerschütterlicher, von Verwitterung unbeeindruckter Fels in der Brandung. Du hast deinen Job verloren, deine Freundin oder Freund hat dich verlassen? Scheiße, aber irgendwo in Kalifornien in der Rainbow Bar sitzt ein Typ am Geldspielautomaten, spielt Videopoker und trinkt einen Jack Daniel's mit Cola. Das war sicher, darauf konnte man sich verlassen.
Jeder braucht ein wenig Sicherheit im Leben – trotz allem Rock'n'Roll, der wilden Zeit, die niemals enden sollte: von der eigenen Rebellion

gegen das Elternhaus mit vierzehn bis hin zur Rebellion im Erwachsenenalter gegen Frau, Freundin, Nachbar oder Vermieter, weil man auch nach zweiundzwanzig Uhr noch Mucke hören will. Das Leben ist eine Achterbahnfahrt, die tödlich endet. Dazwischen geht es auf und ab und oft auch steil bergab, aber auch wieder aufwärts, und in jeder Kurve schüttelt es dich gewaltig durch.

Ganz klar, dass es da Ankerpunkte geben muss, unverrückbare Dinge, an denen man sich festhalten kann. Sachen wie das Wissen, dass nach Ozzys letzter Tour immer noch eine weitere letzte Tour kommen wird, dass die Scorpions-Abschlusstour dauert, bis Klaus und Rudolf mit den Füßen zuerst von der Bühne getragen werden. Sicherheiten wie, dass kein gutes Manowar-Album mehr kommen wird, aber bestimmt noch ein geiles Priest- und Maiden-Album. Dass zwar leider naturgemäß ein Held nach dem anderen abtreten wird, Ozzy sich jedoch im Laufe seines Lebens körperlich derart mit Alkohol und Chemie konserviert hat, dass sein Tod vermutlich erst Jahre später auffällt, wenn ihm bei ‚Mr. Cowley' der Unterkiefer einfach abfällt.

Und so war es eben auch einer dieser Ankerpunkte, wenn auch unterbewusst, dass es immer diesen einen Typen mit den beiden Fibromen gab, der, wenn er nicht gerade auf Tour war, im Rainbow saß und Jacky-Cola trank. Das fehlt jetzt, und diese Leere kann einfach nicht gefüllt werden. Vielleicht ist es deshalb gerade Lemmy, dessen viel zu früher Tod mit siebzig so einen merkwürdigen Kloß im Hals hinterlässt, obwohl er auch nur ein Mensch war, selbst wenn er viele schlaue Sachen gesagt, der Jack-Daniel's-Chefetage mehrere Autos und Urlaube finanziert und mit seinem Rickenbacker und seiner markanten Stimme alles weggeballert hat. Aber am liebsten saß er wohl einfach in der Rainbow Bar, um zu zocken und zu trinken. Merkwürdig, wie wenig es manchmal braucht, um glücklich zu sein.

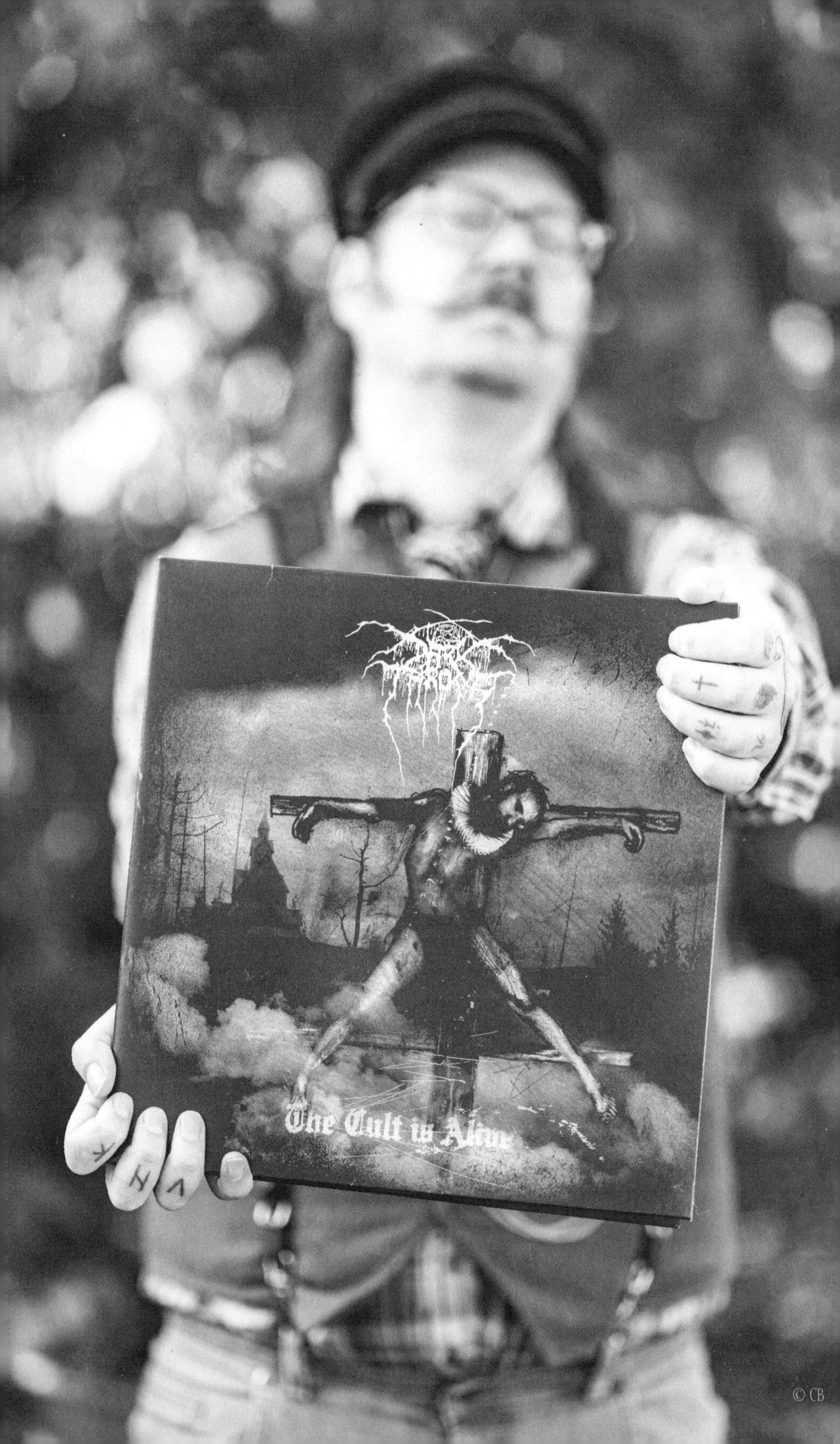
The Cult is Alive

TEIL IV

Metal ist tot.

We're Too Old, Too Cold

Metal, quo vadis?

Metal ist tot. Metal hat keine Rebellen mehr. Die A- und B-Seite der Hitsingle, die alle Jubeljahre wieder aus der Mottenkiste gekramt und neu aufgelegt wird. Hymnen zum Mitgrölen, begleitet von der Feststellung, mittlerweile habe es alles schon gegeben, der Drops ist gelutscht, alles wiederholt sich, und überhaupt sind die Zeiten einfach vorbei. Aha.

Natürlich, auch ich stelle mir die Frage: Wer tritt in die Fußstapfen von Bruce, Ozzy, Rob, James und Tom? Wer füllt die Lücke, die Ronnie, Lemmy, Peter und Martin hinterlassen haben? Metal ist alt geworden. War es die ersten drei Jahrzehnte noch so einfach, die Dekaden zu kategorisieren, waren die letzten zwanzig Jahre eigentlich nur ein Potpourri aus allem, was es davor schon gegeben hat. Die Siebziger: Judas Priest waren schon da, Black Sabbath tonnenschwer. Das Schwermetall wurde in den Schmiedeofen geschoben und angeheizt, um in den Achtzigern den Stahl mit dem massiven Schmiedehammer auf dem Amboss zu formen. NWOBHM, der Metal, wie wir ihn heute kennen, wurde definiert und verbreitete sich auf der ganzen Welt. Wurde verfeinert, verroht, verdunkelt, blankpoliert und rasierklingenscharf gewetzt. In den Neunzigern verdrängte vielleicht der Grunge den klassischen Heavy Metal, aber es wurde experimentiert. Der Death Metal reifte, der Black Metal explodierte, Gothic Metal blühte auf und verendete im Kitsch. Aber es wurde auch moderner. Nu Metal, der Alptraum eines jeden Traditionalisten. Alternative Metal, Crossover, plötzlich wurde Rap mit Metal gemixt. Und dann der Jahrtausendwechsel. Ich weiß, ich wiederhole mich hier, fasse hier, im Finale noch einmal zusammen. Ach scheiße, schon Finale? Wenn ich die letzten Zeilen getippt, die letzten Wörter gefunden habe, die letzten Buchstaben stehen, dann habe ich vermutlich mein ambitioniertestes Projekt bisher beendet.

Finale klingt komisch. Das Buch habe ich nicht chronologisch geschrieben, ganze Kapitel wurden verworfen. Ursprünglich wollte ich einen leichten, humorvollen Survival-Ratgeber schreiben: Überlebenstipps für den Metal-Einsteiger. Weil mein erster Romanversuch, der große Roman des 21. Jahrhunderts, nach zwanzig Seiten stagnierte. Die Survival-Idee stagnierte erst nach fünfzig Seiten. Aber irgendwann hatte ich da was, erst nicht greifbar, aber nach hundert Seiten wusste ich, wohin ich wollte. Habe Kapitel umgeschrieben, erweitert, wieder gestrichen. Ursprünglich war ein eigener Kanon, bestehend aus hundert Metal-Platten geplant, das war natürlich Irrsinn. Jetzt sitze ich am letzten Kapitel und will mit dem Gedanken schließen, wie es mit Metal denn weitergeht. Eine Antwort wird es nicht geben, ich weiß auch nicht, wie die Metal-Szene in zwanzig Jahren aussehen wird. Ich bin mir jedoch sicher, dass es sie noch geben wird. Sie wird nicht mehr so groß sein wie 1991, als Metallica vor eins Komma sechs Millionen Fans in Moskau spielten. Ich glaube, dass Metal nach dem Abgang der großen Bands, die alle in den Siebzigern und Achtzigern entstanden, nicht mehr in den großen Arenen stattfinden wird. Aber ist das schlimm?

Noch mal aufgegriffen, was ich schon im ersten Teil dieses Buchs chronologisch ordnete: Der Jahrtausendwechsel und die ihm folgenden zwanzig Jahre waren, so empfand ich das, der erste richtige Bruch. Vielleicht war das ein Punkt, an dem wirklich erst einmal alle Grenzen ausgelotet waren. Metal spaltete sich jetzt merklich auf in zwei Lager, die wohl schwerlich jemals zueinander finden werden. Das traditionelle Lager – der Heavy Metal, Thrash Metal, Death Metal und Black Metal – beruft sich seit geraumer Zeit wieder auf alte Stärken, gerade die neue Welle des alten Heavy- und Speed Metal erfreut sich vieler Anhänger. Aber es betrat ein Neuer das Feld, der Core. Der entwickelte sich zwar schon in den Neunzigern, aber es ist der „Modern Metal", schwammiger Begriff, der einerseits mit Bands aufwartet, die sehr große Erfolge feiern und in den Charts bis ganz nach oben klettern, aber auch Metal als Szene komplett spaltet. Es

ist vorstellbar, okkulten Black Metal mit Hard Rock auf einem Festival spielen zu lassen, ein Abend mit Speed Metal und Underground Death Metal wird funktionieren, aber glaubst du, die Kombination Deathcore und Heavy Metal wird bei den Fans angenommen?
Du hast mich im Verlauf dieses Buchs wanken sehen, ich war zerrissen, hin- und hergerissen, habe dich an meinen Zweifeln teilhaben lassen. Oftmals, weil ich Schubladendenken auch nicht gut finde, mich davon aber nicht lösen kann. Ich erinnere mich an den Aufschrei, als The Black Dahlia Murder 2018 auf dem Party.San spielen sollten. Was hat man sich da im Vorfeld das Maul zerrissen, was so eine „modere Scheiße" da zu suchen habe. Schlussendlich standen vermutlich so einige irgendwann dort auf dem Flughafengelände und waren baff, was die Jungs für ein brutales Gebolze vom Stapel gelassen haben. Trevor Scott Strnad, mögest auch du in Frieden ruhen.
Ich weiß, was das Fazit für den einen oder anderen sein wird, wenn das Buch gelesen in der Tonne landet, deshalb formuliere ich es gleich selbst: Ich beweise mit diesem Manifest, dass der klassische Metal hängen geblieben ist. Obwohl ich mich bis heute offen und neugierig gebe, was neue Musik und Entwicklungen angeht, ich muss ganz offen gestehen, dass ich komplett in den Achtzigern und Neunzigern verankert bin und heute vor allem Bands schätze, die genau solche Musik machen. Jetzt muss ich mich dafür nicht selbst kasteien, ich bin selbst Fan, ich höre, was ich hören möchte. Und vielleicht ist es auch mal an der Zeit, ohne damit jemanden auszugrenzen, einfach auszusprechen, dass das doch alles gut so ist, wie es ist. Die Klassiker sind – nicht alle, aber zu einem großen Teil – sehr geil, Metal hat seine assigen und primitiven Momente, Metal und Bier passen zusammen, Metal soll lauter, rauer und unangepasster Lärm sein, und im Club, beim Gegenlesen fiel mir auf, dass ich das sehr häufig wiederhole, hat gefälligst der Schweiß von der Decke zu tropfen. In diesem Buch geht es um Metal! Um Metal, wie ich ihn kennengelernt habe, wie ich mit ihm groß geworden bin und wie ich ihn lieben gelernt habe.

„Metal ist nicht eine große Community! Dafür ist die Metal-Szene zu groß, mit viel zu vielen verschiedenen Individuen."

Deshalb ist es unmöglich, in einem Buch, in dem es um Herz und Passion und nicht um Objektivität und Abdeckung eines breiten Spektrums geht, jeden anzusprechen. Deshalb wird es viele geben, die mit diesem ganzen Buch, in das ich über was-weiß-ich wie viele Stunden mein ganzes Herzblut reingesifft habe, absolut nichts anfangen können. Obwohl sie selbst schon ewig Metal hören. Deshalb sind Kapitel wie „Ist das noch Metal?", auch diffus, verallgemeinernd, für einen Enthusiasten genau dieser Musik so oberflächlich wie der Rest des Buchs altbacken. Aber das soll so, genauso, weil mein wichtigstes Anliegen mit diesem Buch ist und war, die Seele zu ergründen. Die Seele des Metal? Meine Seele? Ich bin bei den letzten Zeilen, ich habe es gleich geschafft, das erste Mal in meinem Leben ein ganzes Buch zu schreiben, da werde ich mit einem letzten Aufbäumen pathetisch, wehmütig, weil ich gleich fertig bin und gerade nicht einmal diesen Satz beenden möchte. Verdammt. Jetzt ist einer dieser Momente, da fehlen mir wirklich die Worte, und ich kann mir als Ausdruck meines Innenlebens nur mit der Faust auf die Brust schlagen.

Metal hat sich aufgespalten. Vor uns liegen der klassische und der moderne Weg, der Weg, den Musiker einschlagen, um nach vorn zu schauen und zu experimentieren, wie es Musiker Jahrzehnte vor ihnen auch taten. Sich vom Kern, der Tradition immer weiter entfernend. Damit „verraten" sie für Traditionalisten, dumm ausgedrückt, den Metal, oder erwachsener gesagt: Sie gehen eigene Wege. Das ist gut, das ist wichtig. Ich muss diesen Weg nicht mitgehen, aber es sollte ein gewisser Grundrespekt gegenüber allen Kunstschaffenden gelten, die den Mut dazu haben. Wer weiß, wie spannend der Rückblick auf die Jahre nach der Jahrtausendwende 2040 für einen jungen Freak oder eine enthusiastische Geballerfreundin ist.

Mir gefällt der klassische Weg. Und auch der endet nicht in einer Sackgasse. Die junge Garde – Stallion, Visigoth, Vulture, Indian

Nightmare, Eisenhand, Venator, Traitor, Evil Invaders, Deserted Fear, Endseeker, Verheerer, Ungfell, Knife, Youna, Mantar, Valborg und wie sie alle heißen – beweist, wie viel Energie und Passion METAL 2022 noch hat. Metal wird vielleicht nicht mehr in die großen Stadien zurückfinden, aber was ist daran so schlimm? Metal wird, das ist meine unbedeutende Prognose, in seiner klassischen Form wieder zusammenrücken, auf engerem Raum, in kleineren Clubs, bei kleineren Festivals. Sich sammeln. Dort aber immer wieder einen Kreis wahnsinniger Fanatiker um sich scharren. Denn ich bin mir absolut sicher, das Leben ist ein Auf und Ab, geprägt von Unsicherheiten und Chaos. Aber Metal wird niemals sterben!

Die Zeit ist zu schade für Scheiße!

Ernie Fleetenkieker

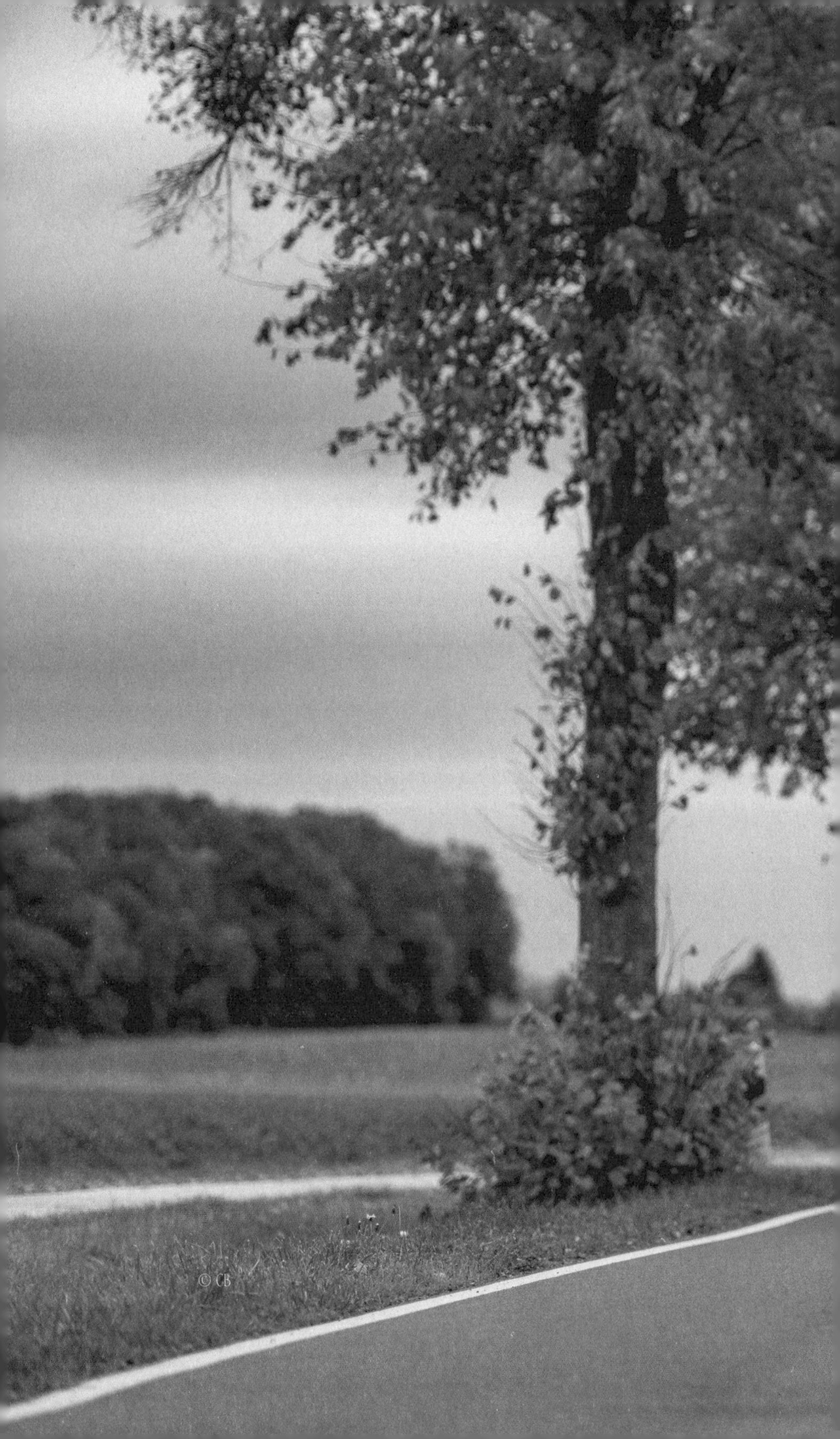
© CB

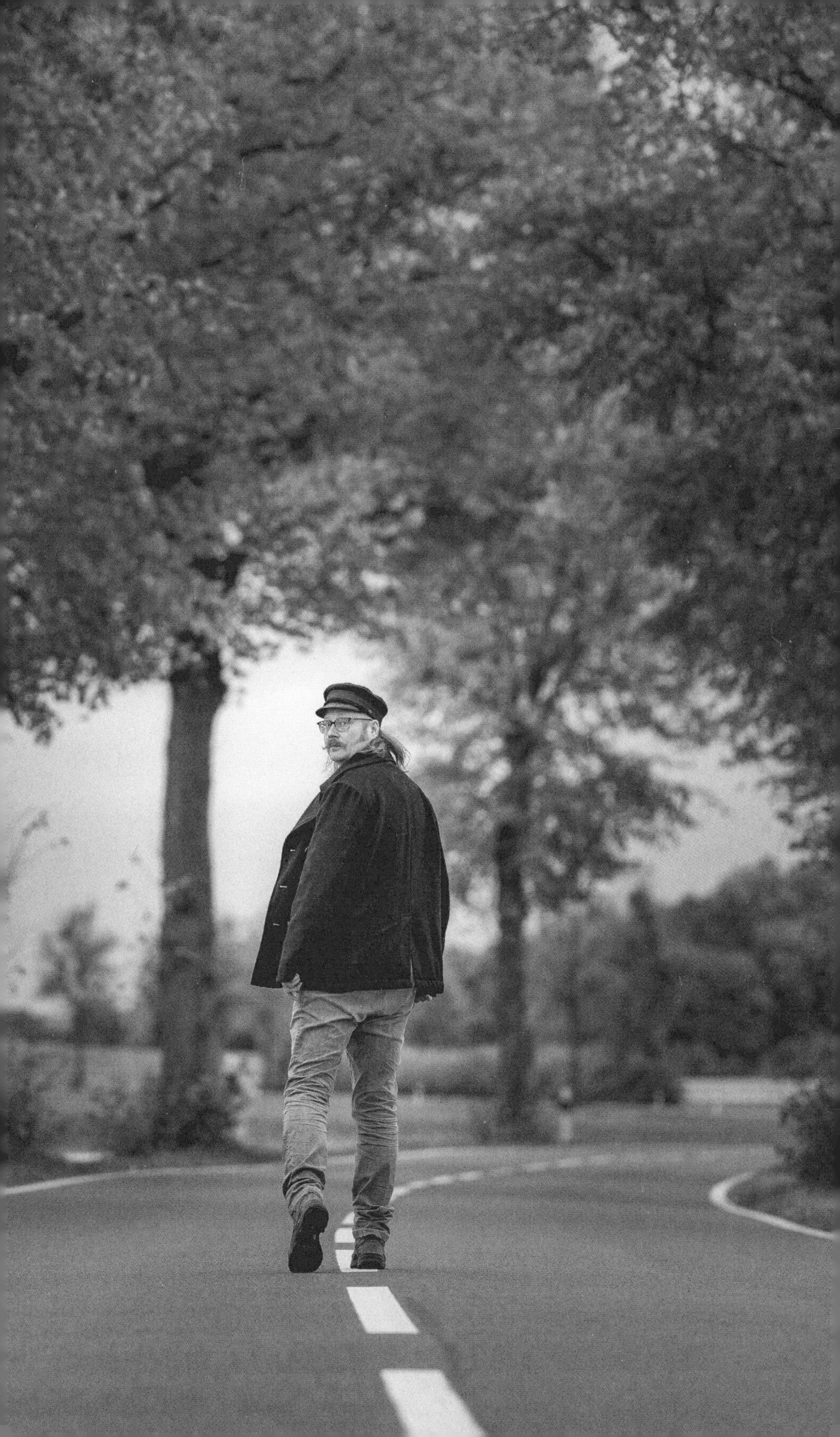

Epilog

Als ich im Frühjahr 2020 die ersten Ideen zu diesem Buch in mir aufblühen spürte, es war bei einem Hundespaziergang, da ahnte ich nicht, was das für ein Ritt werden sollte. Ich habe nicht über zwei Jahre jeden Tag an diesem Buch gearbeitet, es gab anfangs Monate, dann Wochen, dann Tage, an denen ich leer war, hinschmeißen wollte. Aber irgendwann war es geschafft. Und so, wie kein Mensch Vorwörter mag, halte ich mich auch hier kurz. Trotz all der Einschübe, dieses Buch würde bei den meisten im Müll landen, hoffe ich, du, werter Leser, werte Leserin, hattest ein wenig Freude an diesem Manifest. Es war eine Erfahrung für mich, die mit kaum etwas zu vergleichen ist.

Danksagungen

Natascha und die Crew, Vater Ed und Familie, Prof. Dr. Florian Busch, Eiko T. (Zeige- und Ringfinger), Krugi, Tim M. (wer weiß, wann ich ohne dich fertig geworden wäre), Diana G., Alex T., Kain M., Carsten B., Mario T., Mirko K. (Nerds hatten es schwer). Außerdem danke ich dem Index Verlag.

Ich danke überdies und insbesondere meinen treuen Zuschauern auf Youtube und allen, die mich unterstützt haben und unterstützen. Ohne Euch hätte ich exakt dieses Buch nie geschrieben.

Ach ja, sorry Sascha, dass ich zu deinem Geburtstag immer auf Tour bin.

Metal ist...

Schick mir ein Bild von dieser Seite an: **manifest@krachmuckertv.de**

www.index-verlag.org

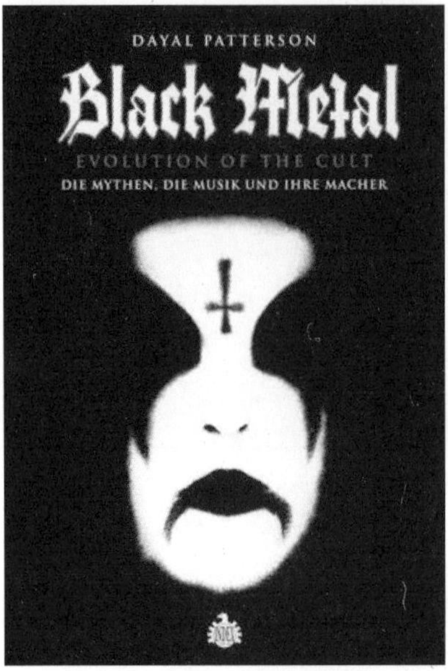

BLACK METAL: EVOLUTION OF THE CULT

ist das erste Buch aus Dayal Pattersons Reihe *BLACK METAL CULT*. Um die Geschichte des Phänomens Black Metal nachzuzeichnen, verbindet der sachkundige Autor und Szene-Intimus legendäre Fotos mit ausgedehnten Gesprächen, die er mit den Schlüsselfiguren der Szene führte, zu einem beispiellosen Bild eines Musikgenres, das so extrem und wegweisend ist wie nur wenige.

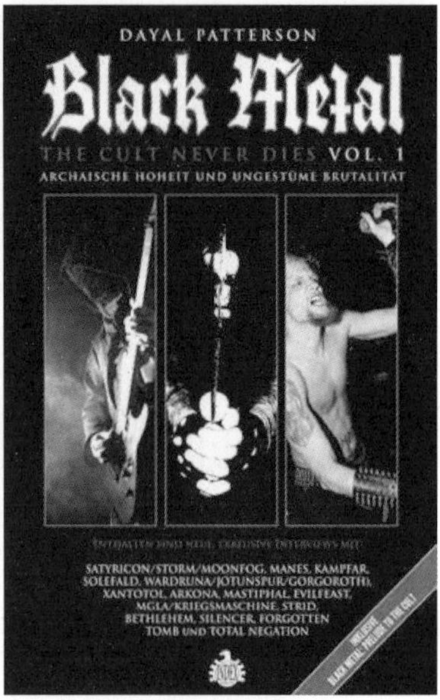

BLACK METAL: THE CULT NEVER DIES VOLUME ONE

ist das zweite Buch aus Dayal Pattersons Reihe *BLACK METAL CULT*, welche die Entwicklung der wohl extremsten aller Metal-Spielarten nachzeichnet.

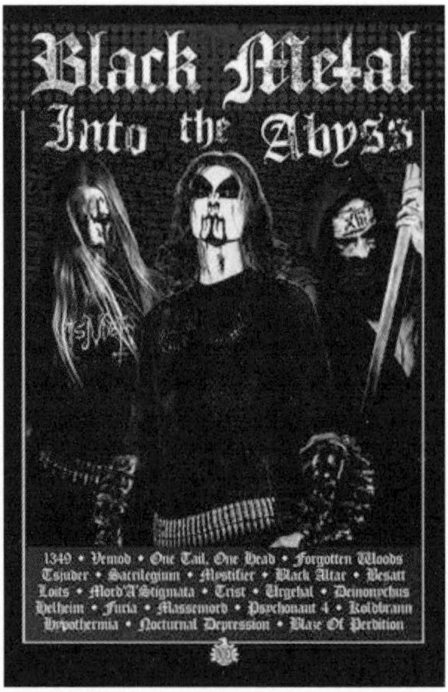

BLACK METAL: INTO THE ABYSS

Nach seinem Standardwerk *Black Metal: Evolution Of The Cult* und *Cult Never Dies Vol. I* legt der britische Metal-Experte Dayal Patterson einen weiteren Interviewband vor, für den er exklusive, tiefgreifende Gespräche mit 1349, Vemod, One Tail, One Head, Forgotten Woods, Tsjuder, Sacrilegium, Mystifier, Trist, Urgehal, Deinonychus, Nocturnal Depression, Loits, Blaze Of Perdition, Besatt, Helheim u.v.m. führte. Aufgemacht wie ein klassisches Fanzine bietet *Into The Abyss* neue, erhellende Einsichten ins Schaffen einiger der interessantesten Vertreter des zeitgenössischen extremen Metal.

INDEX VERLAG

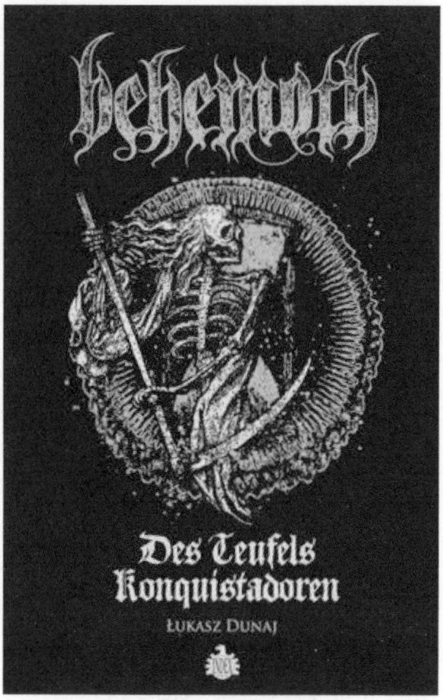

BEHEMOTH
DES TEUFELS KONQUISTADOREN

zeichnet die Geschichte von Behemoth nach, einer der erfolgreichsten extremen Metal-Bands der Welt. Die Polen um Frontmann Adam "Nergal" Darski haben einen turbulenten Aufstieg hinter sich, von dem sie gemeinsam mit ihrem persönlichen Umfeld erzählen - und blicken zuversichtlich in die Zukunft. Darski, der seit Jahren nicht nur im medialen Rampenlicht seiner Heimat Polen steht, bestätigt seinen Ruf als Charakterkopf und berichtet ausführlich über seine bescheidenen Anfänge, Abstecher in hohe Prominentenkreise und nicht zuletzt über seinen erfolgreichen Kampf gegen Leukämie, während Autor Dunaj, ein langjähriger Vertrauter des Künstlers, die Geschichte der Gruppe bis zur Zeit nach ihrem Klassiker-Album *The Satanist* Revue passieren lässt.

Behemoth: Des Teufels Konquistadoren erscheint als Hardcover-Buch auf 576 Seiten mit zahlreichen Photos.

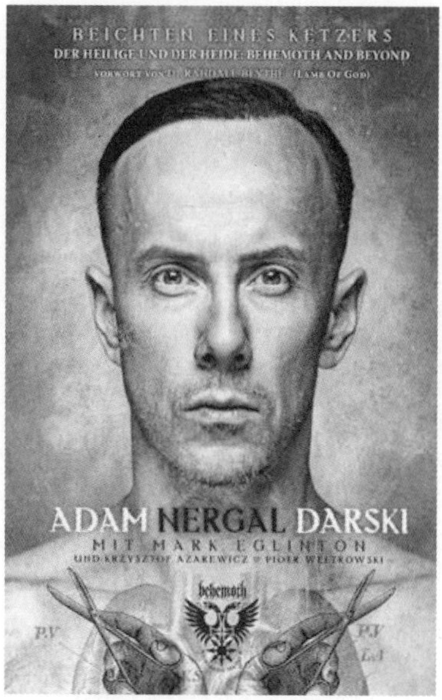

ADAM NERGAL DARSKI
BEICHTEN EINES KETZERS

sind die gelehrten und unverblümten Erinnerungen des Frontmanns und Zugpferds der polnischen Heavy-Metal-Band Behemoth. Nach dem Erfolg mit *The Satanist* sind sie derzeit in Bestform. Die Antworten auf die Fragen, die durch Freunde und Wegbegleiter gestellt wurden, offenbaren einen komplexen, sehr kontrastreichen Mann; einen gesundheitsbewussten und höchst umgänglichen Intellektuellen, der für seine extremen Ansichten und seine noch extremere Musik bekannt ist. Er legt alles offen, von seinem Konflikt mit der katholischen Kirche in Polen bis zu seinem jüngsten Kampf gegen Leukämie.

Beichten eines Ketzers erscheint als Hardcover-Buch auf 392 Seiten mit zahlreichen Photos.

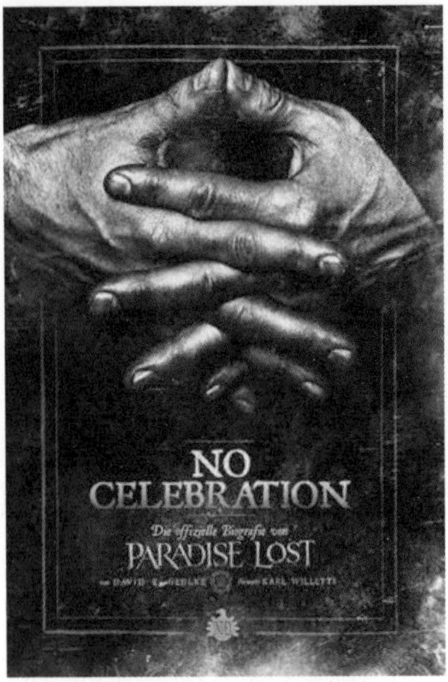

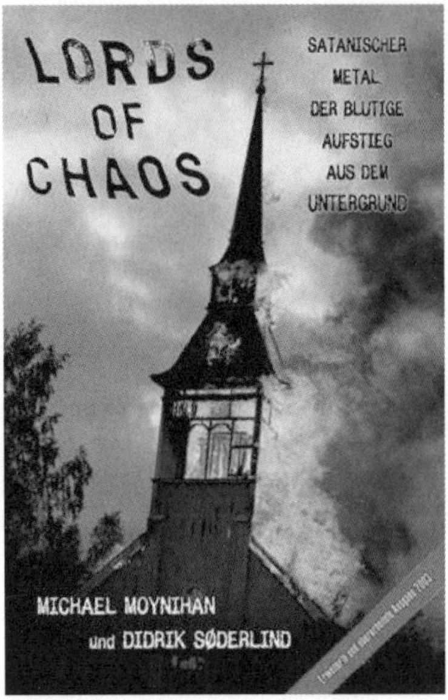

NO CELEBRATION DIE OFFIZIELLE BIOGRAFIE VON PARADISE LOST

Paradise Lost entstanden 1988 im freudlosen Norden Englands und avancierten mit ihrem legendären Album *Gothic* von 1991 rasch zu Vorreitern des Gothic Doom Metal. Ihrem Hang zum Komponieren äußerst düsterer Songs entsprachen gleichsam leidvolle Texte genauso wie ihre entsprechend finsteren Gemüter. Es dauerte nicht lange, bis die Band die Grenze zum Rock-Mainstream Europas erreichte, doch als die Metal-Welt ihr zu Füßen lag, führte sie das Bedürfnis, zu experimentieren, auf Abwege, die nur wenige andere zu beschreiten wagen. Durch ihre Kompromisslosigkeit und Ablehnung von Genre-Konventionen wurden Paradise Lost in derselben Szene, der sie angehörten, zu Aussätzigen. Siege und Niederlagen führten sie schließlich zu jenem Sound zurück, den sie zu Recht ihren eigenen nennen dürfen.

No Celebration – Die offizielle Biografie von Paradise Lost zeichnet die seit über 30 Jahren andauernde und einflussreiche Karriere der Gruppe mithilfe von ausführlichen Interviews, Zeitzeugenberichten und nie zuvor gezeigten Fotos nach, um dem Leser tiefe Einblicke in eine der nachhaltigsten Bands im Metal-Bereich zu geben.

LORDS OF CHAOS

Das Standardwerk zur satanischen Musik und der norwegischen Black-Metal-Szene

Lords of Chaos stellt die einzig fundierte Studie zu den Hintergründen des radikalen Black Metal dar, da sie glaubhafte Innenansichten der Befragten liefert und die kundigen Autoren gleichzeitig aufzeigen, wie man sich weder im Netz fragwürdiger Ansichten verfängt, noch dem Herbeten von Vorurteilen verfällt. Das alles macht *Lords of Chaos* zu keinem Buch mit einfachen Antworten, dafür jedoch zu einer spannenden Darstellung einer extremen Subkultur, das sich auch an Leser wendet, die von Black Metal noch nie etwas gehört haben.